地域社会と女性リーダー
鳥取県を中心に

春日雅司
竹安栄子

神戸学院大学出版会

まえがき

　本書は、筆者たちがこれまでさまざまな機会に書き溜めた地域社会と女性政治家や女性リーダーに関る研究、さらには各地で行った女性地方議員へのインタビューをまとめたものである。

　筆者たち、とりわけ春日の鳥取県との関わりは40年近くになる。1982年に職を得て間もなく、大学院でジンメル読みの指導をしに来ておられた当時神戸大学の故・居安正教授から理論は現実があってはじめてよりよく理解できると論され、今度鳥取県で調査をすので参加しないかと誘われたのが始まりである。今、その調査結果をまとめた報告書を読み返して年度を確認すると、昭和58-59年の科研費ということであるから、1983年にはこの調査がスタートしていたことになる。当初は議員と地区組織長を対象とした郵送による調査票調査であった。筆者が運転免許を持っているということもあってか、鳥取にはうまい酒と肴があるぞと先生に誘われるままに何度か通うだけでなく、調査票による調査だけでなく具体的に話を聞くことでより深い理解が得られるというので右も左もわからぬ、いやこれが自分の研究生活を方向づけることになるとは思いもよらぬまま、ずぶずぶ深入りしていったというのが春日が鳥取にかかわり続けることになったそもそもの発端である。

　周知のように、わが国で「マドンナブーム」という言葉が乱舞したのは、鳥取での研究がなんとか形を整えはじめた80年代後半であった。当時、選挙が終わるたびにマスコミをにぎわせたこの「マドンナブーム」に乗って、女性候補たちが「圧勝」「大躍進」「大勝」したことは記憶に新しい。そうして地方から国会にいたるまで、すでに女性議員がいるところはその数をさらに増やし、いないところは新たに女性議員を誕生させるという光景が続いたのである。

　今の若いみなさんからみれば、当時のマスコミの言葉を積み重ねると、あたかも女性が政治の世界で男性を圧倒していったかのような勢いのように受け取られたかもしれない。しかし実際には、参議院や一部大都市部の地方選挙で女

性議員の割合が 10% を超えたものの、衆議院をはじめ、全体として女性議員の割合をみた場合、都道府県議会はもちろん、その他の多くの市町村議会でもたかだか数パーセントにすぎなかった。このように、一方で女性たちの政治の世界への登場が大々的に取り上げられ、他方でその中身はお寒いものにすぎない状況の中で、その実態については自治省の「統一地方選挙結果調」の他にも市川房枝記念会が同じく統一地方選挙後に女性議員に対する独自の調査を実施し始めていたものの、なぜ女性の地方議員の割合がこれほど低いのかということについて学問的に研究しようとする動きが必ずしも十分なものでなかったことは、われわれにとって不思議なことであった。地方議員（その多くは男性であった）に関する調査や研究はある程度蓄積されつつあり、女性の社会進出も徐々に進みつつある中で、政治の世界における女性の位置づけに関する研究が少ないことは、どう考えても片手落ちであった。

　当時、社会学では「ジェンダー」（あるいは「セクシュアリティ」）に関する議論がどの教科書でも必ず取り上げられるほど確たる位置を占めつつあった。一方で「ジェンダー」論にもとづいた性役割を教え、他方でわが国の現実の社会があまりにも男性中心に構造化されていることに矛盾を感じないわけにはいかなかった。これは何も政治の世界だけのことではなく、特に女子学生の就職活動などを見ていると、就職に対する意識は男子学生とそれほど違いがないのにもかかわらず、いざ職を探すとなると彼女たちが男子学生が感じることのない壁にぶつかるのを目の当たりにするにつれ、日本の社会がどうも男性に都合よく作られているのではないか、それが政治の世界においても女性の割合が極端に低いという問題を解くカギではないかと考えるようになった。しかしそのことを推測させるデータは量的なものだけで質的なものはほとんどなかった。とりわけ公表された量的データをもとに政治の世界がいくら男性中心であるといっても、われわれが入手できるのはごく表面的なデータだけで、たとえば政党別とか議会別といった程度のもので、有権者や候補者、議員たちの態度や行動にまで立ち入ったものではない。地方議員に関してそれまで蓄積されてきた

大部分のデータや分析には「女性」という視点はなかったが、女性議員がその中に含まれていなかったわけではない。数の上で圧倒的に男性が上回っていただけである。そこで既存のデータでなんとか女性議員の特徴を描き出すことができないかと努力したが、知りうる限りで女性議員が最も多く含まれている調査は、春日がメンバーの一人としてかかわったいわゆる「近畿調査」（研究代表・居安正『地域社会の政治構造と政治意識——近畿圏を中心に——』）であった。これは近畿圏を中心とする市町村議員ならびに府県議員、約8千名を対象に1988年に行った大規模調査であるが、回収された3,006名のうち性別に回答したものが2,987名、そのうち女性議員は72名（2.5%）であった（この調査結果を利用してメンバーの一人・大和礼子が男性議員と比較分析をしている）。しかし、女性議員の数としては過去最高であっても、ここで取り上げているのはほんの72名の女性たちにすぎない。統計分析するにも危険な（ほど少なすぎる）数である。このことから理解されるように、ある程度まとまった数の議員を対象にひとつの調査で男性議員と女性議員を比較すると、どうしても97パーセント（当時）という圧倒的多数が男性とならざるをえない。その後しばらく、そのことが議員調査にジェンダーの視点を取り入れる上でわれわれの前にたちはだかる壁となった。1987（昭和62）年当時、全国に6万5千名余りいた議員のうち女性は約2.6%、1,700名程度であったと推測できる（実数は不明であるが、この年実施された統一地方選挙の結果、女性議員は2.6%となった。周知のように戦後最初の統一地方選挙はほぼ全自治体が参加して行われたが、その後回を重ねる度に参加数が減少していったので、全自治体をまとめると女性議員が2.6%になるという意味ではない）。全国にこれだけの女性議員がいるのであるから、ともかくある程度の数的まとまりをもったものとして女性議員をイメージしてみたいと考えるのは当然のことであろう。そこで、この調査技術上の難問を解くためにいくつかの方法が考えられた（そのいずれも統計学上は問題を含むものである）。筆者たちが選んだ方法は、（1991年の統一地方選挙終了後、女性議員の割合は3.7%まで上昇していた）当時2千数百名ほ

どいると予想される全国の女性議員を対象に調査することであった。その機会が訪れるのはそれから間もなくのことであった。

　本書の執筆者の一人である竹安は、出産と子育てに追われ、1988年の近畿圏調査に参加することはできなかったが、90年前後から鳥取県の婦人会組織に関する調査を進めていた。そこで、とりあえずなるべく早く女性議員調査を行うべく文部省科学研究費を申請しようと考えていた。現在もそうであるが、科研費は申請してから交付されるまで通常3〜4年かかっていた。1991年秋、科研費の申請書類を取り寄せ読み進むと、いくつかある種目の一つ「重点領域研究」の中に、「戦後日本形成の基礎的研究」というテーマを見つけた。これは申請の翌年（92年度の4月）からスタートするものであった。「重点領域研究」という種目がどのようなものであるのか十分わからないまでも、われわれが考えていた戦後鳥取県の婦人会の歴史と現状を調査するにはうってつけのテーマであると考え、竹安が代表者、春日が共同研究者となり「戦後日本の文化形成と女性の役割」というテーマで早速一般公募で応募してみた。幸いこれが採択され、鳥取県の連合婦人会組織の調査を行うことができた。この調査は、長年鳥取県の婦人会で会長をしていた近藤久子さんの全面的な協力のもとに実施されたが、初年度の調査を終えた後、近藤さんは会長職を辞された。われわれは、鳥取県の連合婦人会組織の戦後史と近藤さん個人の存在とは密接なかかわりを持つと考えていたため、会長職を辞された以上、そのまま調査を継続することは困難と考え、この調査を生かすためにもより広範囲な女性と地域のかかわりの調査に切り替えたい考え、また幸いこの「重点領域研究」の一般公募が単年度ごとに採否を決めるということがわかり、ぜひ女性議員の調査をやりたいと思い準備にとりかかった。ただし、この重点領域研究の一般公募は採択されても1件年間100万円程度であったため、この金額で単一年度内に調査することは困難であった。そこで、採用の保証はないが残りの2年間をかけて実施することとした。この2年間の最初の年（1993年）は名簿を作成することにあて（予想通り、これがなかなか大変な作業であった）、翌年調査票の発送の準備を進め、

本調査を 1994 年 10 月から 12 月に実施し、その後回収された調査票の整理・とりまとめにあたった。その結果は『戦後日本形成の基礎的研究』というオケージョナルペーパーの「No.33 戦後日本の文化形成と女性の役割——女性の政治参加の経過と現状——」という報告書にまとめた。

　この調査から、女性議員の置かれている位置がかなり明確になった。たとえば、女性議員について何も情報がなかったわけではないが、調査に使われた質問項目はそれまで何度か利用したものを転用したが、これには意外な落とし穴のあることがわかった。それまでの調査は、何度も繰り返しているように、その対象がだいたい男性であるため、特にそう意識しているわけではないにもかかわらず、男性向けに作られたものであったのである。それを十分注意せずに女性議員調査でもそのまま使ったため、回答に窮する質問や回答の選択肢の不充分な設問がいくつかあることが判明した。調査票を送付した女性議員の方からいくつか指摘があり気づいた。それと、当時われわれの中に形成されていた地方議員像は、それまで何度か実施した男性議員中心の調査結果をもとにして出来上がったものであるため、この女性議員調査から、「女性議員に特有な問題関心のありか」を発見することができた。それは彼女たちの比較的多くが、立候補にいたるまでも、そしてもちろん当選してからも、男性議員とは異なる問題関心を持っていることがわかったのである。このようなことが明らかになったため、われわれはさらにこの点を追求すべく新たな科研費の申請を行うことにした。確か 95 年位から始まったことだと記憶しているが、この頃から科研費は時宜にかなったテーマに優先して配分されるようになった。われわれのテーマがそうだったかどうかは定かではないが、「福祉」と女性議員の関連について申請した所、すばやく交付が決定された。94 年調査から女性議員が立候補するきっかけとなり、また当選してからも特に議会などで取り上げる問題として多いのは「教育・福祉・環境・女性問題」などであり、とりわけ「高齢者福祉」に強い関心を示すことがわかり、それが彼女たちのどういう生活経験から出てきているのかを調べようと考えたのである。そこで 96 年に、この

点を中心に調査した。その結果、女性議員が立候補するきっかけとなったのは、彼女たち自身なんらかの形で直接介護経験なり高齢者問題をかかえていた／いるということがわかった。男性議員たちが土木や建設、予算や行政、あるいは地域全体のことに高い割合で関心を持っていることは、彼らの家庭環境や仕事といった生活経験に由来していると考えることができるが、同じ生活経験でも女性の場合は男性とは違う関心方向を示していたのである。なるほど、生活経験についての男女のこのような問題関心のありかに違いが見られるということは、「年老いた親の世話は女の仕事」という一般的かつ常識的な感覚で説明がつくが、しかし実はそのことが重要な意味をもつと考えざるをえなかった。なぜなら、女性議員がこれほどまでに少ない理由だけでなく、女性が既存の枠を打破して政治の世界へ登場してくるその原動力となっているものが、われわれの日常生活の中にひそむ「当然」とか「あたりまえ」といった既存の社会構造だと考えられたからである。既存の社会構造とは、端的に言うと、われわれの日常におけるごく当たり前と受けとめている「性別役割分業」のことである。それを支える意識とその意識を再生産する社会構造は、ある時は女性が政治の世界へ進出しようとする際に大きな障害となり、またある時は逆に、そのような意識や社会構造に反発して女性を議会へ送り出す直接的な原動力となっている。彼女たちの高齢者の世話や介護といった生活経験は、多くの場合いくら不満があってもそれを当然と考える人々の意識や社会構造に埋もれてしまうが、ごく少数の女性たちは声をあげ、議会というフォーマルな場で発言し始めるきっかけを提供したのである。

　われわれは94年と96年の2回にわたる全国女性議員調査を通じて、なぜ女性議員がこれほどまでに少ないのかということと同時に、少ないながらも議会へ登場してくる女性たちがどのような動機で立候補したのか、当選後はどのような活動をしているのかといったことを知ることができた。しかしわれわれが得た情報は質問紙というごく限られた手段によって入手できたものである。全員が一致して同じ動機をもって立候補しているわけでも、また当選後も女性

8

議員が皆共通した行動をとっているわけでもない。調査結果から知りうる限り
でも、そこにはある程度の共通性はあるにせよ、違いも目立ったことは事実で
ある。そこでこのようなことについて直接女性議員から話を聞き、過去2回の
量的調査の結果に、より具体的な内容を付け加えたいと考えるようになった。
この量的調査を通じて多くの女性議員からお叱りだけでなく励ましの言葉をい
ただいた。たとえば、このような一片の紙切れで何がわかるのかとか、回答の
選択肢では答えきれないというものや、ぜひがんばってよい結果を出してほし
いといったものまでさまざまであった。われわれとしても、このような質問紙
を利用した調査の限界は十分承知していたつもりである。しかしこのような反
応は従来、男性が中心の議員調査では得られない反応であった。そこで機会が
あればぜひ生の声を聞かせてもらいたいと考え、そうして実施したのが聞き取
り調査である。

「聞き取り」あるいは「インタビュー」を通じていろいろお聞きするというこ
とは、聞く側であるわれわれにとっても、また聞かれる側にとっても、いざ実
施するとなるとなかなかやっかいなものである。たとえば宿泊を伴う旅行の場
合、われわれにとって都合のよいのは9月と3月である。しかしこれは丁度定
例議会開催月でもあった。われわれにとっては平日より日祭日の方が出やすい。
しかし議員は日祭日となるといろいろな行事に出席しなければならない。われ
われの聞き取りは一人最低でも1時間、できれば2時間程度におよぶ。われわ
れは相手を特定し、連絡先をさがし電話をして日時を約束する。幸いなことに、
インタビューを申し入れて断られたケースはほとんどなかったが、これは大変
ありがたいことであった。中にはわれわれの都合にあわせてくれる人もいた。
約束すると、できるだけ時間を守るよう努力したが、慣れぬ土地で右往左往し、
時間に遅れることもあった。こうして、北は北海道から南は沖縄まで、2年余
りの間に20名ほどの女性たちから話を聞くことができた。この女性たちは必
ずしもみなさん現職ではなく、数名は「元」議員である。また本書では直接利
用していないが、この他に行政関係や地域でこのような問題に関心を持ってい

9

る方にもいろいろ話を聞くことができた。ただし紙幅の都合から全てを掲載できないのは残念であるが、生の声を聞かせていただくことはわれわれにとって勉強させていただく良い機会であった。

　さて、女性地方議員に関する調査は2001年の全国地方議員調査で頂点に達する。それまで全国の女性地方議員を対象とした調査は数度実施していたものの、調査結果と比較できる男性のデータは存在しなかった。「女性と男性」の比較をサンプリング法で実施することも不可能ではないかもしれないが、われわれはサンプリングするアイデアがどうしても思いつかなかった。したがって、「女性と男性」を比較するには悉皆調査をするしか手がないと考え、2000年代に入ってやはり科研を申請していたところうまく採択してもらうことができた。

　この調査は全国6万名余りの地方議員を対象としたものであったが、実は調査しその結果をまとめ公表するという作業を進めている間に、日本の地方自治体は「合併」の嵐に巻き込まれ、それまで3千以上あった市町村が半減するという事態に直面していた。もちろん議員も半減した。このいわゆる「平成の大合併」によって、われわれの調査は「歴史」となったのである。出版についてはあきらめざるを得なかったが、この結果については報告書としてまとめると同時に、別の研究書でも利用することでその穴埋めとした。

　この調査と相前後して、筆者たちはスコットランドの女性地方議員を対象としたインタビュー調査ならびに調査票調査を実施することになる。これについては報告書や紀要の論文など春日と竹安が時に共同で、時に別々にまとめているのでそちらを見ていただけると幸いである。

　また、筆者たちは地域政治のベースになっている本来の専門、地域社会学の立場から兵庫県における酒米生産農家の調査を通じて、日本酒文化についても関心を向けることになる。これは決して「あの蔵の日本酒の味がどうのこうの」という類のものではなく、酒米の王様である「山田錦」生産農家が集積する兵庫県中部の生産地域における状況について危機感を持って将来展望をしてみよ

うと試みた研究である。これについても、いくつかの報告書や出版物にまとめており参照していただけるとありがたい。

　このようにわれわれの関心は少し拡大しつつあったが、しかし鳥取県の地域政治に対する関心は持ち続けており、さらなる科研費の獲得によってとりわけ戦後女性参政権が認められて以後しばらくの間に登場する女性政治家たちについて調査し、これをまとめることができた。本書第2部の諸論考がその成果である。これは鳥取県だけのことではないが、国政選挙はともかく、都道府県も含めた地方議員選挙についてみると、わが国では自治体がその結果をまとめ発表し、時に記録として残すというのが一般的である。それはそうなのだが（われわれは「当然、役所がやってくれている」と思っているが、たとえば、スコットランド、いや連合王国全体をみても、役所はそんなことをしていない）、通常選挙はもちろん、補選などの記録がきちんと残されるようになるのは、自治体によって差はあるが、戦後10～20年くらい経過してからである。鳥取県の場合も昭和30年以降、選挙結果はほぼきちんと残される。したがって、第二部は戦後の10年の空白を埋めると共にその後の女性政治家たちの活躍をたどったものであるが、これをもって鳥取県にお世話になってきた恩返しとさせていただきたい。

　以上、本書はこのような研究上のいきさつの中から生まれてきた論考をまとめている。異なる著者が異なる時期に書いたものではあるが、内容的には地域社会と女性リーダーたちの歴史・実情といった共通性があり、それにもとづいてできるだけ一貫したものにしたつもりである。それでも、やや言い訳となるが、春日は定年退職し晴耕雨読の生活を謳歌するはずだったものの、実際は非常勤やら日本語学校で学ぶ大学院進学希望者の指導などで、また竹安は学長としての激務が続き、二人とも多忙な日々を送ることとなり、十分満足のいく加筆・訂正・削除などをおこなう時間がとれなかったことをお許しいただきたい。

　なお、本文中の表記について。まず、年号は西暦を第一に示し、必要に応じて元号を付記した。また、引用などで理解を助けるために［○○＝筆者］とあ

11

るものは筆者・編者（第3部）の手になるものである。ルビのママは書き手や
話し手が示したままという意味である。

目　次

第一部　地域社会と女性リーダー

第1章　地区組織（町内会・部落会）研究の系譜と現状
　　　──特に地区組織の政治的役割をめぐって──

第2章　佐治村における地区推薦制再考

第二部　戦後鳥取県の女性政治家

第三部　女性地方議員の声――立候補から議会活動まで――

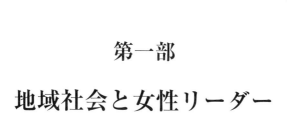

第一部

地域社会と女性リーダー

第 1 章
地区組織（町内会・部落会）研究の系譜と現状 *
——特に地区組織の政治的役割をめぐって——

春日雅司

1　地域社会と地方政治の結節点としての地区組織

　「地区組織」という表現はあまりなじみのあるものではないかもしれない。しかしここで使う「地区組織」は、これまでその形式においても機能においても、またその名称そのものにおいても、さまざまに変化しながら、なおわが国の多くの自治体に存在する、いわゆる「町内会・自治会・部落会」などのことである[(1)]。この地区組織は、歴史をたどれば江戸時代には単独で政治単位をなしていた「藩政村」と重複することもあるが、明治維新以降の行政区画制度ならびに度重なるその変更を経て、国家体制の重要な柱として位置づけられ、戦時中は総動員法の下、隣組として組織化され、全国津々浦々くまなく地区組織網が張りめぐらされた。戦後、一旦は解散させられ、おおむね国家の一元的管理の下に置かれたフォーマルな行政単位としての性格は失われたかのように見えるものの、農村部では戦前の隣組から大きく変化することなしに、また都市部でも形を変えて復活し、その存在について賛否両論が戦わされる中、時に事実上、行政の末端組織として、また時に多様な展開を示してきた住民運動の拠り所として、今日もなお広範囲に存続するに至っている[(2)]。

　さて、いうまでもなく、このような地区組織はそれを包含するより大きな範囲の地域社会と密接な関わりをもち、さらにフォーマルな行政構造の最末端組織としてだけではなく、特定の、多くは保守勢力の政治的温床として、また市民運動の担い手として、その時々の政治と密接な関わりをもっている。もちろん地域社会は人々の政治活動だけでなく、経済活動・文化活動等々の場でもあり、またなによりも生活の場である[(3)]。そのさまざまな活動と地域社会とを結びつけるのが地区組織である。その意味で、これは、個人と社会の間にある決して唯一ではないが、一つの重要な、両者を媒介する、結節点たる組織である、と言える[(4)]。

　このような歴史と特質をもった地区組織は、従来、いうまでもなく例外はあるが、一方で地域社会そのものの中で、他方で地域社会で営まれるさまざまの

活動との関連で、あるいはそれらの活動全体を包摂する一般論との関連で研究対象とされ、分析されてきた。したがって、広義には地域社会論や地域における人間の活動の一つとしての地方政治の問題が、また狭義には地区組織そのものの問題が、戦後、社会学においてどのように扱われてきたのか、この点に関してはいくつものすぐれた先行研究がある。このような研究を通じて見えてくるのは、戦後日本において町内会・部落会などの「地区組織」が、行政の末端組織としてであれ、あるいは民意の結集組織としてであれ、非常に重要な政治的役割を果たしてきた、確かに時にそのこと自体が否定的に捉えられることもあったが、全体の流れとしてみると、良きにつけ悪しきにつけ、一定の意味のある政治的役割を果たしてきた、という点であり、それは、現在、研究者たちの共通した見解であるように思われる。そこで、それらの諸研究を社会学の研究史の中に位置づけてより仔細に検討してみると、地域社会や地方政治、また地区組織そのものに関する研究はもちろん、また筆者がこれまでとりわけ問題としてきた地区組織の政治的役割に関する戦後の社会学的研究には、大きく三つの領域で、調査・研究されてきたと考えられる。すなわち農村社会学、都市社会学、そして政治社会学においてである [5]。もちろんこれら農村社会学、都市社会学、政治社会学といういわゆる連字符社会学は、学問的に必ずしも同時並行的に発展してきたとは言い難いので、それらが「地区組織の政治的役割」をどう扱ってきたのかという問題を考える場合、戦後という時期を三つに分けるのが便利である。

　第1の時期は、戦後から1960年前後までで、農村部においては、基本的には、地区組織そのものが戦前の隣組と連続して、また都市部においても、農村部の部落会を原型として、若干形を変えた程度のものとして捉えられた時期である。したがって、その「政治的役割」に関する理解は、国家と新たに編成された自治体から自立した単位を維持しつつ、戦前の地域名望家支配の温床、あるいは場合によっては、それをより強める住民組織であると見なされる一方、戦後の混乱から着々と脱出し、経済的成功を背景にその支配力を強化しつつあった政

治行政の末端機構にすぎないという見方が生れてきた。第2の時期は、この経済成長に伴って住民のニーズが多様化すると同時に、労働問題、農業問題、安保、ベトナム戦争、学生運動、国際金融問題、オイル・ショックなどのさまざまな国内・国際問題が噴出することにより、従来のままの地区組織では、もはやこのような住民の要望の受け皿としては用をなさないと考えられ、それに代る新たな住民の組織づくりがおこなわれた1960年から1980年にかけてである[6]。そして、第3の時期が1980年以後で、この時期は体制側もそれを批判した側も、それぞれ「地区組織の政治的役割」に対する議論の行き過ぎを反省し、地区組織を再評価しようとする時期で、住民と行政が適度の距離を保ちながら、時に行政機構の一部として、また時に住民要求の窓口としてその役割を果たして今日に至っている。

　すでに注で触れたように、このような時期区分をしたからと言って、1960年ならびに1980年に突然変化が生じたというものではない。変化のそれぞれの位相には当然前者と後者がオーバーラップする時期があるわけで、第1期と第2期、また第2期と第3期の間にはそれぞれ10年程度の移行期があるものと考えられる。したがって、第1期から第2期への移行期は55年から65年、第2期から第3期への移行期は75年から85年ということになる。このような移行期も一つの時代区分とすることができるが、あまり細かい区分ではそこに収まりきらないものもあるので、戦後50年を三つの時期に分けるという方法をとる[7]。

　この三つの時期に展開される議論は、それぞれの研究者の関心や問題意識に応じて、特定の時に特定の場所を見つめながら行われるわけで、そこで論じられる対象についてみると、決して全国一律に変化したわけでも、また変化しているわけでもない。特に農村部といわれる所では、都市部に比べ変化のテンポがかなり遅いし、細かく見ると90年代半ばの今なお第1期の状態ではないかと思わせる場合もある。したがって、多くの研究者の方法をみると、三つの時代区分のうち最初の二つの時期は、農村社会学と都市社会学とは、もちろん時

に合流することもありまた合流させようとする努力もなされるのだが[8]、基本的には独立した研究史があると言える。その意味で筆者は、第1期と第2期については農村部と都市部を分けて論じるのが適切だと考える。研究者によっては第3期においてもなお、とりわけ都市研究者の場合がそうであるが、この両者を分けて考えるという立場もあるが、筆者はこの第3期は都市と農村が政治社会学という土俵の上で共通に語られ始めた、その意味で地区組織そのものも、またその「政治的役割」も共に、都市と農村という地域の垣根を超えて包括的にとらえられた時期であると考えている[9]。

このように、戦後、わが国の地区組織研究は、政治社会学が地域範囲を限定しないでその研究を進めてきたことを除くと、基本的には「対象としての地区組織」の捉えかたに都市と農村という二つの流れが別々に存在していた。その理由を考えると、そこには、戦後の日本社会が大変貌をとげる中で、たとえ農村部においても「地区組織」はかつてのような自立性を喪失したため、それ自体で一つの研究対象にできるわけではなく、一般には「地域社会」というより大きな地域範囲を構成する要素、すなわち部分集団として位置づけられる必要があったからである。しかもその場合、「地域社会」もより大きな「全体社会」の部分であり、地域というのは「部分」を意味した。では実際にどのような範域を意味するかとなると、それは研究者によってさまざまでありうる。ただ、第2次世界大戦後にたどったわが国のデモグラフィックな変化、および行政区画上の変化からわかるように、「地域社会」を分ける最も重要な線引き方法として、戦後、多くの社会学者がとった考え方は「農村と都市」であった。しかも両者は研究者の数ならびに研究の質という点で必ずしも対等なものではなく、まずは質量ともに農村が圧倒的であり、都市は遅れて出発したため、いわば農村の延長線上に位置づけられていたに等しかった[10]。しかし、その後急速に都市化が進み、都市独自の問題状況が生まれることによって、研究者の関心も農村から都市へ移行し[11]、研究対象としての「都市と農村」がほぼ対等の関係になり、1960〜70年代以降は逆転してきていると言える[12]。こうし

て地域社会としての「都市と農村」は、それぞれ都市社会学と農村社会学との主要な研究対象として確立し、当然地域社会の構成要素たる地区組織は農村社会学でも都市社会学でも取り扱りあげられ、時に両者が同一レベルで、また時にそれぞれ別個の領域として研究されてきたのである[13]。

　したがって扱われ方が同一レベルであろうと、別個のものとしてであろうと、地区組織は特定の地域社会に存在する一つの地域集団である。「一つの」というのは、都市社会学では都市に含まれるさまざまな集団（非組織集団＝集合体を別としても、そこには基礎的なものも機能的なものも含まれる）の一つにすぎないという意味であり[14]、農村においては「地域」（この場合は、都市と異なり、あくまでも「地域」だけ）を契機として成立するさまざまな集団のうちの一つだからである。そのため、都市と農村を比較すると、地区組織が持つ重みは随分異なることに注意せざるをえない。

　このような経緯を踏まえ、本稿では、できるかぎり地区組織の政治的役割に問題をしぼって、戦後、社会学がそれをどのように捉えてきたのか、農村社会学、都市社会学、そして政治社会学のぞれぞれの立場から概観し、最後に地区組織研究の現状を紹介し、そのような研究史の中で筆者の立場がどこに位置するのかを明らかにする。

2　農村社会学における地区組織論

　地域集団としての「地区組織」そのものに対する、そして当然「地区組織の政治的役割」に対する研究者の関心は、戦後、とりわけ農村社会学の領域できわめて強かったといえる。戦後いち早く農村調査を復活した福武直は、日本の農村の民主化という問題を存在ではなく当為として位置づけ、秋田県を手始めに石川・岡山などを調査し、家と部落（彼の表現では、家族主義および部落結合）がなお厳然と残存しているとして日本の農村がもつ社会的性格を明らかに

した[15]。その後、特に部落の結合構造に焦点をあて、1952（昭和 27）年、全国 4 ヶ所の行政村を対象に部落の実態調査を行った。これは共同研究であって、当然参加者たちのそれぞれの基本的立場にある程度の齟齬が生じるのはやむをえないことであったが、調査の総括責任を担当した福武は、部落なるものの位置づけを、四つの行政村における部落を一概に論じることはできないと断った上で、「しかし、部落の比重が軽くなり、農事組合や隣組に社会生活の重心を移行させている村であっても、部落は依然として農村社会生活に大きな意味をもっていたし、程度の差はあれ、行政村は、これらの部落の連合体であった」（福武 [1954], 483 - 484 頁）と結論づけ、再び部落のもつ結合の強固さを確認し、部落＝むらが農村研究の中軸に位置することを強調した。この考えは、その後隆盛を極める農村社会研究の一つの立場を代表するものであった[16]。ではこの場合、この部落はどのような意味で重要なのか。福武があげる部落の特徴は、(1) ほかの部落と距離を置いて集団を形成している、(2) 幕藩体制以来、地域的にひとつのまとまりをもつ、(3) 氏神を共同に祭祀する、(4) 共有財産をもつ、(5) 用水の管理を共同に行う、(6) 経済的自給性が高い、(7) 社会関係の大半がこの内部で結ばれる、(8) 種々の社会集団もこの内部に累積している、といった要因をもっていることである（同、484 - 485 頁）。

　ここで福武の言う「部落」を筆者の「地区組織」とほぼ同義のものとして考えると、ここまでは「地区組織」そのものの議論であり、そこから「地区組織の政治的役割」に関する彼の議論が展開する。つまり、このような部落の特徴があるからこそ、「部落は、行政村に統合された後も、自治的区域としてかなりの自治機能を保持してきた」のであり、したがって、部落と行政村の関係は、「この行政村は自治機能に部落よりも劣り、その面では部落間の調整機能を果す以上には、あまり進んでいない」（同、487 頁）と、部落のもつ政治的自立性を主張した。この研究は、多くのほかの農村研究がそうであったように、部落の政治的機能や構造を主たる分析対象とするものでなかったが、今触れた部落と行政村との関係から、彼は部落のもつ政治的性格[17]について非常に興味

深い結論を引き出した。

　　　行政村の政治を行う村会議員が部落の利益代表としての性格を濃厚に
　　もっていることをあげなければならない。村会議員は、部落の上層から選
　　ばれるのが一般であったが、この上層が少ないときには、票はおのずから特
　　定の家に集って、村議になる家々は固定しやすかった。上層農家が比較的
　　多いときには、部落で予選を行い、部落から出しうる最高限の議員を村会
　　に送るために、候補者に票を割当てて選挙にのぞむことも普通のことで
　　あった。農民運動を背景として小自作小作層から村議が出たばあいでさえ、
　　その票の大部分は自己の部落に求められた。このように、その選出母体が
　　部落にある以上、村議は地域代表として部落の利益のために活動せざるを
　　えなかった（同、487頁）。

　福武は当時書かれた多くの論考において、一定の条件を満たせば部落も変化
する可能性があるとしながらも、「部落の連合体としての行政村は、その内部
から動かされるよりも、外部の国や県の行政によって動かされることが多く、
これらの行政施策を［部落に＝筆者］伝達するトンネル機関の性格を多分にもっ
ていたといえよう。部落は、このトンネル機関としての行政村の中で、それと
の関連を深めながらも、その自足的統一を、現在に至るまで保持してきたので
ある」（同、488－489頁）と、基本的には部落の自立性に固執し、（たとえば、
福武[1959]に収められた諸論考もそうである）町村に対する部落の優位をと
なえた。

　さて、このような「部落」自立論ならびに議員の「利益代表化」論に対して、
高橋明善は部落の政治的性格を異なる角度から明らかにした[18]。彼は、部落
がもともと（明治維新まで）は「生活共同体として民衆的性格をもつ」（高橋
[1959a], 77頁）ものであるとする。しかし、部落がこのような性格のもので
あるが故に、明治以後の政治権力によって、「農村支配のための末端として存

在し、国家体制を底辺において支えてきた」（同、77頁）と強調し、新潟県糸魚川市の二つの部落、生産力の高い部落と低い部落の明治期以降の変遷をたどる⁽¹⁹⁾。そして、戦後いずれの部落においても「階層的な支配関係が見られ」（同、138頁）、前者においては、経営上層の共同体支配は、（一方で）「なるほど、自ら所有する耕地を、自ら経営する自作農が、部落秩序を自作農的土地所有に従属せしめることによって……土地所有の面では、小作農から自作農へと大きく変化したのであるが、土地利用の面では、農道、用水の管理・維持・改修等を中心に共同的な利用形態を戦前と殆んど変わらない形で残存せしめていたのであった……このような土地の共同的な利用形態が［あるが故に＝筆者］、共同に供される耕地の中で最も多くの持分を持つ農家が最も多くの共同体的な権利を持つというところにこそ、階層と部落とが媒介しあって部落支配の構造を生み出す根拠が」（同、139頁）あり、他方でそのことは今後の社会経済情勢の変化によって支配関係を変えるかもしれないが、この上層支配をいっそう確かなものにしていくのが、「官僚制支配の巨大な力」（同、142頁）を借りることであるため、「耕地整理、農道新設改修、用水路の整備、農業資材の購入、農産物の販売等々いかなる側面をとっても、補助金を通じて、行政機構を通じて行政支配の及ばぬところはない。経営上層がそうした官僚的支配の力を借りて経営前進の道を考えるとき、……小農経営においては共同体は弱体化したとしても決して消滅し得ない」（同、142頁）と見ている。また、後者の生産力の低い部落においては、部落の生産力の低さ故に維持される部落結合の強さに立脚した部落支配は、地主的身分的なものとして現われる。したがって支配関係の成立根拠は「所有の経営に対する優位」（同、142頁）であり、たとえば、部落費をより多く負担することによって、支配層は共同体的諸権利をより多く持ち、そのことが被支配層によって承認されているという。たしかに、被支配層が「経営面において、支配層と共通の利害関係に立ち、その限りで同等の部落運営に参加しうるのではないか……しかも農政という公権力に支えられ、官僚支配の力を自らに結び付けたり、また兼業農家の存在によって、部落や地主

的身分支配より独立せしめるのではないか」（同、143 − 144頁）と考えられるが、しかしここでも支配層は公権力と結びついて部落支配を再編強化している、と彼は見る。

　高橋の直接的な問題関心は、部落そのもののもつ政治的性格を追求しようとするものではなく、二つの経済的に性格の異なる部落の支配構造の変遷をたどることによって、いずれの型の部落においても、いかに部落が行政の末端組織に組み込まれていったのかを実証的に明らかにし、また今後も容易にそのメカニズムから脱却できないであろうことを予見したものである。このような部落の政治的性格を、彼は次のように述べる。

　　戦後における地主制の一応の解体は、物質的基盤を失った地主名望家層を政治面より後退させ、従来、地主との階級的な対抗関係にあった一般農民を、土地所有にもとづく階級関係の後退とともに、広汎に政治過程へ噴出せしめた。政治はこうした広汎な農民層の利害を無視しては不可能になったのである……さらに、国家の行政施策によって農業が支えられ、また農民はその利益にあずかろうとするからこそ、政治過程は利益化、大衆化していくのである。したがって旧来の支配層は、自らの力故に支配層ではありえなくなり、農民に利益をもたらすパイプ役を演じることによって、その地位が保証されるものへと変質していった。このことをいっそう推し進めたのが町村合併 [昭和の大合併＝筆者] である。町村合併によって一方で地域社会が拡大し、人々の社会関係が希薄になるにつれ、他方で利益の要求組織としての部落内部の結束が強化される。この部落の要求を代弁し利益を獲得することが部落の支配者に求められる資質となり、支配者たちはその要求を満たすために典型的には補助金を獲得することで辛うじて自己の命脈を保っているにすぎない（高橋 [1959b], 90 − 93頁）。

　これが、高橋の部落の権力構造分析である。

高橋のこのような部落論は、福武の説とは対照的に、いわば部落機関説とでも言えよう。明治以降のわが国がたどった中央−地方関係を考える場合、中央たる国家が対峙しなければならなかった地方権力として町村と部落があったというのは研究者の基本的かつ共通の見解であるが[20]、しかし高橋は、町村と部落の位置づけに関し、このように福武とは異なる見解を示した[21]。

　50年代後半から始まる日本経済の高度成長は、都市部のみならず農村部にも大きな影響を及ぼし、農業をとりまく諸環境の変化は農村地域における人々の社会関係をも変えずにおかなかった。このような日本社会全体の変質過程は、対立する二つの立場に大きな影響を与えた。したがって、第2期に出てくる農村部落論の中心論点は、社会の変質とそれに伴う「むら」の解体・崩壊論であって、当然のことながら「地区組織」に関する議論も例外ではなく、いくつかの思想潮流と結びついて新たな方向が模索される[22]。当時、当然そのような変化に反応し、「むら」の解体・崩壊を真剣に議論しはじめた研究者の中には、特に、福武の提唱する「村落構造分析」の立場に対して、ここには階級構造や国家との関わりにおける政治的支配構造の視点が欠落している、と批判する立場がより明確になってきた。しかも、社会の大きな変化によって「むら」が単独では存続しえなくなり、より大きな範域で捉えなおさなければならないと感じられるようになるにつれ、農村社会学の研究対象も、それまでの「家」と「村」から、場合によっては国家全体との関連も視野に入れた「地域社会」論へと変質していかざるを得なかった中で（蓮見 [1987]、塚本 [1992]）、このような変化の方向性を、福武に対する明白な批判者だけでなく、福武自身とその指導の下にあった人たちも同様に感じ取っていた。その意味で、先の二つの立場が向かおうとしていた方向は、その方法こそ異なれ、同じものであったと言うことができる。そのことは、第1期のように、農村部の地区組織が自立的であるとか単なる機関にすぎぬかということではなく、その双方の立場が互いに接近し、両方の要素を視野に入れつつ、改めて地区組織をとらえ直す動きが芽生えたということを意味する。このような時期が第2期である。

　そこで、この時期、変わってしまった、また変わりゆく「むら」を見ながら、「地区組織の政治的性格」について、福武と高橋が第2期で、その捉えかたがどう変化したのか見てみよう[23]。

　まず、両者に共通するのは、純然たる農村地域だけでなく、より広い地域に視点が移行したということ[24]、また第1期で論じられたそれぞれの主張のトーンが若干弱まった、というより両者とも現実を見ていたわけであるから、その見ていた先の現実が変化すれば、その説明も変化するのは当然であるが、論調はより現実的になったことがあげられる。たとえば、高橋は[25]、先の調査から15年後、部落結合がどのように変化したかを追跡し「全体として、伝統的な部落の結合は、過疎化と都市化の傾向が交錯する中で衰退する方向に進んでいることは明らかである」（高橋 [1974], 227 頁）と言い、福武は日本社会全体を論じる中で、「昔ながらの村落は解体しようとしている。村落内の伝統的な集団の拘束力も弱まっている。すべての生活面にわたって活動した組は、町村行政最末端の伝達単位になろうとしている……村落の構成員が、専兼業の別なく村落一体となって、すべての面で共同し、村落がその住民をつよく拘束規制した時代は、もはやすぎ去ったのである」（福武 [1972], 77 − 78 頁）と指摘しているからである。だが、高橋と福武の考え方は、この先で大きく異なる。すなわち、高橋は「公行政と部落行政の二重構造が依然として強力に存続している」（高橋 [1974], 246 頁）とか、「部落会は公権力の中核を占めているし、諸団体の基礎に部落の結合があることも少なくない」（高橋 [1968], 147 頁）、また「部落行政が合理化したとしても、村落の共同体的性格が消滅したわけではない」（高橋 [1974], 247 頁）とか、前後の文脈をみるとかならずしもそうとは言い切れないことを断りながらも、全体として「部落社会と部落結合の崩壊」ならびにそれが行政組織に組み込まれていることを強調すると同時に、後の岩崎信彦たち（岩崎他 [1989a]）の研究と共通する「アソシエーション」論も展開しているが、他方、福武は「いずれにしても昔ながらの村落は解体しようとしている……部落の団結と平和を村落社会の生活目標とし、階層的利害の

差を隠蔽して「村のために」という地域ぐるみの利害を前面におしたててきた部落根性は、現在でも生きているといわねばならない」（福武 [1972]、74 - 79頁）とした上で、「この共同体にかわる自主的なコミュニティを形成するためには……それぞれの目的に応じた集団形成を行い……部落の機能を縮小ないし鈍化し、農家非農家の別なく小地域社会の住民として必要な最小限度の共同のために、受益と負担の公平を旨とした部落運営をすべきであろう」（同、80頁）とし、規模の異なる重層的コミュニティの創設を提案し、それを核としてより拡大された第二、第三のコミュニティが「それぞれの機能を分担して、住民の欲求にかなうように形成されるとき、解体した共同体的農村が、新しいコミュニティとして再建され、規制された村意識にかわる自主的な連帯感が生まれる」（同、81頁）と言う。

　このように見てみると、部落結合にかわるものとして高橋が求めていったのが、当然のことながら「運動論」的に展開される住民自治組織であり（高橋[1983]）、また、福武が部落結合にかわるものとして求めていたのは行政主導の「コミュニティ」形成であったことがわかる[26]。

　この第2期において、農村社会学者たちが「むら」の崩壊という場合、すでに触れたように、崩壊したものがなんであるかということを問題にした。つまり、「むら」をどう定義づけるかが問題となった。ここでは「家」と「村」の議論から、経済・社会の変化に応じた歴史的規定性まで膨大な議論が展開された。しかし次に述べる都市社会学の展開を少し先取りして言えば、農村社会学と都市社会学の地区組織研究における最大のズレは、その分析視角にあった。すなわち、前者が地区組織を構造面からとらえたのに対して、後者はその機能を重視した。したがって前者においては、「むら」をいかように定義しようとも、議論として、構造の崩壊はあまりにも重く、「むら」の機能だけでも残すという発想は生れにくいし、またたとえその発想が生れても受け入れるのは容易ではなかった。他方で、都市では地区組織の機能に着目し、変化したのは構造ではなく機能であると捉えたことから、「むら」的機能は生き続け、それが「むら」

意識として抽象化され、都市部においても、当然、同じ性質のものが見出されたのである。

　たとえば、長谷川昭彦は全国各地の農村に言及し、「むら」の変容について、大きく変化したものもあれば旧態依然たるものもあることを示した（長谷川[1986]）[27]。その中（第二章）で、彼は「村落」がもともと生活連関体（同種間の共同と異種間の機能的連関とを含む生活の連関の網）であると同時に文化的統合体（内に共通で外に特殊な行動様式）でもあったと考え、いずれの側面についても村落は時代の変化に対応して新しい秩序を求められてきているが、徳島県のある部落の例を見ると、「村人のよりどころとしての潜在的村［明確な範囲と形態とをもった村落の自治組織としての顕在的村の対極にあるもの＝筆者］は必ずしも弱化したとはいえない。この潜在的村の観念が村の人々の中に残っている限り、村はまだ生きているので」あると指摘している（同, 41－79頁）。長谷川の目的は、「家」と「村」の変化をたどることであって、決して「むら」が変化していないことを証明しようとしたものではない。しかし、その目的を十分に達成できなかったことは、この書の欠陥ではなく、それどころか旧態依然たる「むら」意識が十分に機能していることを人々に知らしめたという意味で、「むら」の再認識につながるものである[28]。

　このように、農村社会学に見られた地区組織の政治的役割に関する議論においては、第1期の自立論と機関説の対立という二つの相異なる見解が、その後の日本の農村の大変貌を経過して、旧来の地区組織そのものの崩壊ならびに農村が孤立した存在ではなく、都市との接点を考慮した広域の地域社会という視点が必要だという共通認識から、一方は地区組織にかわるあらたなコミュニティ形成を、他方は行政主導のコミュニティではなく住民の自発的自主的地域組織の形成を、それぞれ提唱することになる。この問題については、さらに次の都市社会学との関連からもう一度触れよう。

3 都市社会学における地区組織論

　都市町内会の政治的性格の問題が都市社会学において本格的に取り上げられるようになったのは、戦後もしばらくたってからである。ただし、それまでそのことが全く論じられていなかったのかというとそうではない。注10に引用した矢崎武夫の文章の中で指摘されていたように、この問題は戦前の都市研究の中でもそれなりの研究蓄積をもっていたと考えられる[29]。しかし、農村研究に比べ、日本の都市研究そのものが出遅れていたのは、欧米に比べわが国における都市そのものの成立が十分でなかったことによる。したがって、戦後に始まる第1期は、主として基礎研究の確立に勢力が注がれたと言ってよい。すなわち、この時期、地区組織は都市の中にある下位集団の一つで、その政治的役割は農村部落のそれとあまり異なる所はないものと捉えられていた。

　このように、戦後しばらくの間、都市社会学は自己の学問的アイデンティティを求め苦闘するが、当面地域研究の大御所である農村社会学との対比から逃れることはできず、「地域社会としての村落や都市を成立させているものは何か」という問に対して、農村社会学は明確に「家と部落」との答えが返ってくるのに、都市社会学ではなお論争が続いた。たとえば戦後初めて都市に関する体系的研究を公刊した磯村英一でさえ、この問に対して「有機的共同関係にある都市社会の活動範囲」（磯村 [1953a], 58 頁）[30] と歯切れの悪い説明に終始し、農村を特徴づける家族と地域から脱しきれていない。しかしその後鈴木榮太郎の影響を受けて、都市社会の構造的特質を職場（生産）と家庭（消費）の分離関係に求め、家庭が第一の、職場が第二の、そしてそれらとは異なる＜都心＞や＜副都心＞が第三の地域社会を形成すると考えることによって、機能的関係の優位な職場や都心・副都心の中に擬似的地域社会を見出した（磯村 [1959a], 72 頁以下）。日本の都市社会学をリードした磯村の論述には「地域」としての都市は見えても、町内会のような地区組織はあくまでも多様な社会集団の一つであって、個別には言及されることがなかった。一方、鈴木榮太郎も都市の社

会集団として五つを分類し、第5番目に「地区集団」を位置づけたが、これは
あくまで第4番目の「生活拡充集団」の一種であると断った上で、地区集団を
単独で取り上げた理由として、生活拡充集団にはない、世帯単位、強制加入と
いう二つの特徴があるからだ、とする（鈴木［1965（57）］, 161頁以下、特
に222 - 231頁）。したがって、基本的には磯村同様、地区組織（地区集団）
の独自の存在意義を認めていなかった[31]。

　このような状況の中で、町内会の復活を認め、その理由を分析したのが近江
哲男である。彼は、1956年度の自治庁調査をもとに、全国の市町村のうち町
内会・部落会をもたない区域が数パーセントにすぎないことをあげ、現実に目
を向けるよう提言した[32]。そこで町内会・部落会の一般的性格、目的と機能
を述べ、果たして町内会は基礎集団か機能集団かという問いに対して、「都市
町内会の本質的な性格が基礎集団であるか機能集団であるかを、一義的に決
定することは不可能である」（近江 [1984], 105頁。ただしこの論文の初出は
1958年である）とし「町内会（町組）もまたわが国における集団の原型の一
つとして、現に存在を保っているばかりでなく、家族の場合ほど顕著ではない
が、社会生活の種々の面にその集団原理、つまり固有の思考および行動の様式
を入り組ませている」（同, 119頁）と結論づけた。近江の主張は、後に安田三
郎 [1977] が明確に述べる、町内会の自治体としての性格（だからこそ、行政
と相補関係にある）を強調していた点で注目すべきであるが（同、92頁）、だ
がこの近江の立場も、時間が若干前後するが、その伏流として都市の近隣集団
に着目し、その存在意義を認めていた大橋薫（大橋 [1954]、大橋 [1957]、大
橋 [1959] など）[33]、岡村重夫 [1954]、笹森秀雄 [1955] などの諸研究の上に
立つものであり、「地区組織」論そのものの独自性を明確にしていたとは言い
がたい[34]。

　第1期から第2期への過渡期の中で、もう一人注目しておきたいのは奥田道
大の仕事である。当時、奥田は石川淳志と共に、このような地域集団の対立す
る考え方を包摂する方向で、都市化過程にある都市の地域集団を分析する枠組

みを提示し、四つの地域集団概念を示した。そのうちひとつを除く三つ、伝統型・擬似型・自立型という地域集団類型を説明し、「今後市の地域集団は、すぐれて自立型地域集団としての意義をもち、またそこに初めて実り豊かな成長、発展を期待できる」（石川・奥田 [1959], 112 頁）と、自立型地域集団への期待を寄せると共に、それを多様な都市集団の中の単なる一つとしてとらえるのではなく、今後中心的役割を果すであろうと予言した (35)。これがその後さらに洗練されて、彼独自の「コミュニティ」論へとつながる原型となり（奥田 [1971]）、学問的にも実践的にもその影響は大きなものであった。だが、このように都市の地域社会を多元的・包括的に分類し、自立型地域集団（これが後に「コミュニティ」と呼ばれ、上の図式で対極に位置する「伝統型」から区別される）の可能性を歌いあげる一方、他方で町内会のような住民組織についての彼の見方は否定的である。「町内会を例にとってみたばあい、ことばの素直な意味において、その"古さ"にはおどろかされた……"前近代的要素の残存"のたんなる指摘・強調は厳に慎まねばならないが、それにもかかわらずこの"古さ"は、すくなくとも次の諸点において確認された」として七つの側面をあげ（奥田 [1960b], 83 頁）、「とくに 1952 年以降は、都市化なり大衆化状況の急速な進展にともない、少なくともたてまえとしてはヴォランタリーな多元的機能集団が簇生、地区内住民の生活機能の分化と利害関心の多様化とも対応する。この過程に並行して、社会的実態としての要件を欠く町内会は漸次崩壊・解体化の方途をとる、と予想される。しかし、実際にはまさにこの過程と並行して、ヴォランタリーな機能団体は、よりおおくのばあい、住民との接触場面においては、町内会という媒介装置に一元化され、下部機構化される傾向を示す……一元化の媒介装置、その実質的にない手層は、かつての旧地主を典型とする"名望"に代る、いわゆる"役職"有力者である」（奥田 [1964], 9 – 10 頁）と言って、その"古さ"の中心的役割を担ったのが「旧中間層」であることを指摘すると同時に (36)、地区組織のもつ政治的機能をかなり突っ込んで展開した（奥田 [1962b]）。だが、そうであるが故に、一方で伝統的な地域と

は対蹠的な「自立型」地域を発見したにもかかわらず、この段階では現実の町内会をそのモデルの中でうまく位置づけることができず[37]、それが行われるのは後のコミュニティ論ならびに運動論へとつながる諸研究を待たねばならなかった（奥田 [1980]、奥田 [1983]）[38]。

　50年代後半から70年代にかけて、わが国は大戦後の混乱が一段落し、めざましい経済発展を遂げながらもさまざまな社会問題が続発する。知識人の間では、55年体制の確立以後形成されてきた新たな社会状況を「大衆社会」とか「新中間層」と名づけ、幾多の論争が繰り広げられていた。この間、政治的には安保改定の後、自民党単独政権のもとで「経済優先」とも言える政策が断行されていく。しかし高度経済成長は人々に夢と希望の実現をもたらす一方、地域的な格差や貧富の差を拡大させ、また各地で公害問題を引き起こしていった。このような中、行政と地域住民の問題解決のパイプ役であった「地区組織」の存在が疑問視され、あらたな組織が模索され始めた。

　このような閉塞状況を打破し、町内会研究に新たな光をあて、第2期の幕開けとなり、それを代表する立場を明確にしたのが中村八朗である。彼は日野市と三鷹市での調査を通じて（中村 [1962a]、中村 [1964]）従来の説に疑問を投げかけ（中村 [1965]）、その後、その考えをさらに洗練していった（中村 [1973a]）。彼の主張は、町内会の性格を規定する要因として、（1）加入単位は個人ではなく世帯、（2）一定地区居住に伴い加入は半強制的（または自動的）、（3）機能は未分化（または多目的・包括的）、（4）末端行政の下請または補完機関、（5）保守的伝統の温存基盤、の5点をあげ、従来の町内会はこのような要因を備えているが、しかし近代集団というものの特徴を考えると、（1）個人が、（2）自分の意思で、（3）特定の目的を達成するために形成するものであり、したがって、（4）行政の末端機関などではありえず、ましてや（5）保守的伝統が惰性的に温存するものでもない。そのため、近代集団から見ると町内会はまったく逆の極に位置することになる。しかしこれだけでは、すでに図式的な地域社会モデルでもって奥田が説明したものと全く同じ地平に立つにすぎない。だが中村と

奥田の違いは、現実の町内会を見て分析したその結果にある。すなわち、奥田が町内会を伝統型として片づけていたのに対し、中村は「東京都下の調査では私の指摘の（4）（5）の点、つまり行政の下請とか保守的伝統の温存基盤という点の妥当しない町内会も大分現れていた（ただし、(1) ～ (3) は共通であり、したがって団地自治会が「町内会ではない」と考えていても、私としては一応同一カテゴリーのものとみなしている）」（中村 [1973a], 105 頁）と既成の町内会概念の修正を求めた。

　この立場は、町内会を農村部落の延長上にある旧来の伝統的な地域集団とは全く異なるものとして位置づけるのではなく、それと一部の性格を共有しつつも、特に機能に関して伝統的な性格を払拭した近代的集団、いわゆる機能的集団であるというものであった。つまり、地区組織の構造が変化するのではなく、機能が変化したと捉え、機能が優先することに着目したところに特徴がある [39]。このような発想は、奥田のその後の研究に刺激を与えたと思われる [40]。奥田は自己の分析枠組みを洗練し、自立型の地域社会に「コミュニティ」という名称を与え、「崩壊・解体化の対象となる伝統的「地域共同体」と区別する意味で」（奥田 [1983], 71 頁）この言葉を使うが、「むしろ、「コミュニティ」との対極化とは別に、都市的全体社会とかかわる、地域共同体の解体と再編を争点とした住民、あるいは体制の対応上の問題が、独自に提出される」（同、72 頁）として、一応この概念図式とは次元の異なるものとして地域住民組織を位置づけ、それを更に「体制的価値秩序への同調性向（非コミュニティ指向）と刷新性向（コミュニティ指向）の、二つに弁別」（同、72 - 73 頁）することによって両者を統合した。こうして、このような地域住民の動向を運動論のその後の展開に結びつけていったのである。

　中村が地区組織のこれまでの解釈に疑問を投げかけていたのと相前後して登場し、その形を明確にしてくるのが、「運動論」である [41]。その萌芽は戦前にも、戦後にも現れていたが、特に 60 年代になると [42]、「住民運動は農漁村から都市へ、補償金獲得から問題要因の根絶へ、「お上」お願い型から市民的権

利の行使としての訴訟へと変化しただけでなく、地域住民生活破壊に対する生活防衛型の運動とともに破壊予防型の運動が展開されるようになった」（山本英治 [1980], 242 頁）ことによって、地区組織は変質をせまられることとなった。このように、この種の住民運動は、この時代のわが国の地域社会と地方政治のあり方に一定の、きわめて重要な変化をもたらした。したがって、この運動は「生活基盤よりも生活基盤整備や福祉行政の重視、サービス行政の充実にとりくまざるをえなくなったこと。そしてこの中で全国各地に 100 以上の革新自治体の成立をみ、……経済・政治を転換期のなかにおいた」（同、246 頁）のである[43]。しかしこのような 60 年代までの運動論には大きな限界があった。このような運動は、基本的には政治的・宗教的なイデオロギー集団を形成し、これまたアンチ・イデオロギー集団たる政権政府と対立し、時に過激な行動に出ることによって一定の成果は獲得できたが、結果として「生活防衛」や「現状維持」を考える人々には破壊行動としか写らないこともあった。そのため必ずしも国民全体の支持を得られなかったからである[44]。

　そのため 70 年代後半以降になると、初期の政治的にラディカルでかつ反体制的な運動論に対して批判が起こり、それに代わる新しい動きが見られるようになる。「資源動員論」や「新しい社会運動論」などがそれである[45]。これら「運動論」の系譜に位置づけられる議論に共通していることは、問題をかかえている地域社会が、それをどうやって解決していくべきかを考えた場合（微妙に異なる立論のどれを選択するかという問題自体、一つの大きな問題であるが）、ともかく既存のものとは異なる住民組織化のための理論的拠り所を提供しているという点である。しかしそれだけに理論と現実の乖離もまだ十分に克服されておらず、それ以後もしばらくは試行錯誤しながら、新たな方向を見出していこうとしていた。その限りで大きな可能性、従来の地区組織の政治的役割に関する議論とは全く異質の方向性を提供する可能性はあるが、他方でかかえる問題も多いと言わざるを得ない。しかもここでの課題である地域住民の組織化と、地域の問題をどう解決するのか、すなわち政治的にか非政治的にか、合法的に

かあるいは多少の非合法性もやむをえないとするのか、という手段の選択をめぐって、住民の合意形成のための試行錯誤が続いている。そういう意味でこの考え方は、潜在的可能性は大いにあるものの、むしろ未だ現状分析の段階にあり、明確な方向性を提供しているわけではない。

　このように初期の住民運動は時に体制そのものと激しく対立するものであったがため、行政側はもちろん正面から受け入れられることのできるものでなかったと同時に、住民の中でもとりわけそのような運動に必ずしも賛成しない人たちがたくさんいた。こうして初期の住民運動の高揚と相前後して登場してくるのが新しい「コミュニティ」論であった。

　松原治郎によると、この新しい「コミュニティ」論は奥田や中村のいう「コミュニティ」論とは違い、「政策科学」として実践的な意図をもっていた[46]。したがって、「「コミュニティ」とは、地域という生活の場において、市民としての自主性と主体性と責任を自覚した住民によって、共通の地域への帰属意識と共通の目標と役割意識をもって、共通の行動がとられようとする、その態度」にもとづいて、「生活環境を等しくし、かつ、それを中心に生活を向上せしめようとする共通利害の方向で一致できる人々が作り上げる地域集団活動の体系」である（松原 [1978], 25 頁）。複雑化・多様化する現代（70 年代半ばの）社会において、「もはやかつてあった牧歌的なローカル・コミュニティが維持されたり、共同体秩序が意味をもっていたりする余地はなくなっているし、人々の生活空間は、家庭と職場と余暇場面とに分極化していくかに見え……どれをとっても、人々の生活にとって「コミュニティ」などを無用なものでしかないかのごとく思わせるが、……だが、……このような状況が深まれば深まるほど、人々はかえってコミュニティを必要とし、積極的なコミュニティづくりをしていく気運が醸成されてくるのではないだろうかと考えよう」（同、29 - 30 頁）と言い、現状の問題点を、（1）都市空間における“密集定住性”、（2）能率化に伴う人間性の希薄化、（3）生活の近代化、高度化に伴う生活手段の公共的利用の必要性、(4) 生活空間のスプロール化によって引き起こされる環境破壊、公害の発生、

40

交通渋滞、自然災害の発生、(5) 地域情報施設体系と、コミュニケーションのネットワークの存在と展開の必要性、(6) コミュニティ・コンセンサス（地域社会的合意）の必要性、の6点に整理し、「今日われわれの生活においてコミュニティを存在させることの必要性と、その可能性がある」（同、30-33頁）と結論づけている。このような新しい「コミュニティ論」は、特に70年代になると政府・財界で積極的に取り上げられ、行政による施設整備ならびにコミュニティづくりが盛んに実施され、現状に大きな不満を感じつつも、それをフォーマルな通路にそって行政に提示し、その改善を求めるてだてのなかった住民たちにとってはまさに夢のようなものと映ったかもしれない。しかし実態はそれとは程遠く、むしろ住民の政治的要求、地域住民が主体的に求める生活要求を政治的手続きを経て解決していくという意味での政治要求を、行政側が政治手続きを先取りし、さっさと教育・保険医療・福祉さらにはレクリエーションなどの諸施設を作り、そこを拠点として従来の地区組織に代る新たな「コミュニティ」を作り出す、しかもそれは決して「政治」という牙をもたない地域性と共同性を兼ね備えた住民組織を作ることにすり替えたにすぎなかった（園田 [1973], 園田 [1978]、園田 [1979]）[47]、という側面も見逃すことはできない。

　このような動向は、外見的にはニュートラルで新しい名をもつ「コミュニティ」が創設されることによって、伝統性とか保守性といった汚名をきせられた「地区組織」は不要となったことを意味する。しかし、いくら「コミュニティ」と名のついたものを新たに作ったとしても、とりわけ社会移動の少ない農村地域では、そのメンバーの多くが依然として古い体質を維持したままだったろうことは想像に難くないし、都市近郊地域においても旧住民の存在は無視できないものであっただろう。したがって、旧来の組織の外形は変化はしても、そこに存在している構造的要因（先に中村八朗のあげた町内会の性格のうち、(1)～(3)）は、「コミュニティ」においてもそう容易に消滅するものではなかった[48]。

　このように、都市社会学では第1期（1960年以前）にその学問としてのア

イデンティティが模索される一方、地区組織のあり方について賛否両論が戦わされる中、あるいは各地に旧来の組織の復活として、あるいは新たに、それぞれ地区組織が形成されていく。第2期（1960 ～ 1980 年）になると、新興都市における実証研究をベースに、地区組織の政治的役割について新たな見解が提示され、また、そのこと自体農村社会学と共通するものであるが、経済成長の落とし子と言える種々の社会問題を解決するために、地区組織の主体性が叫ばれ、社会運動ならびにコミュニティ論といった理論と結びついて、行政側の要求にある程度こたえつつ、なお住民の主体性をどう生かし発揮できるのか、その関係の新たな方向を探り始めていたのである。

4　政治社会学における地区組織論

　農村社会学ならびに都市社会学と区別して考えなければならないものに政治社会学の立場がある。政治社会学は、政治学と密接に関連しながら発達してきた社会学の研究領域であり [(49)]、独自の理論展開をもつが [(50)]、政治社会学において地区組織の問題が正面から扱われたのは、1960 年代になってからである。具体的な地域社会の政治意識や政治構造を研究対象とする「政治社会学」の方法と構想そのものは、もともとはアメリカで生れたものであるが、そこにおいて戦後急速に展開してきた「地域権力構造（Community Power Structure）論」 [(51)] を、わが国の地域分析に応用・発展させようとした研究者の代表的人物が秋元律郎である [(52)]。

　彼は「現代の権力を断片的にでなく、全体的にとらえる」（秋元 [1971], 107 頁）必要があるとし、「今日の権力集中と画一的官僚制統治のなかで、地域社会の政治そのものが、権力の民主主義的変革の基本的な要因として、なによりもましてつよく提起されねばなら」（同、106 頁）ぬが故に、地域社会の権力構造が分析される必要があると言う。したがって、この分析の課題は「現代日本の政治過程における自治体政治の実態を、その権力構造の視点から追いもとめ、

これを地域住民の自治の問題のうちにとらえなおしていく」（同、107 頁）こ
とであり、「権力の末端組織として個々の勢力をささえる地域諸集団＝組織が、
地域社会の政治体系のうちで、どのような力関係をつくりあげ、またそれがど
のように地域の権力構造を規制し、リーダーの構成をうながしているか」が問
題とされる（同、107 頁）。つまり「権力媒体としての地域諸集団＝組織を、リー
ダーの構成を規制する規定的な環としながらも、政策決定をつねに変数として
とりいれる」（同、129 ‒ 130 頁）のである。そこで彼が注目した地域集団が
「区」である[53]。これは「末端行政の補助機関として地方自治体と地域住民」（同、
130 頁）との間の権力媒体であり、「たんにそれが行政補助機関として機能し
ただけではなく、旧慣的な共同体秩序にささえられたヒエラルキー的な地域統
合の組織として」（同、130 頁）地方名望家たちをリーダーとして選出しつづ
ける規定的な環としての意味をもっていた。「明治以来の「区」、およびそれを
構成する単位としての「町内会」、「部落会」が、権力と住民の生活とを媒介す
る組織として、さらにまた地方行政にあっては、自治体と住民とを媒介する装
置として発達してきた」（同、162 頁）のはなぜかというと、「地域住民の日常
生活がその細部に至るまで区の介入をうけ、また地域住民の自発的な公共活動
性もすべて区長の指導下にゆだねられていた」（同、161 ‒ 162 頁）からである。
このような地域統合の母体としての区制をささえていたのが町内会（部落会）
である（同、164 頁）。この地域集団としての町内会は「戦後の変動期にあっても、
自治会と名をあらためただけで、その機能は決して衰えをみせていない」（同、
165 頁）が、しかしさすがに 50 年代以降、「やはり全般的に、町内会、部落会
のもつ統制力が衰退していることは否定できず、これは、市議会議員の選挙に
おいて、きわめてはっきりしたかたちをとってあらわれている。農村部におい
ても、ほとんど部落会推薦というかたちで、市議会議員立候補者をしぼること
ができなくなっていることなどは、その端的な例であるが、また立候補者にとっ
ても、町内会、部落会は、すでに確実な票培養の装置ではなくなっている」（同、
168 頁）と、その機能が大きく変質しつつあることに注目し、権力媒体として

の町内会・部落会の変化と地域の産業構造の変化とがどのように対応していくのかをたどる。その結果、「急激な地域の産業化によって、［新たな機能集団の簇生が見られることなく＝筆者］全般的な地域諸集団、組織の衰退をよぎなくされ」（同、174 - 175 頁）、その結果地域リーダーが分裂し、企業を核とする新しい地域政治の再編成の動きの中で、地域組織が住民運動の母体として機能していることを指摘する[54]。

　その後この立場はいくつかの実証的研究が重ねられていき、秋元はこの研究領域のわが国における口火を切った一人となる。彼の研究の意義の一つは、農村社会学においても都市社会学においても「当然のごとく」指摘されていた地区組織の政治的役割ならびにその変化に関する問題を、（戦前はともかく）戦後について、データを使いながら客観的に証明したことにある。また、秋元の研究と時を同じくして、地区組織の政治的役割に関する調査が局地的にも全国的にも実施されていったことは、60 年代半ばの特筆すべき出来事である[55]。

　第２期から第３期への過渡期に、それまでの農村社会学ならびに都市社会学におけるマルクス主義的な立場を代表する研究者として、古城利明がいる。彼は従来の地方政治と地域研究を総括し、「地域的不均等発展論」を提示することによって、従来の都市と農村の対立を止揚しようとした[56]。

　彼はまずその著書の冒頭で、それまでの地方政治研究が問題としてきたことがなんであるかにふれ、「地方政治は、その階級性を本質としているにもかかわらず、最近では、まさにその対立の尖鋭化の故に、支配階級の側においても、また被支配階級の側においても、社会関係の共同性に基礎をおいた公共性と階級性をどのように関連づけるかが問題とされるに至っている」（古城 [1977]、1 頁）とし、行財政学、政治学、社会学などを中心とする学問分野が研究を蓄積しており、その研究史を戦後から 1977 年まで四つに区分し、そこで何がどのように扱われてきたのかを概観した後、支配階級と被支配階級双方における階級性、共同性、公共性の相互連関の分析をこの書物の中心内容として位置づけた。彼は、戦後、最初の動向として表面化したのは支配階級と被支配階級双方

の階級性の認知・顕示であり、その後「支配権力はリージョンにあわせて地方政治を再編し、これに遅れて被支配階級はコミューンに向けて地方自治を形成することを要求しはじめた。ここにリージョン、コミューンという共同性が問題になりだしたが、1970 年前後から支配権力はリージョンのみならずコミュニティ形成をめざし、その基盤の上に公共性を再編しはじめ、他方被支配階級もコミューンにおける公共性に接近しはじめたのである。したがって、いまや共同性の上にたつ公共性が焦点になりつつある」（同、43 頁）と戦後の政治権力と住民の関係を説明する。ではこの共同性や公共性の「場」としての地域を彼はどのように捉えたのか。彼によると、戦後日本の地域研究は都鄙の二分論と連続論の対立から始まり、その後両者を融合する流れとして都市化論と生活圏＝コミュニティ論の二つが登場したという。しかし、前者は「都市と農村は全体社会システムのサブ・システムとして、それぞれに機能的に関連し、均衡をとりつつ変化する」（同、49 頁）ものとして捉えられるため、「都市と農村は全体社会の近代化のなかで、「圏内包摂」「有機的統合」を媒介に関連づけられ、その間の対立、格差、離齬は軽視されることになる」（同、49 頁）としてしりぞけられる。また後者はさらに二つの方向で展開するが、それらは「共に地域的にあらわれる生活格差、跛行を問題にし、生活過程の地域的再編成の解明を目指して」（同、51 頁）いるが、しかし「巧妙な論理のなかで、生活格差・跛行が生活一般に、生活相互連関が市民性一般に、住民の共同行動が人間性一般に、それぞれ抽象化され、洗練されているのを見逃してはならない」（同、53 頁）として、これもしりぞける。それらに代って、彼は「地域的不均等発展の理論」を提示する。この理論は「資本主義の発展過程で、工業と農業が、またその発展に照応する第Ⅰ部門と第Ⅱ部門が、したがって、それらの「産業部門」をかかえる諸地域が、不均等に発展せざるをえない」ものとしてレーニンによって基礎づけられ（同、55 頁）、さらに島恭彦らによって現代的に補強された概念を借用し、「(1) 金融、第三次産業等の「寄生部門」の発展による地域的不均等発展激化の問題と、(2) 資本の支配圏が拡大し、後進地域の自立

的発展が阻止されたことによって、地域的不均等発展が著しくなる問題」（同、57－58頁）を考慮しつつ、このような地方政治の経済的基礎を一方に据え、「地域経済の不均等発展の上に展開される地域社会構造（＝生産関係に規定される階級構造を中核とする諸社会関係の構造）、地域生活の差異、そして政治勢力構造（＝社会構造と政治構造が接する部分）の地域的成熟度の差異を分析する」（同、59－60頁）ものであると言う。

　しかし彼が問題としたのは地域における不均等の内容であり、したがって彼が分析の対象とした地域範囲は都道府県にすぎなかった[57]。人々によって担われる共同体も地域を離れて存在しえない限り、都道府県サイズの分析にとどまったのは残念である。

　さてここで筆者が注目しておきたいのは、特に80年代、第3期に位置する古城らの「地域社会学」の立場の台頭であり[58]、そこでの地区組織の扱われ方である。というのも古城は、今触れたように、その著書の中では、地域社会をマクロに分析対象としたのであり、本章で問題とする地区組織やその政治的機能については、もちろん言及しなかったが、しかしそこで述べた「地域的不均等発展の理論」は、確かにそれまでのマルクス主義的な研究蓄積の総括であり、またその後の、彼自身ならびに方法的に同じ立場にたつ地方政治研究に大きな影響を与えたと考えられるからである[59]。そこで、彼とその研究グループは、その後ただちに、「日本的集団主義の一つの原型であるムラがくずれ……その殻を失った諸個人の集合体」である二つの「団地」を対象にその「土着的」政治文化と「流動的」政治文化[60]を実証的に分析し、主体的な諸個人の「参加」する「民主主義」をどう実現するかという市民自治について、この自治の担い手としての共同社会がどうみずからを律し、全体社会と対応していくか、その可能性を探ろうとした（古城 [1984], 5頁以下）。その中で、「流動的な」上尾市の団地的共同性について、そこでは「伝統的共同性をモデルに団地的共同性が形成され」たものではなく、「生活不便に対する無媒介的な反作用としての生活者主体性に支えられた共同性」が見られる。しかしこれは生活・

自然環境の改善によって、当然消滅していく共同性である。そこでさらに新しい共同性が見られるとして、彼は「団地内にあって団地を超えた共同性を形成しようとする志向」に注目する（同、51 - 55頁）。また同じ著書の中で湯田勝は、「土着的」な下館市の町内会・部落会の機能について、かつては「有力・指導層による「地元の声」の集約と「地元の総意」の代表という、地域の合意形成の方式が存続してきた」が、70年代以降「この伝統的合意形成の破綻が顕在化している」（湯田 [1984], 134 - 135頁）ことを発見したが、地区組織論としては、すでに60年代の都市社会学において指摘されていたことを、大きくくつがえすものではなかった。

　古城は、これまで農村と都市の統合のややぎこちなさの見られたこの時期、理論的な立場から「地域社会論」の新たな展望を開こうとした。同様の立場から方法的立場を明確にしたものとして高橋明善もいたが、彼についてはすでに触れたので繰り返さない（石川・高橋・布施・安原編著 [1983]）。ただ、このような立場を実証的に検証したものとして、福山市・神戸市を長期にわたり調査した蓮見音彦、似田貝香門らの研究に触れておきたい（蓮見編 [1983a]、蓮見・似田貝・矢沢編 [1990]、似田貝・蓮見編 [1993a]、蓮見・似田貝・矢沢編 [1997]）。かれらが福武のもとで多くの仕事をし、調査のノウハウを獲得しただけでなく、理論的に福武と対峙することになった背景には、むろん細かい点では違いがあるが、この古城の方法論的な仕事があったと考えられる。彼らの調査を要約すると、それは福武の「構造分析」を克服して、社会のダイナミックな側面に焦点をあてた「過程分析」の確立であり[61]、「地方自治体の行財政過程の社会学的分析に住民諸団体の運動・活動過程の社会学的分析を重ね合わせて、「地域社会の展開」を両者の連接化／分節化の過程として解明するもの」であった（中筋 [1997], 225頁）。その中で自治会・町内会を担当した吉原直樹は、二つの地域における地区組織の政治的役割について、次のように記述している。すなわち、神戸市では、「地域の諸イッシューの解決方法として多様な回路が用意されているにもかかわらず、なおも「自治会・町内会などの地域の組織に

相談したり頼む」ことが 17.6% と最高の比率をみせている。他方、行政といえば、行政－市民をつなぐリンクマンとしての自治会長の役割をそれなりに評価しており、またそうしたリーダー層が地域権力構造に根を下すその深さと拡がりから市政一般への影響を必至とみているようである」とのことから、無条件的な是認ではないがと断りつつも、「自治会が住民、行政の双方において重要な位置づけを与えられているのはたしかである」(吉原 [1990], 430 － 31 頁)と。また、福山市では、70 年代後半からのコミュニティ施策の後退とあいまってさまざまな問題に適切に対応しきれなくなり、「町内会が従来型の利害調整システムに基づく日常的媒体組織としては必ずしも機能しえなくなっている」が、しかし「今日の町内会が依然として広範囲にわたって行政補完的活動を行っている」点、すなわち「包括型組織として見た場合の町内会組織の衰微と、にもかかわらず行財政改革によって生じた間隙領域の補填がコミュニティ施策というオブラートにつつまれながら、実質的には行政委託型の地域活動として町内会によって行われる事態の一端が読み取れる」(吉原 [1993], 359 － 362 頁)と。その上で吉原は、コミュニティ政策の行き詰まりとボランタリー・アクションの展開は、「やわらかい地域社会の形成」に向けた一つの可能性を示していることを強調している (吉原 [1997])。

　このような立場は、研究者の多様さ、分析視角の多面さ、研究成果のはなばなしさにおいてわが国では突出したもので、第 3 期における地方政治研究を代表する一つの立場だと言える。

　さらにこの第 3 期に登場する政治社会学の一つの立場が、間場寿一・居安正らの「地域政治」論である。これはマルクス主義的な立場とは一線を画するが、秋元律郎の「地域政治」の立場を継承・発展させるものである[62]。彼らは自らの立場について、従来のようにフォーマルな諸制度の作用を重視するのでなく「対人的勢力関係を重視する定義は、このような諸制度よりも、事実上の政治過程を構成する諸要素、つまり個人、集団、制度の相互作用に注目し、政治現象を社会との関係で捉える」ものだとし、分析対象として自治体単位の行政

圏だけでなく、「具体的な生活圏における政治の営み」、すなわち「近隣コミュニティの日常生活場面におけるミクロな草の根政治の動向の問題……［つまり＝筆者］……「まちの政治」「むらの政治」の実態に目を向けること」を意図し、また地域を「ナショナルなレベルの政治と自治体レベルの政治の結節点」とするために「市町村の行政の範囲を超える行政の広域化」をも問題とする。さらにこの立場が国政政治から自立したものであるのかという点については、「地域政治を一つの政治システムとして捉え、国政の諸領域をシステムを囲繞する環境的諸条件として措定し、さらに、個々の地域政治システム相互の関連を問うこと」によって、「全体としての政治システムのなかの下位システムとして位置づける」（間場 [1983b], 3 − 5 頁）とする[63]。

　このように地域政治の立場は、地区組織の政治的役割について明確な位置づけを与えた。日本の近代化の産物としての地方公共団体と町内会・部落会というこの二重構造の一方を担う地区組織が、もともとどういうものであり、社会構造の変化によってどう変わってきたのかに目を向けることは（居安 [1983]）、地域政治を考える上でまず基本的なことだからである。

　このような「地域政治」論は、言うまでもなくコミュニティ論、社会システム論、ならびに地域権力構造論などをその基本的立脚点とするわけであるが、これらについてはそれぞれ「イデオロギーである」（高橋 [1963b]）とか「均衡論にすぎる」（古城 [1977]）、「エリート主義や生活構造からの乖離」（矢沢 [1991]）がみられるといった批判もあるが、しかしその有効性が失われたわけではない。「地域社会」と「地方政治」を一つの土俵の上で研究・分析しようとするこの立場が、本当に意味あるものとして自立するためには、これまでそれぞれの研究者たちが見逃してきたことを一つ一つ検証していくことが必要だからである。

5 地区組織論の新たな動向と課題

　1980年代のとりわけ後半以後になると、バブル景気という社会情勢が影響
しているのか、本稿の主題である地区組織の政治的役割に関する議論はほぼ影
をひそめる反面、地区組織研究においてはある種の「ルネサンス」とでも言え
る状況が生れる。そこでは地区組織が正面から取り上げられ、単著に限ってみ
ても、岩崎信彦他編 [1989a]、吉原直樹 [1980, 1989]、藤田弘夫 [1982]、松
平誠 [1980, 1983, 1990]、倉沢進・秋元律郎編 [1990a]、玉野和志 [1993]、中
田実 [1993]、鳥越皓之 [1994] などの研究が続々と出版される。これらの議論
に示された地区組織の一般的定義をみると、決して都市特有とか農村特有と捉
えるのでもなく、また行政の末端とか住民が作り出すユートピア的コミュニ
ティと捉えるわけでもない。したがって、それらに共通した分析視角は、地区
組織論の歴史的見直し、農村社会学と都市社会学が別々に扱ってきた地区組織
を共通の土俵で分析しようとすること、そしてとかく否定的にとらえられがち
であった地区組織の役割の再評価というものである [64]。初出年代と内容から、
順番はここに紹介したものと異なるが、それぞれについて簡単に見ていこう。
　まず松平は、「地域社会の見直し」をするために「マチ」を存在させる中核に「祭
り」を見出し（松平 [1980]）、「町内」の性格を、（1）無性格（全員が納得し
て加入し、納得して共同しうる）、（2）自立的（公権力からの疎外）、（3）共同
行為が貫徹しにくい、（4）商工業者の家集団からなる戸主中心の社会、と特徴
づけ、（1）と（2）は村落と共通するが、（3）と（4）は都市の特徴であるとした。
そして町にはもともと神はなかったため、非日常的な祭りの構造をつくりだす
ことによって町内の生活が開花したのであると言う（松平 [1983], 23頁以下）。
そのような都市の「祝祭」を「時間集約的」なものと「空間集約的」なものに
分類して事例研究を行い、特に前者の「時間集約的」な伝統型都市では、「そ
の存在理由をカミにことよせ、神社祭礼に依拠して生活共同の認知がはかられ、
そこに共同帰属原理が求められてきた」（松平 [1990], 4頁）のであり、生活共

同の実体は形骸化し、その共同性は決して住民全体によって平等に形成されているわけではないが、なお「ここでは観念としての町内が町内統合の要として機能しているのであり、それが現代における共同認知の一つの形式なのである」（同 , 127 – 130 頁）と指摘する。これはまさに「祭り」を通じて見る松平の一連の町内会研究に通底するものに他ならない。

　同じ頃、中田は 1980 年に書いた論文の中で積極的に地区組織の機能を評価していた。そもそも「土地を含む人間の環境的諸条件と人間との関係は地域社会の客観的、物質的基礎であり、これらの確保（所有および利用）の形態が、住民の生活の様式を根底において規定したが、この「所有」と「利用」の目的の実現のために」は「管理」が、しかも単なる管理ではなく、「地域共同管理」が必要であると提言する。本来、「地域社会とは、人びとの生活と生産にかかわる、さまざまな範域（領域）と程度における地域共同管理組織で」あり、またここで言う「管理」とは、「当該地域共同組織の性格（構成員の階級構成と地域権力の構成）にそって、地域内の土地（利用のあり方）とそこでの「共同社会的消費手段」を中心とする地域生活（生産）諸条件に働きかけて、構成員が継続して、有効に利用しうるように、これを適切な状態に維持・改良し、さらにそのために構成員（これらの生活（生産）諸条件の所有・利用にかかわる共同組織の関係者）を秩序づけること」とする（中田 [1993], 38 – 39 頁）。このような視点から都市と農村双方のいくつかの事例を取り上げ、地域住民自治組織が次第に地域共同管理主体へ変貌していく姿をとらえ、さらに 1991 年の地方自治法の改正によって町内会・自治会が法人として認められるようになったことをうけて、「地域共同管理論は、行政の専門性を使いこなした自治の発展を展望するものであり……町内会・自治会の仕事はますます公的業務に接近することになり、町内会・自治会も、たんなる私的な組織からより公的な組織に、私のことばでいえば、「生活地自治体」に、飛躍していくことになるであろう」（中田 [1992], 12 頁）と、近江・安田らの言う自治体としての地区組織論につながる見解を示し、その新たな発展に期待を寄せた（中田 [1990]）。

時間的にはこれを受け継ぐ形となるが、岩崎らの研究は、町内会を「住縁ア
ソシエーション」と名づけ、マッキーバーの定義によりながら、それは「人間
の共同生活そのものであり、その累積のすがた」としてのコミュニティの中に
特殊な共同関心をもったものであるが、とりわけ「一般的な共同関心」、つま
り総じて住居の関心にもとづいて作られたものだとする。したがって町内会と
いうアソシエーションは町内というコミュニティの基礎的な機関であり、規
制である（岩崎 [1989b], 8 - 10 頁）。基本的に、ここには地域的制約はなく、
それが全体の部分であると同時に、全体を規制する独自の存在意味をもつこと
が示される。このように町内会を定義づけ、いくつかの事例を紹介した上で、
それが従来考えられていたほど反動的保守主義の場ではなく、住民にとって肯
定的にとらえうる面があると積極的に評価した。岩崎たちがこの本で取り上げ
た事例は全国のごく一部であり、またこれが共同研究だという制約はあるが、
これは中田同様、町内会を再評価したものとして重要である（岩崎他 [1989a]）。
　玉野の分析は、従来の都市社会学における地区組織研究の反省から、町内会
の歴史的成立過程をその担い手層という視点から、「明治地方自治制における
「区」の制度が地方名望家によって支えられ……「町内会体制」においてはこ
れに取って替わった「都市自営業者層」がその主たる担い手になった」という
ことを実証的に明らかにした（玉野 [1993], 21 - 22 頁）。同時に、彼は農村
社会学の成果にも目配りをしているという点で、従来の都市町内会論を克服せ
んとしたのである。
　すでに第２期に、戦後の都市町内会の研究系譜をたどり事例研究を行ってい
た吉原の研究（吉原 [1980]）は、占領期におけるアメリカおよびＧＨＱの町内
会認識が「利用」ではなく「改革」へと視点を変えたことに着目し、そこに至
るマクロな経緯とその後の影響とを詳細に分析することによって、「こんにち
様々な文脈で論じられる「草の根」としての町内会の原基構造が占領改革に縁
由している」（吉原 [1989], 9 頁）ことを明らかにした[65]。

　また藤田の研究は、「地域社会」と「都市町内会」に関する学説的・理論的なものである（藤田 [1982]）。ただ彼自身、その著書の第一部を「理論編」、第二部を「実態編」としてはいるが、しかしここでいう「実態」とは、他の多くの著書のように、何か具体的な調査事例を取り上げているわけではない。彼の問題意識は、従来の農村（村落）社会学と都市社会学の縦割り的性格にすぎること、またいずれもがあまりにも「実証」に偏りすぎることを批判し、新たな「地域社会」論の概念枠組みを確立しようとするものである。その特徴は、「地域」を契機として形成される「地方制度」（一定地域範囲に顕現する人々の規範的行動パタンの意味であるが、彼が「組織」・「構造」・「システム」という言葉ではなく「制度」にこだわるのは、「組織」・「構造」・「システム」には歴史的側面が欠けているからだという。同、99 - 100頁）に着目して、すぐれて社会学的な問題である「全体社会と個人」の関係が「町内会」を通じてどのように「制度化」されてきたのかについて、比較社会学的・歴史社会学的に考察を加えたところにある（なお、藤田 [1990] も参照）。

　倉沢・秋元らの仕事は、「コミュニティ」論を共通の土俵として地区組織論を展開し、町内会を再評価していくものである。まず倉沢は、町内会と部落会の関係について「町内会と部落会がどのような関係をもつかは、難しい問題であるが、村落における相互扶助システムと何らかの関係があることは当然であろう。農業集落では……しいて名づければ部落会という、各戸の世帯主による組織が部落の運営にあたってきたのである。それに対して、都市でも商業を営んでいる町では、……共同でやればできる、そういう問題がいくつかあり……部落会を模範にした、あるいはそれに準じた仕組みが生れる……それが商業を営まない住宅地住民にまで広がったのである……たいていの都市住民は農村出身者であるわけだから、それがあたりまえなのだという受けとめ方をしてきた、したがって住宅地にも広がった」（倉沢 [1990b], 16 - 17頁）と町内会の原型が部落会にあることを示唆し、行政の末端補完機能を担うと同時に自治体的性格をも併せもつという立場を明確にする（同、21頁以下）。

また秋元も、80 年代になると、「地域権力構造論」のその後の経過について回顧し、その理論のもつ問題点と克服しなければならない点を整理した上で、「権力と大衆のはざまにある中間集団」という考え方を展開した（秋元 [1981a]）。その後の著書においてはこの「中間集団論」から町内会を再検討し、町内会の性格をめぐってはさまざまな見解が示され、その中には重要なものもあるが、しかし「町内会がその形成過程で他の地域集団や年齢集団と多層化された構成をもち、また複合的な集団機能をもつにいたった」という「集団特性をもつがゆえに、なお行政と住民との媒介装置としての役割をもたされ、単に地方制度のうえだけでなく、同時に戦前の政治構造のもとで統制と動員の基盤として機能してきた」（秋元 [1990], 147 頁）歴史的事実の重さを強調する。

　この立場を継承するのが鳥越である。彼の著書は 20 年以上にわたる研究の集大成であり、自己の立場を「地域自治論」と名づけ、従来の「近代化論」や「文化型論」との違いを明確にする。すなわち、「地域自治論」は「権力論」、「所有論」、「住民主体論」を骨格とする論理である。なぜなら、「「行政の末端機構」という（地域自治会の）特性は結果ではなく、その当初からあった」ものであり、そのため、この国家との関係という「権力論は文化型論では視野からはずされているし、近代化論の場合も、民主化を妨げる“封建的”なものとして、いつかは克服されるものと理解されている」が、この立場では「つねに存在する変数としてとらえ」ている。しかし、それに対して地域自治会の成立与件は「住むこと」ではなく「所有」にあるだけでなく、「地域社会はこのように地域自治会を軸にしつつ、さまざまな組織が住民の判断（ときに行政の判断が入ってくることもある……）にもとづき、形成されたり、消滅したりしている」のであるから、そこに「住民主体性論」（鳥越 [1994], 25 - 31 頁）、つまり「地域自治」が成り立つのだという。

　以上のように、方法論的には必ずしも立場を共通にしているわけではないが、しかし一定の自立した「個」の存在を前提として、町内会・部落会などの地区組織を再評価しようとする動きが第 3 期後半のメイン・テーマである[66]。し

かし現実はこれらの研究に厳しい課題を与えることになる。それは地域を契機とした「個」と「組織＝集団」の両立はいかにして可能なのかという、いわば社会学がその学問の歴史において第2期以降に直面する古典的課題を改めてわれわれに突き付けたのである。

　それについては、次の結語でふれることにしましょう。

結語

　地区組織の政治的役割に関して、初期の農村社会学者がとらえたその実態と分析視角は、良くも悪くも、一方で農村研究そのものに更なる方向性を与え、また都市研究のあり方を規定したし、また他方で、農村研究であれ都市研究であれ、研究の方法をめぐる立場を明確にさせた、という意味で重みをもっていた。その後わが国が経験した社会の未曾有の変化、ひとつには第二次世界大戦の原因のひとつとみなされた「封建的な意識と諸制度」の払拭を目指した諸改革の中で攻撃の矢面に農村社会が立たされたこと、もうひとつは1950年代から始まる高度経済成長に伴い農村部から都市部への急激な人口移動と工業化の進展によって、わが国の農村部は弱体化し、また存在そのものの希薄化が進むことで、研究者の関心を都市における諸問題の分析へと向かわせることになり（あえて農村地域ならびに農村的なものを等閑に付しているともいえる）、農村研究はその活力を失う。

　事実、これまで紹介した諸研究を振り返ると、1960年代に登場するコミュニティ論ならびに地域権力構造論は、前者は都市と農村の双方を視野に収めると共に、後者は農村と都市の双方が混在する地方都市を研究対象として、わが国の地区組織の再編の方向を探ると同時にその変化について分析していたし、この成果の上に新たに登場した地域政治の考え方は、コミュニティ論と地域権力構造論、更にシステム理論を統合し、地域のアイデンティティを明確にすると同時に国政政治をも視野にいれることによって多面的な議論を展開していた

が[67]、最近の町内会研究の流れをみると、農村との比較といった観点は中田、玉野、鳥越以外にはなく、依然として多くは名前が示す通り、都市の町内会が分析されているにすぎない。さらに、「選挙と地区組織」との関わりといったことについては誰も言及しないといっていいに等しい状況である。

　そんな中、筆者は戦後日本におけるさまざまな地域社会と地方政治に関する議論の流れの中で、なお農村部にこだわりつつ、地域社会の政治的特性、とくに選挙において地区組織の果たす役割を中心としたその政治的特性を明らかにしたいと考えている。農村部にこだわる理由は、人間関係の原初的姿がそこになお色濃く残っているからである。確かに日本の都市は20世紀末の現在［本章初出時＝筆者］でこそもともとあった姿を失い大きな変貌を遂げつつあるといえるが、しかしヨーロッパの都市と比較するといちじるしく農村的な要素をその底辺に持ち続けているといえる。そうすると、都市においても原初的な姿は見いだすことができないわけでもないが、人々の社会関係の純粋な姿（に近いもの）はなおやはり農村にあるといえる。

　このようになな理由から、農村部にこだわりつつその政治現象を分析しようとする筆者の立場、これまで触れてきた研究史上の立ち位置がどこにあるのかについて触れておきたい。

　筆者は基本的には秋元・間場につながる「地域政治」の立場を踏襲し、第3期（80年代以降）に登場する地区組織の再評価に関るいくつかの議論を視野に入れつつ、そこでは必ずしも十分扱われなかった「地域社会」における「農村的なもの」と「都市的なもの」、そしてさまざまな形をとる地区組織の中間形態[68]について各種データを使いながら戦後という時間の流れの中で捉えようとするものである[69]。

　その成果の一部は春日[1996]にまとめたが、特に第3章「鳥取県八頭郡佐治村における地区推薦制の歴史的変化」をもう少し具体的に説明したい。

　筆者は地域政治を政治家と有権者の相互作用の場と捉え、より純粋な姿を

保っていると考えられる農村部を対象に、人々の日常関係の反映としての地区推薦制が戦後どのように変化してきたのか、従来当然のごとく語られていたこの現象＝地区推薦を、数量的に可視化する試みを行った。佐治村は 1910（明治 43）年に旧 3 村の合併で成立し、その後 2004（平成 15）年まで 94 年間「合併」することなく、戦後始まった議会選挙も 1947（昭和 22）年から 1999（平成 11）年の選挙まで一度も無投票になることもなく、基本的なデータを残してくれていた。筆者はそれを使って、幕末まで記録されている「部落」を単位として「部落（地区）推薦」が行われていたとしたならどの程度、部落の投票者とそこからの立候補者の票が一致するのかを計算してみた。その結果、1947（昭和 22）年から 1999（平成 11）年の 15 回の選挙を通じてみると、当初 8 〜 9割だったものが 7 〜 8 割に、さらに昭和末から平成にかけて 5 割台まで落ちているものの、地区推薦が高い割合で維持されていることが分かった。さらに、個々の地区を四つあった校区単位で票の動きをみると、昭和期は 1 割以下、平成になると 1 割台半ばから後半へと増大するが、全体としてきわめて強い結束力を示していることも分かった（以上の点については、次章を参照）。

　このようなことから、地区組織が選挙において果たしている政治的役割の重要さを認識することになる。一般に、住民（人口）の流動性が高くなれば地域における人々の社会関係も弱体化するであろうから、恐らく農村部でも都市部でも流動性の高い地区組織であればそのことがあてはまるであろうし、逆にたとえ都市部でも流動性の低い、いわゆる下町とか居住年数の長い人たちの住む地域では社会関係が固定化しやすいといえそうである。そういう地域が都市部では少なく、農村部では比較的広い範囲で存在するということもいえる。少なくとも、筆者が調べてきた鳥取県においては、都市部といわれるところでも地域のしがらみはなお強く残っており、選挙のたびに今なお新聞紙上などでそのことが否定的に語られている。しかし地域における人間関係は、ある側面は仲良くできるが、別の側面は他人でいられるという性質のものではない。同じ地

区から立候補する人がいてその人に投票することは否定すべきことかもしれないが、同じ地区という関係はいったん有権者が何か問題、とりわけ地区に固有の問題をかかえた場合、地元議員に相談できる、いや地元議員にしか相談できないということでもある。選挙における地域のしがらみをなくすには、現在の選挙制度では難しいというのが筆者の立場である。

　すでにみたように、理念的には、時間の経過とともに「戦後」が遠い存在となり、新しい時代に対応した組織づくりの必要が叫ばれるだけでなく、事実としても日本全体の流動性が高くなるにつれ地区組織の存在意義が薄れていく中、1995 年に起こった阪神・淡路大震災は地区組織の重要性を再認識させるきっかけとなった。しかもその後声高に叫ばれるようになった地球規模の「気候変動」が原因と思われる度重なる地震・台風・大雨といった自然災害は、地域におけるつながりがいかに大事なものであるか、われわれに再確認を迫っているともいえる。もちろんそのつながりは必要な時必要なだけ提供できるにこしたことはない。組織としての「地区」は無用であると主張すれば「個」は自由を得る。しかし現下のような状況では自由な「個」は大自然の前にその無力な姿をさらけ出さざるをえない。そうであるならば以前のような組織としての「地区」を再生させれば済むのであるが、そのようなことを望む人は誰もいないであろう。「個」を守りつつそれを集団化していく、つまり「個」と「組織＝地区」を両立させていくにはどうしたらいいのか？しかし、残念なことに現状ではそのような便利なつながりを保障できる理論も現実もない。とすれば、これからもあれこれ試行錯誤をつづけていくしかない。

【注】

*表題の「現状」とは、本章初出当時（1997年）のことである。

（1）　ここで言う「町内会・自治会・部落会」については、若干お断りしておかなければならないことがある。まず「自治会」という表現についてみると、筆者は、そ

58

れが「町内会」や「部落会」の一類型だと単純に考えているわけではない。その独自の形成過程や、地域住民が「自治会」という名称にこだわる理由を無視するわけにはいかないからである。しかし形成されてからある程度年数の経過したものを比較すると、その構造や機能には、それぞれに共通する要因もあると考えている（赤松宏一[1961], 60頁の「自治会」の定義や、北原竜二[1967]のケース・スタディを参照）。また「部落会」という言葉を使う場合には注意が必要である。その理由は、一つには、その言葉の響きが「被差別部落」の「部落」と同じものだから、もう一つには、この用語の使用そのものが特定の立場性を示すものだという指摘もあり（たとえば、川本[1983],12頁）、その限りでニュートラルたらんとする学術論文には、なかなかなじまないからである。しかし一般に、「町内会」（と「自治会」）や「部落会」は、研究者によってはそのまま使う場合もあれば、別の表現に変える場合もある。そのまま使う場合は、慣例から「町内会（自治会）」を都市的な地域、「部落会」を農村的な地域として区別するようであるが、一方こういった「町内会（自治会）」や「部落会」などを含む一定の地域範囲の住民組織を言い換えている代表的な使い方としては、「地域住民組織」、「地域自治会」、「地域組織」、「地域自治組織」などがある。ここでは、「町内会（自治会）」や「部落会」のことであると限定して、この中の一つを借用することも考えられるが、しかしよくよく検討してみると、これらはそれなりの理由があって言い換えているのであり、これらの用語の意味する範囲が必ずしも「町内会」や「部落会」そのものであるとは限らない場合も多いので、限定つきとは言え、そのうちどれかを使うことにはためらいがある（"Neighbourhood Association" という英語表現を考えると「近隣集団」や「近隣組織」が自然であろう）。筆者は、「地区組織」という表現をこれまで特に政治行動と結びつけて簡略化して使うことが多く、その限りでは、「地区」ではなく共通項の「地域」としてもよかったのであるが、他方で「地域社会」と「地域○○組織」では、意味内容が異なるにもかかわらず、使っている「地域」という言葉の意味が両方とも同一のものと混同されやすいこと、また地域を第一契機として形成される組織を総称するものを一般化して表現したいとの考えから、研究者の間ではあまり使われていないが、あえて「地区組織」と言う言葉を使うことにする（副田義也[1961]は、社会福祉事業の立場から、「コミュニティ・オーガニゼイション」を「地区組織」と訳していたこともあるが、この訳語は必ずしも定着しなかったようで、その後、副田[1968]は原語のカタカナ表記を使ってい

る。したがって、筆者のものと混同される心配はないようである）。ただ、この用語の欠点は、歴史的には明治以来の行政改革の中で使われた「大区・小区」制や「郡区町村」制の場合の「区」とか（この行政制度と地域の対応については、たとえば大島[1994]を参照）、現在も使われている政令指定都市の「区」と混同しやすいとか（たとえば、「新宿区の地区組織について」などというと、その場合の「地区」が「新宿区」と同じもので、したがって「新宿区という地域組織のこと」でも意味しているのかと誤解される）、また地区組織以外のさまざまな組織・集団でも日常的に「地区」という言葉が用いられており、読み手によってはそのうちのどれかをつい連想してしまう、ということにある。

(2) なお、ここで言う地区組織が近年どのような名称で呼ばれているかについてみると、「町内会」よりも「自治会」という名称の使用例の方が多いということ、またとりわけ顕著なこととして、「部落会」という名称の使用例が減少していることがわかる（築山[1996], 144頁）。

(3) 筆者は、「地域社会」という表現自体はニュートラルなものだと考えている。しかしそれをどういう方法でどのように分析していくのかとなると、ある種の立場性を明確にしておかざるを得ない。筆者はとりあえず、新睦人にならって「地域社会の社会システム」（新[1978], 37頁以下）の意味で「地域社会」という表現を使うことにする。

(4) 最初に筆者の自己規定をしておくなら、以下、本章は決して地域社会論や地方政治論の全体について論じるわけではなく、地域社会における人間のさまざまな活動のうち、とりわけ政治活動に焦点をあてているにすぎない。さらに、「地区組織の政治的役割」といういう場合は、組織そのものの政治的性質や機能、また地区組織の外との政治的関係、たとえば地方自治体や国家というより広い政治構造との関係、逆に組織を構成する家族や個人との関係など、多面的に考える必要があるが、学説史の中でどのようなことが問題となったかをみると、主として地区組織の政治的性質や機能、ならびに地区組織を地方自治体や国家の行政機構全体の中にどのように位置づけるかということに関してであり、ここでも問題をこのようなものとして限定しておきたい。またさらに、ここで紹介する農村社会学、都市社会学そして政治社会学の諸研究の多くは、本来それぞれ独自のメイン・テーマを持っている。その限りで「地区組織の政治的役割」という問題は、メイン・テーマと一定の関連はあるが、所詮副次的なものにすぎないことが多い。したがって、副次的に扱われるこの問題を論じるには、どうしてもメイン・テーマに

立ち入って、そこから問題を解きほぐさねばならないこともしばしば生じる。本稿では、それぞれの領域のメイン・テーマに立ち入らなくてすむ場合はできるだけそうしたが、しかしそれができない場合は、やや立ち入って議論を紹介した。このような事情から、農村社会学、都市社会学および政治社会学の研究系譜としては、決してそのメイン・テーマを網羅的に検討しているわけではないことをお断りしておく。なお、戦後わが国における農村社会学と都市社会学そのものの研究系譜については、さしあたって二宮哲雄[1968]、倉沢進・似田貝香門[1970]、蓮見音彦[1973b]、中村八朗[1973b]、福武直編[1977]、中田実・高橋明善・坂井達朗・岩崎信彦編[1986]、鈴木広・高橋勇悦・篠原隆弘編[1985]、高橋勇悦[1985]、蓮見音彦[1987]、奥田道大[1987]、柄澤行雄[1994]などを参照。

(5) またいうまでもなく、地区組織の政治的役割については、社会学以外にも法律学・行政学、経済学、そしてなによりも政治学などからのアプローチがあるが、本稿では社会学的なものに限定している。

(6) 70年代という時代が日本の社会にとって大きな節目であるということがいわれる（塩原・飯島・松本・新編[1991]、遠藤・光吉・中田編[1991]）。そのような視点そのものに異議はない。しかし、本稿で問題にしている「地区組織の政治的役割」が、都市と農村の両方（つまり、おおげさに言えば日本全体）でどのように捉えられてきたかということについてみると、ある日全国一律に人々の意識が変わるということはまずない。ある所で生じた変化が全国に波及するのに、当初は数年から10年位はかかり、その後この時間は短くなっているが、それでもまだタイム・ラグがあると考えている。農村地域を中心に見てきた筆者にとって、このようなタイム・ラグを無視することはできない。したがって、変化の時期についてあまり厳密に「ある年度」と決めることは適当ではないと考える。

(7) この三つの時期区分の仕方には、もう一つ理由がある。日本社会学会や地域別の社会学会での報告ならびに社会学専門の雑誌を別にすれば、農村社会学者と都市ならびに政治社会学者の多くが投稿してきた雑誌として『村研年報』ならびに『都市問題』がある（もちろん、これ以外を無視するというわけではない。都市と農村というバランスならびに戦後という期間をほぼ網羅していると考えて、この二つを選択した。たとえば、都市社会学会や地域社会学会の動向については、高橋勇悦[1985]を参照）。これらの雑誌をもとに、「村落（部落）」とか「町内会」の変化といったことについて、いつ、どのように論点が推移したのかをみると、農村社会学の場合、「むらの解体」が共通論題となるのは1964・65年度

の大会であり、島崎稔は「数年前まで、村研大会は「村落共同体の存在形態」を共通課題に掲げていた…村研大会の課題にも、ひとつの劃期が示されているのを感じる」（島崎[1966], 249頁）と前置きし、この論題について解説している。その後、この誌上では、直接・間接にこの問題が継続して論じられ、「いえの解体」については10年後の1974・75年「日本資本主義と家」として共通論題として取り上げられ、この課題が「この数年来、本研究会で追求してきた「むら解体の推進力」「都市と農村」という共通課題の延長線上で設定された」（高山・安原[1976], 218頁）と、論点の継続性が強調される。その後、1978年から3年間、「農村自治」が共通論題となり、この論題の設定趣旨について、酒井恵真は「「むら」の解体から「家」の解体へと検討をすすめる中で、解体されつつ、国家独占資本主義体制により強固に包摂・再編されながら、あらたなる段階で農民・農村住民が主体的にあらたな社会を形成しつつある構造の実態とそれを貫く法則性を剔出しようとしたからにほかならない」（酒井[1980], 314頁）と言い、また高山隆三は「「農村自治」は主体的再編の問いに直接的に連続する課題設定であるとともに、農地改革後の零細自作農体制による生産と生活の個別化の進展が、高度成長によって促進され、村落の共同体的な生産・生活システムを戦前とは段階を画して解体していったことから、「農村社会の把握に関して新しい発想を余儀なくされてきており、共同体としての村落の研究から自治体としての農村の研究への転換」（島崎稔、研究通信69号）をはかったものであったのである」（高山[1981], 100頁）と言う。ここでは、このような農村研究における論点の変化が一方にある（なお、言うまでもなくこの研究会は社会学者だけのものではないが、農村社会学[経済学・法律学or社会科学者=筆者]者たちにとって重要な会であると考えられる）。また他方、戦後から90年代半ばにかけて、『都市問題』の紙上では、都合3回、「町内会」について特集を組んだ。まず1953年10月の「市民組織の問題」として取り上げられたが、これは全国都市問題会議の席上、（1947年政令によって町内会・部落会が解散させられたが、1952年にこの政令が失効したことを受けて）「市民組織の問題」が一つの論題として取り上げられたことと関連して特集が組まれたものである。15名の投稿者のうち7名が町内会について触れており、高田保馬、鈴木榮太郎、奥井復太郎、磯村英一といった社会学者が町内会のような市民組織のありかたについて論じた。また1969年6月の「町内会・部落会の再評価——現代市政における位置と役割——」では、社会学者としては近江哲郎だけが投稿しているものであるが、一定の規制をかけ、節度

をもってすれば「町内会・部落会」の存在は意味あるものだ、という視点から論じられる（近江[1969]）。最後に、1992年1月の「転換期の町内会・自治会」では、91年の地方自治法の改正をうけ、町内会・自治会の法人化への道が開けたことをうけ、その問題点と可能性を探るものである（なお、直接には「町内会・部落会」という表現はとらないが、「地域住民組織とコミュニティ形成」というタイトルで1979年4月に特集が組まれている。そこで秋元律郎は、「地域社会における自発的な集団・組織の形成の遅れのなかで、町内会・自治会が地域住民組織として、なお主導性をもちえている」ものとしつつも、「町内会・自治会を自発的な地域住民組織としてとらえていくには、なお多くの問題がある」（秋元[1979],11頁）とも指摘していた。以上のような農村社会学研究と都市社会学研究の動向をも踏まえて、筆者は三つの時期に区分した。

(8)　この点に関して、「都鄙連続体説」の存在が問題になるかもしれない。しかしここで「都市・農村」と言っているのは、この説に対立する「都鄙二分法説」の立場からではなく、とりあえず農村社会学と都市社会学それぞれの領域において研究者たちが分析の主要な対象としている地域範囲のことである。

(9)　後に触れるように、「地域社会論」の立場に立つ人の中には、農村研究を出発点としている者も多く、都市社会学者にとって、「地域社会」論は受け入れても、「地域社会（構造）論」は必ずしも受け入れられるものではないかもしれない。

(10)　都市社会学が独自の領域をもたなかったと言うつもりはない。たとえば矢崎武夫[1962]の研究からもわかるように、わが国にも「都市の独自な領域」があったと思われ、そこに目が向けられればそれなりに研究対象となったであろう。しかし矢崎は、明治維新以降「新たな装いを纏いはじめ」、「近代都市としての生活様式を整えてきた」その都市を分析する現状について、「日本都市の社会学的研究は、アメリカに比較すれば、研究数において限られ、都市の部分を扱ったものとして優れた研究はあっても、日本の社会的事実を基礎として全体に対する充分な理論を構成するに至ってはいない」（矢崎[1963], 9－10頁）と回顧しているが、戦後わが国の社会学者たちの多くが携わった主要な研究領域として主に海外の諸学説とならんで農村があり、多くの研究者が農村調査に携わることによって圧倒的な研究を蓄積していったこと（たとえば、福武直[1977]を見よ）と比較すると、都市研究の出遅れは明白であろう。

(11)　中村八朗は、この間の経緯を、「社会学に限らずわが国では一般に都市に対する関心が戦前においては余り高くはなかった…日本経済の高度成長期に入るととも

に都市問題がクローズアップされるようになり、都市がわが国の一般的関心を呼ぶようになった」（中村[1973b], 239-240頁）と説明している。

(12) それは裏を返せば、農村の急激な変化とそれに伴う新たな農村的状況が生まれたことを意味し、多くの農村研究者は都市研究そのものにではなく、農村の崩壊や農村における都市的変化といった新たな問題へ関心を移行させたのである。言うまでもなく、都市と農村の両方を問題とする立場もあった。というより、都市と農村の境界があいまいになるにつれ、農村と都市それぞれが自己のアイデンティティを求めて相手を研究せざるをえなかった。たとえば、戦後から60年代始めにかけて、有賀喜左衛門[1948]や中野卓[1949]（ただし、中野論文は「都市」と名がついているだけで、その内容は、周知のように、京都の伝統的な商工家を例にとり、その同族関係を分析しているのに対し、有賀論文は、社会学の本質は社会関係の分析にあるのであって、そのために農村をやるか都市をやるかは便宜的なものにすぎず、両者を区別する必要はないと前置きし、「家」を中心に農村と比較しながら都市の特徴をみていくのであって、中野や有賀が都市研究を本格的に行ったわけではない）、またとりわけ鈴木榮太郎[1965（57）]らは同じく農村研究から出発し後に都市をもその射程におさめたし、また市村友雄編[1962]は現在進行形の都市と農村の問題を伝えるべく、なんとか両者を同じ土俵にのせようとし（これは実際には松原治郎、蓮見音彦、園田恭一との共著である）、奥井復太郎[1952]も都市研究のプロパーとして都市の分類だけでなく、都市のアイデンティティを模索し、安田三郎[1959]は因子分析法によって都市の詳細な類型化を試みていた。

(13) 「都市と農村」という伝統的な地域社会の分類法に対して疑問を投げかけ、都道府県・市町村を単位として地域社会を類型化しようとする小内透の試みは注目すべきではあるが、しかしそのような「地域」設定の仕方がもっている問題は早くから指摘され（近江[1984]、ただし初出は1955年）、それを克服せんとするいくつかの試みがなされていたにもかかわらず（吉井[1955-56]、吉井[1957]）、結局、切り取った地域社会内部に存在する質的な差異が問題とされているわけではなく、「地域」設定の仕方に問題を残したままである。小内の仕事は、むしろ日本全体を同一の基準で分析したことにその真価がある（小内[1996]）。

(14) 菊池美代志は地域集団を類型化するにあたって、その分類基準を「地域・変動・意識」の三つに分けた（菊池[1973], 140頁以下）。この分類基準は細かくすればいくつでもできるであろうが、これ以外にも、一方でかなり古典的かつ包括的な

64

ものとして磯村英一の分類があるし（磯村[1953b]、47頁。彼は都市の社会集団は第二次的なものが基礎にあり、第一次的なものは単独では存在せず、あくまでも第二次集団を基礎づけるにすぎないと考え、アメリカの都市社会学者・アンダーソンの分類をさらに整理する形で、基礎集団も含めて都合八つの社会集団を提示した）、また他方で倉沢進は階層論的な分類をし、都市の社会階層を六つに分けているが、いずれも重要であろう（倉沢[1968]、64頁以下。なお、菊池も上掲書で引用しているように、倉沢はすぐ後で、「市民意識」を問題にした際、「市民社会の一員としての意識」のサブ・システムとしての「自治意識ないし市政関与意識」を四つのタイプに分類している。倉沢[1971]、20頁以下）。

（15）周知のように、わが国の村落構造論は膨大かつ詳細な議論が展開されてきた。これらをレビューすることは筆者の能力をはるかに超えている。したがってここでは議論をきわめて限定して取り上げることとした。さしあたり、村落構造論の展開については、たとえば山本英治[1973]、蓮見音彦[1973c]を参照。

（16）研究者間におけるこの立場性の全体像について立ち入るのは本稿の内容上、どうしても必要なものではないし、もしそうするとなれば、前注で触れた膨大な議論を紹介しなければならないことになる。福武自身のものについては、福武[1949]を参照。

（17）ここで辞書的定義づけをすると、政治的性格とは、部落なり地区組織のもついろいろな（たとえば、経済的・社会的・文化的などの）性格のうち「政治的」特徴のことを指している。また政治的役割とは、政府、地方自治体（都道府県、市町村）、そして地域社会の中で、「期待された地区組織の政治的行動パタン」のことである。しかしこの役割は、地区組織が他の集団からの期待に受動的に応えようとすることもあれば、能動的に応えようとすることもあり、当然のことながら、それによって性格も変化するであろう。研究者がそこに見たものが役割であっても、性格と解釈できる場合もあるし、性格を見ていても役割と解釈できる場合もある。したがって、ここでは役割と性格を厳密に区別しないでおきたい。

（18）高橋明善の立場に社会学の側から思想的バックグラウンドを提供したものとして、たとえば河村望・蓮見音彦がいる。彼らは、従来の村落構造の類型論を批判的に取り上げるため、「一般に、社会関係や社会集団の性格は、その構成単位の性格によってのみ規定されるものではない…個人の社会関係や集団は、何よりもそれを規定する物質的基盤や政治体制との関連において理解されなければならないのであって、そこから社会関係や集団が地域的に累積し、その後に関連する意

味が説明されるべきであろう」（河村・蓮見[1958], 56頁）と自分たちの立場を明確にした。これは福武のいわゆる「村落構造論」を批判する立場の人たちに受け入れられていくが、高橋は、このような立場をフィールドワークを通じて証明しようとした。

(19) この調査で彼が担当した部落の概要については、高橋明善・河村望[1961]に詳しく紹介されている。

(20) たとえば、法社会学的な研究として、潮見俊隆他[1957], 21頁以下を参照。

(21) こう断言してしまうと、高橋明善の議論全体を時系列的に説明していないという点で、やや片手落ちのそしりをまぬかれない。付け加えるなら、その後彼は地区組織の本質について、それは「大別して地域住民の自治組織としての役割と、公行政——とくに地方自治体——の末端補助代行組織としての役割の二つを果たしている」（高橋[1963a]）と、自治組織の側面も同等に強調し、その後の変化も考慮しながら自治と行政代行のあり方が部落財政を分析することによっていろいろなパタンをとりうることを説明している。なお、当時の高橋の部落財政分析がもたらした成果の副産物として、地区組織をどのように構成しようとも、人々がその行動の中でいかに「公」から「私」を分離できないものであるか、そのことを実例をもって証明したことがあげられるのではないだろうか（高橋[1959b]）。直接、高橋の説とは関連性はないが、後に町内会を文化型として捉える議論（たとえば、中村[1990]）が出てくる根拠の一つを見てとることができる。

(22) すでに触れたように、村落社会研究会でこの問題が共通課題として取り上げられたのは、1964・65年の第12・13回大会である。そこで論じられたのは、主として変化する「むら」とは何か、また「解体」とはどういうことを指すのか、の二点であった（島崎[1966], 中野[1966]）。その後、たとえば細谷昂は「村」の定義を、「農業における小生産者のとりむすぶ諸関係」、つまり「生産と生活を一体にしたいとなみをする家々が、地域に即して取り結ぶ諸関係」としている（細谷[1968], 155－156頁）。このような「むら」が解体するとは、北原淳によると「農業の破壊→農家生活の破壊→農業村落社会の解体」（北原[1983], 35頁）となるが、しかし北原と同じ著書の中で、鳥越皓之は（「むら」ではなく）「地域社会」の変化に触れ、装置としての生活組織が外生的要因によって直接インパクトを受けて変形されるのではなく、組織構成員に共通する意識たる「規範」が両者の間に介在することを指摘している（鳥越[1983], 160－163頁. その後、

環境問題をターゲットしてこの「規範」を「言い分」と表現している。鳥越編[1989]）。このような「規範」の存在を認めるか否かということは、立場の違いによるのかもしれないが、筆者は、「地域社会の変化」とは「地域範囲における人々の関係のあり方の変化」であり、「関係のあり方」を規定しているものは「規範＝共通意識」である、したがって変化したものも「規範」である、と考えている。

(23) 高橋明善は70年代後半に、自民党の農村支配の理由とその崩壊をたどる中で、戦後の農村政治の時期区分を三つに区切り、（1）農民が保守化と非政治化した戦後から1960年まで、（2）高度成長期で農民層分解が進んだ70年まで、そして（3）低成長時代、農民が労働者と化し、開発と高成長の矛盾が顕現してくるそれ以後、とした（高橋[1977], 136−137頁）。

(24) 福武直は、特に60年代以降、農村だけでなく、都市部も視野に入れつつ地域社会とか、日本ならびにアジアといったものに関心を移行させていくが、自ら書いたものは少なく、ここでの関連で言えば、松原治郎、蓮見音彦、倉沢進、園田恭一、古城利明、高橋明善、山本英治、似田貝香門など、立場の異なる研究者を動員しその代表をつとめることが多くなっていった。

(25) 高橋明善はすでに1962年に「地域社会構造論」を提示していた（高橋[1962]）。その中で福武直の「村落構造論」について、それが「村落＝部落を対象として、その中核的な理論・方法」であるとし、それに対して自己の「地域社会構造論」が「村落を含みながら村落をこえて拡大する地域」を対象とする、と自己規定する（同、75頁）。そして、福武の「村落構造論」が「第一に経済的基礎構造との関連で村落の全体的社会構造が、第二に「政治的支配構造」が、第三に「家と家との結合態様」が重視されて」おり、「階級構造との総合把握が無媒介的に安易に行われた」（同、80−81頁）、つまり「経済的基礎構造と農民の生活を無媒介的・折衷的に結びつけた」（同、82頁）としてしりぞけ、それに代って「（1）客観的構造分析、（2）主体的構造分析、（3）発展構造的分析」という三つの分析枠組を提示し、「地域社会がどのようにして経済的、政治的、イデオロギー的に独占支配の体制秩序に統合されるのかということ、そのために、農民の生活がどのようにしてその秩序の中に包摂され、しかもなお、独占支配の下でたえず没落の危機に瀕している生活のゆえに包摂しきれずに残る部分がどのようにして支配秩序に抵抗する運動に結節していくか」（同、98−99頁）を研究の課題とした。

（26）この時期、農村部の地区組織研究に思想的インパクトを与えたものとして運動論とコミュニティ論がある。これらは、もともとは欧米にその思想の源流をたどることができるものである。たとえば、塩原勉は「＜運動＞…の中に＜集合行動＞と＜社会運動＞という二つの下位概念を含め…社会運動の源流にはシュタインやマルクス…、集合行動論の源流にはル・ボンやシゲーレ…がある」（塩原[1976], 221頁）としているが、これらが直接、戦後、わが国の運動論の思想背景となったわけではない。塩原によると、戦時という異常な時代から戦後への転換を経て噴出してきた「運動」は、まさに「分散多元化」（同、385頁）の時代で、次の50年代の「系列多元化」（同、388頁）の時代を経て、50年代半ばの「系列収斂」（同、392頁）の時代になって、「社会生活の相対的安定」を求める一方、「現状打開」（同、398頁。しかし塩原がここで取り上げた現状打開のイデオロギーは宗教運動である）への行動が合法的かつ安定的にその勢力を伸展させるようになったのである。このように見ると、戦後、農地改革に始まる農民運動は、初期の運動の盛り上がりが収束した後、政治勢力との結びつきを強め、55年体制成立以後は「政治運動」の一環として顕現していったというところに一つの大きな特徴があった。また、松原治郎は「コミュニティ」という用語の使われかたについて、それがいかに多義的であるかを述べた後、「コミュニティ論」の系譜として、①20世紀初頭から30年代までにアメリカ農村社会学を中心に展開された地域圏域の研究ないし地域的集団研究の流れ、②シカゴ学派において開花した都市社会学、③1950年代以後に展開する地域権力構造論、そして、④戦後生れたもので、地域社会の計画的発展、いわゆる地域開発の戦略的な手掛りとする考え方、の四つに分類している（松原[1973], 54頁以下。なお、松原[1978]に再録）。これをあてはめてみると、福武直の「コミュニティ」概念は第4番目のものにつながるわけで、彼が『現代日本社会論』を書いた時は、すでに国民生活審議会がその「コミュニティ」論を公表し、行政サイドからする政策が着々と実践されていた時代であり、彼も当然それを踏まえていたはずである。またこのような立場に対し、高橋明善はアメリカ社会学におけるコミュニティ概念のもつイデオロギー性を批判していた（高橋[1963b]）。

（27）長谷川昭彦はすでに農村社会を一つの統一的空間構造として捉え、その変動の方向を提示していた。そこではその空間構造の要素と構成が問題とされるが、その一つとして「共同自治組織」の問題を取り上げ、戦後「農村自治の根本的単位であった部落は、その自治の機能を若干変質させ、ある場合は喪失させながらも、

なお自治の基本的単位としての性格は保持しつづけている」（長谷川[1974], 244頁）が、その後次第に変化し、ある場合には、外来者の転入によって、自治組織相互にズレ（隣組の総会への出席率の低下、在来組織へ加入資格があっても加入しないなど）が生じたり、暗黙の了解事項であった村の規則・価値規範を明文化して再確認する、規約を守らない場合に罰則を適用する、といったことが見られるようになり、「現在の農村においては、村落とくに部落の自治は一面においては形式化し、他面においては弱体化している傾向は否定できない」（同、250頁）と結論づけている。

（28）むらの存否と変容、むらの再評価については、立場も見解も異なり、また必ずしも網羅的ではないが、安原茂[1965]、布施鉄治[1965]、川口諦[1965]、細谷昂[1968]、川本彰[1970]、民秋言[1971]、布施鉄治[1973]、渡辺兵力[1976]、木下謙治・山本陽三・佐々木衛[1977]、山本陽三・木下謙治・佐々木衛[1978]、玉城哲[1978]、大内雅俊・高田滋[1978]、山本陽三[1981]（特に第一部の熊本県矢部調査）、川本彰[1983]、鶴理恵子[1990]などを参照。また、その後の変化については、さしあたり高橋明善[1991]の概説を参照。

（29）本稿は戦前期を対象とするものではないが、たとえば、高木鉦作[1960]が示した戦前・戦時中の町内会に関する文献を見ると、大半が昭和10年代であるとはいえ、かなりの分量にのぼり、その中にこの問題に触れたものがあることがわかる。

（30）この場合の「都市社会」には利益社会（ゲマインシャフト）と共同社会（ゲゼルシャフト）双方が含まれる。

（31）鈴木榮太郎は『都市問題』誌上で、「世帯と職場すなわち職域集団の二集団こそ都市住民の生活の基礎をなしているものであることがわかるであろう。しからば都市に見られる多種多様の他の集団は何を意味するのであるか。それらは、しょせん、生活の余暇に営まれている第二次的な集団であるが、そのうち特に世帯を単位とし地区的に構成されてる半強制的な村落的集団がある。この前近代的集団を私は特に地区集団と名づけている」（鈴木[1953], 18頁）とし、最後に「隣組、町内会のごとき制度の強制的施行は文明の方向とも都市発展の方向とも逆行する措置である」（同、22頁）と結論づける。それに対し、高田保馬[1953]は、戦前の隣組の復活を意味するわけではないとした上で、便宜的に市政の補助機関として地域集団の必要性を説き、また奥井復太郎[1953]も、近代以前のイデオロギーとの結びつきをなくすという前提で、近隣集団の組織化に賛意を示して

いた。

(32) この時期、高木鉦作は、（近江哲男が示した）この自治庁の調査以外にも数多くの町内会・部落会調査があると断った上で、1953（昭和29）年から1956（昭和31）年にかけて横浜、東京、名古屋の三大市における町内会調査を要約し、「ともかく、町内会があまり育たないと思われている大都市においても、町内会の存在は既定の事実である」（高木[1957], 86頁）と明言した。

(33) 大橋薫の立場はそれなりに一貫していると思われるが、大橋[1954]と大橋[1957]では方向性はあるものの調査結果の分析あるいは事実の追求に終始し、明確な立場を表明しているわけではない。後になって初めて、「現実の地域集団活動をみるとそこには弱いながらも種々なる形でしかもかなり広汎に地域集団ができている」（大橋[1959], 47頁）と明言しているが、それは近江哲男の論考が出た後のことである。

(34) 都市における町内会の是非が論じられていた昭和20年代後半に、東京の下山町（調査対象地は1951年時点で300世帯、1,200名ほどの地区であるが、実際の地名ではなく、東京という都市の特徴を集約させるべく、下町と山の手を組み合わせてつけられた町名）という地区組織を丹念に研究していた外国人がいたということは、さほど説明がいらないであろう。この外国人（R. P. Dore）は、「町内会という制度全体が、その主たる対人接触の場が都市全体に広がっているきわめて異質なひとびとの集団に、閉鎖的な農村にふさわしい制度を押し付けるものとして、すでに時代遅れのものだとさえ言える」と言うが、現実は「下山町のような多くの町内では、まだかなり強い共同体感情が残っていて…町内会を復活させた条件は、伝統的なモデルが存在していたこと、区や都のサービスが不十分だったこと、そして自営業者の割合が多かったこと（サラリーマンの多い山の手では、町内会の復活も遅れていた）」（ドーア[1962], 233頁）にあるという指摘をしていた（なお、彼はこの段階では、翻訳された「町内」を”Ward”としていた）。

(35) なお、奥田道大のために触れておくが、彼はここで論じた内容を一部整理し奥田[1959]として発表した。したがって、形式的には共著であるが、内容的には奥田の単著であると考えられる。

(36) 奥田道大がここで見た現実は、地方都市ならいざしらず、すでに調査した目黒区についてであった（奥田[1961], 1168頁以下）。

(37) 彼はまた別の所で、戦後の町内会の歴史を説明し、当時、町内会が連合組織化されることによって行政に対する圧力団体に変貌していることを指摘している（奥

田[1962a]）。

(38) 都市社会学の第2期、その地区組織論が展開していく上で重要と思われる思想的底流として考えなければならないのは、農村の場合と同様に、コミュニティ論と運動論であり、また地域民主主義論、そしてとりわけ地域権力構造論がある。この中には特定の政治イデオロギーと結びついたものもあるが、おおむねそれらは、それ自体として地区組織論を展開したわけではないが、地域社会論ならびに地域政治論などと結びついて地区組織研究に一定の影響を与えた。

(39) たとえば、菊池美代志[1990]の詳細・精緻な「町内会の機能」の分類にもかかわらず、中村八朗のあげた地区組織の要因としての（1）～（3）は、決して彼の「機能」だけでは説明しきれるものではなく、筆者としてはむしろその「構造（システム）」ではないかと考える。

(40) 奥田道大はすでに地区組織の変質について、「部落会・町内会を有力な選挙地盤とする保守陣営は、これまで指摘されていた、旧来の地域組織に依拠、これの助成・強化につとめるという常識をうちやぶり、むしろ都市化・近代化の進行にともない台頭している、新しい形の地域組織に着目、これをもすすんで体制化しようとするうごきを示して」おり、「このうごきに関連して、逆に、形骸化していた旧時の地域組織が＜表看板＞を新しい形の地域組織に似せて、またぞろ蠢動をはじめるという悪循環をくりかえしている」と指摘していたが（奥田[1960a], 26－27頁）、彼自身この問題にこれ以上立ち入らなかったこと、また中村がこのような点に注目しなかったことは残念である。

(41) 他の議論もそうであるが、この運動論の場合も、その思想的源流をたどることと、現実の動きを理論化したり、それに一定の方向性を与えたりすることとは別の次元の問題である。ここで言う「運動論」とは後者であり、しかも地域住民が参加する運動に結びつくものに限定すると、60年安保以後、それも60年代半ば以降であると考えられる。似田貝香門・梶田孝道・福岡安則編[1986]の概説ならびにそこに収められた諸論文や片桐新自[1985]を参照。

(42) この当時の運動論の一つとして「大衆社会論」があげられ、この論争の火付け役が松下圭一である（片桐[1985], 209頁）。しかし、筆者がここで注目しておきたいのは、これと並ぶ彼の「地域民主主義論」である。というのも、彼は「大衆社会論」が資本主義の移行形態であると断り、この形態を「マス状況とムラ状況の二重構造」として（松下[1962], 17頁以下、松下[1960], 4頁以下）捉えた上で、「民主的な地域組織の形成による「地域民主主義」の確立、これを基礎とした

「自治体改革」の必要性」（松下[1962], 216頁）をとなえ、その実現のために徹底的に攻撃したものが、他ならぬ「町内会・部落会」だったからである。彼によると、「ムラ的状況」は農村特有のものではなく、マス状況にある都市においても見られるもので、「町内会・部落会」がその主要な担い手であり（松下[1962], 226頁、松下[1960], 10頁）、マスの担い手層たる市民的中間層と組織労働者に対峙して、旧中間層によって担われ（松下[1962], 218頁）、国家機構（官僚制的行政機構）の末端として再編成されているものである（同, 219頁）。このような捉え方は高橋明善のものとほぼ一致しており、その後の「シビル・ミニマム（市民生活の最低限の保障）」（松下[1971], 270頁以下）の提起につながる方向性を示していると言え、革新自治体の政策の思想的根拠となったが、しかし広汎な国民の持続的な支持を得たとは言えない。

(43) むろん塩原勉（[1976], 特に第三部）、片桐新自（[1985], 210頁以下）が明確に指摘するように、革新勢力とは別に、宗教運動や安保を機に出現する無党派市民層の存在も忘れてはなるまい。ただ無党派市民層の存在が政治行動、とりわけ投票行動として意味をもつのは、もっと後になってからであろう。また、革新勢力がそれまでの「ダンナ衆」に代って政治の表舞台に登場してくる事例は都市ならびに都市近郊を中心に全国的な趨勢となったものの、純然たる農村地域では現在もなお、そのような層の存在は形を変えて見られる。不和和彦・新妻二男[1979]の研究は、農村部における革新自治体の形成について、そのプロセスをたどった事例研究であるが、これが純農村部において一般的かどうかとなると疑わしい。その点、居安正・鵜飼孝造・春日雅司[1989]は、農村部における地方政治家の交替劇を二人の異なるタイプの政治家に対する聞き取りから、同じ保守でありながら、「名望家」型から「世話役実務」型へ変化していく地域政治の様子を描き出したものであり、農村部のひとつの類型化の試みである。

(44) 松下圭一と並んで、60年代の住民運動の理論的旗手の一人である庄司興吉は、住民運動がなぜ停滞したのかという問いに対して、それが「高度経済成長への反作用の一種」にすぎず、したがって、それが過ぎれば停滞する、また「住民運動ももまた経済と社会の沈滞期よりも発展期と積極的な関係にある」から、「不況の時になれば生活防衛的になり運動を控えるようになる」からだ、と説明する（庄司[1980], 231頁以下）。

(45) 「新しい社会運動論」については、梶田孝道[1988]、山口節郎[1985]、伊藤るり[1993]を、「資源動員論」については、塩原勉編[1989]に収められた諸論考、長

谷川公一[1985]、片桐新自[1995]、町村敬志[1987]を、またこれら一連の社会運動論を紹介したものとして『思想』737号に掲載された山口、長谷川以外の諸論考ならびに社会運動論研究会編[1990]などを参照。

(46) すでに紹介したように、松原治郎は、コミュニティという用語の起源について、それがいかに多義的であるかを認めつつも、、研究の流れを四つに分類している。したがってこの考え方は、現在もなおまちまちの使われかた、多くの場合、単独ではなく他の思想、概念と結合して複合的に使われる。

(47) この政財界や行政の具体的施策が論者たちの本来の意図と同じものだったのかどうか疑問は残るが、学問的な成果が実践の場で試されたケースとして注目されてよい。

(48) 「都市化」という現象について研究すれば、必ずなぜ旧来の組織が容易に消滅しえないのかという問題にぶつかったであろう。たとえば1958年、千葉県睦沢村（現在の睦沢町）を調査した国際基督教大学社会科学研究所は、問題関心が政治的権力構造であったにしても、なお「都市化」というものには出くわしていなかった（国際基督教大学社会科学研究所[1959]）。しかし、それからわずか2年後、東京都日野町（現在の日野市）に目を向けると、すでに「都市化」をテーマに掲げなければならないほどの違いがあった（国際基督教大学社会科学研究所[1962]）。いずれの調査においても地域社会あるいは町内会を担当した中村八朗は、現象としての変化には目が向くが、この問題には触れていない。すでにいくつか紹介したように、農村部についての研究では、なお古い体質の残存を指摘する声があちこちで聞こえる。問題は、それをどう評価するかであり、それが研究者の立場を分けている。中村の場合は古いものをあまり評価しなかったが、同じ都市社会学者の倉田和四生は、昭和30年代半ば、神戸市本山村（現在の神戸市東灘区本山）を調査し、「財産区」の存在に着目して、都市化過程にあるこの地域の旧組織がなぜ強固なものであるのかを指摘し（倉田[1970]、特に第8章）、その後もこの事情に変化のないことを述べている（倉田[1985]、第2部）。また同じ頃、鈴木広は石田雄の論文を引用し、「農村部における政治意識の両極化と都市部における多極化がなぜ生じたのか」を問題にし、都市近郊を調査し、彼の社会移動論（「土着型」から「流動型」へ社会が変化していく）を用いて分析し、「土着型社会の流動化は高度大衆消費社会を媒介として、私的人間を純粋化させ、同時に体制そのものの純粋化をも進行させる」ことを指摘した（鈴木[1970]）。なお、倉田も鈴木広も共に「コミュニティ」論を展開しているが、筆

者はさしあたり前者を「社会システム論的コミュニティ論」、後者を「社会移動論的コミュニティ論」と名づけておく。倉田は「コミュニティ」をパーソンズのいう社会システムの一局面として捉える。その本質的な構成要素は、一定の地域に住む住民の連帯性や共同感情（一体感）である。社会システムとしてのコミュニティ（都市コミュニティ）は、そのサブ・システムとして住民組織（居住地コミュニティ）を複数包摂し、システムとサブ・システムはそれぞれ四つの関連する機能（ＡＧＩＬ）を持っていると捉えることによって、「共同性と一体感」がどのような契機から生れ、どのような関係の範域をもつのか、またシステム過程がどのように変化するのかを具体的に考えていく（倉田[1985], 特に第2章5）。他方、鈴木は「コミュニティ」を「生活構造および社会構造、社会移動、生活要件充足状態、コミュニティ意識という諸局面が複雑に媒介しあった複合体系」と把握し、このコミュニティ論と社会移動論（成層軸ではなく、社会構造における地位の変化＝コミュニティ間移動）の関係を、つまり「コミュニティは地域的移動を経験しない土着者と、移動を経験してきた流動者との、相互作用の場であり、共同生活の場」として捉え、「土着性と流動性という観点からみた住民構成の差異としてとらえられたコミュニティ類型間に、またコミュニティ構成間に、生活構造およびコミュニティ意識のどのような異同が検出されるか」を、検証した（鈴木広[1978], XIX.や重複するものもあるが鈴木[1986]に収められた関連論文も参照）。

（49）政治社会学がどのような学問なのかということについては、それを議論しようとすると、そのための独自の研究史が必要となろう。しかしここで簡単にいくつか紹介しておきたい。栗田宣義によると、それは「その方法論と問題意識においては社会学で」あるが、「研究対象＝取り扱う内容は政治学と共有される」もの（栗田編[1994], 7頁）という意味で政治社会学なのである。さらに具体内容についてみると、綿貫譲治によれば、研究対象としては「国家、行政（あるいは国家）官僚制、政党、政治家、議員、議会、政治運動、投票行動などの諸現象」であり、「価値・規範・制裁によって規制された社会的相互作用の規則性の一種として」社会学的に分析すること（綿貫[1973b], 3頁）、換言するならそれは「＜人間遡及的＞であり、［政治＝筆者］機構を法制的なフォーマルな機構としてではなく、機構に関係する人間の相互作用としてとらえる」（同, 4頁。なお、綿貫がここで「政治機構」と言っているのは、政治過程に他ならない）こと、そのことが政治社会学の使命であると言い、他方、秋元律郎は「その分析はたんに

制度的な側面にかぎられることなく、政治体制，デモクラシーの維持と安定にかかわる社会的条件や人間行動の次元にまで向けられる」（秋元・森・曽良中編[1980]，10頁。また秋元[1974]，24頁も参照）と言い、両者は政治を契機とする社会生活のダイナミックな側面を視野に収めている点で共通する。また、政治学者である上條末夫は、政治社会学研究について、堀江湛を引用しながら「政治学的立場」と「社会学的立場」とを区別して、前者が「政治生活の体系的理解を促進することを意図するもの」、後者が「政治的諸条件を独立変数あるいは与件としてとらえ、政治生活を素材として社会生活に対する科学的理解を促進しようとするもの」だと言う（上條[1992（83）]，13頁）。

(50) 秋元律郎によると、戦後わが国で、理論や学説研究を除くと、政治行動、政治構造、政治意識など現実の問題との関連で政治社会学的な調査研究が進むのは60年代に入ってからである（秋元[1985b]，4頁）。

(51) その点については、中村八朗[1961]、中村八朗[1962b]、吉沢澄子[1968]、矢沢澄子[1973]、斉藤吉雄[1983]、筒井清忠[1983]などを参照。

(52) この理論と彼の研究経過については、秋元律郎[1981a]、秋元律郎[1981b]を参照。ただ、もちろんこのようなアメリカ生れの理論をわが国に応用することに対する危惧の声は早くからあった（磯村[1959b]）。

(53) 秋元律郎はここで秩父市を例にとりあげて「区」と言っているが、これは同書の次の章でより詳細に述べられているように、明治維新後の歴史的な「大区・小区」制度の「区」であり、町内会・部落会という単位はその「区」の中に含まれる下位組織である。

(54) この著書は地域住民組織の部分を要約的にまとめている。秋元[1972]を参照。

(55) 拙著で触れたように、農村社会学では早くから部落推薦の問題に注目していたし、また福武直らによる調査も実施されていた。彼らの影響力を考えると、全国各地で農村社会学者たちがこの種の調査を実施していたのであろうと推測できる。しかし残念なことに、農村社会学の調査は、地区組織の政治的役割に着目し、そこからさまざまな問題を紐解こうとしたものではない。その意味で、地区組織の政治的役割を中核に据えた秋元律郎の研究は重要である。他に社会学者がかかわったものとして、1962年からスタートした、（地区組織が問題にされたわけではないが）三宅一郎・木下富雄・間場寿一[1967]の膨大な宇治市調査があり、また仙台市の市会議員について、議員と町内会・部落会の関係を五つに類型化した家坂和之・佐藤勉・高橋勇悦・八木正・佐藤嘉一[1963]の研究などがあっ

た。その後、たとえば、福井県で部落推薦に関する調査が実施されたし、さらに公明選挙連盟が統一地方選挙後の全国調査の質問項目の中で、地域推薦の問題を取り上げるようになったのである（春日[1996]）。

(56) 古城利明らの立場は、方法的にマルクス主義的なものであり、その多くが農村社会学研究を出発点としていたが、筆者がここで分類した農村社会学と都市社会学を止揚し、後述するように、一定程度の成果を生み出していることから、その後の「地域社会学」や「地域政治」論の立場と共通するものがあると考えている。

(57) 古城利明[1978]では、この都道府県をさらに三つの地帯類型に分け、その政治勢力構造を分析し、現代日本資本主義の強蓄積への抵抗者としてのコミューン形成の可能性を探ろうとしたが、これはこの論考の延長上に位置するものに終わった。

(58) 一部の農村社会学者たちがこの立場に向かう、その経緯については、蓮見音彦[1987]、蓮見音彦編[1991]を、またこの立場を明確にしたものとしては蓮見音彦・山本英治・似田貝香門[1981]を参照。

(59) たとえば、この古城の問題意識を受け継ぐ形で、この書物の出版から14年後の1991年、矢澤澄子は、古城には欠けていた新たな視点として「地方政治研究の基本問題（階級性、共同性、公共性の相互連関をめぐる総体的把握）を解く上で、世界資本主義の再構造化により生じた地域社会の座標軸の変化は、グローバル、ナショナル、ローカルの各レベル間の構造と主体（実践）の弁証法的連関のなかで改めてとりおさえなければならないであろう」（矢沢[1991], 178頁）とし、70年代から着手され80年代に公刊されたわが国におけるこの方向での研究を三つ（蓮見編[1983a]、守屋・古城編[1983]、島崎・安原編[1987]が含まれる）、さらに世界的視野という観点からカステルの新都市社会学を紹介した。このような立場によって、古城にはなかったナショナルな視点を世界へ結びつける動向に着目したという点では前進したと言える。

(60) 古城利明がここで使っている「土着・流動」というタイプは、注48で触れた鈴木広のものと同じであるが、同書ではそのことに触れていない。

(61) この経緯については蓮見音彦編[1983a]の「はしがき」や蓮見音彦[1983b]、似田貝香門[1993b]に詳しく書かれているが、83年の第一次福山調査から90年の神戸ならびに93年の第二次福山調査にかけて、方法としての「地域社会」論が洗練されていったことが読みとれる（蓮見編[1991]）。またこの調査の間に、方法的に共通するといえる川崎市調査が出版されている（島崎・安原[1987]）。その中で

　　川崎市南部の町内会・自治会を調査した吉田健次が「町内会・自治会は、地域住民の共同生活上の諸問題の解決にとりくんではいるが住民の主体性に基づいた自主的・自治的な組織として確立されていない」（吉田[1987], 550頁）と、その旧態依然たる姿を明らかにしている点は興味深い。

（62）秋元律郎が「地域政治」の考え方を明確にするのは、秋元[1972]においてである。

（63）この立場は、松本通晴編[1983]、井上俊編[1983]らの立場と共通した認識の上にたっているものである。

（64）この口火を切った一人に中川剛をあげなければなるまい（中川[1980]）。しかし、彼は社会学者ではなかったため、この議論に直接的な影響を及ぼしたというより、町内会の戦後の歴史と現状に関する手ごろなテキストとして便利に使うことができるものにとどまったのではあるまいか。とはいえ、われわれの「自治感覚」に最も合致したものが町内会であるという提言は、やはり町内会を再評価したものの一つである（中川[1982]のⅠも参照）。

（65）吉原直樹の仕事は地区組織を直接の対象とするものではなく、どちらかと言うと都市社会学そのものの新たな展開、特にここで触れた都市・農村の枠を超えた「地域社会」論を更に「空間」として捉えていこうとする立場である（吉原[1994]、吉原編[1996]などを参照）。

（66）ここに取り上げたのは書物の形で目にすることのできるものだけであるが、しかし論文の形で町内会を再評価するものもいくつか見られる。たとえば、菊池美代志は「住民参加」という視点から、町内会に三つの領域を区別し（菊池[1985]）、さらに安田三郎を引き合いに出しながら、彼の言う町内会の「自治組織＝多機能説」を支持することによって（菊池[1990], 234頁以下）、また越智昇は「町内会の自己保存原理を支えているのは、町内社会の文化型としての「親睦」と「分担」であり、この「新鮮な活力を再生させる」ために、町内会が「ボランタリー・アクション、アソシェーションの日常的かつ非通念的活力」をうまく取り込んでいける限り自己保存できる、とそれぞれ町内会を評価する（越智[1990], 275－276頁。他に越智[1980]や越智[1986]なども参照）。これとは別に築山秀夫は、主に行政データを利用して、町内会と行政との関係について四つの仮説を立て、「町内会の行政への影響力は末端事務を補完している割合による」（築山[1996], 160頁）と、われわれの生活感覚に添う結論を出してその意義を認めている。

(67) 竹中英紀も、「トータルな構造を記述しうる理論的な枠組み」を求めているが、残念ながら彼の視野に農村はない（竹中[1993], 73頁）。

(68) 筆者はここで、地区組織について「構造（システム）－.機能」の両方の側面から捉えていくが、その場合「構造」とは中村八朗のいう、（1）世帯単位の加入、（2）加入は半強制的あるいは自動的、（3）機能が未分化、という三つの側面が中心となる。したがって、この構造は成員の社会関係と相互規定的な関係にある。たとえば社会関係が「基礎的」だからそのような構造をとるのか、そのような構造だから成員の社会関係が「基礎的」となるのか、という問題はケース・バイ・ケースであろう（また確かに、たとえば地区組織について住民の意識構造や階層構造を問題にするという考え方もできる。筆者も、そのような立場を一概に否定するものではない）。安田三郎は、菊池美代志[1973]が提起した「町内会の成立根拠」に答える形で、この（2）と（3）に加え、中村の言う（4）行政の末端事務の補完という性格を指して「地方自治体」であると指摘したが（安田[1977], 176－177頁）、現状ではこの指摘は正しいと考える。将来、個人と行政の関係を媒介する新たな集団なり考え方が定着すれば不必要な「構造」と化すかもしれないが、現在の所、これも構造の構成要因となる（菊池[1990]ならびに江上[1992]も参照）。

(69) この立場の全体の枠組みについては、秋元律郎[1974]、秋元律郎・森博・曽良中清司編[1980]、また間場寿一編[1983a]や秋元・間場編[1983a]の編者解説とそこに収められた諸論考を参照。

【文献一覧】

間場寿一編, 1983a, 『地域政治の社会学』世界思想社.

間場寿一, 1983b, 「地域社会と政治」（間場[1983a]）

赤松宏一, 1961, 「地域民主化運動の一断面——都下国立町における自治体民主化運動———」（『思想』446）

秋元律郎, 1971, 『現代都市の権力構造』青木書店.

秋元律郎, 1972, 『地域政治と住民』潮新書.

秋元律郎, 1974, 『政治社会学序説』早稲田大学出版部.

秋元律郎, 1979, 「都市の政治と地域住民組織の役割」（『都市問題』70‐4）

秋元律郎・森博・曽良中清司編, 1980, 『政治社会学入門』有斐閣.

秋元律郎, 1981a, 『権力の構造——現代を支配するもの——』有斐閣.

秋元律郎, 1981b, 「地域権力構造論」（安田三郎・塩原勉・富永健一・吉田民人編『基礎社会学』第IV巻、東洋経済新報社）

秋元律郎・間場寿一編, 1985a, 『リーディングス・日本の社会学（14）政治』東京大学出版会.

秋元律郎, 1985b, 「概説」（秋元・間場編[1985a]）

秋元律郎, 1990, 「中間集団としての町内会」（倉沢・秋元編[1990a]）

新睦人, 1978, 「「地域社会」とは何か」（『現代社会学』9）

有賀喜左衛門, 1948, 「都市社会学の課題」（民俗文化調査会編『社会調査の理論と実際』青山書院）

家坂和之・佐藤勉・高橋勇悦・八木正・佐藤嘉一, 1963, 「地方都市における市会議員の活動と住民組織」（東北大学日本文化研究所『日本文化研究所研究紀要・別巻』）

石川淳志・奥田道大, 1959, 「都市の地域集団に関する研究——都市化の過程における地域集団の位置——」（『東洋大学紀要』第13集）

石川淳志・高橋明善・布施鉄治・安原茂編著, 1983, 『現代日本の地域社会——創造的再構築と「地域社会学」の課題——』青木教養選書.

磯村英一, 1953a, 『都市社会学』有斐閣.

磯村英一, 1953b, 「都市の社会集団」（『都市問題』44‐10）

磯村英一, 1959a, 『都市社会学研究』有斐閣.

磯村英一, 1959b, 「地域社会の政治はなぜよくならないか——社会学的考察——」
（『思想の科学』第5号）

市村友雄編著, 1962, 『都市と農村の社会学』時潮社.

伊藤るり, 1993, 「＜新しい社会運動＞論の諸相と運動の現在」（岩波講座『社会科学の
方法』岩波書店、第Ⅷ巻）

井上俊編, 1983, 『地域文化の社会学』世界思想社.

居安正, 1983, 「地域組織と選挙」（間場編[1983]）

居安正・鵜飼考造・春日雅司, 1989, 「地方政治家の生活史」（庶民生活史研究会編『同
時代人の生活史』御茶の水書房）

岩崎信彦・上田惟一・広原盛明・鯵坂学・高木正朗・吉原直樹編, 1989a, 『町内会の研
究』御茶の水書房.

岩崎信彦, 1989b, 「町内会をどのようにとらえるか」（岩崎他編[1989a]）

江上渉, 1992, 「コミュニティ行政の課題と町内会・自治会」（『都市問題』83-1）

遠藤惣一・光吉利之・中田実編, 1991, 『現代日本の構造変動——1970年以降——』世
界思想社.

近江哲男, 1984, 『都市と地域社会』早稲田大学出版部.

近江哲男, 1969, 「町内会をめぐる諸問題」（『都市問題』60-6）

大内雅俊・高田滋, 1978, 「近郊農村における地域社会の変貌」（『村落社会研究』第14
集）

大島美津子, 1994, 『明治国家と地域社会』岩波書店.

大橋薫, 1954, 「大都市におけるNeighboringの一研究」（『社会学評論』16）

大橋薫, 1957, 「都市の近隣関係と近隣集団の考察」（大阪市立大学『社会福祉論集』第
5号）

大橋薫, 1959, 「都市の地域集団活動とその問題点——大阪市の場合を例として——」
（『都市問題研究』11-6）

岡村重夫, 1954, 「地域社会研究の方法——特に大都市における地域社会に関連して—
—」（『都市問題』45-5）

奥井復太郎, 1952, 「都市社会の特質」（『都市問題』43-4）

奥井復太郎, 1953, 「近隣社会の組織化」（『都市問題』44-10）

奥田道大, 1959, 「都市化と地域集団の問題——東京都一近郊都市における事例を通じて
——」（『社会学評論』35）

奥田道大, 1960a, 「都市自治組織をめぐる問題——行政組織との関連において——」

（『東洋大学社会学部紀要』1）

奥田道大, 1960b,「わが国における都市住民組織の動向とその問題点」（『都市問題』51-12）

奥田道大, 1961,「区民と地域自治組織のすがた」（東京都立大学学術研究会編 『目黒区史』）

奥田道大, 1962a,「戦後における町内会・部落会のあゆみ」（生活科学調査会編[1962]）

奥田道大, 1962b,「都市町内会の生態を展望すると」（生活科学調査会編[1962]）

奥田道大, 1964,「旧中間層を主体とする都市町内会——その問題点の提示——」（『社会学評論』55）

奥田道大, 1971,「コミュニティ形成の論理と住民意識」（磯村英一・鵜飼信成・河野重任編『都市形成の論理と住民』東京大学出版会）

奥田道大, 1980,「住民意識と要求表出の諸形態」（蓮見・奥田編[1980]）

奥田道大, 1983,『都市コミュニティの理論』東京大学出版会.

奥田道大, 1987,「戦後日本の都市社会と地域社会」（『社会学評論』150）

越智昇, 1980,「地域組織の日本的構成」（蓮見・奥田編[1980]）

越智昇, 1986,「都市における自発的市民活動」（『社会学評論』147）

越智昇, 1990,「ボランタリー・アソシェーションと町内会の文化変容」（倉沢・ 秋元編[1990]）

小内透, 1996,『戦後日本の地域社会変動と地域社会類型』東信堂.

梶田孝道, 1988,『テクノクラシーと社会運動』東京大学出版会.

春日雅司, 1996,『地域社会と地方政治の社会学』晃洋書房.

片桐新自, 1985,「戦後日本における運動論の展開——理論的観点からの整理——」（『思想』737）

片桐新自, 1995,『社会運動の中範囲理論——資源動員論からの展開——』東京大学出版会.

上條末夫, 1992（83）,『政治社会学概論[改定版]』北樹出版.

柄澤行雄, 1994,「戦後農村社会と農村調査」（石川淳志・橋本和孝・浜谷正晴編著『社会調査——歴史と視点——』ミネルヴァ書房）

川口諦, 1965,「鹿児島農村の家族形態と土地所有」（『村落社会研究』第1集）

河村望・蓮見音彦, 1958,「近代日本における村落構造の展開過程（上）（下）」（『思想』407, 408）

川本彰, 1970, 「万雑（ムラ費）収支より見たムラの本質と変貌の過程」（『社会学評論』83）

川本彰, 1983, 『むらの領域と農業』家の光協会.

菊池美代志, 1973, 「居住空間と地域集団」（倉沢編[1973]）

菊池美代志, 1985, 「市民参加と町内会・自治会——その現状と展望——」（『都市問題』76-9）

菊池美代志, 1990, 「町内会の機能」（倉沢・秋元編[1990a]）

北原淳, 1983, 「村の社会」（松本編[1983]）

北原竜二, 1967, 「団地自治会の形成過程」（『社会学評論』69）

木下謙治・山本陽三・佐々木衛, 1977, 「都市近郊農村における集落の機能——農業と集落の主体的再編成をめぐって——」（『村落社会研究』14）

倉沢進, 1968, 『日本の都市社会』福村出版.

倉沢進・似田貝香門, 1970, 「都市社会構造論——概念枠組をめぐる若干の検討——」（『社会学評論』82）

倉沢進, 1971, 「市民意識の開発と方法」（『都市問題』62-7）

倉沢進編, 1973, 『社会学講座5 都市社会学』東京大学出版会.

倉沢進・秋元律郎編著, 1990a, 『町内会と地域集団』ミネルヴァ書房.

倉沢進, 1990b, 「町内会と日本の地域社会」（倉沢・秋元編[1990a]）

倉田和四生, 1970, 『都市化の社会学』法律文化社.

倉田和四生, 1985, 『都市コミュニティ論』法律文化社.

栗田宜義編, 1994, 『政治社会学リニューアル』学文社.

国際基督教大学社会科学研究所, 1959, 「農村の権力構造」（『国際基督教大学社会科学研究所紀要』第1号）

国際基督教大学社会科学研究所, 1962, 「地域社会と都市化」（『国際基督教大学学報Ⅱ－A』）

斉藤吉雄, 1983, 「権力分析の実証理論——C.P.S研究の再構築に向けて——」（鈴木幸寿編『権力と社会』誠信書房）

酒井恵真, 1980, 「社会学における農村研究の動向」（『村落社会研究』第16集）

笹森秀雄, 1955, 「都市における社会関係に関する実証的研究」（『社会学評論』22）

塩原勉, 1976, 『組織と運動の理論』新曜社.

塩原勉編, 1989, 『資源動員と組織戦略』新曜社.

塩原勉・飯島伸子・松本通晴・新睦人編, 1991, 『現代日本の生活変動——1970年以降

　　　　──』世界思想社

潮見俊隆・渡辺洋三・石村善助・大島太郎・中尾英俊, 1957, 『日本の農村』岩波書店.

島崎稔, 1966, 「『むら』の解体（共通課題）の論点をめぐって・Ⅰ」（『村落社会研究』第2集）

島崎稔編, 1978, 『現代日本の都市と農村』大月書店.

島崎稔・安原茂編, 1987, 『重化学工業都市の構造分析』東京大学出版会.

社会運動論研究会編, 1990, 『社会運動論の統合をめざして』成文堂.

庄司興吉, 1980, 「住民運動の社会学」（青井和夫・庄司興吉編『家族と地域の社会学』東京大学出版会）

鈴木榮太郎, 1953, 「近代化と市民組織」（『都市問題』44-10）

鈴木榮太郎, 1965（57）, 『都市社会学原理（増補版）』有斐閣.

鈴木広, 1970, 『都市的世界』誠信書房.

鈴木広編, 1978, 『コミュニティ・モラールと社会移動の研究』アカデミア出版会.

鈴木広・高橋勇悦・篠原隆弘編, 1985, 『リーディングス・日本の社会学（7）都市』 東京大学出版会.

鈴木広, 1986, 『都市化の研究』恒星社厚生閣.

生活科学調査会編, 1962, 『町内会・部落会』医歯薬出版株式会社.

副田義也, 1961, 「地区組織の問題──茨城県牛久町における──」（『社会事業大学研究紀要』第8集）

副田義也, 1968, 『コミュニティ・オーガニゼイション』誠信書房.

園田恭一, 1973, 「住民によるコミュニティ形成は可能か」（松原治郎・竹内郁郎編『新しい社会学』有斐閣）

園田恭一, 1978, 『現代コミュニティ論』東京大学出版会.

園田恭一, 1979, 「コミュニティ行政とコミュニティの形成」（『都市問題』70-4）

高木鉦作, 1957, 「大都市町内会の実態──東京都・名古屋市の調査結果概要──」（『都市問題』47-11）

高木鉦作, 1960, 「町内会に関する文献目録（上）」（『都市問題』51-11）

高田保馬, 1953, 「市民組織に関する私見」（『都市問題』44-10）

高橋明善, 1959a, 「部落構造展開の二類型──戦後の部落構造展開の基点──」（『東京大学教養学部社会科学紀要』第8輯）

高橋明善, 1959b, 「部落財政と部落結合」（『東京大学教養学部社会科学紀要』第9輯）

高橋明善・河村望, 1961,「村部落の社会構造」（佐藤智雄編『地方都市――糸魚川市の実態――』東京大学出版会）

高橋明善, 1962,「社会構造と地域社会構造論」（『東京大学教養学部社会科学紀要』第12輯）

高橋明善, 1963a,「財政負担における公私未分化の社会構造――部落会・町内会を中心として――」（『都市問題』54-9）

高橋明善, 1963b,「イデオロギーとしてのコミュニティ」（『東京大学教養学部社会科学紀要』第13輯）

高橋明善, 1968,「農民層分解と村落」（余田・松原編著[1968]）

高橋明善, 1974,「部落財政と部落結合――15年の変化――」（『村落社会研究』第10集）

高橋明善, 1977,「自民党の農村支配」（白鳥令編『保守体制（上）』東洋経済新報社）

高橋明善, 1983,「地域社会の政治構造」（石川・高橋・布施・安原編著[1983]）

高橋明善, 1991,「農村社会編成の論理と展開――共通課題をめぐる三年間の総括――」（『村落社会研究』第27集）

高橋勇悦, 1985,「都市社会研究の現状と課題」（『都市問題』76-1）

高山隆三・安原茂, 1976,「日本資本主義と家――第22回大会、第23回大会共通課題討論の論点によせて――」（『村落社会研究』第12集）

高山隆三, 1981,「農村自治――構造と論理――・――1980年度研究会報告と大会討議の要点――」（『村落社会研究』第17集）

竹中英紀, 1993,「都市社会学における「町内会・自治会」研究の問題」（『都市問題』84-11）

玉城哲, 1978,『むら社会と現代』毎日新聞社.

玉野和志, 1993,『近代日本の都市化と町内会の成立』行人社.

民秋言, 1971,「大都市近郊における村落社会の変容過程――東京都府中市内二村落の事例を中心として――」（『村落社会研究』第7集）

塚本哲人, 1992,「「いえ」「むら」研究の軌跡」（塚本哲人編著『現代農村における「いえ」と「むら」』未来社）

築山秀夫, 1996,「地域住民組織と行政」（田野崎昭夫編『地域社会計画の研究』学文社）

筒井清忠, 1983,「地域政治研究の回顧と展望――「政策決定と行政」の問題を中心として――」（間場編[1983]）

鶴理恵子, 1990,「ムラを支える諸要因の分析――長崎県壱岐郡石田町本村触の事例―――」（『村落社会研究』第26号）

ドーア、R.P, 1962,『都市の日本人』岩波書店.（原著は、R. P. Dore, 1968[57],　*City Life in Japan: A STudy of Tokyo Ward,* University of California/ Berkeley and Los Angeles,である。ただし、邦訳は「訳者あとがき」にあるように、日本の読者にはあまり必要でない箇所を著者自身にカットしてもらったものの訳である。）

鳥越皓之, 1983,「地域生活の再編と再生」（松本編[1983])

鳥越皓之編, 1989,『環境問題の社会理論』御茶の水書房.

鳥越皓之, 1994,『地域自治会の研究』ミネルヴァ書房.

中川剛, 1980,『町内会』中公新書.

中川剛, 1982,『地縁・文化と法感覚』三省堂.

中筋直哉, 1997,「構造分析から社会過程分析へ――現代都市社会研究の方法と課題―――」（蓮見・似田貝・矢沢編[1997])

中田実・高橋明善・坂井達朗・岩崎信彦編, 1986,『リーディングス・日本の社会学（6）農村』東京大学出版会

中田実, 1990,「コミュニティと地域の共同管理」（倉沢・秋元編[1990a])

中田実, 1992,「地域社会の変動と町内会・自治会」（『都市問題』83－1）

中田実, 1993,『地域共同管理の社会学』東信堂.

中野卓, 1949,「都市における同族と親類」（東京大学社会学会編『戸田貞三博士還暦祝賀紀念論文集・現代社会学の諸問題』弘文堂）

中野卓, 1966,「『むら』の解体（共通課題）の論点をめぐって・Ⅱ」（『村落社会研究』第2集）

中村八郎, 1961,「都市の権力構造――アメリカにおける研究の動向―――」（国際基督教大学学報Ⅱ－B『社会科学ジャーナル』Vol.2.)

中村八郎, 1962a,「都市的発展と町内会――都下日野市の場合―――」（国際基督教大学社会科学研究所『地域社会と都市化』）

中村八郎, 1962b,「コミュニティ・パワーの研究をめぐる諸問題」（国際基督教大学学報Ⅱ－B『社会科学ジャーナル』Vol.4.)

中村八郎, 1964,「三鷹市の住民組織――近郊都市化に伴うその変質―――」（国際基督教大学社会科学研究所『近郊都市の変貌過程』）

中村八郎, 1965,「都市町会論の再検討」（『都市問題』56－5）

中村八郎, 1973a,『都市コミュニティの社会学』有斐閣.

中村八郎, 1973b, 「わが国における都市社会学の史的展開」（倉沢編[1973]）

中村八郎, 1990, 「文化型としての町内会」（倉沢・秋元編[1990a]）

似田貝香門・梶田孝道・福岡安則編, 1986, 『リーディングス・日本の社会学（10）社会運動』東京大学出版会.

似田貝香門・蓮見音彦編, 1993a, 『都市政策と市民生活——福山市を対象に——』東京大学出版会.

似田貝香門, 1993b, 「研究の課題と方法」（蓮見・似田貝編[1993a]）

二宮哲雄, 1968, 「農村社会学の成果と課題」（余田・松原編著[1968]）

蓮見音彦編, 1973a, 『社会学講座4・農村社会学』東京大学出版会.

蓮見音彦, 1973b, 「農村社会学の課題と構成」（蓮見編[1973a]）

蓮見音彦, 1973c, 「村落構造と農村の支配構造」（蓮見編[1973a]）

蓮見音彦・奥田道大編, 1980, 『地域社会論』有斐閣.

蓮見音彦・山本英治・似田貝香門, 1981, 『地域形成の論理』学陽書房.

蓮見音彦編, 1983a, 『地方自治体と市民生活』東京大学出版会.

蓮見音彦, 1983b, 「研究の課題と方法」（蓮見編[1983a]）

蓮見音彦, 1987, 「戦後農村社会学の射程」（『社会学評論』150）

蓮見音彦・似田貝香門・矢澤澄子編, 1990, 『都市政策と地域形成——神戸市を対象に——』東京大学出版会.

蓮見音彦編, 1991, 『地域社会学』サイエンス社.

蓮見音彦・似田貝香門・矢澤澄子編, 1997, 『現代都市と地域形成——転換期とその社会形態——』東京大学出版会.

長谷川昭彦, 1974, 『農村社会の構造と変動』ミネルヴァ書房.

長谷川昭彦, 1986, 『農村の家族と地域社会——その論理と課題——』御茶の水書房.

長谷川公一, 1985, 「社会運動の政治社会学——資源動員論の意義と課題——」（『思想』737）

福武直, 1949, 『日本農村の社会的性格』東京大学出版会.

福武直, 1954, 『日本農村社会の構造分析——村落の社会構造と農政浸透——』東京大学出版会.

福武直, 1959, 『日本村落の社会構造』東京大学出版会.

福武直, 1972, 『現代日本社会論』東京大学出版会.

福武直編, 1977, 『戦後日本の農村調査』東京大学出版会.

藤田弘夫, 1982, 『日本都市の社会学的特質』時潮社.

藤田弘夫, 1990,『都市と国家──都市社会学を越えて──』ミネルヴァ書房.

布施鉄治, 1965,「現代における「むら」と農民の変容過程──北海道水田単作農村における農業構造改善事業の実施と農民の対応形態を中心として──」（『村落社会研究』第1集）

布施鉄治, 1973,「農民生活の変動と農村家族」（蓮見編[1973]）

古城利明, 1977,『地方政治の社会学』東京大学出版会.

古城利明, 1978,「現代国家の地域支配と地方自治」（島崎編[1978]）

古城利明, 1984,「日本社会の構造変化と地域社会」（守屋・古城編[1984]）

不和和彦・新妻二男, 1979,「労働・農民運動の展開と地域の政治構造──主として農村住民の自治形成をめぐって──」（『村落社会研究』第15集）

細谷昂, 1968,「水稲集団栽培と「部落」──山形県庄内地方の一事例──」（『村落社会研究』第4集）

町村敬志, 1987,「低成長期における都市社会運動の展開──住民運動と「新しい社会運動の間」──」（栗原彬・庄司興吉編『社会運動と文化形成』東京大学出版会）

松下圭一, 1960,「大衆社会論の今日的位置」（『思想』436）

松下圭一, 1962,『現代日本の政治的構成』東京大学出版会.

松下圭一, 1971,『シビル・ミニマムの思想』東京大学出版会.

松平誠, 1980,『祭の社会学』講談社現代新書.

松平誠, 1983,『祭の文化──都市がつくる生活文化のかたち──』有斐閣.

松平誠, 1990,『都市祝祭の社会学』有斐閣.

松原治郎編, 1973,『現代のエスプリ・コミュニティ』至文堂.

松原治郎, 1978,『コミュニティの社会学』東京大学出版会.

松本通晴編, 1983,『地域生活の社会学』世界思想社.

三宅一郎・木下富雄・間場寿一, 1967,『異なるレベルの選挙における投票行動の研究』創文社.

守屋孝彦・古城利明編, 1983,『地域社会と政治文化──市民自治をめぐる自治体と住民──』有信堂

矢崎武夫, 1962,『日本都市の発展過程』弘文堂.

矢崎武夫, 1963,『日本都市の社会理論』学陽書房.

矢沢澄子, 1973,「地域権力構造」（綿貫編[1973]）

矢沢澄子, 1991,「現代社会と地方政治論」（蓮見編[1991]）

安田三郎, 1959,「都鄙連続体説の考察（上・下）」（『都市問題』50-2/50-9）

安田三郎, 1977,「町内会について──日本社会論ノート（5）──」（『現代社会学』7）

安原茂, 1965,「「都市化」過程と農家・農村──新潟県燕市調査を事例に──」（『村落社会研究』第1集）

山口節郎, 1985,「労働社会の危機と新しい社会運動」（『思想』737）

山本英治, 1973,「農村社会と農民組織集団」（蓮見編［1973a］）

山本英治, 1980,「地域生活と住民運動」（蓮見・奥田編[1980]）

山本陽三・木下謙治・佐々木衛, 1978,「イエとムラの伝統的価値観──生活破壊をはばむもの──熊本県矢部町の場合──」（『村落社会研究』第13集）

山本陽三, 1981,『農村集落の構造分析』御茶の水書房.

湯田勝, 1984,「都市形成と地域生活」（守屋・古城編[1983]）

吉井藤重郎, 1955－56,「都市・農村概念の再検（1）（2）」（大阪市立大学『人文研究』6－10/7－10）

吉井藤重郎, 1957,「都市化の農村的規定──近畿の一水田村の場合──」（大阪市立大学『人文研究』8－11）

吉沢澄子, 1968,「コミュニティ・パワー・ストラクチャ研究批判──アメリカにおけるその課題・方法・視角をめぐって──」（『社会学評論』72）

吉田健次, 1987,「居住組織と住民の利害団体──居住組織の機能と性格──」（島崎・安原編[1987]）

吉原直樹, 1980,『地域社会と地域住民組織──戦後自治会への一視点──』八千代出版.

吉原直樹, 1989,『戦後改革と地域住民組織──占領下の都市町内会──』ミネルヴァ書房.

吉原直樹, 1990,「コミュニティ政策と町内会・自治会」（蓮見・似田貝・矢澤編[1990]）

吉原直樹, 1993,「コミュニティ施策と地域住民組織」（似田貝・蓮見編[1993a]）

吉原直樹, 1994,『都市空間の社会理論 ──ニュー・アーバン・ソシオロジーの射程──』東京大学出版会.

吉原直樹編, 1996,『［21世紀の都市社会学5］都市空間の構想力』勁草書房.

吉原直樹, 1997,「「転換期」のコミュニティ政策」（蓮見・似田貝・矢澤編[1997]）

余田博通・松原治郎編著, 1968,『農村社会学』川島書店.

渡辺兵力, 1976,「農家と村落の相互規定」（『村落社会研究』第12集）

綿貫譲治編, 1973a,『社会学講座7・政治社会学』東京大学出版会.

綿貫譲治, 1973b,「政治社会学の位置」（綿貫編[1973a]）

第2章

佐治村における
地区推薦制再考

春日雅司

はじめに

　第 1 章の最後で触れたように、筆者はかつて、戦後行われた 13 回の統一地方選挙のデータをもとに、鳥取県佐治村における人々の投票行動からその社会関係の変化をたどってみた [(1)]。その結果、いわゆる「部落推薦」（筆者はこのフォーク・タームを「地区推薦」という学術用語に置き換えた）が佐治村において広範囲に見られたことから、さらに次の諸点を発見した。

1）時代が下るにつれ「地区」における候補者と有権者の関係が弱まり、次第により大きな範囲の地域範囲で投票・集票関係が見られるようになった。
2）基本的には「旧校区」と言われる四つの小学校区の範囲でのまとまりが依然として強固である。
3）しかし、それでもなお平成になるとこの小学校区のまとまりに弱い程度に関係の弛緩が見え始める。

　確かに「地区推薦」の割合が低くなったとはいえ、平成に入ってもなお投票・集票関係の 5 割以上を説明できる力を持っていることから、佐治村の「村会議員選挙に関しては、佐治村全体を一つの選挙単位とする社会関係は未だ十分発達して」おらず、「地区推薦は候補者にとっても有権者にとっても、現在なおかなり有効な集票・投票制度である」と結論づけた [(2)]。

　さて、筆者が戦後から平成の初めまでの選挙データを扱ったこの佐治村は、1910（明治 43）年に旧 3 村（口佐治、中佐治、上佐治）が合併することで「佐治村」として誕生して以来、大正、昭和、さらには平成に入ってもなおしばらくの期間、一度も合併を経験しなかった自治体である。この点は、すでに指摘した通り [(3)]、明治期と昭和期に日本の地方自治体の多くが合併を経験していることからすると、やや特異な事例であると言えよう。しかも、佐治村では幕末期に見られた「むら」がほぼそのまま生き残ったと言っても過言ではなく、そ

れらは戦後の地方自治法のもとでも「部落会」の単位として存続していた⁽⁴⁾。こちらの特徴は、明治維新以降の日本の地域社会を考える上で佐治村に「特異」なものではなく、いわゆる農村地域では広範囲に、都市部では古くからある地域を中心に、それぞれ事実上広く見られたものであると筆者は考えている。このように日本各地にある自治体と共通なものもあれば特異なものもある佐治村であるが、その後様相が変化していった。というのも、昭和の大合併では動じなかった佐治村も、平成の大合併という激震には耐えられなかったからである。佐治村は 2004（平成 16）年、近隣 7 町村と共に鳥取市に編入合併され、「鳥取市佐治町」として生まれ変わることで 94 年の歴史に幕を下ろした。同時に、独自の議会もなくなり、暫定選挙を経て、現在は鳥取市議会の傘下に入り、公式には鳥取市という単一の選挙区の部分にすぎない⁽⁵⁾。基礎自治体としての「佐治村」が消滅するという事実は、筆者のかつての問題関心からすると、ぜひ消滅するまでの旧佐治村の戦後の姿をたどってみたいと誘惑されることになる。そこで、本稿では、旧稿では最大 28 ほどあった地区を、後に説明する理由から新たに 19 の地区にまとめ、旧稿では 1995（平成 7）年の統一地方選挙までしか扱えなかった分析を 1999（平成 11）年まで追加し、合計 14 回の議会議員選挙の足跡をたどることで、佐治村における「地区推薦」制について改めて検討してみたい。

1　合併に至る道筋

　最初に、佐治村が「平成の大合併」という大渦に巻き込まれ鳥取市へ編入合併するまでのいきさつについて触れておきたい。

　鳥取市が佐治村を含む近隣 8 町村を吸収合併することになったのは、言うまでもなく合併した当該市町村が自発的に行動し決定したというより、むしろ鳥取県全体における取り組みの一環として利害が結果的に一致したからであった。鳥取県における合併の記録をとりまとめたものを見ると、当初はやはり県

全体でムードづくりをスタートさせ、次第に決断を迫るという方法がとられた
ようである⁽⁶⁾。事実、県がまとめた記録によると、県全体の合併への動きは
四つのプロセスに分けられる。第Ⅰ期は「県民意識醸成期」（1999（平成 11）
年度後半〜 2000（平成 12）年度）、第Ⅱ期は「合併議論の初期」（2001（平
成 13）年度〜 2002（平成 14）年度）、第Ⅲ期は「合併議論の成熟期」（2003（平
成 15）年度〜 2004（平成 16）年度）、そして第Ⅳ期は「新市町誕生期」（2004
（平成 16）年度〜 2005（平成 17）年度）であり、ほぼ 6 年程度の期間を経て
完成していったことがわかる⁽⁷⁾。つまり、鳥取県の場合、どこか特定の市町村
が「合併しましょう」と名乗りをあげたわけではなく、県主導で県全体を対象
に合併話が進められた、あるいは強要していったというのは適当ではないが、
合併ありきのムードづくりが行われたということがわかる。これを裏付けるも
のとしては第Ⅰ期、まずは合併が時代の要請であることから鳥取県においても
市町村合併は避けられないという合併への機運をもりあげつつ、あくまでも「た
とえば」ということで、2000（平成 12）年末に四つの「市町村合併のパター
ン」が提示されていることに注目したい。四つのパターンとは、当時県内に 4
市 31 町 4 村の自治体があったが、それらを、①社会的・経済的に特に結び付
きが強い近隣市町村を合併することで 11 自治体とするもの、②人口 3 万人以
上を確保し市を目指す合併をすることで 7 自治体とするもの、③生活圏・経済
圏の実態に合わせた広域的な合併をすることで 6 自治体とするもの、さらにこ
れに加えて案ではない案として、④いわゆる白紙（県民が自由に描く）、であっ
た。しかし、言うまでもなく④というのはありえない話である。かといって、
実際にフタを開けてみると、県が描いた①から③の三つのパターンに示された
「たとえば」のどれか一つと同じ形で合併した事例もない。「合併しなければ乗
り遅れる」という機運を盛り上げはしたが、いざどこと合併するのかとなると
自治体間の利害が渦巻き、なかなか難しいということがわかるし、最初は県が
主導したものの、最後は自治体の意思で合併相手を選び、合併の形（対等か編
入か）を決めていったということも読み取れる。

このような県全体の流れの中に佐治村を位置付けてみよう。県は第Ⅰ期、2000（平成12）年の早い段階で「市町村のあり方」について世論調査を実施した。その中では、住民がどのような合併のパターンを望んでいるか、また合併のメリット・デメリットなどについて聞いている。さらに、その後同年の夏から秋にかけ、県内各地で意見交換会や地域フォーラムなどを開催し、意見集約をしつつ年度末に上に示した四つのパターンをまとめている。佐治村が世論調査にどうかかわったのかは分からないが、時期的に最も早いものとして、2000（平成12）年の7月27日に「市町村合併をともに考えるリレーシンポジウム」なるものが全県を対象として開催され、その後佐治村を含む八頭郡対象の意見交換会と地域フォーラムが10月7日および10月21日にそれぞれ開催されている。7月と10月の2度の会合には役場レベルでは、佐治村も当然かかわっていたであろう。というのも、四つのパターンが示された後、2001（平成13）年1月16日、佐治村では村民に対する最初の説明会が開催されているからである[8]。さらに、その年の9月、佐治村では副知事を講師として市町村合併問題講演会が開催されているだけでなく、佐治村の90年の歴史をたどった記録を見ると、2002（平成14）年の最後の項目に「この年、村内外で市町村合併の論議・研究説明がさかん」と記されていることから[9]、合併に向けた具体的論議が進められていったと考えられる。佐治村サイドからの資料はこれだけであるが、県の資料を見ると、その後2002（平成14）年11月に首長提案として佐治村を含む8町村（国府町、福部村、河原町、用瀬町、佐治村、鹿野町、気高町、青谷町）と鳥取市との東部9市町村合併協議会が設置される一方、翌年の11月には住民発議の鳥取市・河原町・用瀬町・佐治村・智頭町合併協議会が設置された。この首長と住民から提案された二つの協議会は2004（平成16）年5月に統合され、首長提案の鳥取県東部10市町村合併協議会として一つになったが、智頭町の議会が三度にわたり合併議案を否決したため、同年10月末にこの協議会は廃止された。しかし、この協議会は形式的には10月廃止であるが、すでに7月に智頭町を除く9市町村は東部9市町村合併協議会を

復活させており、智頭町を除いた町村の間での実質的な合併話は着々と進み、この年の 11 月、佐治村は他の町村とともに正式に新鳥取市の一翼を担うことになった[10]。1910（明治 43）年の元旦に誕生して以来、94 年と 10 カ月をもって基礎自治体としての佐治村はここに消滅した。

2　その後の選挙について

最初に触れたように、筆者は旧稿で戦後行われた佐治村における議会議員選挙のデータをもとに、戦後日本における人々の社会関係の変遷の一断面を描きだそうとした。その際利用したデータは 1947（昭和 22）年から 1995（平成 7）年までの 48 年間、一度も無投票になることもなく 4 年おきに行われた 13 回の選挙結果であった。筆者の主張はこの 13 回のデータで一定程度確証を得ているが、しかしその後佐治村が鳥取市と合併して消滅したことを考えると、最後まで見届けるのが筆者の務めであろう。新たな追加資料は 1999（平成 11）年の選挙だけであるが、その前にこの年度も含めて平成 7 年以後鳥取市と合併し新鳥取市として最初の通常選挙が行われるまでの間に 4 回実施された議員選挙について説明しておきたい。

①1999（平成 11）年 4 月、統一地方選挙に合わせて行われた議会議員選挙。候補者数が定数を上回り、通常通り行われた。この時点では「合併」がまだ俎上にのぼっておらず、それまでと変わることなく実施されたと思われる[11]。

②2003（平成 15）年 4 月、統一地方選挙に合わせて行われた議会議員選挙。2001（平成 13）年以後進められた合併の話が本格化し、鳥取市に編入合併することを決定していた。そのため、合併まで 1 年半余りの任期となることが確定。戦後初めて無投票となる。

③ 2004（平成16）年11月、鳥取市との合併後に行われた旧8町村だけ
　 の暫定（増員）選挙。この8町村はそれぞれ単独の選挙区とされ、定数
　 1～2名の定員が割り当てられた。定数2は国府、河原、気高、青谷で、
　 佐治村を含む他の4町村は定数1であったが、佐治村だけが無投票となる。
④ 2006（平成18）年11月、編入町村を含めた新鳥取市における初めての
　 通常選挙。旧鳥取市の議員改選日程にあわせておこなわれた。旧佐治村は
　 鳥取市の選挙区となったが、旧佐治村居住の1人が候補者として出馬、当
　 選する[12]。

　このような結果となった。したがって、筆者の問題関心からすると、旧稿に
加えるべきものとして1999（平成11）年4月の選挙結果だけが直接意味を持
ちうることになる。「直接」というのは、戦後13回の選挙結果に比肩しうる
ものということで、まさに戦後半世紀にわたるデータがそろったと言える。た
だし問題が一つある。現在［執筆時は2010（平成22）年＝筆者］は鳥取市佐
治地方局となっている旧佐治村役場にこの時の選挙関連資料が保管されていた
が、それを見ると、筆者が旧稿で取り上げた「地区」のうちのいくつかが消え、
他の地区に統合されていたのである。したがって、筆者が旧稿で利用した地区
範囲での有権者情報を得ることはできなかった。要するに、公式資料として存
在していたのは、旧稿で最大28あった地区ではなく19にまとめられた新し
い地区のデータであった。新しいというのは、決して新たにできたとか、それ
まであったものが消滅したという意味ではなく、それまであったいくつかの地
区が近隣地区に組み込まれたということである[13]。ただし、いつこのような
変更が行われたのかは不明であるが、1995（平成7）年の選挙の際には2aを
含め27の地区があったわけで、それ以後、1999（平成11）年の選挙までに
は変更があったものと思われる。したがって、いずれにしても平成11年、14
回目のデータについては、それまで13回のものと同列に論じることはできな
いことが判明した。しかし、今説明したように、旧稿で最大28あった地区に

ついてふりかえると、実は近隣地区どうしはもともと住民同士の関係も強く、行政サイドからすれば、人口がある程度確保できている限りは単独の地区として扱うことに合理性があるものの、人口減が進むと、逆に近隣地区をまとめてしまいたいということになる。したがって、複数地区を一つにまとめるという事実が、決して地区間の関係を無視して行われたものでないならば[14]、新しい19の地区を一つの基準として、過去のデータについても19の地区にまとめ、そこから見直すということも意味があるのではないだろうかと考えられる。

　そこで以下、過去のものも含めて、19の地区という視点から、佐治村における地区推薦の変遷をたどってみよう。

3　「地区推薦」制の変化を読む

　最初に、1947（昭和22）年から1999（平成11）年まで佐治村で行われた選挙結果の一覧を示したものが表1である。旧稿同様、各年度について「候補者数」、「候補者の得票数」、「推定投票者数」を示した[15]。ただし、言うまでもなく地区は1から19までに変わっている（なお、地区番号7、10、16の下につけられた太線は後に触れる四つの旧校区の範囲を示している）。また、従前同様、以下の考察の基本は筆者の考える「完全な地区推薦」が行われた場合にのみ成り立つ議論であるが[16]、「完全な地区推薦」なるものが非現実的なものである以上、もう少し柔軟な考察を織り交ぜていくこととしたい。

　さて、この表1のデータをもとに、候補者のいる地区に限定して、候補者の得票数と候補者の地区票との関係を示したものが表2である。

　旧稿では、候補者のいる地区でその候補者が得た票の何割が地区票であるかを示したが、筆者の仮定する「完全な地区推薦」では、候補者の得票数と地区の投票者数が一致するわけだから、その場合、候補者の得票に占める地区票の割合を計算すると、当然100パーセントになる。つまり、一票たりとも他の地区の候補者にとられることもないし、逆に他の地区の票を獲得することもない。

表1　地区組織単位の候補者数・候補者得票数・推定投票者数

地区番号	校区	1947 [昭和22] (22)			1951 [昭和26] (22)			1955 [昭和30] (16)			1959 [昭和34] (16)			1963 [昭和38] (16)			1967 [昭和42] (16)			1971 [昭和46] (16)		
1	①	0	0	19	0	0	25	0	0	25	0	0	29	0	0	23	1	141	23	0	0	20
2		2	116	75	1	121	100	1	126	98	0	0	103	0	0	102	0	0	109	0	0	107
3		1	113	118	1	130	156	1	156	151	1	191	142	1	166	157	1	114	148	3	314	158
4		3	317	194	2	216	206	1	207	209	1	178	210	1	127	204	2	238	204	2	244	199
5		1	103	133	1	106	158	1	129	172	1	122	166	2	134	167	1	123	158	2	309	156
6		1	98	91	1	102	113	0	0	107	1	145	117	1	101	105	0	0	103	1	93	109
7		1	118	109	1	116	126	2	206	125	1	187	121	1	141	117	2	227	114	0	0	114
8	②	3	287	348	2	231	387	2	270	387	3	448	397	5	512	386	3	261	377	2	153	372
9		3	294	255	3	347	295	2	320	315	2	411	321	2	266	307	3	322	287	2	286	276
10		0	0	99	2	263	121	2	275	129	0	0	133	1	139	132	1	134	127	1	118	126
11	③	0	0	34	1	108	40	0	0	37	0	0	39	1	75	38	0	0	32	0	0	29
12		3	218	207	2	209	243	1	156	256	2	297	262	1	141	264	1	117	235	1	137	246
13		1	108	83	0	0	104	1	121	116	0	0	124	1	118	115	0	0	109	0	0	108
14		2	181	167	3	375	190	2	254	190	1	180	175	1	166	170	1	99	166	1	212	164
15		1	96	113	1	121	141	2	229	150	2	359	156	3	293	147	5	535	150	5	502	142
16		1	94	70	1	106	86	1	172	84	1	175	80	2	206	79	1	74	76	0	0	75
17	④	2	210	157	1	106	153	1	155	173	1	196	181	1	141	180	3	206	180	2	213	186
18		0	0	57	1	113	94	0	0	107	0	0	99	1	100	99	1	112	71	1	108	67
19		0	0	24	0	0	32	1	94	39	0	0	34	0	0	34	0	0	34	0	0	35
合計		25	2,353	2,353	24	2,770	2,770	21	2,870	2,870	17	2,889	2,889	25	2,826	2,826	26	2,703	2,703	23	2,689	2,689

地区番号	校区	1975 [昭和50] (14)			1979 [昭和54] (14)			1983 [昭和58] (12)			1987 [昭和62] (12)			1991 [平成3] (12)			1995 [平成7] (12)			1999 [平成11] (11)		
1	①	0	0	20	0	0	25	0	0	26	0	0	24	0	0	24	0	0	20	0	0	18
2		0	0	113	0	0	117	0	0	106	0	0	110	1	0	101	0	0	96	0	0	108
3		2	288	160	1	221	157	1	158	146	1	187	142	1	139	140	1	121	139	0	0	131
4		2	317	206	1	261	214	2	427	212	2	472	202	2	276	186	1	325	176	1	246	169
5		1	164	144	1	191	150	1	149	158	1	199	151	1	230	150	1	227	149	2	432	140
6		0	0	109	0	0	114	1	109	113	0	0	97	1	5	89	0	0	94	0	0	89
7		0	0	121	0	0	124	0	0	119	0	0	118	0	0	124	0	0	120	1	196	108
8	②	2	247	356	2	314	348	2	237	347	1	187	337	0	0	339	0	0	298	1	177	274
9		2	354	287	1	115	300	1	119	302	2	394	295	2	348	287	2	266	262	1	144	271
10		2	328	133	2	399	124	2	339	131	1	192	137	2	225	122	1	222	117	0	0	117
11	③	0	0	29	0	0	33	2	175	40	0	0	42	0	0	45	0	0	49	0	0	54
12		1	130	255	1	247	253	0	0	252	1	203	252	2	458	240	2	326	216	1	116	207
13		0	0	109	0	0	106	0	0	111	0	0	109	0	0	100	0	0	93	0	0	80
14		1	198	168	1	195	173	1	211	176	1	216	165	1	176	147	2	414	141	3	474	134
15		4	443	144	3	462	141	4	462	142	1	223	138	2	267	132	1	106	119	1	205	112
16		0	0	75	0	0	75	0	0	70	0	0	76	1	220	72	1	212	72	1	169	74
17	④	1	113	178	1	182	175	1	148	182	1	180	185	0	0	165	1	159	141	1	133	131
18		1	116	57	1	134	58	1	190	54	1	209	48	1	196	44	0	0	43	0	0	42
19		0	0	34	0	0	34	0	0	37	0	0	34	0	0	33	0	0	33	0	0	33
合計		19	2,698	2,698	15	2,721	2,721	19	2,724	2,724	13	2,662	2,662	14	2,540	2,540	13	2,378	2,378	13	2,292	2,292

注）数字はいずれの年度も左欄より、地区ごとの「立候補者数」、「候補者得票数」、「推定投票者数」をあらわす。
年度欄右の（　）は議員定数である。

表2 候補者の得票に占める他の地区票の割合と変化

地区番号	選挙年度													
	1947	1951	1955	1959	1963	1967	1971	1975	1979	1983	1987	1991	1995	1999
1	—	—	—	—	—	83.7	—	—	—	—	—	—	—	—
2	35.3	17.4	22.2	—	—	—	—	—	—	—	—	—	—	—
3	−4.4	−20.0	3.2	25.7	5.4	−29.8	49.7	44.4	29.0	7.6	24.1	−0.7	−14.9	—
4	38.8	4.6	−1.0	−18.0	−60.6	14.3	18.4	35.0	18.0	50.4	57.2	32.6	45.8	31.3
5	−29.1	−49.1	−33.3	−36.1	−24.6	−28.5	49.5	12.2	21.5	−6.0	24.1	34.8	34.4	67.6
6	7.1	−10.8	—	19.3	−4.0	—	−17.2	—	—	−3.7	—	−1,680.0	—	—
7	7.6	−8.6	39.3	35.3	17.0	49.8	—	—	—	—	—	—	—	44.9
8	−21.3	−67.5	−43.3	11.4	24.6	−44.4	−143.1	−44.1	−10.8	−46.4	−80.2	—	—	−54.8
9	13.3	15.0	1.6	21.9	−15.4	10.9	3.5	18.9	−160.9	−153.8	25.1	17.5	1.5	−88.2
10	—	54.0	53.1	—	5.0	5.2	3.5	59.5	68.9	61.4	28.6	45.8	47.3	—
11	—	63.0	—	—	49.3	—	—	—	—	77.1	—	—	—	—
12	5.0	−16.3	−64.1	11.8	−87.2	−100.9	−79.6	−96.2	−2.4	—	−24.1	47.6	33.7	−78.4
13	23.1	—	4.1	—	2.5	—	—	—	—	—	—	—	—	—
14	7.7	49.3	25.2	2.8	−2.4	−67.7	22.6	15.2	11.3	16.6	23.6	16.5	65.9	71.7
15	−17.7	−16.5	34.5	56.5	49.8	72.0	71.7	67.5	69.5	69.3	38.1	50.6	−12.3	45.4
16	25.5	18.9	51.2	54.3	61.7	−2.7	—	—	—	—	—	67.3	66.0	56.2
17	25.2	−44.3	−11.6	7.7	−27.7	12.6	12.7	−57.5	3.8	−23.0	−2.8	—	11.3	1.5
18	—	16.8	—	—	1.0	36.6	38.0	50.9	56.7	71.6	77.0	77.6	—	—
19	—	—	58.5	—	—	—	—	—	—	—	—	—	—	—
計	0.0	37.5	33.3	16.7	31.3	35.7	41.7	63.6	36.4	58.3	27.3	54.5	40.0	70.0
実数	2,120	2,609	2,594	2,328	2,667	2,316	2,201	2,088	2,093	2,003	2,052	1,334	1,532	1,620

注）プラス（+は省略）は候補者が他地区から得た割合を、マイナスは他地区へ失った割合を示す。

しかし、14回の選挙をみると、実際には候補者の得票と地区票はほとんど一致せず、100パーセントを大幅に超え1,600パーセント台に達することがあったり、逆にわずか20パーセント足らずであったり、さまざまな値をとった[17]。そこで、旧稿ではこの関係を割合で示すことで、各地区の対応関係だけでなく、各年度の変化を見た。しかし、ここでは旧稿の数値を今度は逆に見ていきたい。逆というのは、たとえば候補者の得票が地区票を上回った場合、他の地区から何パーセント得ているか、あるいはたとえば候補者の得票が地区票を下回った場合、他に地区に何パーセント奪われているかを、プラスマイナスで示していることを意味する。たとえば、1947（昭和22）年の第2地区では2人の候補者が合計116票獲得しているが、地区には75票しかない。旧稿では、「候補者の得票に占める地区票の割合」を計算したので、「75÷116×100＝64.7%」となった（ただし、旧稿の地区2の計算は「53÷116×100＝45.7%」となっ

ていたが、本稿の表では、旧稿の示した地区番号の2と4がひとつになってい
るので推定投票者が増えている。これは他の地区・年度でも同じであり、少し
ややこしいがぜひ旧稿を参照していただきたい）。しかし、この表2では、地
区には75票しかないのに候補者は116票獲得し、残り41票は他の地区から
得ているので、この41票が116票の35.5パーセントにあたることを示してい
る。当然、候補者が得た票より地区票が多い場合はマイナスとなるのでその
ように示した。

　表2から読み取れることは、プラスであれマイナスであれ、数値がゼロに
近いほど「完全な地区推薦」に近いと推測できる。1947（昭和22）年であれ
ば、第6地区、第7地区、第12地区、第14地区などがそれにあたる。しか
し、佐治村の14回全体を見わたしてもゼロの値をとるものはなく、1963（昭
和38）年の第18地区の1.0が最低値である。表1によると、この場合、候補
者の得票と地区表とはわずか1票の違いであることがわかる。したがって、「完
全な地区推薦」はあくまでも机上の空論にすぎない。現実論を言えば、このケー
スの場合だって、「ほぼ完全な地区推薦」が発生していたのかとなると、実際
はより多くの票が地区外へ流れる一方、他地区のほぼ同数の票が第18地区か
ら出た候補者に流れてきたのかもしれない。そうすると、実際に地区推薦が行
われても、当然ある程度の誤差を伴うものと考えるのが妥当であろう。そこで、
問題は実際に地区推薦が行われたとして、どのくらいの票が他地区へ流れてい
く一方、どのくらいの票が他地区から獲得できているのか、その「範囲」をど
の程度とみるかである。今、1947（昭和22）年を例にあげたが、続けてこの
年度について「範囲」を2割まで広げると、第9地区と第15地区も地区推薦
が行われたことになる。これを3割まで広げると2第地区と第4地区を除く
12の地区が、さらに4割まで広げると候補者のいた14地区全部で「地区推薦」
が行われたことになる。こんな予想は本当に妥当性を持つのであろうか。

　票が一体どの地区「範囲」で動くのか、その程度を推測する上で、筆者を含
む研究者たちが1984（昭和59）年に鳥取県の地区組織長を対象に行った「地

区推薦の有効性」に関するデータが役立つかもしれない。これは、区長に対して「地区推薦を行った場合、地区有権者の何割くらいがそれにしたがうと思いますか」と聞いたものである。鳥取県を市部（4 市）と郡部（31 町 4 村）に分けると、有効性が 6 割以上と回答した割合は、市部区長が 60.4%、郡部区長が 79.8% であった[18]。残念ながら、佐治村の個別データはないが、郡部の数値が 35 町村の平均だとするなら、佐治村はより典型的に農村的特質を持っていたという意味でこの平均より数値は高いと推測できるが、とりあえず「範囲」がプラスマイナス 40 パーセント以内であれば、8 割以上の確率で「地区推薦」が行われたと考えることができる。言うまでもなく候補者のいない地区であっても、「地区推薦」をしていたかもしれないが、とりあえずこれは無視しておきたい。

　そこで、表 2 のデータのうち、各年度について誤差がプラスマイナス 40 パーセント以上ある地区の数を候補者のいる地区全体の数で割り、その割合を示したものが、「計」欄である。たとえば、1947（昭和 22）年は 40 パーセントを超える地区は無いので 0、1951（昭和 26）年になると候補者の出た 16 地区のうち 40 パーセントを超える地区は六つあるので 37.5% となる。筆者は、戦後 50 年あまりを見渡し、数値の高い時期が三度あることに注目したい。つまり、1951（昭和 26）年、1975（昭和 50）年、1999（平成 11）年である。一般に言う「一世代」には少し短いが、ほぼ四半世紀の間隔であり、わが国の地域社会が大きく変化しかけた時期と符合すると考えられ、この前後は「地区推薦」制もそれなりに変質していった時期なのであろうと推測する。次に触れるように、議員定数減などとの関わりや 1983（昭和 58）年や 1991（平成 3）年も数値が高いとみることもできるので、「計」欄の数値を単独で議論することに重大な意味があるとは思わないが、見逃すこともできない。というのも、やはり時代が下るにつれて次第に増大する傾向にあることだけは確かであるからだ。したがって、これは「地区推薦」の有効性が弱まったとも、また「地区推薦」そのものが行われなくなったとも読むことができる。なお、どの程度弱

まったのかとか、どの程度行われなくなったのかという数値の問題については、以下で他の要因も含めて引き続き触れていきたい。

表３　候補者のいる地区の推定投票者割合

年度		1947	1951	1955	1959	1963	1967	1971	1975	1979	1983	1987	1991	1995	1999
割合		90.1	94.2	90.4	80.6	94.4	85.7	81.9	77.4	76.9	73.5	77.1	52.5	64.4	70.7
実数		2,120	2,609	2,594	2,328	2,667	2,316	2,201	2,088	2,093	2,003	2,052	1,334	1,532	1,620
		2,353	2,770	2,870	2,889	2,826	2,703	2,689	2,698	2,721	2,724	2,662	2,540	2,378	2,292

注）「割合」＝「候補者のいる地区の推定投票者」の合計÷「全地区の推定投票者」の合計×100。なお、実数の上段は「候補者のいる地区の推定投票者」の合計、下段は「全地区の推定投票者」の合計である。

　表３は「候補者のいる地区の推定投票者割合」、つまり地区の候補者（複数いる場合は合計している）が同じ地区にいる有権者（投票者）の何割から投票してもらっているかを示している。ここに示した「割合」は、旧稿・表２－７の「計」に示した数値を、19 の地区で計算しなおしたものである。ここでの計算方法は旧稿と同じであり、候補者のいる地区の推定投票者の全投票者に占める「割合」（実数の「上段÷下段」の割合）を示している。したがって、もし筆者のいう意味の「完全な地区推薦」が行われたとするなら、それが全投票者の何割にあたるのか、その最大値を示したものである。

　表３によると、1947（昭和 22）年から 1955（昭和 30）年までは９割かそれ以上であったものが、1959（昭和 34）年から 1971（昭和 46）年かけて、1963（昭和 38）年に９割台半ばへ上昇しているが、８割台前半へと下降していく。その後 1987（昭和 62）年にかけて７割台へ、さらに 1991（平成３）年になると５割台と下降しているが、1995（平成７）年は６割台、1999（平成 11）年は７割台と上昇していることがわかる。

　今回、旧稿より地区数が少なくなった分、全体として数値がやや高くなっているが、経年変化の傾向としては戦後期が最も高く、その後徐々に減少し平成期に５割台になっている点は類似している。

　もちろん、ここに示した数値は地区の候補者と有権者（投票者）との単純な一致度を示したものにすぎない以上、数値を引き下げる要因、たとえば村全体

でみた仕事や友人・同級・同窓などなどの人間関係の変化を勘案すると、もっともっと低くなるはずで、どう甘く見積もっても割合としてはこれよりはるかに低くなるであろうと思われるが、逆に押し上げる要因について触れておきたい。

　それは、地区推薦は地区単独で行うものとは限らず、数地区が共同で行うこともあるということである。なるほど戦後しばらくすると候補者のいない地区を「草刈り場」[19] と称し、あちこちの候補者がそこで票を奪い合うという光景がみられたようであるが、しかし「草刈り場」という政治タームが出現するのは地区推薦制がそれなりに崩壊した後のことで、それまでは純粋な「草刈り場」となる地区はむしろ少ないか存在しなかったのではないかと考えられる。戦後しばらくの間、地区単独では当選させるに十分な票を持たない場合、複数の地区が協力して候補者を擁立することで地区推薦を行うとか、それもできない地区では近隣の大きな地区と一緒になる、いわば庇護をとりつけることで政治的な恩恵を受けることが一般的であったとみることができる。そうすると、表3の数値では候補者のいない地区の票が全て地区推薦割合からもれてしまっているものの、このような形で数地区が協力しているものを含めると「地区推薦」全体の割合を高める効果を持っているといえる[20]。

　さらに言えば、地区推薦が地区を単位として推薦すると定義づけているものの、仕事仲間だからとか、幼な友だちだからとか、農地の貸し借り関係があるとか、いろいろな理由にもとづいた集団準拠を詳しく調べていっても、「これは地域にもとづくもので、あちらは地域にもとづくものではありません」と明確に区別できるものは少ない。むしろ、実は形式的地域と異なるが、投票・集票関係を形成する理由としては事実上「地域」に等しい、つまり「地域」と同等な関係とみなしていいのではないかと思えるものも多いことがわかる。このような狭い「むら」社会の集積体において、有権者たちが個人の利害でばらばらに行動できるのかと言えば、実際は個人が独自に考えたり判断したりすることは難しいと考えられる。時代の経過とともに、人々は次第に他者から解放さ

れるようにはなる。しかしそれはあくまでも相対的なものであって、本質的には他者との関係を考慮しないで生きていくことは難しい。その意味で、より集団主義的な傾向を持つと言えることから、この「割合」欄に示された数値を総合的に勘案すると、やはり地区推薦の度合いを一定程度反映しているのではないかと考えているし、そのことは（次に触れるのでやや先取りになるが）表5の「地区単位の浮動票の割合とその変化」にある「計」欄の結果からも説明できると思う。ただ、興味深いのは、旧稿では地区が最大28あったが、地区を19にしてみると、この数字もやや高くなっている点である。その理由は、筆者の仮設にもとづいて地区数を少なくした場合、地区推薦をしていないとみなされた地区数が減少するからである。実際、1947（昭和22）年を例にとってみると、「計」欄の数字が旧稿と本稿とで82.4から90.1に増加している。つまり、候補者のいない地区数は10から5へ、票数で317から233にそれぞれ減少していることがわかるが、本稿の数字がどの年度をとっても旧稿より1割程度高い原因は候補者のいない地区数が減少していることにある[21]。それでは、旧稿の8割台前半ではなく、ここに示された9割という数字が正しいのかとなると、それについてはわからない。旧稿でも指摘したように、候補者のいる地区数が問題だとするなら、恐らく議員定数が減少すれば候補者も減少するであろうと考えられることから、当然候補者のいる地区数が減ることになろう。したがって、議員定数の変化ということに注目しても、一定程度説明がつくようにも思える。そこで、「議員定数」の変化が筆者の地区推薦の割合と入れ代わりに説明のつく変数となりうるか検討してみよう。

　表4に示した「A・B・C」のうち、「A＝候補者のいる地区の推定投票者÷全投票者」、つまり表3に示した「割合」欄と同じものであって、比較しやすくするためにここに再度示している。また、「B＝議員定数÷立候補者数」であり、「C＝議員定数÷候補者のいる地域数」である。出た値を「A」と比べてみると、「B」は明らかに違うが、「C」はかなり近いことがわかる。そこで、相関係数をとってみると、AB＝－0.25、AC＝0.75、BC＝0.06となり、ACの値が極めて高い

表 4　推定投票者割合・選挙倍率・議員定数に占める候補者の地域数割合

年度	1947	1951	1955	1959	1963	1967	1971	1975	1979	1983	1987	1991	1995	1999
A	90.1	94.2	90.4	80.6	94.4	85.7	81.9	77.4	76.9	73.5	77.1	52.5	64.4	70.7
B	88.0	91.7	76.2	94.2	64.0	61.5	69.6	73.7	93.3	63.2	92.3	85.7	92.3	84.6
C	115.8	115.8	84.2	84.2	84.2	84.2	84.2	73.7	73.7	63.2	63.2	63.2	63.2	57.9

注）A=候補者の出た地域の有権者数、B=議員定数÷立候補者数、C=議員定数÷候補者の出た地域数

ことがわかる。したがって、統計学的には「議員定数」を説明変数としてもある程度同じことがいえるのではないかということがわかる。そこで、「議員定数」は 1947（昭和 22）年に 22 人だったものが漸次減少し、1999（平成 11）年には半減するというものであるため、当然、当初と末尾の値は半分になるという単純なものであるだけでなく、1947（昭和 22）年と 1951（昭和 26）年は立候補者数が地区数を上回るため、100 を超えてしまうという不都合もあるが、そもそも地区推薦が「ある程度人望のある人を、内に向かっては地区の平和を維持するため、外に向かっては地区の利益代表を出すためにする」[22] という人々の共通の利害関心があって成り立つものであるだけに、議員定数と地区推薦の割合とは密接に結びつくものと考えて間違いない。筆者も旧稿では十分考えることができなかったが、ここでそのことについて改めて検討してみて、一定程度その確証を得たと申し上げておきたい。

　次に、すでに言及したが、表 5「地区単位の浮動票の割合とその変化」についてみていこう。それによると、個々の地区の数値は旧稿に比べこちらの方が高くなっているように思われる。これは、地区数が減少することで、一つの地区における推定投票者数が増加していることが原因ではないかと考えられる。ただし、「計」欄の数値について旧稿の表 2 − 8 とここでの結果を比べると、1999（平成 11）年を除いて全て表 5 の数値が低いものとなっている。言うまでもなく、この表の「計」欄は「浮動票」の割合を予測したのであり、表 3 の「割合」欄がいわゆる「組織票」の割合を予測したのとは、ある意味逆の作業をしていることになる。上で指摘したように、表 3 で「地区推薦」の割合が旧稿より高くなっていることが判明したが、「地区推薦」のような「組織票」の割合

表5　地区単位の浮動票の割合とその変化

地区番号	選挙年度													
	1947	1951	1955	1959	1963	1967	1971	1975	1979	1983	1987	1991	1995	1999
1	-5.5	-4.8	-4.5	-4.6	-4.8	15.5	-2.4	-2.2	-2.9	-2.5	-2.9	-2.4	-2.3	-1.8
2	11.8	4.1	5.0	-16.2	-21.3	-14.4	-12.7	-12.4	-13.7	-10.0	-13.5	-9.9	-10.9	-10.9
3	-1.4	-5.0	0.9	7.7	1.9	-4.5	18.6	14.1	7.5	1.1	5.5	-0.1	-2.1	-13.3
4	35.5	1.9	-0.4	-5.0	-16.0	4.5	5.4	12.2	5.5	20.3	33.2	8.8	17.0	7.8
5	-8.7	-10.1	-7.7	-6.9	-6.9	-4.6	18.2	2.2	4.8	-0.8	5.9	7.9	8.9	29.6
6	2.0	-2.1	-19.2	4.4	-0.8	-13.6	-1.9	-12.0	-13.4	-0.4	-11.9	-8.3	-10.7	-9.0
7	2.6	-1.9	14.6	10.4	5.0	14.9	-13.6	-13.3	-14.5	-11.2	-14.5	-12.2	-13.7	8.9
8	-17.6	-30.2	-21.0	8.0	26.3	-15.3	-26.1	-12.0	-4.0	-10.4	-18.4	-33.4	-34.0	-9.8
9	11.3	10.1	0.9	14.1	-8.5	4.6	1.2	7.4	-21.7	-17.2	12.2	6.0	0.5	-12.9
10	-28.6	27.5	26.3	-20.9	1.5	0.9	-1.0	21.5	32.2	19.6	6.8	10.1	12.0	-11.9
11	-9.8	13.2	-6.7	-6.1	7.7	-4.2	-3.5	-3.2	-3.9	12.7	-5.2	-4.4	-5.6	-5.5
12	3.2	-6.6	-18.0	5.5	-25.6	-15.5	-13.0	-13.8	-0.7	-23.8	-6.0	21.4	12.5	-9.2
13	7.2	-20.1	0.9	-19.5	0.6	-14.4	-12.9	-12.0	-12.4	-10.5	-13.4	-9.8	-10.6	-8.1
14	4.0	35.8	11.5	0.8	-0.8	-8.8	5.7	3.3	2.6	3.3	6.3	2.8	31.1	34.4
15	-4.9	-3.9	14.2	31.9	30.4	50.7	42.9	32.9	37.6	30.2	10.4	13.3	-1.5	9.4
16	6.9	3.9	15.8	14.9	26.5	-0.3	-8.9	-8.3	-8.8	-6.6	-9.3	14.6	16.0	9.6
17	15.3	-9.1	-3.2	2.4	-8.1	3.4	3.2	-7.2	0.8	-3.2	-0.6	-16.2	2.1	0.2
18	-16.5	3.7	-19.2	-15.5	0.2	5.4	4.9	6.5	8.9	12.8	19.8	15.0	-4.9	-4.3
19	-6.9	-6.2	9.9	-5.3	-7.1	-4.5	-4.2	-3.7	-4.0	-3.5	-4.2	-3.2	-3.8	-3.3
計	14.7	18.7	19.4	22.0	17.0	28.1	31.2	33.7	31.3	39.0	30.6	40.0	36.9	43.1
実数	346	517	556	637	480	759	840	909	853	1,061	814	1,016	877	987
	2,353	2,770	2,870	2,889	2,826	2,703	2,689	2,698	2,721	2,724	2,662	2,540	2,378	2,292

注）各地区の割合を出す場合、ここでは原則として少数第2位を四捨五入した。しかし、その方法で表示し各年度のプラスマイナスを合計してもゼロにならない。そこで少数第2位以下で四捨五入し、各年度のプラスマイナスがゼロになるように調整してもいいが、ここでも問題が発生した。つまり、プラスマイナスの誤差が0.1パーセントである場合、調整しようとすると二つの地区で全く同数という事例が出てきた。これは少数第2位まで出さないと意味がない。そこで、誤差が0.2パーセントの場合は調整しないでそのまま示すことにした。なお、平成3年の誤差が大きいので、ここだけ少数第3位以下を勘案して調整した。

が高くなるということは、当然「浮動票」の割合は低くなるという結果が（もし出せるものなら）出なければならない。表5の「計」欄はまさにその通りになっているわけである。「浮動票」の割合は、戦後1割台だったものが、若干の浮沈はあるものの、次第に高まり、1999（平成11）年にかけて4割前後まで高まっていることがわかる。表3と同様、この数字が実態をどの程度反映しているか考えるために、表3の「割合」と表5の「計」欄を「合計」した表6を見ていただきたい。

表 6　推定投票者割合と浮動票割合

年度	1947	1951	1955	1959	1963	1967	1971	1975	1979	1983	1987	1991	1995	1999
表3	90.1	94.2	90.4	80.6	94.4	85.7	81.9	77.4	76.9	73.5	77.1	52.5	64.4	70.7
表5	14.7	18.7	19.4	22.0	17.0	28.1	31.2	33.7	31.3	39.0	30.6	40.0	36.9	43.1
合計	104.8	112.9	109.8	102.6	111.4	113.8	113.1	111.1	108.2	112.5	107.7	92.5	101.3	113.8

　筆者の考える「地区推薦」と「浮動票」の割合を年度毎に合計すると、「合計」欄に示されたように、最大が 113.8（1967）、最小が 92.5（1991）となる。本来、「地区推薦」と「浮動票」の関係は、「地区推薦」ではない部分が「浮動票」である（あるいは「浮動票」ではない部分が「地区推薦」である）わけだから、この二つの数値を合計すると 100 になるはずである。したがって、誤差を計算するには「100 から合計を引いた値の絶対値の平均」がそれに該当する。つまり、その値は 9.32 パーセントとなり、14 回の選挙を通じて、「地区推薦」と「浮動票」との割合にほぼ 1 割程度の誤差があるとみなすことができる。旧稿ではこの誤差の存在については指摘していたものの、それがどの程度かということについて明確な数値を示すことができていなかったが、今回、より明確に示すことができた。

　最後に、19 の地区を四つの旧校区で分けた場合、その浮動票がどうなるかをみてみよう[23]。校区毎に票がどのような動きをするか、その結果は旧稿の表 2 - 9 に示した。旧稿は 28 の地区について示したものであるが、それを 19 の地区で計算しなおしたものが上の表 7 である。旧稿と比べると、1947（昭和 22）年から 1995（平成 7）年まで「計」も「実数」も同じで、新たに 1999（平成 11）年が加わった。つまり、今回旧稿より地区数は減少したが、それは校区内での統合であり、校区を超えた票の動きではないことがわかる。他方、校区毎の浮動票割合は、旧稿に比べ平成 7 年まで全ての年度で増加している。その理由は、地区数が 28 あった時は 19 の場合に比べ浮動票がより多くの地区に分散し、割合を押し下げていたからだと考えられる。

　1947（昭和 22）年から 1995（平成 7）年までの校区を超えた票の動きを

表7　校区単位の浮動票の割合

校区	選挙年度													
	1947	1951	1955	1959	1963	1967	1971	1975	1979	1983	1987	1991	1995	1999
①	36.3	-17.9	-11.3	-10.2	-42.9	-2.2	11.6	-11.4	-26.7	-3.5	1.8	-16.2	-13.8	11.3
②	-34.9	7.4	6.2	1.2	19.3	-9.8	-25.9	16.9	6.5	-8	0.6	-17.3	-21.5	-34.6
③	6.6	22.3	17.7	27.5	38.8	7.5	10.3	-1.1	14.4	5.3	-17.2	37.9	41.9	30.6
④	-8.1	-11.6	-12.5	-18.4	-15	4.3	3.9	-4.4	5.7	6.1	15	-4.4	-6.6	-7.4
計	6.3	5.5	4.6	6.3	9.8	3.3	8.1	5.7	8.4	4.5	5.3	15.2	15.5	18.1
実数	149	153	133	183	278	90	217	153	228	122	140	385	368	414
	2,353	2,770	2,870	2,889	2,826	2,703	2,689	2,698	2,721	2,724	2,662	2,540	2,378	2,292

注）本表の数値は表5に示した地区単位の割合をもとに、校区範囲で合計した。ただし、すでに見たように、地区単位の割合全体を合計してもゼロにならない。そこで、ここでは表5に示した地区ごとの数値について、各年度のプラスマイナスの合計がゼロになるように少数第2位以下で調整した。

みると、1987（昭和62）年までの11回の選挙では低いもので3〜4％台から高いもので8〜9％までと少し乱高下はあるもののいずれも1割以下にとどまっているが、平成になると1割台半ばにはね上がる。1995（平成7）年までの結果について書いた旧稿をそのまま繰り返すことになるが、1999（平成11）年の数値はそれを更に裏付けるものとなり、校区を超えた票の動きが加速している。

　このように、佐治村における選挙における投票・集票関係についてみれば、戦後「地区推薦」の割合が8割前後あったものが次第に弱まり、平成になると5割台まで減少していると言える。また、1975（昭和50）年に四つの小学校が統合され、それまであった校区がひとつになったことで旧校区の壁は着実に取り払われているといえるものの、しかし、「地区推薦」を支える基礎的関係が「浮動票」という機能的関係にとって替わられたのかと言えば、あくまでも基礎関係は根底に居座り続け、いわば基礎的関係の表面が弱まったにすぎないとみるのが正しい。なぜなら、「地区推薦」で説明できる割合が、誤差はあるにしても、なお半分を超えているかそれに近いからである。

おわりに

　戦後民主化の一環として導入された基礎自治体における議会議員選挙におい
て、候補者の集票ならびに有権者の投票を方向づけるものとして「地区推薦」
制なるものが広範囲かつ長期にわたって見られたということは、多くの識者に
よって指摘されてきただけでなく、数は少ないがいくつかの実態調査によって
も裏付けられていた。実際、筆者も鳥取県全体を対象としたいくつかの質問紙
調査や政治家とのインタビューなどでやはりこのことを確認している。「地区
推薦」とは当事者たちにとってはごく「当たり前」なことではあったが、しか
し、それが一体どの程度行なわれていたのか。確認できるのは、せいぜい当選
した議員に対して「あなたの今回の得票のうち地区推薦で得られたと思われる
票はどの程度ですか」とか、区長さんに対して「先の選挙では地区推薦に従っ
て投票しましたか」と質問し、かなり強引に「何割程度」と回答してもらうの
が関の山であった。少なくとも、筆者もグループ・メンバーの一員として、あ
るいは自身で行うことができた議員や区長を対象とする調査では、一般に言わ
れていることが高い割合で（強引に？）裏付けられた。もちろん、票を集める
当事者である立候補者にとっては一体有権者の何割が「地区推薦」に従って投
票してくれるのかということが最大の関心事であるし、また区長にとっては可
能な限り多くの地区有権者票が「地区推薦」に従うよう導くことが重要であっ
たことから、それぞれ得た票の何割が「地区推薦」票であり、また地区有権者
の何割が「地区推薦」に従ったと回答しているなら、それはそれで信頼できる
数であろう。しかし、有権者について知るには調査技術的になかなか大変であ
るし、たとえそのハードルが克服できたとしても、有権者自身の「地区推薦」
なるものに対する自覚がどの程度かという点で問題が残る。つまり、「地区推
薦」がどのようにして行われるかといえば、地区有権者が一堂に会して「やる
ぞ！」という性質のものではない。実際は、地域住民の「あうんの呼吸」のも
とに事が進められていく。したがって、地区の会合でいちいち推薦の決議のよ

うなものを行う必要がない。あるとすれば、地区の会合なり総会なりにおいて、区長さんから「だれだれさんが立候補することになりましたので、どうぞよろしく」という紹介程度にとどまる。立候補が地区の会合で口にされるということは「地区推薦」することを意味する。ただ、会合の場に出席するのは大抵世帯主である男性であり、それが家族に伝わるはずであるが、有権者を全体としてこのような形で行われることの多い「地区推薦」の存在をどの程度自覚的に受け止めているかとなると、「あるんじゃないですかね」とか「やってるみたいですね」というあいまいな回答が多い。何か喫緊の争点をめぐって隣の地区の候補者と対立しているというようなことでもあればもっと自覚的になれるのであろうが、平穏無事に過ごしている限り、そう自覚しなくてもいい。「地区推薦」を「してもらった（候補者）」とか「した（区長）」、あるいは「している（有権者）」ということをめぐって、「どの程度か」を聞くと、区長の回答割合が高く、候補者、特に市部の候補者は大変低く見つもっているようである[24]。確かに、当事者に直接尋ねるという方法もそれなりに意味がある。しかし、このような方法は「地区推薦」の存在について、せいぜい最近のことを聞くことができるにすぎない。少し古いことになると途端に記憶があいまいになる。ましてや、相当古いことになると記憶に頼ることはますます難しく、不正確になる。このような理由から、筆者は戦後の行われた選挙について、調査票調査のように回答者の現在的な事実や状況認知を聞くものではなく、一定期間について統一的な視点に立って「地区推薦」がどの程度行われてきたのかについて知るべく、佐治村に残された選挙資料をもとに分析してみたのが旧稿である。このあたりのことについてはすでに触れたので、ここではこれ以上立ち入らないが、このような分析が妥当かどうか科学的に十分検証できているわけでもないという問題を克服できているわけではない。ただ、本稿では旧稿で言及にとどまったものの、実際には検証していなかったことを検証してもおり、いくらか前進できたのではないかと考えている。その妥当性については、今後さまざまな議論を重ねていく中で検討していただくしかないであろうし、そうなることを期待する。

【注】

(1) 春日雅司「地区推薦制の歴史的変遷について——鳥取県八頭郡佐治村の場合——」（初出は、『ソシオロジ』33－2,1988年。春日雅司『地域社会と地方政治の社会学』、晃洋書房、1996年、第2章に再録。以下、「旧稿」という場合はこれをさす）。なお、本稿で「佐治村」という場合は、以下で説明しているように、1910（明治43）年から2003（平成15）年まで存在した基礎自治体としての佐治村である。現在からみれば「旧佐治村」であり、現「鳥取市佐治町」のことである。

(2) 同上書、45頁。

(3) 春日雅司「自治体の再編と女性地方議員」（青木康容編『地方自治の社会学』昭和堂、2006年所収）を参照。

(4) 社会学では、ほぼ幕末期まで存在していた「むら」を「自然村」、明治期以降に再編された「むら」を「行政村」と称して区別するのが通例であり、「むら」とか「ムラ」という表現は「自然村」を意味する。もちろん幕藩体制下の「むら（ムラ）」が明治・大正・昭和、そして平成までそのまま残っているわけではない。残ったのは「むら（ムラ）」の精神にすぎないが、しかしそれが当該地域における人々の社会関係を強く規定し続けたことは重要であり、社会学者はそこに注目した。なお、「自然村」と「行政村」の区別は、いうまでもなく鈴木栄太郎に負うところが大きい（『日本農村社会学原理』、時潮社、1940年）。

(5) 後に触れるが、その後鳥取市に完全な形で合併するまでには、1999（平成11）年と2003（平成15）年に統一地方選挙に合わせた議会議員選挙が行われたが、すでに合併が決定しており（正式な合併は2004（平成16）年11月1日）、それまで1年半ほどの任期しかなかったため、平成15年の選挙は佐治村の戦後史で初めて無投票となった。

(6) 鳥取県総務部市町村振興課『平成の市町村合併の記録』、2006年。

(7) 同上書、7－21頁。

(8) 鳥取県佐治村『佐治村制90周年記念誌』、2002年、92頁。

(9) 同上書、96頁。

(10) 鳥取県総務部市町村振興課、上掲書、16頁。

(11) ただし、当時の自治省が市町村合併を推進するために作成した「市町村合併特

例法」は1995（平成7）年に出されている。この法律にもとづいて最初にできた
自治体が兵庫県篠山市である。篠山市の発足が1999（平成11）年4月1日である
ことを考えると、佐治村の一部の有識者たちは「いずれ佐治村も」という気持に
なったとしても不思議ではない。むしろ、もっと現実味を持って篠山市の誕生を
見つめていて当然であろう。

(12) 2004（平成16）年11月の選挙および2006（平成18）年11月の選挙に立候補し
たのは、1996（平成8）年以来助役をしていた人物である。佐治村には戦後7人
の村長がいた。村長になる前に助役を経験していないのは2人だけである。筆者
の勝手な推測であるが、もし佐治村が合併せずに村長選挙を行っていたなら、こ
の人物が次期村長になりえたのではないかと考えられる。

(13) 春日（1996）の29－30頁でそのいきさつを説明したように、1947（昭和22）
年から1995（平成7）年まで最大28の地区組織があった。そのうち地区番号27は
1963（昭和38）年の選挙後にダム建設のために消滅する。また、地区番号2aは
1991（平成3）年の選挙前に建設された数戸の「団地」と名付けられた地区であ
り、実態としては地区番号2と一体と考えられるものであったため、このふたつ
については分析的に取り上げたものの、事実上26の地区であったと考えている。
1999（平成11）年の選挙時にこの26が19に再編されたわけで、差し引き7地区
の減少とみることができる。

(14) たとえば、後で提示する表1のデータを見ていただくと、戦後14回の選挙を通じ
て一度も候補者を出していないとか、1～2度しか候補者を出していないという地
区を発見できるが、これは近隣地区との関係の強さをうかがわせる事実と読み取
ることができる

(15) 本稿で「地区票」という場合は、この地区の「推定投票者数」のことである。

(16) 筆者は「完全な地区推薦」を次のように定義づけた。1. 推薦は地区単位で行わ
れている。2. 同一地区に複数の候補者がいても一人として扱う。3. 候補者のい
ない地区は推薦がないとする。春日（1996）、35頁参照。

(17) 1991（平成3）年の第6地区から候補者が一人出た。しかし、得票はわずか5票で
あった。旧稿では地区票が26しかなかったが、それでも突出して高い割合であっ
た。今回、この地区は他の地区と一緒になることで地区票が増加したため、地
区外に奪われた票は84となり、1,680パーセントという途方もない数字に膨れ上
がってしまった。これ以外では、おおむね最大200パーセント台である。

(18) 春日（1996）、15頁、表1－3を参照。

(19) 本来は、地域住民が飼う家畜のために共同で使う牧草地のことを言うが、ここでは地域が特定の候補者を支持・支援しない場合、不特定の候補者が票を獲得しようとする地区・地域のことを指す。

(20) すでに触れたように、表3は旧稿で28あった地区を19にしたものである。今回、平成3年を除いて候補者のいる地区有権者の割合が高まった理由は、候補者のいない地区を候補者のいる地区と一緒にしたからである。一緒になった地区の全てで候補者がいなかったというわけではないが、多くは候補者のいない地区である。したがって、地区数の変化は事実上候補者のいない地区が推薦したらどうなるかを示す結果となっている。

(21) この点は、表面的には上の注で述べたことと矛盾するようであるが、上で指摘したように、減少した地区の全てで候補者がいなかったわけではないということを理解すれば説明がつく。

(22) 春日（1996）、67−71頁。「地区推薦」することに対しては賛否両論があるが、「良いことだ」とする理由として、具体的には「議員にふさわしい人を選ぶことができる」、「地区の平和を維持できる」、「地区の利益代表を選べる」という三つが重要であると考えられる。

(23) 第2章の初出は、「佐治村における地区推薦制再考」（『人文学部紀要』第31号、神戸学院大学人文学部、2011年3月）である。その際、旧校区の範囲（表1、表2、表5）を誤ったため、表7のデータならびにその説明に誤りがあった。お詫びするとともの、本章に示したものに訂正する。

(24) 区長や候補者に「地区推薦」の有効性を聞くとこのような結果になるが、「地区推薦」の存在について聞いた結果では、区長、候補者（議員）、有権者ともにそれなりのパーセンテージを出しているようである。春日（1996）、56頁、表3−2参照。

[追記] 本章は、2008（平成20）年度神戸学院大学人文学部研究推進費（研究代表者：春日雅司、研究課題「地域政治の変容過程——鳥取県を主な事例として」）、および2009（平成21）年度神戸学院大学人文学部研究推進費（研究代表者：春日雅司、研究課題「戦後地域政治の変容過程——鳥取県を中心に」）による研究成果の一部である。

第3章

女性の政治参加活動の展開と限界

——戦後期の鳥取県地域
婦人会活動を中心に——

竹安栄子

問題の所在

　2013（平成 25）年の人間開発指数 HDI で日本は 186 か国中 10 位（United Nations Development Programme, 2013：15）であったが、男女平等（ジェンダーギャップ）指数（以下、GGI と略す）は 136 か国中 105 位という惨憺たる結果であった（World Economic Forum, 2013：10）[1]。GGI の教育や保健分野におけるスコアは世界でもトップクラス（識字率 1 位など）であるにも関わらず、ここまで GGI の順位が低くなった要因は経済活動と意思決定領域への女性参画の低さにある。特に国会（衆議院）における女性議員率が 148 か国中 124 位（2013 年 10 月 1 日）（Inter － Parliamentary Union, 2013）[2]とフィリピン、タイ、ベトナム、インド、パキスタンなどのアジアの国々やケニア、ザンビア、チャド、ガーナなどの多くのアフリカ諸国よりも低いことが順位をここまで下げる大きな要因となっている。HDI と GGI の二つの指数を並べてみると、日本は国家の開発レベルでは世界先進国の一員であるが、男女平等、とりわけ政治分野における女性参画では多くの第 3 世界の国々よりも遅れた国というアンバランスな国家の姿が浮かび上がってくる。

　このように日本は政治分野を含め様々な意思決定領域への女性の参画が世界の中で最も遅れた国の一つであるが、19 世紀末以降の歴史を振り返ると、日本の女性たちの政治への関心は必ずしも低調であったわけではない。よく知られている婦人参政権運動（児玉, 1981：菅原, 2002：進藤, 2004：伊藤・進藤・菅原, 2005）以外にも農民運動や労働組合運動などの政治活動に多くの女性が関与していた（酒井, 1972：帯刀・長谷川・廾千, 1960：吉武, 2006 など）。また終戦の翌年の 1946（昭和 21）年 4 月に、日本の女性が参政権を得て初めて実施された第 22 回衆議院選挙には 79 人の女性が立候補し 39 人が当選した（女性議員率 8.4％。この女性議員率は 59 年後の 2005（平成 17）年、第 44 回衆議院選挙で 43 人（女性議員率 9％）が当選してようやく更新された）。これは当時、世界でも極めて高い女性議員率であったと思われる[3]（進藤, 2004

: 181 - 182)。ただし翌年実施された第23回衆議院選挙では女性立候補者数は85人に増加したが、当選者は15人（女性議員率3.2%）と大きく後退した。これ以降1990年代まで、国会を初めとした意思決定領域への女性の参画は極めて低調なまま推移するのであるが、その一方でこの間も労働組合運動や消費者運動、反戦平和運動、反公害・環境保全運動など様々な市民運動に幅広い層の女性たちが関与していたことは多くの研究者が報告している（帯刀, 1960；佐藤・那須・天野, 1995；伊藤, 2008など）。ただそこでの女性や女性団体の活動は、運動や組織の一部を構成しているものの政治活動の主流を占めることはなかった。女性の地位向上を目指し、女性の立候補者を支援する活動であっても、無所属の立場を取り、政党の内部に入り込んでの活動を選択することはほとんどみられなかった。

　本稿は、日本における女性の政治活動が政治領域の周縁に留まったままで、なぜ政治活動の中心部分へと展開していかなかったのか、という疑問を解明するため、戦後期の地域婦人会活動とそのリーダーを取り上げ、フェミニズム理論を適用して活動の実態とその限界を分析することを目的としている。

1　女性の政治参加に関するフェミニズム理論の検討

　近年関心が向けられるようになってきたとはいえ、日本における「女性と政治」に関する研究は決して多くない。しかし海外に目を向ければ政治領域への女性の参画の理論化について、アメリカを中心に1980年代以降、多くの研究成果が出され、女性の政治的過少代表の要因について数々の実証的研究が蓄積されてきた。

　なぜ政治の世界に女性が少ないのかという疑問については多様な説明がなされていて整理することは容易ではないが、次の3つに集約することができるだろう。まず第1に、選出者＝有権者の側の差別意識である。すなわち、政治家としてあるいは政党の候補者として女性より男性が好まれるため、女性が立候

補したり選出されたりする機会が少ないという説明である。1990 年代アメリカ合衆国の選挙データの分析から、女性候補者は相対的に有権者の信頼が低く、また女性有権者は必ずしも女性候補者に票を入れないという結果を示したセルツアー他の研究がその一つであるが（Seltzer, Newman and Leighton, 1997: 75 － 85）、その後の研究では有権者の差別意識と女性議員数との間には、一定した関係があるとは言えないことが明らかとなっている（御巫 , 1999 : 90）。事実、日本の地方議会選挙においても、都道府県議会議員選挙では女性立候補者の当選率は男性立候補者のそれを約 10％下回っているが、市区町村議会選挙では男性立候補者より高いかあるいは同等であって、有権者が女性立候補者に投票しないという傾向はみられない [4]。

　第 2 には、選挙制度や政党の候補者選出方法などの構造的・制度的説明である。小選挙区制が女性候補者に不利に働くことはよく知られている。世界的に見ても国会議員の選出方法として比例代表制を導入している国の女性議員率は小選挙区制をとる国よりも高くなっている。さらにクオータ制を導入することにより女性議員率が飛躍的に向上する（Högström, 2012 : 263 － 279）。選挙制度に加えて政党内における候補者選抜のシステムも女性の政治参画に影響を与える。例えばボッヘル夫妻は英国の政党における候補者の選出過程の分析から、勝算の高い選挙区には女性候補を当てはめることが少ない傾向を発見し、少なくとも政党内の候補者選抜段階では女性が男性より不利な立場に立たされている事実を報告している（Bochel and Bochel, 2000 : 54 － 63）。

　第 3 には、社会化の過程で女性が内面化する性別役割分業などの個人意識や家族規範に原因があるとする説明である。この理論や説明に含まれる要因は、女性が担う家族責任や家庭への関与の度合い、家族の支援・支持、ライフスタイル、財政的な能力、出身階層や家族的背景、教育歴、政治への関心度や政治家への野心、職業経験、自身の能力に対する自己肯定感など多数の要因があるが、多くの研究者が社会化の過程で女性が内面化する性別役割規範にその説明を求めている。1970 年代初期の日本の女性活動家へのインタビュー調査を行っ

たスーザン・ファーも、日本女性の積極的政治参加には自己概念と役割再定義が不可欠であると指摘した（ファー, 1989 : 165）。

　以上のように女性の政治行動に関する初期の研究においては子ども時代の社会化の影響が注目されていたが（Randall, 1987: 83 - 85）、その後男女議員のジェンダー・ディファレンスについての実証研究が進むにつれて、女性と政治の間にはより深い問題が存在していることが明らかにされた。例えば、クラークはアメリカ合衆国の男女議員のジェンダー・ディファレンスの研究から、性別役割分業意識の社会化とそれによって女性が受け入れる家族責任が女性の政治参画を妨げる要因であり、それらが複雑に絡み合っているという。彼女によれば、第1に性別役割意識に基づいて女性と男性は異なった役割を受け入れるように教育される。その結果、政治や公的生活は男性の世界であり、家庭が女性の領域であるとの意識を人々が内面化する。この意識は子ども時代に教え込まれるだけでなく、成人してからも再強化されるため、公的役割に指名されることや、公職に積極的に挑戦しようとする女性は、心理的苦痛を蒙ることになる。第2に、この役割分業意識によって女性は自分自身の生活を家庭と家族に集中させる結果、政治に積極的に参加するための時間もエネルギーも失ってしまう、と指摘する（Clark, 1994 : 105 - 106）。御巫は、日本はアメリカ合衆国などより性別役割分業意識の強い国であるとの認識に立って次のように述べる。家庭と学校において性別役割分業を意識した社会化が行われる結果、女性たちは、受動的で控えめな「女らしい」行動様式を身につけ、妻となり母となることが唯一重要な使命であり、家庭以外の領域では、男性に重要な決定を任せるべきであるという伝統的考え方を内面化する。そこで、女性は義務感から投票を行い、ある程度政治に関心を示すことは教養の範囲として社会的に認められるが、この範囲を超えた政治的活動は「女らしくない」と非難される（御巫, 1999: 91 - 92）ため女性は政治に関与しないのである。

　フェミニスト理論では女性が社会化の過程で内面化する性別役割分業意識が女性の政治活動を妨げる大きな要因と理解されているが、大海は日本における

女性の政治参加を考える場合、必ずしもこの説明を直ちに受け入れることはできないという。大海は、戦後の日本の女性の政治参加を、働く女性たちが中心となった「進んだ女性」による労働運動と、家庭婦人などの「遅れた女性」の活動の二つに大別し、後者の家庭婦人の組織化の特徴として、第1に性別役割規範を受け入れたまま活動に参加したこと、第2に性別役割分業に規定された結果、女性自身の経済的独立は困難になったが、家庭経済の管理を担ったため、食糧不足の時代には食糧の確保と物価の安定を、食糧の品質が問われる時代には食品の安全性を追求するために政治活動に参加したことを指摘している（大海, 2005：67 - 68）。このように大海は、欧米の女性の政治活動がいわゆる第二波フェミニズム運動による意識の変容を経て、新たな役割を獲得したのちに政治活動に参加するというパターンを取るのとは異なり、日本の女性は伝統的な性別役割分業が動機となって政治活動を開始していると述べている。

　同様に武田も、日本の戦後の産児制限運動、反核平和運動、大野市水資源保全運動の3つの事例の分析から、日本における女性の政治参加は、母親や主婦といったジェンダー役割に固有の様式 the gender - specific pattern を取ると指摘している。武田は、社会的に認められている伝統的女性役割を使って敵対的でラディカルな女性の政治運動を覆い隠すという手法は、英国の婦人参政権協会全国連合 the National Union of Women's Suffrage Societies（NUSS）などでもみられたが [5]、英国の場合は NUSS の合法化へと展開し、政治過程の構造変化につながる活動となった。しかし日本の女性の政治活動の場合、母親や主婦役割は政治活動への参加動機と資源になって女性の政治参加を促しながら、同時に参加行動の制約をもたらすという功罪両面の性質 the double - edged nature を持っていた。この結果、日本での女性の政治活動は草の根運動に留まり、主流となる政治活動には展開しなかったと述べる（Takeda, 2006：185 - 198）。

　ジェンダー役割から脱却することのなかった日本女性の政治活動ではあるが、政治家としてではないにしても、強いリーダーシップを発揮して地域社会の変革に取り組んだ事例もある。そこで次に戦前の官制婦人会と戦後再建され

た地域婦人会の関連性に注目しつつ、戦後期の地域婦人会活動の構造的特徴を検討し、その上で鳥取県地域婦人会の戦後期の活動とそのリーダーであった近藤久子を取り上げ、地域婦人会活動と政治活動との関係を検証したい。

2　戦後期における地域婦人会の形成

　わが国において、戦後いち早く活動を再開した団体の一つが地域婦人会である。1952（昭和27）年には総数14,751団体、会員数は645万人を擁し、当時の有権者数2,370万人の28.4％に達していた（全国地域婦人団体連絡協議会, 1973：10）。このように圧倒的多数の女性を組織化した女性団体であるにもかかわらず、地域婦人会に関する研究は必ずしも活発とは言えない。教育学、歴史学分野で社会教育の一部として取り上げられる程度で、女性史研究においても触れられることが少ない。地域婦人会に関する研究が少ない理由に、戦後創成期からその組織としての性格が「旧日婦［大日本婦人会の略＝筆者］的なものが大部分で、単に名称を変更したに過ぎないものも相当多い」（日本婦人新聞社, 1954：10）との評価に示されるように、その保守的性格によって研究者の関心を引かなかったことが理由であろう。教育学の分野から地域婦人会研究を行なった千野も「地域婦人会は、「民主的婦人団体」とはいわれたものの、地域＝市町村行政区域を単位に、実質的に既婚婦人の一戸一加入を原則とする地縁的網羅集団であることから……市町村あるいは部落共同体の下請け機関的性格を有していた」（千野, 1968：177）と地域婦人会の性格を評している。また社会学の立場から地域婦人会に着目した田辺は、敗戦後の混乱が続く1947～49（昭和22～24）年にかけて全国的に地域婦人団体が形成された原動力の中に、戦後の女性解放によって獲得した権利への目覚めや学習意欲、集団形成へのエネルギーが潜在していたことを認めながらも、より大きな要因は、女性の票を一手におさめようとする地域支配層や、下請け団体を必要とした行政が、女性が戦時中の銃後の暮らしから解放されて「家」の外に出ようとする

意欲を、巧妙に操作した結果であると指摘する（田辺, 1969：67）。

　これらの指摘に示されるように、地域婦人会は本質的に地域網羅団体としての構造を有し、かつ戦前に組織された婦人会組織がそのまま戦後も継続したケースが多かった。そこで、戦後期の地域婦人会の構造的特徴を明らかにするために、まず戦前における婦人会組織を概括し、その上で戦後地域婦人会の形成とその構造を検討する。

（1）戦前における婦人会組織

　戦前、わが国にはいわゆる三大婦人団体、すなわち愛国婦人会、大日本連合婦人会、大日本国防婦人会があった。この中で最も古いのは内務省によって設立された愛国婦人会である。この設立の経緯について、明治初年以降の婦人団体の形成に詳しい千野は次のように述べている。1887（明治20）年代から1897（明治30）年代にかけて婦人団体の組織化は進んでいったが、これらの団体は地方の上流ないしは中流以上の婦人層に限定され、一般婦人がそこに含まれることはほとんどなかった。しかし1900（明治33）年の義和団事件を境に、中国大陸進出に急であった日本政府は、婦人を軍事援護活動に組織化するための全国的な婦人団体の結成へと動き始め、1901（明治34）年に内務省によって愛国婦人会が設立された。すなわち、千野はこれを伝統的な儒教主義的婦人観が軍国主義的色彩を強めていく過程と捉え、軍事援護事業に限られたものであるにせよ、愛国婦人会活動によって婦人の社会的集団活動が容認されるようになった、と指摘している（千野, 1980：104 － 112, 141）。

　1930（昭和5）年に文部省主導によって大日本連合婦人会が設立される。「1930（昭和5）年12月の大日本連合婦人会の設立は、わが国婦人層を網羅的な形で全国的に組織していこうとする政治筋の最も大規模な、最も直接的な最初のこころみであった」（千野, 同上：250）と千野が指摘するように、これは、家庭婦人を対象とした町村行政単位での初の網羅的婦人団体であった。大日本連合婦人会の組織基盤は二つの系列で成り立っていた。一つは、

明治以来内務省及び文部省の協力のもとに展開されていた生活改善運動および1920（昭和9）年以降繰りひろげられた内務省系統によって農村婦人を町村＝郡段階で網羅的に組織化した婦人会活動である。もう一つの系列は、第一次大戦以降、大正デモクラシーの洗礼を受けながら急速に成長してきた都市中産婦人層の組織化であった。愛国婦人会が活動目的を軍事援護活動に置いていたのに対し、大日本連合婦人会の場合は、組織化構想を最初に示したのが文部省社会教育局であることからも理解されるように、家庭教育振興・家庭生活改善を中心内容としていた。ただ大日本連合婦人会の設立のきっかけとなった「家庭教育振興ニ関スル施設上ノ注意事項（文部次官通牒）」（1930年12月23日）によると、「家庭教育振興」のねらいは「実ニ国運ヲ伸長スルノ要訣」であった。千野は、その具体的内容は「国民思想善導を婦人による家父長的家族制度に基づく「堅実なる庭訓の確立」」によって実現し、金融恐慌、世界恐慌に有効に対処できなかった行政責任を「家庭生活における婦人の生活の合理化」にすり替えることであり、「思想問題に対する正面からの徹底した取締政策にあわせた、封建的な家庭道徳の強調によるそのからめ手からの防止」がその基本的な目的であったという。（千野, 同上：257 - 264）。

　行政主導で設立された上記2つの婦人会に対して、大日本国防婦人会は1932（昭和7）年3月、大阪市港区市岡周辺の「兵隊ばあさん」集団が始めた大阪防空献金運動がその出発点であった。「国の守りに台所から家庭から奮い立て」とのスローガンの下、大阪市港区市岡の婦人会仲間約40人によって設立された大阪国防婦人会は、都市下層の婦人層、労働婦人層、さらには農村婦人層へと急速に組織網を拡大し、同年10月には陸・海軍省関係者臨席のもとに東京・日本橋で大日本国防婦人会を結成するまでになった。白エプロンにたすきがけ、小旗を振っての出征兵士の見送りや、帰還兵士の出迎えに繰り出す婦人たちの姿は、大日本国防婦人会の最もシンボリックな活動風景である。これに示されるように、大日本国防婦人会の活動の特徴は、台所から出て街頭に立ち、身体を使って兵士の世話をするという点にあった。兵士への同情や善

意という素朴な民衆感情から出発した活動が、日中戦争の渦の中で国民総動員体制へと統合されていくことになる（藤井 , 1985 : 36 - 39）。

　1940（昭和 15）年大政翼賛会が成立した頃より婦人団体についても、「全日本婦人を統合する強力なる一元的統合団体の結成」が議論され始め（藤井 , 同上 : 203 - 207）、1942 年 2 月 2 日に愛国婦人会、大日本連合婦人会、大日本国防婦人会の三大婦人会をはじめ、仏教婦人会などすべての婦人団体を統合した大日本婦人会が発会する。しかし女性団体の統合は必ずしもスムースに進んだわけではなく、藤井は大日本婦人会への統合を「婦人の活力は統合によってかえって失われた」（藤井 , 同上 : 206 - 207）と評している。

（2）戦後地域婦人会の創設――鳥取県地域婦人会を中心に――

　第 2 次世界大戦が激化する 1945（昭和 20）年 6 月には大日本婦人会を統合した大政翼賛会が国民義勇団に再組織された。その 2 か月後に終戦を迎え、9 月に国民義勇団は GHQ により解散を命じられたのであるが、解散したのは中央や県レベルの上部組織であった。鳥取県においても、国民義勇団の解散後しばらくは地域婦人会の系統組織は再出発の見通しは立たなかった（鳥取県 , 1969 : 281）、と『鳥取県史』に記されているが、解散は県レベルの「系統組織」のことであって、「村落共同体にある婦人の生活集団としての組織は、常に存在していた。」（田辺 , 1969 : 67）と田辺が述べるように、地域レベルの婦人会組織は、活動を停止していたとしても、存続していたと思われる。

　戦後、再び鳥取県で地域婦人会が活動を開始したのは 1946（昭和 21）年頃、鳥取市などの都市部を中心とした婦人会再建の動きが最初である。この背景には、たとえば、当時、物資の配給ルートが不完全であり、日々の食料を確保するため主婦たちが自ら組織を立ち上げる必要があった（鳥取県 , 1969 : 281）。伊藤による名古屋市の戦後婦人会設立時の詳細な研究にあるように、1945（昭和 20）年に婦人会組織が解散させられて最も不便を感じたのは地方行政当局であった。電話もない時代に、配給物の知らせを一軒一軒触れ歩く煩雑さに音

を上げた行政当局が、行政の意に沿って手足となって働いてくれる婦人団体を必要としたのが契機であった（伊藤,2005:118 - 205）。事実、宮城県では、県内最古の松山婦人会が町役場の要請を受けて敗戦後1か月余りの1945（昭和20）年9月23日に会員243人で結成されている。のちに会長を務めたある会員は、婦人会結成時の心境を「敗戦直後で混沌とした世相の中に打ちひしがれて、どのようにして生き抜くかを考える私どもでしたが疎開の子のこと、帰還兵のこと、遺骨のこと、遺家族方のことを思えば婦人は結束してこの非常時に立ち上がらねばと考えました」と述懐している（宮城県志田郡松山町婦人会,1974:1）。資料によると松山町婦人会は、戦前の大日本婦人会財産の残余金を結成時の活動資金として出発している。すなわち、松山町婦人会は戦前の婦人会を「非常時」意識においても資金においても引き継いで発足したのである。松山町婦人会の例に示されるように、宮城県では多くの地域で行政の指導により終戦後直ちに婦人会活動が開始されたようである。戦前の旧婦人会が解散した後、1945（昭和20）年末には県内189市町村の内、実に45％の市町村に婦人会が結成されていた。婦人会の事務や企画運営は役場職員が手伝う場合もあり、中には男性の婦人会長もいた（みやぎの女性史研究会,1999:411）。

　しかしながらすべての地域で戦後婦人会の再建が行政の要請にこたえて速やかに進んだわけではなかったようである。地域婦人団体連絡協議会会長であった山高しげりが、つぎつぎと上からおりてくる仕事のために、末端は疲れはててしまい、戦後再び婦人会の組織が問題となってきた時も、「婦人会ときいただけでゾッとするという人びとが少なくなかった」（山高,1952:72）と書いているように、戦後の婦人会活動が始動するまでに数年を要した地域もあった。次に取り上げる鳥取県日野郡根雨町の場合も、1901（明治34）年の愛国婦人会結成（日野郡自治協会,1972:2270 - 2271）以来終戦まで婦人会活動が行われていたが、戦後、町役場主導で地域婦人会が再び結成されたのは1951（昭和26）年7月であった（日野町誌編纂委員会,1970:543 - 545）。

このように行政の下請け機関として、行政主導で敗戦直後から各地に結成された地域婦人会であったが、中には過去のしがらみを脱して民主的な婦人会の結成を目指した団体もなかったわけではない。先ほどの宮城県の場合も、大河原婦人会は、戦争が終わってから1か月半後の10月に結成されたが、女性20歳以上の任意加入、選挙による役員選出など民主的な婦人会運営を目指して発足した（みやぎの女性史研究会 1999：411）。また長野県飯田市鼎町婦人会の初代会長の中島千代は婦人会創立の頃を回顧して、「長い封建社会による手かせ足かせの苦悩から解放されて、自由になった喜びは形容の言葉なきほどのものだったのでした。そして此の喜びは新しい民主日本建設の責任をになえる母にならねばの強い使命感を呼び興す情熱となり、1946(昭和21)年1月には早々に婦人組織を作り、足高く活動開始に踏み切ったのでした」（鼎婦人会, 1986：1）と述べている。この言葉に示されているように、行政当局の思いとは別に、封建的抑圧からの解放感を感じ取る女性たちも存在していた。鳥取県日野郡根雨地区婦人会会長の近藤久子もその一人であった。

3　鳥取県日野郡根雨地区婦人会活動と会長・近藤久子 [6]

（1）根雨地区婦人会と近藤久子

　鳥取県では、前述のように、都市部では戦後すぐに婦人会活動が開始されていたが、郡部での動きは遅かった。1947（昭和22）年8月に第1回婦人団体協議会が開催され、その後、鳥取に駐留していた中国軍司令部所属のマーガレット・グロースの指導の下、県下各地で地区婦人会づくりが進められていった（鳥取県連合婦人会, 1973：4－8, 115）。根雨町では1951（昭和26年）に町役場主導の下に根雨婦人会（1959年根雨地区婦人会に改称）が結成された（日野町誌編纂委員会, 1970）。当初、近藤久子の母・近藤ラクが会長に推されたのであるが、ラクは、たとえ名前の上だけとはいえ戦前の大日本婦人会の会長に名を貸した者として戦後、民主的組織として新しく生まれよ

うとしている婦人会の会長職に再び就くことはできないとの理由で固辞したため、久子が周囲に推されて婦人会会長になった。

　近藤久子は、1911（明治44）年、18世紀後半から続く伯耆国最大の鉄山師の家であった近藤家の第7代当主近藤寿一郎の三女として鳥取県日野郡根雨町（現・日野町）に生まれた。近藤久子は、高等女学校卒業後、1927（昭和2）年4月に東京の日本女子大学家政学部に入学、さらにその1ヶ月後の5月に、新しく開設された高等学部理科に転科し、卒業後日本女子大学科学部の助手の職に就いた。1944（昭和19）年に結婚したが、翌年夫が病死、その後郷里根雨町に帰っていて婦人会会長を引き受けることになった。

　久子が会長職を引き受けた時、父寿一郎から「おまえは早口である。だから婦人会会長は務まらない。なぜなら、これからの時代は民主的な活動が大切である。民主的ということは他人の話をよく聞くということだ。おまえのように早口ではそれができない」と諭された、と当時を回想している。そこで久子の婦人会活動は、第一に、これまで自分で発言することのなかった「普通の女たち」の言葉に耳を傾けることから始まった。この点を久子は、1954（昭和29）年に発刊された『根雨町婦人会報』の「創刊のことば」の中で、次のように記している。

　　「どんなにつたない文でも、真実の声は、どんな美文よりも必ず人の心を動かす力をもっていることを忘れないで下さい。『私なんか』という言葉を今日限り止めましょう。あなたの『こんなことなんか』と思われるような身近なことが、案外たくさんの問題をはらみ、大きな動きにまで発展するかもしれないことを思って皆でこの会報を育てて参りましょう。」（根雨地区婦人会, 1954：8月20日）

　すなわち、久子は生活者としての女たちの現実感覚に視点を置き、これまで人々が「あたりまえ」とみなしてきた事象や思考方法——日常感覚や伝統、慣

習——に対して、現実感覚として女性たちが抱いていた問題点を一つ一つ汲み上げ、掘り下げ、解決するために行動していったのである。その後、近藤久子は1959（昭和34）年から1994（平成6）年まで鳥取県連合婦人会会長として、鳥取県内の地域婦人会活動のリーダーとして活躍した（昭和35年を除く）。近藤久子の活動範囲は婦人会活動に留まらず、環境問題や公害問題にまで及ぶのであるが、以下では近藤久子の婦人会活動の出発点である根雨町婦人会の活動を中心に取り上げ、婦人会活動と政治活動の関係を考察する。

（2）　戦後期における根雨地区婦人会活動

　婦人会活動を通して一貫して流れている近藤久子の問題意識は、暮らしと環境の問題である。後者については、1960年代前半に始められたPCB汚染から日野川のアユを守る運動、日野川下流への製薬会社進出阻止運動、さらに全県的運動としては気高郡の原発建設阻止や岩美郡のゴルフ場建設反対運動、中海淡水化阻止など数々の運動でリーダーとしての役割を果し、それらすべてに成功を収めているが、ここでは根雨地区婦人会活動の中で提起されてきた暮らしの問題に焦点を絞って検討する。

1）　安全な「水」を求めて——町営簡易水道の設置——

　近藤久子が会長に就任して最初に取り組んだ大きな問題の一つは「水」であった。彼女がこれに気付く最初の契機となったのは、婦人会の会合の中で出た主婦達の「飲み水が不安だ」という声であった。

　1952（昭和27）年当時、根雨町及びその周辺一帯では、飲用水は山から直接各戸に懸け桶で水を引き入れて用いられていた。日野川の流域に位置する根雨町は、今日でも水の美しさを誇る地域である。しかし主婦達の中から、戦後の食料増産の時期に里山を開墾して畑にしたが、その時、人糞などを肥料として畑に埋めた。その地下を流れてくる水は果して安全だろうか、という声が上がった。

近藤久子の問題認識に際しての思考方法の特徴は、このような現実感覚から提起された問題点を科学的思考にまで高め、さらにそれを行動につなげる、という点にある。久子は保健所に水質検査を依頼し、その結果大腸菌が発見され、飲用水としては不適切なことが判明する。科学的な問題追究と同時に、専門家を招いて環境衛生や各地の簡易水道設置についての学習活動を行ない、会員の意識の向上に努める。このような地道な活動を積み重ねることによって、「この山紫水明の地に水道は不要」と主張する町長を説得し、1959（昭和34）年に漸く町営簡易水道が設置された。この時の感激をある会員は、「わっ！有難い水道」と題して『根雨婦人会報』に次のような一文を寄せている。

　　　「光った水道のカランからはじめて水が出た。『お母さん水が出た‼お風呂場も出して見ようか』と中学の男の子が風呂に入ってごそごそしていた。間もなく『ワァーねじがとれた。』噴水の様にふき出す水を頭から浴びてぬれねずみになって飛び出して来た。（中略）水道の水も塩素消毒するから飲み水に使用してもよろしい、と云う回覧板が来た時は子供と一緒に大喜びした。これで雨が降ったと云えば、にごったり、つまったかけとい［懸け樋＝筆者］の世話をしなくてもすむ。すみ切った気持ちのいいお風呂に入れる…。」（根雨地区婦人会, 1959：8月5日）

　近藤久子を中心としたこのような取り組みは、町営簡易水道の給水範囲外の農村部にも波及し、部落の婦人会員たちが主体となって簡易水道設置の運動が進められる地域もあった。例えば、43世帯からなる津地部落の例が『根雨婦人会報』に載せられている。それによると、水道が設置される前の津地部落の水の状況は次のようであった。

　　　「私がこの部落に住みついて驚いた事は、台所をあつかう主婦として最も大切な飲料水が汚い事なのであります。山から流れてくる小川の水を飲ん

でいるので雨降り時はドロ水となり、風呂沸し、野菜洗いすら出来ぬという有様。私の家には井戸は掘りポンプで水を揚げていましたがかな気が出て水が赤くなったり、晴天が続けば水が減り雨降りには増水してしまうといったような非衛生的なものでした。又他の家でも便所と井戸が接近したり風呂水が流れて白く濁水となったり、全く生水を飲むことは出来ません。そこで主婦達は雨降りの前にはもっと綺麗な水を求めて近くの清水井戸まで両手にバケツを掲げて水汲みに通います。夕立でもきそうな時には農作業につかれ切った体を運んで水汲みをせねばなりません。」（根雨地区婦人会, 1959：8月5日）

　このようにきわめて非衛生的な水質状態と、それ故、飲用水確保のための多大な労力が主婦の肩にかかっている状況を打破するため、津地部落の婦人会員達は、環境衛生における水道の役割の重要性や簡易水道について具体的な学習を重ね、その結果、「自分達にも出来る」との思いを持つようになる。そこで部落総会に婦人会幹部が参加し[7]、簡易水道設置の要望を申し入れ、1959（昭和34）年2月に15世帯から成る津地区水道組合を結成、同年4月に簡易水道が完成した。日常性の中で諦められてきた問題を意識化し、解決に向け自ら声を上げ行動する、という近藤久子の婦人会活動の精神が会員にも浸透していたことを示す事例といえよう。

2）赤痢集団発生

　町営簡易水道の設置によって長年の住民の願いであった「安全な水」がようやく確保されたかに思われたが、町営水道完成から約10年後の1968（昭和43）年に町民を不安と恐怖のどん底につき落す事件が発生する。すなわち赤痢の集団発生である。さらに、日野町伝染病対策本部が「予防薬」として全住民に配布した赤痢治療薬〝レク（REC）〟の副作用によって倒れる住民が続出するという二重の打撃となって、日野町の人々の経済的・身体的・精神的生活に

痛手を与えることになる。そしてこの事件は、医療関係者、公衆衛生従事者、衛生行政者が内包する問題点をさらけ出すとともに、住民自治の在り方を再考させるものであった。ここでは、事件の概略と問題点、及び赤痢集団発生をめぐる根雨地区婦人会が果した役割を明らかにする。

a）赤痢発生の概要と問題点

　清らかな水の町、日野町根雨地区で最初の赤痢患者が出たのは 1968（昭和43）年 2 月 15 日であった。その後、次々と赤痢患者が発生し、患者 112 名、保菌者 64 名、計 176 名、根雨地区の総人口 1,752 名（男 841 名、女 911 名）のうち 10％もの住民が罹患するという歴史に残る大発生をみた。根雨地区婦人会の要請を受けてこの事件を調査した鳥取大学医学部医動物学教室は、その報告書の中でこの事件の問題点として次の 3 点を指摘している。

　第 1 点は、疫学的手順をふんだ速やかな防疫対策がとられず、したがって早期の徹底的な原因究明の姿勢と体制がなかったことである。特に、赤痢発生途上で、治療薬を全住民に服用させるということは、患者、保菌者の検索を不能にし、発生原因の追究、対策樹立を不可能にするという点であやまっており、もっと科学的で根本的な対策がとられるべきであった（鳥取大学医学部医動物学教室 , 1969：7 − 8）という。

　第 2 点は水道の管理のずさんさである。水道の水は、赤痢発生の 3 年前に洪水で流失した橋の復旧工事以来頻繁に汚濁が発生し、とりわけ前年の秋の国道バイパス工事で、水源池付近の河底が掘り返されてからひどい泥水が出るようになっていた。しかし住民の通報に対して水道管理者である町役場は何ら対策を講じないまま放置していた。さらに驚くことに、滅菌装置が 11 月から故障したままこれも放置されていた。そして水道行政を監督するはずの保健所は、「町から検査を委託されていない」との理由で水質検査を赤痢発生の前年の 12 月までしか行っていなかった。したがって集団発生期間中の水道水の中の赤痢菌の存在は永遠に謎のままである（鳥取県連合婦人会 1968：3 月 24 日付記事）。

報告書は、この集団赤痢発生を行政の無責任体制が生んだ「公害」であると結論づけている（鳥取大学医学部医動物学教室, 1969：8）。

　第3の問題点に、治療薬〝レク〟の全住民への一斉投与とその副作用に対する対策の不足が挙げられる。赤痢発生が急増しはじめた3月4日、住民の不安を鎮め、二次感染の防止、新発生の抑止を考えて「予防薬」として〝レク〟の一斉投与が、町と医師団との協議で決定され、翌5日に区長の手で保菌者及び健康者を含めて町民1,752人全員に投与された。そして服用4日後から副作用が出はじめ、125名が医師を訪問し、11名が入院して治療を受けなければならないような重篤な副作用に襲われた。副作用の発生状況について県、町及び製薬会社は、病院のカルテに基づいて調査し、副作用患者84人、副作用発現率4.8％と発表する。しかし、婦人会は、県の調査では自宅療養などの被害者が見過ごされ、副作用の実態が過小評価されている、という住民の声を背景に独自の調査を行なった。その結果によると、一斉投与で薬を飲んだ1,371人のうち、副作用発現者は499人、発現率36.4％、そのうち重症者は81人であった（鳥取大学医学部医動物学教室, 1969：26、28－29）。

　このレクの一斉投与とその副作用をめぐる町当局、厚生省、保健所、製薬会社、医師、薬理学者の行動と発言を検討して、報告書は各立場の姿勢と発言は日本の医療の病根を象徴するものである、として次の点を指摘している。第一に、感染途上での治療薬の一斉投与は、防疫の原則を無視した前近代的対症療法的対策である。また服用法についても、「手ぬかりはなかった（鳥取大学医学部薬理学教授）」と述べているが、個々人の健康状態、老人、子供、妊婦への注意など多くの手ぬかりがあったことは否定できない。第2に、県の副作用発現率4.8％との報告に対する、「とくに高いとはいえない（厚生省防疫課長）」、「3％ぐらいならむしろ当然といえる（鳥取大学医学部薬理学教授）」という発言は、行政担当者や研究者の人間不在の観点を明らかにするものである。また、製薬会社は、「今まで副作用はおこったことがない」、「何か別の症状をもっていた患者が発病したのではないか」といった発言にみられるように、きわめて

無責任な態度であった（鳥取大学医学部医動物学教室 , 1969 : 31 - 35）。

b）根雨地区婦人会の対応

　以上のような経過の中、根雨地区婦人会は事件発生直後から赤痢問題に積極的に取り組み、赤痢発生原因の追求、〝レク〟副作用の実態調査、地区診断実施など、住民の健康と生活に立脚した活動を行なった。この問題に関する根雨地区婦人会の動きは表１に掲げた（５月以前の活動については記録が残されていないので、日時などの詳細は不明）。

表１　婦人会の動き

1968（昭和43）年 5月末	婦人会長、赤痢対策および「レク」の副作用のことで、鳥取大学医動物学教室に相談に来られる。
6月9日	町議に赤痢発生および「レク」の副作用について説明をきく。（根雨）
6月18日	婦人会長との会談。「レク」の副作用調査について相談する。
7月上旬	大学内で根雨地区診断を実施することの検討はじまる。
7月中旬	根雨地区診断を実施することを内定。
7月20日	根雨婦人会「婦人学級」開催。加茂教授「健康な町づくり」の講演、学級終了後、婦人会役員、公民館長、保険婦、大学側で、地区診断実施についての話し合いをもつ（根雨公会堂）。対象地区を町部は3区、4区、5区、在部は舟場をえらぶ。
7月24日	衛生委員長発会式に参加。「地区診断」の説明をする（町公舎）。
7月31日	現地踏査、役場、保健所などで地区概況を把握のため調査員が面接する。
8月2〜7日	根雨地区診断調査班、現地到着、戸別訪問によるアンケート調査を実施。夜、各班に分かれて組集会をもつ。町公舎において健康診断を実施。夜、町公舎において、報告会。出席者　久古保健婦、公民館長、区長、婦人会役員、大学調査班員。
9月21日	「婦人学級」において根雨地区診断結果を報告（公会堂）。
10月13日	公会堂において報告会。出席者　助役、町民課長、公民館長、区長、保健所、婦人会役員、大学調査班。夜、各班に分かれて「組集会」。
10月14日	夜、各班に分れて「組集会」
12月12日	婦人会役員との話し合い（米子福祉会館）。
1969（昭和44）年1〜3月	資料分析
5月	報告書編集打合わせ。

注：鳥取大学医学部医動物学教室編、『根雨地区診断報告書』、1〜2頁。

　根雨地区婦人会では、近藤久子会長を中心に、赤痢発生直後より発生原因の
究明のため意欲的に活動した。発生状況からみて水系感染であるとの推定から、
水源池の現地調査や伝染経路の追跡調査を実施する一方、保健所や町役場にも
幾度となく働きかけた。また、赤痢について、医学的、化学的、法的な学習も
行なった。しかし、前述のように、根本的な原因究明に取り組まないだけでな
く、副作用についての問題点も明らかにしようとしない行政側の無責任体制に
業を煮やして、独自に先述の鳥取大学医学部医動物学教室に協力を依頼する。
表１の婦人会の動きをみれば理解されるように、地縁関係を基礎とする地域組
織である根雨地区婦人会が、地域住民の健康を守る運動の主たる担い手として、
あらゆる機関に対し、「地域住民の健康」にあらためて目を向けるよう要請し、
活動の原動力となっている。ここに婦人会会長としての近藤久子の活動理念が
端的に示されている。すなわち、物事を徹底的に追求しようとする科学的な態
度に基づいて、学習を積み上げて行動にまでつなげていったのである。近藤久
子は、まさに人災といえる赤痢集団発生を二度と引き起こさないため、鳥取大
学医学部医動物学教室の協力を得て婦人会が実施した副作用実態調査結果を、
厚生省、鳥取県、日野町に提出し、また直接上京して、厚生省に人命を尊重し
た医療行政を要望し、メーカーに対しても申し入れを行なった。他方、行政の
怠慢の一因は住民の無関心と遠慮にあると指摘して、住民に対しても、厳しい
自己批判に立って意識と行動の変革を呼びかけて『根雨婦人会報』に次のよう
に記している。

　　「〔前略〕再びこのような人災を繰り返さないために単なる憶測による安
　易な結論でなく、事実に基づいた根気のよい原因の究明と、完ぺきな処置
　を要求しなければならない。そしてさらに大切なことは、生活が複雑に急
　速に変わってゆく現代では、狭いわが家主義を捨て、わが家のくらしを守
　るためにも、もっと社会とのつながりをわきまえ、くらしをめぐる諸条件
　のうち、とりわけ公共の問題に目を開くことが大切である。主婦が狭いカ

ラに閉じこもらず町をつくる一員としての自覚と責任と権利意識にめざ
め、住みよい環境をつくるために声を集め、手をつなぐ必要が痛感される。

　政治は住民のくらしを守るためにあるもの、例の『だれかが言ってくれ
れば…。だれかがしてくれれば…』をやめよう。〔後略〕」（根雨地区婦人会，
1968：4月1日）

　この一文に、近藤久子の婦人会活動の理念を読み取ることができる。すなわ
ち、個人の自主的な判断と行動を基礎にすえ、婦人会員一人一人が政治の担い
手であり、自らが発言し行動することの重要性を婦人会活動を通して女性に訴
えかけ、その行動を促したのである。

（3）婦人会活動と政治

　赤痢集団発生に対する対応からも分かるように、近藤久子は、環境問題にし
ても暮しの問題にしても、現実の変革には政治が重要な役割を担っているとの
認識に立っていた。それ故に婦人会活動の学習活動や啓発運動においても会員
の政治意識の啓発には特に力を入れている。『根雨婦人会報』にも毎号啓発記
事を掲載している。一地区の婦人会広報紙にもかかわらず、その内容は身近な
地域の問題から国際政治の問題にまで広範囲に及んでいる。また日常の学習活
動では、町の予算書の学習会、町議会の傍聴なども行なわれていた。そしてこ
のような学習活動の積み重ねの結果、1967（昭和42）年、全国的にも女性議
員がきわめて少なかった時代に日野町政治史上初の女性議員が誕生する[8]。

　1967（昭和42）年4月の日野町町会議員選挙に近藤家の分家の嫁であり、
近藤久子が婦人会活動を始めた時から共に活動してきた近藤はや子が立候補
し、かろうじて最下位で当選した。はや子は1971（昭和46）年の改選では落
選するものの、1975（昭和50）年には再選され、1987（昭和62）年に病気
のために勇退するまで通算4期16年間日野町議を務めた。

　立候補のきっかけについてはや子は、「私がそもそも議員になったのも、婦

人会学習が土台なのである。会活動を何かすると、必ず行政とのかかわりが出てくる。外野から申し入れをするより、直接その場にだれか婦人を、という声が高まってきた」と自叙伝の中で記している（近藤はや子,1988：36 ‐ 37）。

　近藤はや子が政治活動に入る基盤は、彼女の婦人会活動によって形成されたのであるが、しかし、彼女の立候補に対して婦人会は一切の組織的支援を行なわなかった。その理由について、近藤久子は次のように語っている。

　　「婦人会では地区推薦というものを否定していましたのでね。婦人会は、
　　その人の政治理念とか、政党党派とか思想信条にかかわりなく、共通の福
　　祉のために運動する、まあ住みよい社会をつくるためにってということで
　　組織しているものですから、だから誰が入ってもいいわけです。……だか
　　ら特定の人を推薦するとなると、いろいろ支障もできてくるし、組織も空
　　中分解することも考えられる。だからそれはすべきでないと私は言いまし
　　たね。だけども、婦人議員が立候補したら、なんとか皆で落さないように
　　しましょ、とだけは言ったように私は思いますね。〔後略〕」

　近藤久子自身は、はや子の選挙カーに乗ってマイクを握り応援演説をするなど支援を惜しまなかった。しかし、婦人会組織としての支援運動は全く行なわなかった。

結びにかえて

　近藤久子の活動を跡付けると、彼女の思考様式が必ずしもジェンダー役割に規定されていると思えない部分にしばしば出会う。1975（昭和50）年に鳥取婦人新聞に掲載された「女性の地位と社会参加への条件」と題した一文で、「女性自身が主婦、母という前に一人の独立した人間としての自覚をよほど強め、根本から考え直さなければ、見かけだけは近代化しても永久に男性中心社

会での従属的、応援団的役割の域を脱することは不可能であろう」(近藤久子,
1996：123)と記しているように、政治に限らずあらゆる社会の領域で女性が
発言し行動することの重要性を常に婦人会員に向かって語っている。近藤久子
自身も、婦人会活動だけでなく環境問題や公害問題、平和運動など広範囲の社
会問題に対して積極的に行動しリーダーとしての役割を担ってきた。しかし近
藤はや子の町議会出馬時に婦人会としての組織的支援を行わなかったことに示
されているように、彼女が政治に対して一線を画した本当の理由はどこにある
のであろうか。

　近藤久子は、上述のインタビューの言葉にもあるように、地域網羅的婦人会
活動における政治的中立性という原則論をその理由として挙げる。彼女のこの
考え方の背景には、近藤家の経営理念の一つでもある政経分離の伝統と、父・
近藤寿一郎から受け継いだ、「政治問題に関心を抱き、政治意識の啓発に貢献
はするが、政治活動とは一線を画する」態度という個人史的要因が影響してい
たと思われる(竹安,1992：220 - 221, 225)。しかし政界への出馬を女性達
から嘱望されながらも近藤久子を踏み切らせなかったもう一つの重要な理由
に、当時の政党および社会に根強くあった「政治は男の世界」という伝統的役
割意識を近藤久子自身が敏感に感じ取っていた点にあったのではないか、との
推測も捨てきることはできない。

　以上、鳥取県根雨地区婦人会活動を中心に、戦後の婦人会創成期の活動を検
討してきた。行政の下請け機関に留まる婦人会も少なくなかった中で、根雨地
区婦人会は、近藤久子という稀有のリーダーを得て、自ら考え行動することを
目指し、町会議員を1名輩出するなど政治分野への女性の参画も促す活動を
行ってきた。しかし、結局これが女性個人、ないしは地域レベルの女性団体の
限界であり、状況を変革するためには構造的・制度的改革がより重要な役割を
果たすといわざるをえないであろう。

【注】

（1）Gender Gap Report 2021（2021年3月発行World Economic Forum）ではさらに順位が低下して156ヶ国中120位である。

（2）2021（令和3）年10月1日現在、世界192ヶ国中165位（Inter－Parliamentary Union）。2021（令和3）年10月31日第49回衆議院選挙で女性議員率が9.9％から9.7％に低下したのでこの順位もさらに下がると思われる。

（3）1946（昭和21）年当時、アメリカ合衆国下院の女性議員数は11名、上院は0名であった（Center for American Women and Politics,2021）。イギリスにおいても1980年代後半まで下院の女性議員率は常に5％以下であった（House of Commons Library, 2018：5）。

（4）2011（平成23）年統一地方選挙結果における議会レベル別男女別当選率（％）は次の通りである。

	女性議員率	女性候補者の割合	当選率	
			女性	男性
都道府県議会議員	7.7	10.0	51.9	69.1
市区議会議員	16.0	13.9	91.0	77.5
町村議会議員	9.3	9.3	87.8	87.9

資料：（財）市川房枝記念会女性と政治センター調べ, 2011.

（5）英国の女性参政権運動家Eleanor Rathboneが、子ども手当制度の確立を婦人参政権協会全国連合the National Union of Women's Suffrage Societies（NUWSS）の活動に取り込みNUWSSの組織の合法化を図った（Takeda, 2006：185－198）。

（6）本文中で用いた近藤久子氏の発言は、1991（平成3）年7月12日～14日、9月24日～27日に実施したインタビュー調査に基づくものである。

（7）男性世帯主だけが出席する部落総会に女性が出席し、さらに部落への提案をするという行動は、当時の状況ではきわめて革新的であったと思われる。

（8）1967（昭和42）年の第6回統一地方選挙における女性議員率は全地方議会平均1.2％、町村議会における女性議員率は0.6％であった（市川房枝記念会 1986：16）。

［付記］本稿の初出論文では、最初に近藤久子氏の「思想の背景」に触れたが、
　　　　本書に収めるにあたって削除し、筆者のその後の問題意識に即した論
　　　　述を加筆した。

【参考文献一覧】

著書・学術論文

Bochel, C. and Bochel, H., M., 2000, *The Careers of Councillors: Gender, Party and Politics,* Ashgate.

Clark, J., 1994, 'Getting There: Women in Political Office', in Githens, M., Norris, P. and Louvenduski, J. (eds), *Different Roles, Different Voices: Women and Politics in the United States and Europe,* NJ, Prentice-Hall.

Hőgstrőm, J., 2012,'Women's Representation in National Politics in the World's Democratic Countries: A Research Note', *Journal of Women, Politics & Policy,* 33.

Keen, R., Cracknell, R., & Bolton, M., 2018, *Women in Parliament and Government*, London.

Randall, V., 1987, *Women and Politics,* The University of Chicago Press.

Seltzer, R., Newman, J., and Leighton, M. V., 1997, *Sex as a Political Variables: Women as Candidates and Voters in US Elections*, Lynne Reinner, Boulder: Colorado.

Takeda, H.,2006, 'Gendering the Japanese Political System: The Gender-Specific Pattern of Political Activity and Women's Political Participation,' *Japanese Studies*, Vol. 26, No. 2.

伊藤康子, 2005, 『草の根の女性解放運動史』,吉川弘文館

伊藤康子, 2008, 『草の根の婦人参政権運動史』,吉川弘文館

伊藤康子・進藤久美子・菅原和, 2005, 『女性は政治とどう向き合ってきたか——検証・婦人参政権運動——』,市川房枝記念会出版部

大海篤子, 2005, 『ジェンダーと政治参加』,世織書房

児玉勝, 1981, 『婦人参政権運動小史』ドメス出版

近藤はや子, 1988, 『日野路　女ひとり奮戦記』

近藤久子, 1996, 『くらしの視点』,米子今井書店

酒井はるみ, 1972, 「婦人運動の敵視と現代」,田中寿美子・日高六郎（編）『現代婦人問題講座1　婦人政策・婦人運動』,亜紀書房所収

佐藤慶幸・那須寿・天野正子, 1995, 『女性たちの生活者運動』,マルジュ社

進藤久美子, 2004, 『ジェンダーで読む日本政治——歴史と政策——』,有斐閣

菅原和子, 2002, 『市川房枝と婦人参政権獲得運動：模索と葛藤の政治史』, 世織書房

帯刀貞代, 1960, 『日本の婦人』,岩波書店

帯刀貞代・長谷川幸子・井手文子, 1960, 『戦後婦人運動史』大月書店

竹安栄子, 1992, 「ある婦人会活動家の軌跡——根雨地区婦人会活動を中心に——」、『追

　　　　手門学院大学文学部紀要』26号

田辺信一, 1969,「戦後婦人政策の展開」,田中寿美子・日高六郎（編）『現代婦人問題講
　　　座1　婦人政策・婦人運動』,亜紀書房所収

千野陽一, 1968,「農村社会教育の課題と展望」,千野陽一・藤田秀雄・宮坂広作・室俊司
　　　『現代日本の社会教育』法政大学出版局

千野陽一, 1980,『近代日本婦人教育史——体制内婦人団体の形成過程を中心に——』,ド
　　　メス出版

ファー、スーザン, 1989,『日本の女性活動家』,勁草書房

藤井忠俊, 1985,『国防婦人会』,岩波書店

御巫由美子, 1999,『女性と政治』,新評論

みやぎの女性史研究会, 1999,『みやぎの女性史』,河北新報社

山高しげり, 1952,『婦人団体シリーズ 1：地域婦人団体のあゆみ』,全日本社会教育連合
　　　会

吉武輝子2006,『おんなたちの運動史——わたくしの生きた戦後——』,ミネルヴァ書房

県史・市史・婦人会史・その他資料

市川房枝記念会, 1986,『婦人参政40周年記念　婦人参政関係資料集』

市川房枝記念会女性と政治センター, 2011,『女性参政権資料集2011年版　全地方議会女
　　　性議員の現状』

鼎婦人会, 1986,『鼎婦人会四十年の歩み』

近藤はや子, 1988,『女ひとり奮戦記』

全国地域婦人団体連絡協議会, 1973,『全地婦連20年史』

鳥取県, 1969,『鳥取県史　近代』第4巻

鳥取県連合婦人会, 1968,『鳥取県婦人新聞』

鳥取県連合婦人会, 1973,『県連婦20年のあゆみ』

鳥取大学医学部医動物学教室, 1969,『根雨地区診断報告書——健康な根雨をつくるため
　　　に——』

根雨地区婦人会, 1954〜1968,『根雨婦人会報』

日本婦人新聞社, 1954,『婦人年鑑　昭和24年版』

日野郡自治協会, 1972,『日野郡史』後編, 名著出版

日野町誌編纂委員会, 1970,『日野町誌』

宮城県志田郡松山町婦人会, 1974,『松山町婦人会三十年のあゆみ』

参考 URL

Center for American Women and Politics (2021) *History of Women in the U.S. Congress*

https://cawp.rutgers.edu/history-women-us-congress (2021年11月29日)

Inter-Parliamentary Union (2013) *Women in National Parliaments*

http://www.ipu.org/wmn-e/classif.htm (2013年10月1日)

House of Commons Library(2018), *Women in Parliament and Government*, Briefing Paper Number SNO 1250

https://education.niassembly.gov.uk/sites/userfiles/UK (2021年11月29日)

United Nations Development Programme (2013) *2013 Human Development Report Summary*

http://hdr.undp.org/en/reports/global/hdr2013/download/ (2013年11 月17日)

World Economic Forum (2013) *The Global Gender Gap Report*

http://www.weforum.org/reports/global-gender-gap-report-2013 (2013年11 月17日)

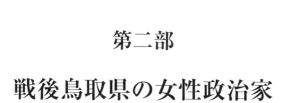

第二部

戦後鳥取県の女性政治家

第4章
鳥取県における女性政治家

春日雅司・竹安栄子

はじめに

　本章は、戦後から現在に至る鳥取県を事例として、2019（平成 31）年 3 月以前の各種選挙結果やわれわれが実施してきたいくつかの調査結果などを踏まえつつその歴史をたどることで、地方議会における女性議員の過少代表の原因がどこにあるのかを明らかにし、今後この問題を克服するためには何が必要なのかを論じるものである。鳥取県という限定された事例ではあるが、当然、全国の多くの農村県といわれる地域に共通する歴史と課題を提示できるものであることは言うまでもない。

　2018（平成 30）年も押し迫ったころ、世界経済フォーラム（WEF）はわが国の男女格差について総合 110 位であると発表した。また 11 月の列国議会同盟（IPU）の報告によると、国会（下院）議員の割合は 10.1% で世界 160 位であった。このような結果について多くの人は、「またか」「またなんだ」と落胆とも慣れともつかない受け止めをしているであろう。わが国がナイロビ将来戦略を批准してから 34 年、一時はマドンナブームに沸き立ち、議会における女性割合の 3 割はすぐ達成できるかに思われた時期もあったが、残念なことに国内ではバブル崩壊とその後の財政難、少子化と団塊世代の定年に伴う高齢者問題、阪神淡路や東日本での大震災、また気候変動による自然災害の頻発、さらに国際的にはソビエトを中軸とする東側諸国の解体、過激派によるテロやイスラム原理主義の脅威、リーマンショックや移民問題などいわゆる緊急事態の多発によっていつの間にか「女性の政治参画」というテーマは雲散霧消してしまい、国政でも地方でも女性割合は 1 割台前半から半ばに留まっている。もちろん参議院は 2 割を維持し、東京 23 区の平均は 3 割目前であり、さらに自治体単独でみると 5 割超は例外かもしれないが、都市部では 2 ～ 3 割という自治体も少なくない。また、平成の大合併によって当選に必要な票数が増大することで心配された女性割合ではあったが、その後も順調に増加し続けでいることから、いずれ 3 割を達成することは確かなようにも思える。しかし、これまでと

同じペースでしか進まないとしたら、女性割合が3割を超えるのは21世紀も後半になる。それでいいではないかという意見もあるかもしれないが、グローバリゼーションが進展する中、世界の趨勢がジェンダー・クオータを導入することで3割を達成する昨今、日本だけが自然に任せておけばいいというわけにはいかない。ではどうすればいいのか。確かに、2018（平成30）年施行された「政治分野における男女共同参画の推進に関する法律」も無意味ではないが、しかしその効果は限定的で、無所属候補者の多い一般市や町村では限界がある。したがってわれわれは議席の一定割合を女性に割り当てるクオータ導入がベストだと考えている。

1　衆議院・参議院選挙と女性代議士

　さて、これから鳥取県の市町村における女性の過少代表について見ていくが、簡単に衆参両議員についてふれておく[1]。表1は、戦後の鳥取県選出衆議院議員一覧である。戦後最初の選挙の際には無所属がいたり、1949（昭和24）年の米原のように共産党で当選したりという例もあるが（戦後共産党では唯一の当選。彼はその後3回出馬するが落選）、その後1950（昭和25）年代以降、公職追放を解除された人たちを含め社会党の足鹿、自民党系の徳安・古井・赤沢といった「常連」が議席を占め続ける。社会党はその後1967（昭和42）年に武部が、また1972（昭和47）年に野坂が登場し自民党（その間1976（昭和51）年に相沢が登場）と2議席ずつ分け合うも、1983（昭和58）年に野坂が破れ自民党は再び3議席を奪い、1996（平成8）年定数が2になると2003（平成15）年の川上を例外として、1区は石破茂が圧勝、2区は自民と非自民が拮抗しつつも自民党が勝利している。

　女性をみると、1946（昭和21）年の最初の選挙では全国で39人の女性議員が誕生することとなるが、鳥取県でもその中の1人として田中たつが当選する。彼女は翌年の選挙で再選を目指すも落選し政界から引退、助産婦として尽

表 1　戦後鳥取県選出衆議院議員一覧

（93年まで上から得票順、○内の数字は連続当選回数）

1946.04.10	1947.04.25	1949.01.23	1952.10.01	1953.04.19	1955.02.27	1958.05.22	1960.11.20	1963.11.21
稲田直道①	稲田直道②	米原昶	足鹿覚②	足鹿覚③	古井喜実③	徳安実蔵④	足鹿覚⑥	赤沢正道⑥
佐伯忠義	庄司彦男	稲田直道③	徳安実蔵①	赤沢正道②	足鹿覚④	赤沢正道④	古井喜実⑤	徳安実蔵⑥
赤沢正道①	堀江実蔵	足鹿覚①	中田政美	徳安実蔵②	赤沢正道③	古井喜実④	徳安実蔵⑤	古井喜実⑥
田中たつ	梶川静雄	門脇勝太郎	古井喜実①	古井喜実②	徳安実蔵③	足鹿覚⑤	赤沢正道⑤	足鹿覚⑦
1967.01.29	1969.12.27	1972.12.10	1976.12.05	1979.10.07	1980.06.22	1983.12.18	1986.07.06	1990.02.18
武部文①	赤沢正道⑧	徳安実蔵⑨	古井喜実⑨	相沢英之②	相沢英之③	島田安夫②	平林鴻三②	石破茂②
古井喜実⑦	徳安実蔵⑧	赤沢正道⑨	相沢英之①	古井喜実⑩	野坂浩賢③	武部文⑥	相沢英之⑤	野坂浩賢⑥
徳安実蔵⑦	古井喜実⑧	島田安夫①	武部文③	野坂浩賢②	武部文⑤	平林鴻三①	野坂浩賢⑤	武部文⑦
赤沢正道⑦	武部文②	野坂浩賢①	野坂浩賢①	武部文④	古井喜実⑪	相沢英之④	石破茂①	相沢英之⑥
1993.07.18	1996.10.20*	2000.06.25	2003.11.09	2005.09.11	2009.08.30	2012.12.16	2014.12.14	2017.10.22
石破茂③	石破茂④	石破茂⑤	石破茂⑥	石破茂⑦	石破茂⑧	石破茂⑨	石破茂⑩	石破茂⑪
平林鴻三③	相沢英之⑧	相沢英之⑨	川上義博	赤澤亮正①	赤澤亮正②	赤澤亮正③	赤澤亮正④	赤澤亮正⑤
野坂浩賢⑦	知久馬二三子**							
相沢英之⑦								

*定数 2 名となる。**小選挙区比例ブロックで繰り上げ当選（任期1999.1.27〜2000.6.25）。
網掛けした 2 人（1947年と1996年**が女性）

力する[2]。1949（昭和 24）年の選挙に諸派から後藤礼子が出馬するがわずかな得票で落選。その後女性候補はなかなか出ず、ようやく 1983（昭和 58）年と 1986（昭和 61）年に共産党から安田睦美が出るも落選。幸い三朝町議をしていた社民党の知久馬二三子が 1999（平成 11）年に比例区で繰り上げ当選となり、二人目の女性代議士が誕生する。その後、2003（平成 15）年に共産党から大谷輝子が立候補するも落選。衆議院での女性たちの戦いは以上である。

　一方、表 2 は参議院議員の一覧である。1950（昭和 25）年代以降、社会党系と自民党系が 1 議席ずつ分け合う構図が続くも 1983（昭和 58）年に広田が破れると自民党が 2 議席を占め、1989（平成元）年と 2007（平成 19）年に一旦は社会党系が復活するものの、衆議院同様自民党王国となる。2016（平成 28）年島根県と合区となった後、県選出の議員は 1 人となる。女性に目を向けると、1959（昭和 34）年に小田スエが諸派から出馬し落選。また、共産党を中心に 1980（昭和 55）年と 1981（昭和 56）年補選に安田睦美、1992（平成 4）年に佐々木康子と無所属の加茂篤代、1998（平成 10）年、2001（平成 13）年、2002（平成 14）年補選、2004（平成 16）年に市谷とも子、2010（平

表2　戦後鳥取県選出参議院議員

1947	1950	1953	1956	1959	1962	1965	1968	1971	1974	1977
田中信儀	中田吉雄		仲原善一			仲原善一		足鹿覚		石破二朗
門田定蔵		三好英之*/中田吉雄		中田吉雄		宮崎正雄		宮崎正雄		広田幸一

1980	1983	1986	1989	1992	1995	1998	2001	2004	2007	2010
石破二朗**/小林国司	坂野重信		坂野重信			坂野重信***/田村幸太郎		田村幸太郎		濱田和幸
広田幸一	西村尚治		吉田達男			常田享詳		常田享詳		川上義博

2013	2016	
濱田和幸	島根県と合区のためにいない	* 56.2.死去。補選で中田吉雄が当選。
舞立昇治		** 56.9.死去。補選で小林国司が当選。
		*** 02.4.死去。補選で田村幸太郎が当選

成22）年に民主党の小谷真理、2013（平成25）年に幸福実現党の吉岡百合子が出馬するが、いずれも落選。したがって、現在に至るまで参議院で女性議員は誕生していない。

2　地方選挙と女性議員

　1946（昭和21）年11月に日本国憲法が制定され、その施行を目前にした1947（昭和22）年4月、地方自治体（地方公共団体）でも女性の参政権が認められ都道府県と市町村における首長と議会議員の選挙が実施される。全国の状況を女性に限って当選者（立候補者）数をみると、知事選挙は0人（1人）、都道府県議会は22人（111人）、市区議会は94人（383人）、町村議会は677人（1,784人）であり、その他に指定市長は0人（1人）、町村長は5人（10人）となっている[3]。

　この時、鳥取県にあった地方自治体は2市19町149村である。選挙日程は5日に知事と市町村長、30日に県議と市町村議の順で行われた[4]。なお、本章では地方選挙の中でも女性の市町村議員に焦点をあてている。その理由は、県と市町村の長に女性が立候補こそすれ当選した人はおらず、また県議の女性割合もこの20年ほどようやく全国並みとなったが、それ以前については語るべき数字がほとんどないからである。しかし、とりあえず県知事と県議及び市

町村長の選挙結果について触れておきたい。

表3　戦後歴代鳥取県知事

47.04.～2期	54.12.～1期	58.11～4期	74.03～2期	83.04～4期	99.04～2期	07.04～3期
西尾愛治*	遠藤　茂	石破二朗**	平林鴻三***	西尾邑次	片山善博	平井信治

*54年11月、辞職。**74年2月、参議院選出馬のため辞任。***83年3月、衆議院選出馬のため辞任。

　まず知事選挙結果である（表3）。これまで7人が1期から4期務めている
ことがわかる。遠藤が1期、西尾愛治・平林・片山が2期かプラスアルファ、
現職の平井が3期（2019（平成31）年4月まで）、石破と西尾邑次はほぼ4
期となる。石破・平林の時代に基礎を固め西尾邑次によって発展していった鳥
取県も、片山知事の時代には大きな変化があったと聞くものの、その後の平井
知事で元の軌道にもどったようではあるが、1958（昭和33）年以降の40年間、
いかに安定していたかがわかる。なお、1962（昭和37）年以降共産党はほぼ
毎回候補者を擁立しており、その中に女性として1978（昭和53）年の保田睦美、
2007（平成19）年と2011（平成23）年の山内淳子がいた。山内は2011（平
成23）年には無所属として反保守票を集めるも平井の2期目の守りは堅く落
選した。

表4　県議会における党派別割合

党派/年度	1959	1963	1967	1971	1975	1979	1983	1987	1991	1995	1999*	2003	2007	2011	2015
自民党	65.0	70.0	60.0	55.0	57.5	55.0	72.5	65.0	62.5	50.0	44.7	50.0	55.3	45.7	38.2
社会党/民主党	10.0	25.0	22.5	22.5	27.5	25.0	17.5	20.0	17.5	7.5	7.9	10.5	13.2	17.1	17.6
無所属	25.0	5.0	12.5	17.5	7.5	10.0	2.5	7.5	12.5	35.0	34.2	34.2	21.1	22.9	29.4
公明党	—	—	5.0	5.0	5.0	5.0	5.0	5.0	5.0	5.0	5.3	5.3	5.3	8.6	8.8
共産党	—	—	—	—	2.5	5.0	2.5	2.5	2.5	2.5	5.3	—	5.3	5.7	5.9

*諸派1名（2.6%）が加わる。

　続いて県議会である。表4は1959（昭和34）年以降に限った党派別割合で
ある。1960～1970（昭和35～45）年代は国政同様、一時社会党が勢力を

伸ばすも、基本的に（1990（平成2）年代半ば以降は無所属を含めた）自民党が3分の2を占める保守王国であり続けていることがわかる。共産党は1947（昭和22）年から候補者を出していたが、当選するのは公明党の1967（昭和42）年より遅れ1975（昭和50）年のことになる。

表5　県議会における女性当選者数、立候補者数、女性割合

年度	47	51	55	59	63	67	71	75	79	83	87	91	95	99	3	7	11	15
当選者数	1	1	0	0	0	0	0	0	0	0	0	0	0	1	3	5	4	4
候補者数	3	1	0	0	0	0	0	1	0	0	0	0	2	2	5	5	6	4
女性割合	0.3	0.3	0	0	0	0	0	0	0	0	0	0	0	2.6	7.9	13.2	11.4	11.4

　表5は女性の候補者・当選者数とその割合である。1947（昭和22）年に立候補したのは鳥取市で共産党の中原クニ、気高郡で無所属の田中花子、八頭郡で社会党の菊川益恵の3人であったが、当選したのは田中だけであった[5]。1951（昭和26）年は東伯郡で井口寿賀野だけが立候補し当選する[6]。しかし、その後1975（昭和50）年まで立候補者すらいない状態が続く。この1975（昭和50）年に共産党から立候補者が出るも落選。次に出るのは20年後の1995（平成7）年で、2人とも共産党から出たが落選する。その後女性県議が生まれるのは1999（平成11）年で、実に半世紀近い空白の後の、また共産党の長年にわたる挑戦の末に得た勝利である。2003（平成15）年には候補者も5人となり3人当選、2007（平成19）年には候補者5人全員が当選、躍進かと思われたが、2011（平成23）年は6人のうち鳥取市の現職と米子市の民主党候補が落選。2015（平成27）年は候補者4人が全員当選で、なんとか1割を維持している。

　次に市町村長である。女性は、2004（平成16）年湯梨浜町、2005（平成17）年米子市、2008（平成20）年と2012（平成24）年南部町、2013（平成25）年米子市、2018（平成30）年若桜町の各選挙に異なる候補者が出馬したが、全て落選している。

　さて、表6は市町村議会における女性議員数と割合の変化である。次にここ

表6　戦後鳥取県の市町村議会における自治体別女性議員数（実数）

合併後	合併前		47	51	55	59	63	67	71	75	79	83	87	91	95	99	03	07	11	15	18★
鳥取市 (04.11〜)	鳥取市	合併グループ	1	0	0	0	0	0	0	0	0	0	1	1	2	2	2	3			
	国府町		0	0	0	0	0	1	0	0	0	0	0	0	0	1	1	5	6	5	5
	福部村		0	0	0	0	0	0	0	0	0	0	0	0	0	0	0				
	河原町		0	0	0	0	0	0	0	0	0	0	0	0	0	0	0				
	用瀬町		0	0	0	0	0	0	0	0	0	0	0	0	0	0	1				
	佐治村		0	0	0	0	0	0	0	0	0	0	0	0	0	0	0				
	気高町		0	0	0	0	0	0	0	1	0	1	1	1	1	1	2				
	鹿野町		0	0	0	0	0	0	0	0	0	0	0	0	0	0	1				
	青谷町		0	0	0	0	0	0	0	0	0	0	0	0	0	0	0				
八頭町 (05.3〜)	郡家町		0	0	0	0	0	0	0	0	0	0	0	0	0	2	2	1	2	2	2
	船岡町		0	0	0	0	0	0	0	0	0	0	0	0	0	0	1***	0			
	八東町		0	0	0	0	0	0	0	0	0	0	0	0	0	0	1	0			
湯梨浜町 (04.10〜)	泊村		0	0	0	0	0	0	0	0	0	0	0	0	0	0	0	2	2	2	1
	羽合町		0	0	0	0	0	0	0	0	0	0	0	1	1	1	1				
	東郷町		0	0	0	0	0	0	0	0	0	0	0	1	1	1	1				
北栄町 (05.10〜)	北条町		0	0	0	0	0	0	0	0	0	0	0	0	0	0	2	2	1	3	2
	大栄町		0	0	0	0	0	0	0	0	0	0	0	0	0	0	0				
倉吉市 (05.3〜)	倉吉市		0	0	0	0	1	1	1	0	0	0	1	1	1	1	0	0	2	0	0
	関金町		0	0	0	0	0	0	0	0	0	0	0	0	0	0	0				
琴浦町 (04.9〜)	東伯町		0	0	0	0	0	1	1	0	0	0	1	1	0	1	1	1	1	1	2
	赤崎町		0	0	0	0	0	0	0	0	0	0	0	0	0	0	0				
大山町 (05.3〜)	中山町		0	0	0	0	0	0	0	0	0	0	0	0	1	0	0	0	2	3	2
	名和町		0	0	0	0	0	0	1	0	0	0	0	0	1	1	1	2			
	大山町		0	0	0	0	0	0	0	0	0	0	0	0	0	1	2	1			
米子市 (05.3〜)	米子市		1*	3*	1	1	0	0	0	0	1	1	1	2	1	3	7	5	7	4	5
	淀江町		0	0	0	1	0	1	1	1	1	1	1	1	1	3	4				
伯耆町 (05.1〜)	岸本町		0	0	0	0	0	0	0	0	0	0	0	0	0	0	0	1	1	1	1
	溝口町		0	1	0	0	0	0	0	0	0	0	0	0	0	0	0				
南部町 (04.10〜)	会見町		0	1*	0	0	0	0	0	0	0	0	1**	1	1	1	1	2	1	2	1
	西伯町		0	0	0	0	0	0	0	0	0	0	0	1	1	1	2				
	岩美町	非合併グループ	0	0	0	0	0	0	1	0	0	0	0	0	0	0	0	2	2	2	2
	若桜町		0	0	0	0	0	0	0	0	0	0	0	1	1	0	0	1	1	1	0
	智頭町		0	0	0	0	0	0	0	0	0	0	0	1	1	1	0	2	1	1	0
	三朝町		0	0	0	0	0	0	0	0	0	0	0	0	1	1	1	1	1	1	0
	日吉津村		0	0	0	0	0	0	0	0	0	0	0	0	0	1	1	1	3	4	4
	境港市		1*	1*	0	0	0	0	0	0	0	0	0	0	1	4	3	1	1	1	1
	江府町		0	0	0	0	0	0	0	0	0	0	0	0	1	1	1	1	1	1	1
	日野町		0	0	0	0	0	0	1	0	1	1	1	0	1	1	1	1	1	0	0
	日南町		0	0	0	0	0	0	0	0	0	0	0	0	0	2	2	2	1	1	1
合計 (人)			3	6	1	3	3	5	4	2	4	6	7	12	16	34	46	32	38	35	32
市町村全体の 女性割合 (%)			-	-	0.3	0.4	0.4	0.6	0.5	0.3	0.5	0.8	1.0	1.8	2.4	5.2	7.7	9.8	12.4	12.4	11.4
市区議員	全国 (%) ☆		1.2	1.7	1.7	1.8	1.6	1.8	2.2	2.7	2.7	3.5	4.8	6.4	8.2	11.2	13.1	15.4	16.0	17.3	14.9
	鳥取 (%) ▽		1.8	1.8	1.0	0.8	0.0	0.0	0.0	0.0	0.8	1.6	1.6	3.4	4.5	8.5	13.6	10.7	15.7	11.0	14.3
町村議員	全国 (%)				0.4	0.5	0.5	0.6	0.6	0.6	0.5	0.7	1.3	2.1	2.9	4.6	5.9	8.6	9.3	10.4	9.9
	鳥取 (%) ▽			-	0.2	0.3	0.4	0.8	0.6	0.3	0.5	0.7	0.9	1.6	2.0	4.6	6.6	10.8	13.1	13.1	10.6

各年度末の選挙まで集計したものである。*昭和の大合併前の旧自治体を含む。**繰り上げ当選。***補選での当選。☆統一地方選挙毎の全国の市区町村女性議員割合（『地方選挙結果調』より。18年度を除く）。★18年度の全国の市区議員と町村議員については、17年度末総務省の議員調査データにもとづいている。▽筆者調べ。なお、八頭町と大山町の07年データは、05年に行われた設置選挙（旧町単位）のものである。

に示された戦後鳥取県における女性の政治参画、とりわけ市町村議会全体を鳥瞰してみた女性割合の変化からその歴史を4期に分け、それぞれの特徴をみていこう[7]。

（1）「抑圧からの解放」期（1947（昭和22）～ 1954（昭和29）年）

1947（昭和22）年の選挙結果についてみると、当時の自治体の多くが昭和の大合併によって再編されたため、記録もほとんどなく詳細は不明である[8]。われわれが調べた範囲でみると、立候補者は鳥取市で鳥越すゑ・林かほる・中山壽［とし］、米子市で山久とう・上原美貴子、さらに西伯郡余子村（現在は境港市）で並原かめよがいたが、鳥越・山久・並原の3人が当選している[9]。その後、鳥越は1950（昭和25）年12月に鳥取市議会が解散すると同時に引退する。1951（昭和26）年の選挙においては、山久と並原（無投票）がそれぞれ再選され、後に米子市に合併する五千石村で伊塚照子と成實村で橋根みさ子が、同じく会見町に合併する幡郷村で岩田石子、溝口町で木島まきよがそれぞれ当選、県全体で女性は6人と倍増する[10]。しかし、1951（昭和26）年に6人になったことで徐々に女性が増えるのかと思われたが、山久はその後も再選され4期務めたものの、並原は1954（昭和29）年8月に6町村が合併し境港市が誕生すると同時に行われた9月の選挙に立候補せず引退、その他の4人もそれぞれ合併の渦に巻き込まれ1期で終わってしまう。昭和の大合併は躍進しかけた女性たちを飲み込み、1954（昭和29）年県村で矢田貝さよが当選しその後2名を維持するものの、1951（昭和26）年と同じ議員数に回復するのは1983（昭和58）年のことであり長い低迷の時代を迎えることになる。

（2）「長い低迷」期（1955（昭和30）～ 1988（昭和63）年）

政治の世界へ踏み入ろうとする女性たちにとっては困難が続く「長い低迷」期は、他方で、戦後経済成長が県内へ波及し人々は豊かさを実感できるようになり、鳥取県が経済的に発展していく時代と重なる。数としても割合としても

女性議員は低迷していた時期だが、その特徴として、政党の支持を得ない無所属の女性たちと、共産党の支持を得た女性たちがいたことを指摘できる。昭和の大合併真っ盛りの 1955（昭和 30）年からの 4 年間は県村の矢田貝さよ（1957（昭和 32）年まで）と米子市の山久とうがかろうじて女性の議席を守る。それを繋いだのが無所属の女性たちで、1958（昭和 33）年に東伯町の中川アヤ子（同時に立候補した三嶋千代は落選）が 3 期、1959（昭和 34）年に淀江町の吹野松子が 1 期、1961（昭和 36）年に関金町の鳥飼正子が 3 期務める。なかなか女性の出なかった東部でも 1962（昭和 37）年に岩美町から田中とくみと 1966（昭和 41）年に国府町から八木谷兼子がそれぞれ 1 期ではあるが出て、その後を繋ぐかのように 1971（昭和 46）年に気高町から坂本美津枝が出る。彼女は 1975（昭和 50）年に立候補しなかったものの 1979（昭和 54）年から連続 6 期当選する。さらに、1967（昭和 42）年に日野町で近藤はや子が当選する。しかしこちらも 2 期目のジンクスから再選に失敗。それでも 1975（昭和 50）年から 3 期連続で当選する。さらに 1970（昭和 45）年名和町で杉原テルエが当選し 1 期務める。また落選するものの小坂久美子が 1976（昭和 51）年に倉吉市で立候補している。また、1986（昭和 61）年に東伯町で倉本正子が出て 3 期務める。一方、無所属にやや遅れて共産党から出馬した国頭三枝子は 1963（昭和 38）年、吹野松子に続く淀江町の女性として挑戦するも初回は落選。しかし 4 年後見事に復活し、その後 8 期連続当選する。共産党が攻勢を強めるのは 1970 年代後半になってからで、1979（昭和 54）年には米子市で大谷輝子、1982（昭和 57）年には鳥取市で村口英子、1983（昭和 58）年に岸本町で野坂美代子、1987（昭和 62）年に西伯町で真壁容子と続くが、野坂は 2 期だけであった。大谷は 4 期務めた後県議選へ転出する。また、村口は連続 7 期務める。真壁は町長選出馬のため 1 期ぬけるも通算 8 期で現職である。

　この時期、鳥取県全体では 1 人から 7 人と目立つほどではないが、無所属と共産党から出た女性たちの活躍で、来るべき時代の基礎固めができたことは間

違いない。こうして 1980 年代後半になると多少なりとも山が動き始めるのである (11)。

　さて、共産党とその後に候補者を出してくる公明党は別として、この時代の市町村議員（及び首長）(12) 選挙に共通するのは、立候補者には「地元」(13) なるものがあり、そこを地盤として擁立されるというものであった。この「地元」の範囲は、多くは幕藩期の「むら（まち）」や明治期の村が単独か、あるいは単独で当選させるには十分な票がない場合はいくつかまとまったものである。したがって、候補者は戦前の流れをくんだ地域名望家たちが多かったが、経済成長が続く時代には次第に公共工事請負のための土建屋といわれる人たちが参入してくる。一般に候補者となるのは多くは定年前後の男性で、現職議員を含む地区の有力者が「定年後は地元に恩返しを」という大義名分で承諾を取りつけ、選挙の数か月前にほとんどが男性出席者である地区の集会で披露され、地区住民の支持をとりつけた上で正式に立候補する運びとなる。経済成長華やかなりし頃、鳥取県ではあちこちで道路や河川・港湾が整備され、ハコモノ建設が進められていった。3 割自治といわれた頃、国会議員・県議・地方議員が三つ巴となって予算獲得競争を行ない、議員たちは「系列化」されていく。市町村議員は県議や国会議員の選挙の時にどれだけ票を集められるかが重要である。なぜなら集めた票によって自分たちの地区に配分される予算が決まるからである。このような公共工事が地元で行われるとなれば、地区住民は日雇いとして雇われ、農外収入として貴重な現金が得られることから、この分野に強い人は議員として支持が得られやすいし、土建屋であれば若くして立候補することも多い。名望家は任期を重ねることもあるが、定年後の議員は 1 期か 2 期で交代となる。複数の地区が協力して議員を出しているところは輪番制をとる。定年後の候補者はライバルも多く、男の意地で「あいつが出るならおれも」となり同一地区から複数の候補者が出る場合もある。近年は無投票も珍しくないが、選挙は 4 年に 1 度の村のオリンピックのような祭りで、ほぼ必ず行う。選挙をすれば印刷屋と酒屋がもうかるといわれ、ポスターの印刷はもちろん、告

示日を過ぎると候補者の事務所では毎晩支持者たちが集まり飲み食いをして気勢をあげた。また、電話のない時代には地区の境界、要所には「張り番」が立ち、住民が他の地区の人と接触するのを見張る。投票しないということは地区に対する裏切りであるため、余程の理由がない限り投票する（だから投票率は高い）。裏切りが疑われている人は投票の際、用紙に記入した名前をわざと立会人に見えるようにしつつ投票箱に入れ、裏切っていないことを示すこともある。電話が普及し、車は一家に一台、さらに一人一台となり、兼業農家が増え外へ働きに行くようになるにつれ、地区自治を守ることは難しくなっていったであろうが、そのような時代が来るのは、市部では少し早いものの、多くの町村部ではやはり 1980 年代になってからであると考えられる [14]。

　春日は「町内会・部落会」といった地区が戦後の地方選挙においてどの程度の役割を果たしてきたのかを佐治村の選挙データをもとに調べた [15]。それによると、戦後しばらくは最大 8 割程度の票が自ら居住する「地元（むら）」から出たと推測できた。その後、時間の経過とともにその割合が次第に下がり、平成になると 6 割ほどになることが分かった。また、小学校は 1975 年に統合されるまで、戦前から 4 校体制を維持していたが、小学校区という地域範囲でみると、実に 9 割以上の票が校区内で動いていただけでなく、統合された小学校を卒業した子供たちが成人する平成期以降であっても、その割合が 8 割台を維持していることもわかった。もちろんこの結果はいろいろな人間関係の要因を無視したものであるため、あくまでも「最大」であり、実際はもう少し低い割合であったと推測される。ただし、平成の大合併以後、地域の再編が一定程度進んでいることから「地区推薦」はもはや死語になっているのかというと必ずしもそうではないようである。この点については再度触れたい。

　さて、この「地区推薦」の温床となっているのは、とりわけ男性がもつ「地元意識」の根強さである [16]。したがって、「地区推薦」が一般的であった時代に女性たちが政治的に立ち上がろうとしても、政党の支持を受けるか夫の代理や後継ということならともかく、無所属で、しかもそうである場合には「地区

推薦」制をはじめ旧態依然とした男性中心の議会のあり方を批判して出馬することが多いだけに、いざ立候補しても「地区」の支持は得られるはずもない。彼女たちはこれとは別の支持・支援団体や匿名性の高い個人からの支持があったから当選できたのである。しかし、立候補できた数はごくわずかにすぎない。実は女性たちには男性にはない別の壁があったがために、立候補すらできないということを竹安が発見した。それが女性割合の「長い低迷」の原因のひとつとなったし、今もそうであることは疑いないが、その点については後述する。

(3)「一村一女」期（1989（平成元）～ 2009（平成 21）年）

1951（昭和 26）年、6 人へと増加した女性たちであるが、この数字を再び獲得するのは 1983（昭和 58）年のことである。さらに 1985（昭和 60）年に 7 人になったことで割合もようやく 1% を超え新しい時代の到来かと思われたが、1988（昭和 63）年に再び 6 人になり 1% を切る。継続的な上昇に転じるのが 1989（平成元）年であり、平成の大合併が完了し暫定期間を経て新自治体での本格選挙が 2009（平成 21）年末までに実施されていることから、われわれはこの期間がひとつの区切りだと判断した。

鳥取県で昭和から平成への転換期に女性割合が増加した直接的な背景は、わが国における女性の社会進出と男女共同参画社会への取り組みが進み始めたことであるが、政治領域ではあの「マドンナブーム」もその後押しをしてくれた。1989（平成元）年に 1% となった後、1990 年代にかけてバブル景気に沸き、それがはじけたためか少し足踏みし、1994（平成 6）年に 2% 台となり、2000（平成 12）年には 5% を超え 2010（平成 22）年でさらに倍増するのがこの時期である。その特徴は、無所属が各地で立候補し、必ずしも支持基盤がしっかりしているわけではないがゆえに落選することもあるが、しかし着実に数を増やしていった一方、政党系も安定した支持基盤を生かし、共産党が引き続き積極的に候補者を擁立して議席を増やすとそこへ鳥取市と米子市を中心に公明党が登場し、さらに両党が複数の女性擁立を目指すようになったこと、また社民党

と民主党も 1 人ずつ出てくるというものである [17]。

　無所属からみていくと、1989（平成元）年の智頭町を筆頭に、1990（平成 2）年福部村補選（翌年の選挙で落選したため表 5 にはない）、1991 年（平成 3）米子市、会見町（繰り上げ当選）、日野町、1993（平成 5）年倉吉市、1995（平成 7）年鹿野町、1997（平成 9）年郡家町（2 人）、江府町、境港市補選、1998（平成 10）年境港市、名和町、1999（平成 11）年大山町、淀江町、日南町（2 人）、2001（平成 13）年北条町補選、2002（平成 14）年鳥取市、東伯町、若桜町、2003（平成 15）年米子市（3 人）、用瀬町、船岡町補選、西伯町、大栄町、淀江町と大山町は 2 人目と続き、合併の始まった各市町でも、2005（平成 17）年大山町（3 人）、湯梨浜町、北栄町（2 人）、2006（平成 18）年鳥取市（2 人）、岩美町、2009（平成 21）年智頭町と倉吉市で 2 人と拡大していく。これらの中には連続当選した女性はもちろん、補選で当選したものの残任期間だけとか、落選したが次の選挙で返り咲いたとか、落選し消えていった女性たちもいたことから、女性たちの多様な挑戦が続いたことは間違いない。

　1947（昭和 22）年以降、同じ自治体から女性を複数輩出したのは実は 1990（平成 2）年の鳥取市が最初であり、翌年米子市（この時は無所属の女性が当選するが 1995（平成 7）年に落選する）がそれに続く。その理由は女性輩出で先んじていた共産党に続いて公明党が女性を立てることで継続的に複数議席を維持できるようになったからである。その公明党は 1990（平成 2）年鳥取市、1994（平成 6）年境港市、1999（平成 11）年米子市と国府町、2003（平成 15）年には米子市で 2 人目を擁立し、さらに 2006（平成 18）年岩美町と続く。公明党に先んじていた共産党は 1989（平成元）年羽合町、1994（平成 6）年溝口町（1990（平成 2）年落選）、1997（平成 9）年郡家町（1993（平成 5）年落選）と青谷町、1998（平成 10）年境港市（1997（平成 9）年補選で落選）、1999（平成 11）年気高町、日吉津村、米子市と淀江町で 2 人目、2003（平成 15）年鹿野町、2006（平成 18）年鳥取市でも 2 人目の議席を獲得する（共産党は 2006（平成 18）年以降、米子市では苦戦し 1 人落選することもあり、

2018（平成 30）年には 1 人だけとなる）。さらに、これ以外の政党の動きとして、1996（平成 8）年社民党から衆議院選に立候補し落選した知久馬二三子が 1997（平成 9）年三朝町議になり 1999（平成 11）年繰り上げ当選、2000（平成 12）年の衆議院選で再び落選するも 2001（平成 13）年町議に返り咲いた他、2003（平成 15）年米子市で無所属として出た伊藤ひろえが 2007（平成 19）年と 2011（平成 23）年には民主党として当選している（2015（平成 27）年以降は再び無所属）。

　このように一方で無所属が広範囲な自治体で果敢に挑戦したこと、他方で政党系は当選が見込める自治体で女性を擁立するようになったことで、女性議員を擁する自治体は 1985（昭和 60）年の 7 から 2003（平成 15）年の 29 へと増加していく。しかもその多くは女性 1 人の「お一人さま議会」である。その背後にあったのは女性たちの意気込みであったことに間違いはないが、たとえば、1990 年代半ば頃にある男性議員が語ってくれた「おらがむらにも一人ほしい。だって議場の花になるもの。でも二人は要らないな」という発言を筆者たちは忘れられない。現在ならハラスメントとなるような内容であるが、一方で男性全盛時代があり、他方で男女共同参画が推進されようとしている流れの中で、女性議員を積極的に受け入れるための男性たちの本音とも言い訳ともつかない一言だったのかもしれない。事実、その後この動きは拡大していく。鳥取市と米子市で 2 人の女性議員が誕生するも、その他の自治体で 2 人になるのは 1997 年の郡家町と境港市（補選）であるが、なんといっても女性 1 人の自治体は 1985（昭和 60）年から合併直前の 2003（平成 15）年には 4 倍以上になったのである。筆者たちは地域活性化運動における「一村一品」になぞらえて、地方議会における女性の過少代表克服に向けた「一村一女」運動であると考えている。「議場の花」という表現は確かに不適切な発言である。ただ、他方でむら社会における「隣の村に一人いるならおらが村にも一人」というややレベルの低い競争心がきっかけであっても、全国の自治体で女性議員を拡大する重要な動因となったことも否めない。問題なのは、それが真の男女共同参画へと

162

なかなか成熟していかないということである。

　より多くの自治体がたとえ 1 人であっても女性を迎えたことで、その割合は 1989（平成元）年の 1% から 1999（平成 11）年には 5% となる。ここで少し足踏みするが 2002（平成 14）年 6% となり、その後 1 年に 1% ずつ増加して 2005（平成 17）年から 2008（平成 20）年は 9% を維持し、あと一歩で 10% となる。表 6 下欄に示したように、市区部と町村部に分けて全国と比較すると、この間市区部はやや見劣りするものの町村部はとりわけ 2000 年代に入ってがんばっている。この 2000 年代に全体平均の 5% から倍増した大きな要因としては 1999（平成 11）年に知事となった片山善博の女性参画に対する後押しが大きいと言われている。2003（平成 15）年以降、鳥取市や南部町を筆頭に合併の嵐が吹きまくるも、4 市 18 町 1 村体制となった 2006（平成 18）年には 18 自治体に女性議員がいた。もちろん、「一村一女」ではなく、真に成熟した議会づくりをするためにはできるだけ多くの女性が必要である。それが実現されたかというと、2008（平成 20）年に鳥取市と米子市は女性議員が 5 人いるものの倉吉市と境港市は低迷し、2 人というのも 5 町あるがゼロ議会も同じだけあることからまだまだだといえるだろう。それでも、2000 年代最初の 10 年が終わりかけた頃ようやく次の希望の灯り、10% の大台が見え始めていることも事実である。

　この時期の選挙は、女性たちにとって風が吹き、やや大げさに言えば立候補さえすれば当選する（もちろん現実は違ったが）という状況であった。その最大の理由のひとつが、公明党と共産党をはじめとする政党の支持であった。これは鳥取県のみならず全国に共通することである。一方、革新系や純粋の無所属 [18] で立候補する女性たちに共通した特徴として、「既成政治＝男性中心の政治＝地元主義政治」へのアンチテーゼであり、具体的には特定の争点なり問題点を掲げその解決のために議会活動をする一方、そのことに対する暗黙の支持を獲得するというものである。この時代に多かった争点や問題点は環境・福祉・教育・女性の地位向上などで、その多くは「脱近代（ポストモダン）」の

価値観と共通するものがある。単一の争点であることから、決着がつけば退場することになる。ただ、女性の代表という意識の強い議員の中には3期4期と継続する者も現れるが、いずれも個人プレーに終わっていたようである。その理由として、男性に多い「地区推薦」を批判していることから、自ら強固な支持基盤を作って継続するということを良しとしない場合も多い。また鳥取県にはたとえば地域婦人会のような女性の地縁型団体があり、戦後は婦人会が支持母体となって候補者を選挙に送り出すということも行われていたが、婦人会が早い段階で政治とは一線を画してしまっこと、そして時間の経過とともに農協婦人部のような組織が強化されることで分断されたり跡継ぎ世代の女性たちが婦人会に関心を示さなくなったりすることで、この時代には組織それ自体が弱体化してしまい，女性を継続的に議会へ送り出す支持母体たりえなかったこともある。

　さて、それまでの選挙は「地区推薦」がかなり有効に機能し候補者は地縁・血縁を支持基盤として登場してくる中、とりわけ無所属の女性たちは立候補の前にこの「地区」の支持・支援が得られないだけでなく、自分の「家族・親族（夫や自分と夫の両親、さらに広範囲の親族）」の承諾を得るという「壁」が最初にある。この壁の存在を知るようになったのは、関係者たちからの聞き取りの過程においてである[19]。たとえば、「全国地方議員調査」で立候補の際の悩みを聞いたが、「家族からの理解が十分得られない」という質問に対しては、予想に反して女性より男性の割合が高かった[20]。これはどういうことか？しかし、それまでのいろいろな調査から、男性は家族からの理解が十分得られなくとも最終的には立候補できているのに反し、女性は家族からの理解が得られなければ実際にはなかなか立候補できないことがわかっている。実はそれまで出会った女性議員たちも調査票に回答してくれた女性たちも、立候補して当選している人たちであり、当然そういう壁を乗り越えられた人たちである。「地区」もそうであるが、「家族・親族」は出馬以前に壁となるものであるため、無所属であれ政党からであれ、政治の世界へ踏み出そうとした女性たち——家族に

反対されるとか、地域の理解や支持を得られない場合には、立候補すらしていないため、その意思を持ったことのある女性たちの声を正確にくみ取ることは難しいのだが——に共通する、今もなお存在する大きな問題であり、より多くの女性たちを議会へ送り出すことを阻む「壁」となっている。

（4）「ゆるやかな増加」期（2009（平成 21）～ 2018（平成 30）年）

　市町村合併と暫定選挙を経て各自治体が落ち着きをみせた 2009 年にかけて順調な伸びを続けていた女性割合であるが、10% の大台には乗ったが現在に至るまでほぼ横ばいの 10 年となる。10% 強から先の壁が超えられない。その理由の一端には、最初に指摘したように、国内・国外で発生した諸問題によって女性や男女共同参画といったテーマが置き去りにされてしまったことがある。他方、県内をみても、県議会で多数派を占める自民党や市町村で多数派を占める保守系無所属議員たちが女性の政治参画に対して必ずしも積極的にならないままであるということ、さらに絶対的な人材不足と人材を供給するための政治教育や育成プログラムがほとんど皆無に等しいこと、そして政治風土の後進性などがある。

　政治風土については、とりわけ町村部に顕著にみられるだけでなく、市部においてもみられることであるが、主義主張に対して支持を獲得するのではなく、候補者たちが狭い地域社会を票田として「地元」を形成しそこで得票するという構図の根強さである。鳥取県の大部分の自治体では人口流動が少ないため[21]票田が固定化していると考えられ、せっかく大選挙区制を敷いていても、結果的に狭い範囲の地域でしか得票できないとなれば、そこに「地区推薦」と同じ構図が生まれているといわれても仕方のないこととなる。事実、平成の大合併後の選挙でも合併前の旧町村がまとまることで候補者の新たな「地元」になるとか、鳥取市や米子市では票田が大きいがゆえに候補者にとって地元をいかにしっかりまとめるか、その重要性が改めて問い直されているとも聞くが、形を変えた事実上の「地区推薦」は消滅していない。

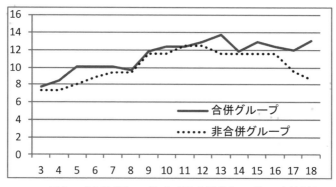

図1　「合併グループ」と「非合併グループ」の女性割合

　図1は、表6に示した4市14町1村を平成の大合併の際に「合併した」グループと「合併しない」グループに分け、2003（平成15）年以降の女性割合を示したものである（縦軸が割合、横軸が2003年以降の年度である）。合併が始まる前の2003（平成15）年は両方ともほぼ同じ割合であったが、合併後の選挙では2008～2009（平成20～21）年こそ互角であるものの、その他の年度は「合併グループ」の方が高くなっていることがわかる。したがって、合併によって女性議員割合が減少するのではないかという筆者たちのかつての危惧は杞憂となるだけでなく、もう少し重要な違いが生まれつつあるかもしれないと考えている。それが何かというと、合併によって人口が増大することで、法定定数もそれまでより若干名増加するが、この若干名の増加に2人目を送り出せるかどうかの分かれ目がありそうだという点である。

表7　合併グループ（上段）と非合併グループ（下段）の女性数と議員定数

合併グループ	鳥取市	八頭町	湯梨浜町	北栄町	倉吉市	琴浦町	大山町	米子市	伯耆町	南部町	合計
女性数	5	2	1	2	2	2	2	5	1	1	23
定数	32	14	12	15	17	16	16	26	14	14	176

非合併グループ	岩美町	若桜町	智頭町	三朝町	日吉津村	境港市	江府町	日野町	日南町	合計
女性数	2	0	1	0	4	1	0	0	1	9
定数	12	10	12	12	10	16	10	10	12	104

　表 7 は、鳥取県全体を合併と非合併二つのグループに分け 2018（平成 30）年度末の女性数と定数を示したものである。複数の女性議員がいる割合をみると、「合併グループ」では 10 自治体のうち 7 つで 7 割に達している一方、「非合併グループ」では 9 つのうち 2 つでわずか 2 割強しかないことがわかる。なるほど日吉津村のように 10 人の定数に対して女性を 4 人も出しているところもあるが、結果的に定数が 12 人以下だと女性を 1 人は出せるが 2 人となると厳しいということ、また定数が 30 人前後になると 4 〜 5 人選出できていることがわかる。したがって、合併しない市町村は定数削減が続く中、女性を複数出せない環境をつくりあげ維持し続けている。この状況で女性を 2 人 3 人と増やしていくには、たとえば定員割れにでもなればチャンスはあるかもしれないが、鳥取県の場合、たとえ元気な女性がいても彼女たちを議員に送り出すという状況にはない。したがって、今後しばらく男性の候補者がリクルートされ続けるわけで、複数の女性がそこに割って入るのは容易ではないだろう。

　もちろん人口の 87% を占める「合併グループ」には女性ゼロの自治体はないが、しかしその絶対的優位が今後も続くかというと必ずしもそう言い切れない。直近の選挙をみると、「合併グループ」では大山町で 1 人落選しているだけなのに対し、「非合併グループ」で女性議員のいない 4 町をみると、江府町は 5 期務めた女性の引退後を継ぐ候補が出なかっただけで、若桜町は 4 期務めた女性議員が議会選挙とほぼ同時期に行われた町長選に出馬したため空白となり、三朝町には 2 人の立候補者が、日野町は 2 期目を目指した現職が、いずれも落選しているにすぎない。もし後者の人材のうち何人かが当選していれば両グループはほぼ互角になりえた。したがって、女性割合の増加に向けて合併が良い影響を与えているという兆候は、定数増の効果以外には必ずしも明確にみられない。

3　女性の過少代表を克服するために必要なこと

　これまで鳥取県を事例に戦後の地方議会における女性進出の動向を見てきた。もちろん、鳥取県が極端な事例のひとつではないのかという可能性を否定するつもりはない。しかし、鳥取県の女性議員ゼロ自治体の割合が19町のうち四つ（21.1%）であり、全国については朝日新聞調べ（2018（平成30）年11月9日）で19.5%（これは都道府県市区町村1,788全てを分母としているが、女性ゼロ議会は同紙の調べで349市町村であり、もし都道府県と東京23区を除いて計算すると20.3%となる）であることから、鳥取県の女性ゼロ議会の割合はほぼ全国平均と同じ水準であることがわかる。そうすると、鳥取県のように農村県といわれているところでは大なり小なり類似した状況にあるのではないかと推測される。

　それでは、現状のままでいいのかとなると「ノー」と言わざるをえない。本章を終えるにあたって、女性議員を増やすために筆者たちが提言したい改善策をいくつか指摘する。

　　1）ジェンダー・クオータの導入：いうまでもなく、女性議員割合を引き上げる特効薬はジェンダー・クオータの導入だと言える。昨年「政治分野における男女共同参画の推進に関する法律」が成立したものの、これは罰則規定のない理念法で、せいぜい政党の努力を促す程度のものであるため、政党化が浸透している衆参議員や都道府県議員、さらに東京23区や特別市の一部などで政党がんばってくれるなら一定程度の効果は出るかもしれないものである。しかし、とりわけ町村はもちろん、一般市と特別市の一部においては無所属候補者の割合が高く、ここになんらかの楔を打たなければ改善は難しい [22]。楔としては選挙制度の工夫もあるが（この点については次に触れる）、もっと踏み込んで、法改正を進め目標とする一定割合の議席を女性にすることがより現実的である。

　　2）人材育成：女性席を設けても立候補者がいなければ意味がないこと

168

は言うまでもない。したがって、女性議員割合の増加に向けた改善策を進める大前提として人材の育成が必要である。人材育成というと、一般には政党なり支持・支援団体がバックアップスクールのようなものを立ち上げ、立候補を希望する女性たちに政治参画のノウハウを教えるシステムづくりのことや、一般的に（必ずしも立候補しなくともいい）政治への関心を高める学習を提供することをいう。もちろん、その方向をめざす努力は必要なのであるが、人口減少時代に入り一極集中といわれる昨今、少し違う角度からの支援も必要である。それには二つの方向性がある。ひとつは、流出人材の発掘だ。たとえば、鳥取県に衆参議員にふさわしい人材がいるのかとなると、いろいろな人と話をしていても名前があがってこない。その理由は「育っていない」のではなく、「鳥取県にはいない」のであって、人口流出が続く中、鳥取に生まれ育った女性たちが県外へ流出し戻ることなく時間が経過しているという側面もあるからである。衆参議員レベルの候補者となりうる女性たちが鳥取県に定住し活躍していくためには、それなりの仕事やポストが必要であり、この点が大企業や有望企業のほとんどないこの地の大きな課題である。同じことは市町村議員についてもいえる。鳥取県を出て活躍している女性たちがふるさとに戻って議員をするに値する報酬と魅力があるわけでもないことはもちろん、県内を見渡しても人口の 4 分の 3 が 4 市（鳥取市 34%、米子市 24%、倉吉市 9%、境港市 6%）に集中していることから、当然ここに人材が集中するということになる。町村から市へ移り住んだ女性たちがその職を捨て家族を置いて地元へ戻って議員になるかというとやはり難しい。ここは皆でアイデアを出し合うしかない。2 点目は既住女性の再教育である。最近聞こえてくる問題として議員のなり手不足ということがある。確かに、1990 年代半ば以降の境港市、会見町、日南町、倉吉市では多くの女性たちが競っていたが、最近は 1 人か 2 人出すのが精いっぱいである。この問題を解決する一つの方法としては人材育成がある。地域には了育てを終え多少は時間的余裕のある女

性たちが、数は少ないかもしれないが、いるはずであり、安いとはいえある程度の給与の得られる議員職にその彼女たちがなぜ手を上げないのか。その理由のひとつと考えられるのは、多くの中高年女性は専業主婦・非正規雇用・家族従業者などの世代であり、結婚・子育てを機に組織から離れ、その後家庭や地域においては重要な存在であっても、再び議会や役場・役所といった組織で通用するかといえば難しく、そのため手をあげたくとも上げられないでいるのではないだろうか。若い人たちの政治参画の推進は都市部では有効かもしれないが、過疎に悩む中山間地の自治体においては既住者の女性たちに再教育（リカレント）の場を提供し、彼女たちを活用する方が現実的であろう。そのための費用なり場なりを行政や大学がプログラム化することを提案したい。

　3）**教育現場における啓発活動**：女性の過少代表の問題は、立候補が困難な点にあることを指摘したが、その根底にはそもそも蔑視や偏見がある。以前のような露骨なものは少なくなったとはいえ、今なお根絶されていないことも事実である。このような状態を変えるには、やはり教育に携わる者たちが自らの足元に目を向けることが大事であろう。少なくとも、たとえば大学における女性研究者の少なさや待遇の問題についてはよく言及されるが、そのことの反映でもある学会における女性研究者の少なさにも目を向けていく必要がある。日本の大学の政治関連の学部や学科などで勉強する女性たちの極端な少なさは、大学以前の教育における政治への教員自身の関心の低さの反映でもある。どうしたらもっと関心をもってもらえるか、大学だけでなく関連（政治学・行政学・社会学・心理学等の）学会などでももっと工夫し努力する必要がある。最近、理系女性の少なさを改善すべく取り組みが始まっているようであるが、われわれの日常生活と深くかかわる政治や選挙のことに関心をもってくれる女性が少ない現実をみると、選挙学会もそうであるが、改善に向けたなんらかの創意工夫が求められる。

　4）**選挙制度改革**：現在の地方議会議員の選挙は、都道府県と区をもつ指定市の多くは中選挙区制をとり、その他の市町村は大選挙区制である。各自治体の議員定数は人口に応じてその上限を、都道府県は 40 〜 120 人、市町村は 12 〜 96 人としていたが、人口の一極集中と減少が進む現在、上限も下限もなくなっている。市町村に限ってみると、この分類が制定された 1946（昭和 21）年前後とその後の人口構成は大きく変化したため、かなりいびつな定数であることがわかる。たとえば、1947（昭和 22）年末に最小の村は人口 100 人ほど（箱根町蘆之湯村）で、単一自治体として最大である大阪市は 1940（昭和 15）年から半減するも 156 万人で、両者の定数差は 8 倍なのに人口差は 1.56 万倍であったことがわかる（総務省『昭和 22 年臨時国勢調査』e-Stat）。現在でも自治体人口の差は大きく（原発被災地を除く）、市の最小（歌志内市）と最大（横浜市）を比較すると、人口差は 100 倍、議席差は 10 倍、町村の最大（府中町）と最小（青ヶ島村）の人口差は 300 倍、議席差は 3 倍である（総務省『2015 年度国勢調査』e-Stat）。人口が密集している地域と過疎化の進む山村や離島を同列にしろというわけではないが、10 票ほどで当選するところ（2013（平成 25）年青ヶ島村）もあれば 1 万票近く獲得して落選するところ（2015（平成 27）年横浜市）もあるとなると、格差是正の余地が十分にあるのではないだろうか。そもそも（全国区を除く）選挙はこれまで「地域クオータ」[23]ともいえる方法で実施されてきている。選挙が「地域クオータ」であるのは世界どこも類似しているではないかと思われがちであるが、少なくとも筆者たちが知るスコットランドの地方選挙においては[24]、地域をベースとしてはいるが、むしろ議員一人当たりの有権者数を調整することに重きを置くという方式がとられている。つまり、スコットランド全体を 32 のカウンシルに分け、3 つの島嶼部は 900 〜 1,000 人、2 つの大都市を 7 〜 8,000 千人、それ以外は 3 〜 5,000 人とし、これを選挙の度ごとに調整している。そのため格差は 10 倍程度に収まっているし、またひとつの

選挙区で3人ないし4人選ぶ中選挙区制であるだけでなく、投票はSTVと呼ばれる連記制（定数まで候補者の順位をつける）をとることで、票割れや候補者の乱立を防ぎ政党化を促進する制度となっている。もちろん、日本の市の大部分と町村にみられる大選挙区制度での単記非移譲式投票は確かに単純で分かりやすいものの、最多得票争いがおこる、「地元（むら）」の選挙の温床になりやすい、逆に当選議員は自治体全体ではなく「地元」の利害だけを代表しやすくなる、あるいは候補者を当選させるだけの票のない地域が取り残される不安がある、などといったことも確かである。スコットランドのような3～4人程度の中選挙区にするとか、投票方法も現行の単記非移譲式ではなく連記や移譲式を導入するといったことを検討してもいいのではないだろうか。

まとめ

　以上、鳥取県における戦後の地域政治をふりかえりつつ、女性議員が期待したほど増えない現実を前に、どうしたら改善していけるのかについて筆者たちの見解を述べた。最後に「ゆるやかな増加」をさらに加速させるには何が必要かについて触れておきたい。

　鳥取県に限らず、わが国では1980年代にマドンナブームが沸き起こりあちらの村にもこちらの町にも女性議員が誕生する。彼女たちはそれまでの政治家たちが等閑視してきた生活に密着した諸問題、たとえば「福祉・医療・社会保障」「高齢化・少子化」「女性の地位向上」「学校・子育て」「環境・公害」といったことを選挙戦に掲げることで男性候補者たちと差別化し[25]、女性だけでなく男性からも注目を集めることができたと考えられる。しかし、1990年前後の内外情勢の急激な変化はこの勢いを鈍化させることになる。とりわけバブル崩壊後は国も徐々に借金づけの財政運営を強いられ、それまで潤沢に自治体へ交付金や補助金という形でお金をまわすことができていたものが次第に難しく

172

なるにつれ、自治体の財政も厳しくなる。国内外の喫緊の諸問題に加えここ 1 〜 2 年、さらに格差是正、外国人労働者の受け入れや観光客の増加に加え、公文書書き換えや基幹統計（勤労統計）の偽造といった早急に解決を求められる諸課題への対応が優先されることで、女性の割合を増やすという課題は消えつつあるか置き去りにされている。また、多くの女性たちが争点としてきた環境問題にしても、たとえば、地震による原発全機の運転停止（その後徐々に再開されているが）によってこちらも争点としにくくなっただけでなく、教育や子育てといった従来の政権が苦手としていた諸問題も為政者たちの政策に取り込まれることで、この面でも女性たちは得意分野を失いつつある。

　しかし、それでは女性割合を無理に増やさなくていいのかというと、そんなことはない。確かに、女性議員が 3 人 5 人と増えようが、政党系同志でも、あるいは政党系と無所属の間でも、方向性が異なることで女性同士が一致団結することは少なく、外から見ると「女性が必要なのか」「女性に何ができるのか」「女性がいることで何が変わるのか」という声があることはやむを得ない面もある。しかし、女性 3 割でさえ日本では未だかつて経験したことのないことであり、すでに達成している国々から不要だとか何も変わらなかったという声は聞こえてこない。結局、やってみなければ答えようがないわけで、日本の社会は多くの企業家・起業家が「やってみなはれ」（鳥居信次郎の言葉として有名であるが）というチャレンジ精神を持っていたからこそここまで成長したのであり、この精神があればこそ議会や政治、さらに地域社会ももっと良くなる、と筆者たちは考えている。

【注】

(1) 戦後から2018（平成30）年までの女性の衆参議員の一覧については、市川, 2018 を参照。

(2) 田中たつについては、田中たつ・女性史の会の手になる自筆文・新聞等の記事などをまとめたものがある（田中たつ・女性史の会／篇, 2011〜17.）。田中を取り上げた岩尾は、「第一号の女性たちの議員体験が、その後の自らの人生にかならずしも役立ったとはいえない。あるいは助産婦人生にはいらないものだったと、田中は悔やんだのかもしれない」（岩尾, 1999, 241）と結んでいるが、晩年彼女の家に下宿した男性は、田中（1892〜1985）は70歳過ぎても政治への関心を持ち続け議員への未練もあったのではないかと語ってくれた。この点は、竹安, 2019を参照。

(3) 自治庁『地方選挙結果調』1955年。

(4) 戦後最初の地方レベルの選挙が行われたこの4月であるが、この月はまさに選挙で埋め尽くされており、5日の知事と首長、30日の県議と市町村議に挟まれて、20日に最初の参議院選挙が、25日に解散となった衆議院選挙とたて続く。

(5) この時、田中花子は6千票余りを獲得してトップ当選する。彼女の活動や思想については、野崎喜代美, 2008〜2009が田中の自筆記録をもとに紹介している。

(6) 井口寿賀野については、尾崎正夫,1994を参照。尾崎氏への聞き取りによると、井口自身に政治家への意欲があったというより、村人が手弁当で盛大な支援をしたとのことである。

(7) 昭和の大合併から平成の大合併までの期間、4市21町4村時代に女性の候補者がゼロだったのは河原町、佐治村、泊村、赤崎町である（表6では福部村もゼロであるが、1990年（平成2）補選に当選し翌年の選挙で落選した女性がいる）。

(8) 1951（昭和26）年6月発行の鳥取県『選挙の記録』には1947（昭和22）年4月〜1951（昭和26）年9月10日までの選挙の執行一覧（6月以降か予定か）がある。特に統一地方選挙については1947年も1951年も市町村別の有権者数が、知事と県会については候補者氏名と得票数が記載されるも、1947年の市町村長と議員は氏名も得票も記録がない。なお、1947（昭和22）年には2市19町149村で選挙が行われたものの全体の定数は不明であるが、1951（昭和26）年選挙では1市16町136村（この時、東郷村と松崎村が合併したため全村数は1951（昭和26）年に148村となる）で選挙が行われ定数2,270人とある。つまり、1947（昭和22）年

以降解散などで1市3町12村が1951（昭和26）年の統一選挙から抜けていることになり、そこを推測すると1947（昭和22）年の選挙時の定数は約2,500人程度であったと思われる。この定数で1947（昭和22）年度の女性議員割合をみると2市で3.0%、町村で0.04%ということになり、全国と比較すると、市は全国の1.2%よりは高く、町村は全国の0.8%よりはかなり低いという結果であったことがわかる。一方、市町村史誌や地元紙である日本海新聞をみると、2市をはじめ主要な自治体については当選者の氏名を、また一部の自治体については得票数や落選者の氏名と得票数も掲載しているが、あくまでも部分的なものにとどまる。

(9) 『選挙の記録』の他、鳥取市は『日本海新聞』（1947（昭和22）年4月18日）と鳥取市役所『市史・鳥取市七十年史』、米子市は『新修米子市史第11巻』、境港市は『境港市三十五周年史』による。なお、日本海新聞によると（1947（昭和22）年3月21日）、神奈川村・江尾村（以上、旧江府町）・日光村（旧溝口町）でそれぞれ1人の女性が議員資格申請をしているが、実際に立候補したのかも当落も不明である。

(10) 1951年の『選挙の記録』によると、この時の立候補者数は7人とある。筆者たちは6人の当選を確認できたが、残る1人の当落は不明である。女性議員が西部に多いのは、県庁所在地から離れており、米子と境港が商業や漁業で栄えた街で自由な雰囲気が東部以上に強く、そのせいもあって戦前からの農民運動の伝統が残っていたこともあるようだが、筆者たちの調べで6人のうち2人は助産婦をしていたことがわかり、田中たつとのつながりがあったのではないかと思われる。

(11) 女性議員割合であるが、1985〜1987（昭和60〜62）年は0.99%となり四捨五入すると1.0%となるが、1988（昭和63）年に0.85%まで低下し、真の1%超えとなるのは1989（平成元）年以降である。

(12) 女性の候補者の少ない首長について触れておくと、合併後の選挙では旧村間で激しく対立することもしばしばであっただけでなく、候補者も時代とともに名望家から業界団体とつながる人々と変化していく。

(13) 「地元」とは、候補者と有権者の投票・集票関係が内外から明確な場合で、これを春日は学術用語として「地区」と表現している。他方、「地域」は狭義には無所属議員が「私は全国区」だからという場合のように、広範囲で匿名性の高い投票・集票関係が形成される範囲を意味するが、広義にはもちろん日常用語で使う伸縮自在な範囲をも意味する。

(14) 以上は春日がさまざまな機会にいろいろな政治家から聞かせていただいた内容を

もとにしている。地区推薦の背景については、春日, 1996, 第1〜3章を参照。

(15) 佐治村における地区推薦の歴史的変化については、春日, 同上, 特に第2章を参照。ちなみに、1980年代前半に行った居安他による鳥取県の地方議員調査によると、「地区推薦が行われているか」「実際に受けたか」という質問に対して「はい」がそれぞれ78%、55%となっている（居安他, 1985, 50）。

(16) たとえば、筆者たちが行った全国の地方議員調査によると、出生地が「居住市区町村」と回答した割合は、男性が78%、女性が34%であったことからも、なぜ男性がより「地域」と結びつくかが理解できる（竹安他, 2004, 13）。

(17) 市町村議会において女性が立候補の際に党名を名乗る事例は、共産党、公明党、社民党、民主党の他に2003（平成15）年米子市で無所属で当選し2007（平成19）年には自民党として再選を目指すも落選した尾崎太光子がいる。彼女は2009年補選で再び無所属として立候補するも落選している。

(18) 筆者たちは「無所属」を当初「保守系無所属」「革新系無所属」「いずれでもない」の三つに分けたが（竹安他, 2004, 21以下）、その後、「いずれでもない」を「純粋無所属」とした（春日, 2016, 第2章）。

(19) 本文で示唆したように、「地区」とは別に「家族・親族」という女性の二つの壁に気づいたのは、1990年代に実施した聞き取り調査においてであった（春日・竹安, 2001）が、その後より精緻化した（竹安, 2015, 2016）。

(20) 初めて立候補した時の悩みを選択肢から示して2つ回答してもらった。「家族からの理解が十分得られない」割合をみると、第1回答は男性10.3%、女性7.9%、第2回答は男性11.8%、女性22.6%、さらに2つの合計は男性19.1%女性13.6%であった（竹安他, 2004, 45以下）。

(21) 鳥取県ホームページ（平成27年国勢調査結果）。

(22) わが国で「無所属」という言葉は、賛否を問う質問に「どちらでもない」と答えるのと同様、自らの政治的立場を「中立化」し「無色透明」であるかのように装う隠れ蓑として使われることが多い。これは女性たちにとっては躍進のための蓑だったかもしれないが、しかしいくら全数が増えても単なる個人プレーヤーたちの集まりになりかねず、県会や国会へ進出して新しい風を吹かせることは難しい。そうならないためにも一定数の女性たちが団結して党派をつくれるだけの席が必要である。

(23) スティール, 2014参照。

(24) 春日, 2016, 第5章。

（25）竹安他, 2004, 122以下。

【文献一覧】

市川房枝記念会編, 2008,『市川房枝の言説と行動——年表で検証する公職追放1937～1950——』市川房枝記念会出版部

市川房枝記念会女性と政治センター編, 2018,『女性参政70周年記念女性と政治資料集———「いま」を知れば社会が変わる——』市川房枝記念会女性と政治センター

居安正・依田博・春日雅司・北野雄士、1985、『鳥取県の地方議員』（文部省科学研究費研究成果報告書、課題番号58510081）

岩尾光代, 1999,『新しき明日の来るを信ず——はじめての女代議士たち——』日本放送出版協会

尾崎正夫, 1994,「井口寿賀野」（羽合町史編さん委員会『新修羽合町史』）

春日雅司, 1996,『地域社会と地方政治の社会学』晃洋書房

春日雅司・竹安栄子, 2001,『地域政治とジェンダー——特に「地域福祉」をめぐる女性議員と男性議員——』（文部省科学研究費研究成果報告書、課題番号10610214）

春日雅司,2016,『女性地方議員と地域社会の変貌——女性の政治参画を進めるために——』晃洋書房

スティール若希, 2014,「多様な政治的アイデンティティとクオータ制の広がり——日本の事例から——」（三浦まり・衛藤幹子編著『ジェンダー・クオータ——世界の女性議員はなぜ増えたのか——』明石書店）

竹安栄子・春日雅司・窪田好男, 2004,『地域政治のジェンダー構造——なぜ女性地方議員が少ないのか——』（科学研究補助金研究成果報告書、課題番号13410069）

竹安栄子, 2015,「女性の政治的過少代表の克服をめざして——クオータ制への道——」（嘉本伊都子他編『現代社会を読み解く』晃洋書房）

竹安栄子, 2016,「地方の女性議員たち」（三浦まり編著『日本の女性議員——どうすれば増えるか——』朝日選書）

竹安栄子, 2019,「戦後期鳥取県における女性議員の誕生——初の女性代議士田中たつ——」（『京都女子大学現代社会論集』第13号、本書第7章）。

田中たつ・女性史の会／編, 2011～17,『初めての女代議士——田中たつ関係資料／第2集——』

野崎喜代美, 2008〜2009,「女性県会議員・田中花子の自筆ノート——『人生記録』をよ
　　む／（2）——」（鳥取県立公文書館『研究紀要』第4-5号）

[追記] 本稿は文科省科学研究費補助金（研究代表：春日雅司、課題番号：17K04105、
　　研究課題名：鳥取県における女性と地域政治の変容過程——戦後から現代まで—
　　—）による研究成果の一部である。

第5章
鳥取県における女性政治家（続）

春日雅司・竹安栄子

はじめに

　本章の目的は、第4章 [1] で触れた戦後鳥取県における女性政治家、とりわけ女性地方議員の歴史を踏まえ、その後の資料踏査によって明らかになったことを混じえつつ、前章では紙面の制約から十分触れることのできなかった選挙データを紹介し再考察していくことである。

　したがって、以下、戦後鳥取県における「女性」に焦点をあてつつ、中央・地方の選挙結果に関するデータを紹介しつつ、彼女たちの活躍をたどってみたい。このような作業は市川房枝記念会（現在は女性と政治センター）が1960（昭和35）年前後以降はじめているし、戦後の鳥取に関しては『とっとりの女性史』[2]が試みている。しかし、そもそも「立候補した女性」たちを調べようとするといくつか問題のあることかわかる。「鳥取に関して」という制約もそうであるが、「戦後」と絞ってみて実際に作業を進めてみると、とりわけ地方レベルの選挙についてそうなのだが、事態はそう簡単ではない。というのも、選挙が自治体単位で行われるといっても、昭和の大合併が行われるまでの鳥取には160ほどの市町村があり、戦後それらが次々と合併していくにしても、合併するまでに行われたであろう選挙関連のきちんとしたデータが保存されていないし、記述もされていないからである。とりわけ1955（昭和30）年前後までのデータがそろわない。データ不足というのは何も鳥取だけのことではなく、これは全国についてもいえる。今ふれたように、市川房枝記念会が1965（昭和40）年前後から女性の市町村議会への政治参画に関する独自調査をはじめたが [3]、それ以前の全国のものについては総務省（内務省・自治庁・自治省）の行った統一地方選挙データに頼るしかないという実状からもわかるように、古い選挙データはどこの自治体であっても保存していないとか、探しても見つからないという事情があるものと思われる。

　さて、今回筆者たちが市川房枝記念会の調査結果と『とっとりの女性史』に導かれつつ鳥取県における戦後の女性の政治参画史をたどるために利用したの

は、主に県の選挙管理委員会がまとめた『選挙の記録』、市町村史誌、そして地元紙である日本海新聞 [4] である。

　鳥取県の選挙管理委員会が発行する『選挙の記録』でもっと古いものは1951（昭和26）年4月のいわゆる統一地方選挙（「統一地方選挙」といわれるようになるのは自治省でも1955（昭和30）年からで、それまでは「一斉選挙」といわれていたようである）のすぐ後にまとめられたものである。これには1946（昭和21）年4月の戦後最初の衆議院議員選挙以降の情報も掲載されている。そこをみると、この時の選挙から1951（昭和26）年9月まで県内で執行された／される予定の選挙日程の一覧、全国の地方選挙の有権者数など、1946（昭和21）年4月から翌年11月までの県内の各種選挙の有権者数、定数、候補者数、党派別得票数、そして1947（昭和22）年4月に行われた地方選挙の県内自治体別有権者数、そして知事と県議については候補者名と市（選挙区）町村別得票数などが載せられている。なお、1947（昭和22）年4月の統一地方選挙についての日本海新聞には、当選した町村長の氏名、鳥取市と米子市の当落議員氏名と得票数、町議に当選した候補者と次点1人の氏名と定数だけ掲載され、村議については掲載されていない。

　この時の『選挙の記録』の内容は、もちろん1951（昭和26）年4月の統一地方選挙が主である。これをみると、その後の『選挙の記録』で踏襲される編集方針に近いものがあり、戦後行われた選挙における投票率のデータ、有権者データ、投票に関するデータ、知事・県議の候補者の個人データと得票数、町村長当選者の個人データと得票数、市町村会議員の当選者氏名（得票数は最高と最低のみ）が掲載されている。

　一方、日本海新聞はこの時の選挙については告示から候補者名を掲載しているので、選挙後の結果について候補者得票数を一部しか記載していないとか次点の者しか記載していないという制約はあるが [5]、立候補の届け出をした人たちの氏名が掲載されているということは、両方を突き合わせれば落選者の氏名もある程度わかるようになっている。ある程度というのは、すべての情報が掲

載されているわけではなさそうだからである（加えて、立候補の届出をしているからといって、得票数が出ていないので、無投票にならずに選挙戦を戦ったかどうかはわからないということもある）。

1951（昭和 26）年版の『選挙の記録』の後になると、1955（昭和 30）年版以降 4 年に一度の統一地方選挙の記録があるが、1955（昭和 30）年版には1951（昭和 26）年 5 月以降 1955（昭和 30）年までのデータはない。さらに、その後に出される地方中央の選挙結果をまとめた『選挙の記録』に掲載される市町村レベルの選挙情報は、女性候補者や当選者を知ることができるだけでなく、一般的な選挙データとしても大変便利なものではあるが、一部欠落部分がある。筆者たちは選挙年月日のわかるものは新聞で補うなどしたが、補選などについては当方にも見逃しがあるかもしれない。

したがって、1945（昭和 20）年代に関する選挙、特に 1947（昭和 22）年と 1951（昭和 26）年の統一地方選挙以外の市町村長と議員の選挙データ、さらに『選挙の記録』で欠落している部分は新聞か市町村史誌などに頼るしかなくなる。筆者たちはできるだけていねいにそれらをたどったつもりであるが、とりわけ「村」の多い時代に新聞の限られた紙面で取り上げることができるのはおおむね首長選挙（と同時に行われる議会議員選挙程度）であること、さらに市町村史誌も昭和の合併後に各自治体がまとめたものが多く、合併前の状態やデータについて言及しているものはきわめて少ないことから、なお全体として遺漏のある可能性があることをお断りしておきたい。

1　衆議院議員と参議院議員

1946（昭和 21）年 4 月 10 日、戦後初めての衆議院議員選挙が実施された。1890（明治 23）年の第 1 回以来 22 回目であった。この時の選挙は前年の1945（昭和 20）年末に「普通選挙法」が成立して初めて、20 歳以上の男女が投票しただけでなく、立候補についても女性に門戸が開かれたものであった。

同時に「衆議院議員選挙法」が改正され「制限連記大選挙区制」をとる。つまり、北海道・新潟県・東京都・愛知県・大阪府・兵庫県の6都道府県は2選挙区とし、残る40都府県は1選挙区とし、合計52選挙区について、定数を4人（福井県と鳥取県）から14人（北海道1区・長野県・静岡県）まで割り振り、投票の際は2人まで記入でき、得票順で当落が決まるというものであった。この方法は翌1946（昭和21）年の選挙から現在のような「単記・中選挙区制」となったため、現在のわれわれにはなじみのないものである。

　全国の概要をみると、立候補者2,770人（女性79人、男性2,691人）、投票率72.08（女性66.97、男性78.52）%、当選者466人（女性39人、男性427人）、さらに女性の当選者数は「国際的レベルでみても画期的であった」[6]といわれる。

　表1は鳥取県における戦後衆議院議員選挙の結果である。1946（昭和21）年をみると、定数4人に対し23人が立候補する。当日有権者数296,674（女性172,166、男性124,508）人、投票者数225,452（女性120,184、男性105,268）人、投票率は平均・男女ともに全国より高く75.99（女性69.81、男性84.55）%、であったが、1人で2名まで連記できることから、投票総数は407,241であった。当日の投票率は男性の方が15%も高かったが、有権者は女性の方が5万人（約8%）多く、結果的に実投票人数では女性の方が1万5千人ほど多かったということになる。

　さて、この時全国で当選した39人の女性の中に鳥取県でも「田中たつ」がいる。田中は尋常小学校を卒業したあと苦労して助産婦養成学校を卒業、その資格を得、それを生業として戦前・戦中を過ごしてきたわけだが、その経験の中で戦後の新しい社会を作る上で新生児だけでなく母親となる女性たちの環境改善を進めるには政治の力が必要であると痛感し立候補に踏み切ったようである。彼女はこの時53歳であり、決して若くはなかった。

　ただし、残念なことに1946（昭和21）年に行われた衆議院議員選挙に当選した代議士たちの政治生命は短く、1年後の1947（昭和22）年3月吉田内閣

表1　鳥取県における戦後衆議院議員選挙一覧：その1

1946.04.10（定数4）

氏名	党派	得票数
稲田直道①	自由党	39,643
佐伯忠義	進歩党	35,011
赤沢正道①	無所属	34,562
田中たつ	無所属	30,134
木島公之	進歩党	28,391
足鹿　覚	諸派	26,872
山桝儀保	進歩党	23,870
庄司彦男	社会党	23,569
梶川静雄	諸派	20,807
門田定蔵	諸派	19,475
門脇勝太郎	自由党	18,014
中田義正	諸派	16,796
田中嘉作	無所属	15,515
藤井豊吉	社会党	15,211
高木　毅	無所属	11,298
手島雄二	自由党	11,248
安達幸雄	無所属	9,100
坂本俊一郎	共産党	8,936
河毛市治	共産党	6,553
竹本　節	無所属	6,058
林　芳春	諸派	2,436
合田繁一	無所属	1,957
松本静夫	無所属	1,785
合計		407,241

1947.04.25（定数4）

稲田直道②	自由党	37,540
庄司彦男	社会党	35,704
堀江実蔵	諸派	31,946
梶川静雄	諸派	30,325
門脇勝太郎	自由党	29,036
松田昌造	諸派	22,432
田中たつ	国民党	13,596
米原　昶	共産党	11,751
藤井豊吉	社会党	6,314
池上五郎	諸派	3,585
湯原彦三	諸派	2,316
合計		224,545

1949.01.23（定数4）

米原　昶	共産党	43,654
稲田直道③	民自党	39,805
門脇勝太郎	民自党	39,244
足鹿　覚①	社会党	35,779
堀江実蔵	労農党	28,792
手島雄二	民自党	26,501
庄司彦男	社会党	18,094

梶川静雄	社会党	17,300
後藤礼子	諸派	3,563
内田幸人	民主党	1,977
池上五郎	社革党	1,745
合計		231,869

1952.10.01（定数4）

足鹿　覚②	社会党	43,369
徳安実蔵①	自由党	43,278
中田政美	自由党	41,223
古井喜実①	改進党	39,817
三好英之	日本再建連盟	32,468
門脇勝太郎	自由党	28,446
米原　昶	共産党	7,920
稲田直道	自由党	12,552
手島雄二	自由党	11,398
赤沢正道	無所属	29,544
幡新守也	無所属	3,741
合計		293,756

1953.04.19

（定数4）	社会党	48,276
赤沢正道②	改進党	45,227
徳安実蔵②	自由党	42,604
古井喜実②	改進党	42,517
中田政美	自由党	41,399
幡新守也	無所属	5,597
米原　昶	共産党	6,664
門脇勝太郎	自由党	30,316
盛本堪治	無所属	19,864
合計		282,464

1955.02.27（定数4）

赤沢正道③	自由党	62,538
足鹿　覚④	社会党	59,564
赤沢正道③	民主党	54,128
徳安実蔵③	自民党	49,545
米原　昶	共産党	12,197
中西利理	社会党	33,481
幡新守也	無所属	14,483
合計		285,936

1958.05.22（定数4）

徳安実蔵④	自民党	56,529
赤沢正道④	自民党	56,452
古井喜実④	自民党	54,132
足鹿　覚⑤	社会党	45,999
中西利理	社会党	41,216
河毛市治	共産党	4,634
門脇勝太郎	無所属	18,832
稲田直道	無所属	5,936

梅林　明	無所属	3,113
幡新守也	無所属	9,132
合計		283,730

1960.11.20（定数4）

足鹿　覚⑥	社会党	75,927
古井喜実⑤	自民党	66,989
徳安実蔵⑤	自民党	64,551
赤沢正道⑤	自民党	55,699
中西利理	民主社会党	23,564
河毛市治	共産党	6,928
合計		30,492

1963.11.21（定数4）

赤沢正道⑥	自民党	57,897
徳安実蔵⑥	自民党	60,804
古井喜実⑥	自民党	60,277
足鹿　覚⑦	社会党	57,380
武部　文	社会党	50,937
石尾　実	共産党	6,737
合計		294,032

1967.01.29（定数4）

武部　文①	社会党	64,002
古井喜実⑥	自民党	59,180
徳安実蔵⑦	自民党	56,422
赤沢正道⑦	自民党	54,385
足鹿　覚	社会党	54,262
竹内利美	共産党	6,424
合計		294,675

1969.12.27（定数4）

赤沢正道⑧	自民党	65,582
徳安実蔵⑧	自民党	64,638
古井喜実⑧	自民党	45,635
武部　文②	社会党	43,798
石尾　実	共産党	7,296
川上智正	公明党	41,285
中田吉雄	社会党	32,295
秋久　勲	無所属	19,351
合計		319,880

1972.12.10（定数4）

徳安実蔵⑨	自民党	61,431
赤沢正道⑨	自民党	55,584
島田安夫	無所属	54,373
野坂浩賢①	社会党	53,192
古井喜実	自民党	47,511
武部　文	社会党	49,106
田中大蔵	共産党	15,153
合計		336,350

表1　鳥取県における戦後衆議院議員選挙一覧：その2

1976.12.05（定数4）		
古井喜実⑨	自民党	59,328
相沢英之①	自民党	58,128
武部　文③	社会党	53,990
野坂浩賢②	社会党	49,594
徳安実蔵	自民党	46,571
島田安夫	自民党	42,089
山崎健治	公明党	40,898
田中大蔵	共産党	11,980
古賀信三	無所属	4,290
合計		366,868

1979.10.07（定数4）		
相沢英之②	自民党	64,080
古井喜実⑩	自民党	60,753
野坂浩賢③	社会党	60,705
武部　文④	社会党	57,575
伊谷周一	共産党	12,830
徳安実蔵	自民党	53,978
島田安夫	自民党	47,759
田中幸弘	無所属	1,539
合計		359,219

1980.06.22（定数4）		
相沢英之③	自民党	71,217
野坂浩賢④	社会党	63,847
武部　文⑤	社会党	63,735
古井喜実⑪	自民党	63,701
島田安夫	自民党	59,164
常田亨詳	無所属	23,495
伊谷周一	共産党	12,683
合計		357,842

1983.12.18（定数4）		
島田安夫②	自民党	80,046
武部　文⑥	社会党	67,603
平林鴻三①	自民党	67,054
相沢英之④	自民党	66,121
野坂浩賢	社会党	61,752
保田睦美	共産党	8,935
打田重徳	無所属	2,081
合計		353,592

1986.07.06（定数4）		
平林鴻三②	自民党	71,015
相沢英之⑤	自民党	69,933
野坂浩賢⑤	社会党	66,067
石破　茂	自民党	56,534
熊谷信孝	公明党	51,632
武部　文	社会党	46,917

島田充	無所属	11,307
保田睦美	共産党	8,097
合計		362,098

1990.02.18（定数4）		
石破　茂②	自民党	82,169
野坂浩賢⑥	社会党	75,439
武部　文⑦	社会党	75,112
相沢英之⑥	自民党	71,354
平林鴻三	自民党	66,345
中西豊明	無所属	1,829
打田重徳	無所属	900
岩永尚之	共産党	8,332
合計		381,480

1993.07.18（定数4）		
石破　茂③	自民党	137,025
平林鴻三③	自民党	69,508
野坂浩賢⑦	社会党	59,497
相沢英之⑦	自民党	48,793
佐々木康子	共産党	24,579
合計		339,402

1996.10.20（上段1区/下段2区　定数各1）		
石破　茂④	無所属	94,147
知久馬二三子	社民党	28,496
岩永尚之	共産党	14,845
山田　篤	新社会党	13,221
相沢英之⑧	自民党	69,256
山内　功	新進党	64,199
長尾達也	共産党	15,665
合計		299,829

2000.06.25（上段1区/下段2区　定数各1）		
石破　茂⑤	自民党	91,163
田村耕太郎	無所属	62,811
知久馬二三子	社民党	22,425
岩永尚之	共産党	9,406
相沢英之⑨	自民党	80,843
山内　功	民主党	67,939
水津岩男	共産党	12,153
合計		346,740

2003.11.09（上段1区/下段2区　定数各1）		
石破　茂⑥	自民党	114,283
田中清一	社民党	31,236
水津岩男	共産党	14,092
川上義博	無所属	52,466
相沢英之	自民党	45,900
山内　功	民主党	50,989
大谷輝子	共産党	9,266
合計		318,232

2005.09.11（上段1区/下段2区　定数各1）		
石破　茂⑦	自民党	106,805
塚田成幸	共産党	11,105
田中清一	社民党	14,271
早川周作	民主党	48,092
赤澤亮正①	自民党	64,132
川上義博	無所属	58,909
山内　功	民主党	41,533
鷲見節夫	共産党	6,711
合計		351,558

2009.08.30（上段1区/下段2区　定数各1）		
石破　茂⑧	自民党	118,121
奥田保明	民主党	63,383
岩永尚之	共産党	7,336
細川幸宏	無所属	1,757
赤澤亮正②	自民党	84,659
湯原俊二	民主党	84,033
甲谷英生	無所属	2,082
合計		361,371

2012.12.16（上段1区/下段2区　定数各1）		
石破　茂⑨	自民党	124,746
塚田成幸	共産党	17,550
井上　洋	無所属	5,325
赤澤亮正③	自民党	87,395
湯原俊二	民主党	45,728
福住英行	共産党	10,584
合計		291,328

2014.12.14（上段1区/下段2区　定数各1）		
石破　茂⑩	自民党	93,105
塚田成幸	共産党	22,888
赤澤亮正④	自民党	76,579
湯原俊二	民主党	49,297
福住英行	共産党	10,270
合計		252,139

2017.10.22（上段1区/下段2区　定数各1）		
石破　茂⑪	自民党	106,425
塚田成幸	共産党	20,829
赤澤亮正⑤	自民党	72,827
湯原俊二	希望の党	53,312
福住英行	共産党	10,271
合計		263,664

＊ 1946年の2名連記制。定数4で上位4名が当選。
・ 複数回当選している場合は、氏名後に回数を数字で示した。
・ 平成8年以降は2区に分割、それぞれ定数1
＊ 網掛けは女性候補者。

は解散し、4 月 25 日に改選となる。表にあるように、この時、現職でありながら学歴や職歴などあらゆる誹謗中傷に耐えつつ [7] 田中たつは再度立候補するが落選。田中は以後、中央・地方を問わず政治とは一線を画してしまうも、助産婦として働きつつ政治へは強い関心を持ち続けたようで、1985（昭和 60）年 93 歳で亡くなる。

　その後、1949（昭和 24）年に後藤礼子が諸派から出馬している。新聞によると（日本海新聞、1949 年 1 月 3 日）、出身が日野郡黒坂であるということが鳥取から出馬するきっかけであったのかもしれない。しかし本人は東京在住で、親米博愛勤労党支部長をし、母子寮と無料宿泊所を経営しているとのことで、同紙 1 月 12 日付の「私の公約」欄で「親米政策を強力に推し進めること」を掲げたものの、予想されるように、結果は善戦ともいえないものであった。

　このように、戦後 3 回の選挙にはいずれも女性候補者がいたが、この後は長い女性候補の空白期間が生まれる。というのも、公職追放が解除された後に行われた 1952（昭和 27）年以降の選挙をみると、足鹿覚の当選 2 回目を始め、その後連続当選していく徳安実蔵・古井喜実・赤沢正道などが盤石の態勢で支持基盤を固めていくからである。時にかれらに立ち向かう候補者も多くいたが、この「四天王」にプラス 1 〜 2 人の男性たちを含めたトップグループに立ち向かえる、男性はもちろん、女性もいなかったといえよう。

　そのような中で後藤に次いで女性候補が出るのは 1983（昭和 58）年選挙からである。表にあるように、衆議院では戦後一貫して候補者を出してきた共産党は、市町村議会で議席を獲得するようになるだけでなく、女性候補者を首長選挙や国政選挙にも送り出すようになる。こうして次に触れるように、1980（昭和 55）年の参議院議員選挙と 1981（昭和 56）年の参議院議員補選に立候補した保田睦美が 1983（昭和 58）年と 1986（昭和 61）年の衆議院議員選挙に立候補する。保田睦美は 1978（昭和 53）年の知事選挙に出馬しているものの、共産党から出たそれまでの男性候補にくらべ得票数は伸びなかった。したがって、恐らく、1980（昭和 55）年の参議院選挙の時はそれまでの男性候補者が

獲得した票に「どれくらい上積みできるか」期待もあっただろうが、結果は知事から鞍替えした石派二朗の人気の前に惨敗。しかし翌年の補選では再び従来並みの得票を得たことから、今度は衆議院議員選挙に出たのであるが、こちらは二度出るも四天王をはじめとする男性陣を相手にやはり惨敗であった。

　1990（平成2）年の選挙は女性候補ゼロであったが、1993（平成5）年以降になると4度続けて女性が出る。共産党は平成5年に佐々木康子を出すことで、米原昶が1949（昭和24）年に4万3千票余りを獲得しトップ当選したのに続いて、歴代2位の2万4千票余りを獲得する。しかし、その後鳥取選挙区が二つに分割されたため票も割れることとなり、県全体では2万票前後あるが、それぞれの候補者の得票は佐々木を抜くことができないでいる。実際、2003（平成15）年に大谷輝子が出馬するが1万に満たない得票しかなく、これはおおむね鳥取2区のその後の現実とも一致する。

　一方、共産党とは別に、1996（平成8）年と2000（平成12）年の選挙に立候補したのが社民党の知久馬二三子である。知久馬の選挙経歴はやや複雑である。彼女は、まず1996（平成8）年の衆議院議員選挙に出馬し2万票代後半を獲得するが敗退する。ただし、この時は比例区の中国ブロックにも名を連ねており、次点であった。翌年9月、三朝町議会議員に当選し町議となる。町議となって1年あまり経過した1998（平成10）年末、社民党中国ブロックで当選していた秋葉忠利が広島市長選挙に立候補するため辞任することとなり、1999（平成11）年1月、知久馬は繰り上げ当選となる。鳥取県の女性としては田中たつ以来の衆議院議員が誕生する。議員生活は1年半続き、2000（平成12）年6月に改選となる。この時も鳥取1区で出馬し、石派茂（1958（昭和33）年から知事を4期目途中まで、またその後参議院議員を2期途中まで務めた石派二朗の子）に若手の田村幸太郎がどの程度挑戦できるか注目される中、しっかり2万票以上獲得したのは善戦と言えるであろうが落選。なお、その後の知久馬は2001（平成13）年の町議会選挙で再び当選し3期連続で町議を務める。

　この後再び女性空白が続く。というのも上に指摘したように、1996（平成 8）年以降の鳥取選挙区における定員減のため、全県が二つに分割され、それぞれ 1 人しか当選させられなくなったこと、さらに 1 区は石派が過去誰も築いたことのないような（恐らく全国的にみても群を抜いた）強みを発揮していること、2 区も 2003（平成 15）年に川上義博が 9 期連続当選していた相沢英之を破るという大波乱はあったものの、その後赤澤亮正が連続当選し続け、いかなる人であってもあるいはどんな政党推薦があっても、2 人に付け入るスキは今のところ無いといえる。

　次に、参議院議員の選挙をみていこう（表 2）。

　鳥取県における参議院議員選挙で戦後最初に立候補した女性は、1959（昭和 34）年、小田スエである。日本海新聞によると（1959 年 5 月）、東京在住の彼女は次兄が平和などを訴え設立した人道主義政治連盟の候補者として鳥取選挙区から出馬することになったようで、鳥取とはとりわけ縁もゆかりもないといえる。したがって、先にみた後藤礼子同様、結果は 5 千票ほどにとどまり惨敗であった。

　その後、衆議院で触れたように、1980（昭和 55）年と 1981（昭和 56）年補選に保田睦美が共産党から出馬する。さらに、1996（平成 8）年に加茂篤代が無所属として出馬し善戦する。この時、共産党からも佐々木康子が出る。共産党は、1998（平成 10）年と 2001（平成 13）年、2002（平成 14）年補選と 2004（平成 16）年まで連続して市谷知子を出し、補選以外は 3 万から 4 万票獲得している。なお、市谷知子はその後 2007（平成 19）年の県議会選挙で鳥取市から出馬し 4 期連続当選している。

　市谷に続く女性としては、2010（平成 22）年の選挙に出た民主党の坂野（小谷）真理がおり、落選したものの参議院選挙では女性として大いに奮起、かなりの激戦を展開した。坂野真理は、1986（昭和 61）年に当選しその後 3 期参議院議員を務めた「重鎮」（日本海新聞、2010（平成 22）年 6 月 19 日）坂野重信の孫で、結婚によって小谷姓となるも医師をするかたわら旧姓を通してい

表2　鳥取県における戦後参議院議員選挙一覧：その１

1947.04.20

氏名	党派	得票数
門田定蔵	社会党	83,742
田中信義	諸派	76,912
山本鉄太郎	自由党	41,304
合計		201,958

1950.06.04

中田吉雄	社会党	131,376
徳安実蔵	自由党	95,731
福本和夫	共産党	26,508
合計		253,615

1953.04.24

三好英之 *	無所属	120,643
門田定蔵	社会（左）	66,053
豊田 収	無所属	38,388
山本義章	緑風会	31,834
合計		256,918

1956.04.04（補）

中田吉雄	社会党	127,509
坂口兵長衛	自民党	118,247
裏坂憲一	共産党	6,178
合計		251,934

1956.07.08

仲原善一	自民党	148,501
河崎 巌	社会党	100,302
安田勝栄	共産党	-
合計		248,803

1959.06.02

中田吉雄	社会党	117,991
宮崎正雄	自民党	117,952
米原 昶	共産党	15,175
小田スエ	人尊主義政治連盟	4,984
合計		256,102

1962.07.01

仲原善一	自民党	147,978
武部 文	社会党	118,258
石尾 実	共産党	7,516
合計		273,752

1965.07.04

宮崎正雄	自民党	137,780
広田幸一	社会党	127,456
裏坂憲一	共産党	9,086
合計		274,322

1968.07.07

足鹿 覚	社会党	154,933
仲原善一	自民党	136,470
米村 健	共産党	8,680
合計		300,083

1971.06.27

宮崎正雄	自民党	141,455
野坂浩賢	社会党	122,372
裏坂憲一	共産党	16,372
和田実治	民社党	6,535
合計		286,734

1974.07.07

石破二朗	自民党	192,120
北尾才智	社会党	126,999
裏坂憲一	共産党	15,575
合計		334,694

1977.07.10

広田幸一	社会党	159,866
土谷栄一	自民党	154,625
川西基次	共産党	19,995
合計		334,486

1980.06.22

石破二朗 **	自民党	100,470
新見 修	社会党	47,856
保田睦美	共産党	5,849
合計		154,175

1981.11.01（補）***

小林国司	自民党	166,839
新見 修	社会党	113,480
保田睦美	共産党	14,551
合計		294,870

1983.06.26

西村尚治	自民党	160,242
広田幸一	社会党	152,043
牛尾 甫	共産党	13,656
合計		325,941

1986.07.06

坂野重信	自民党	190,141
吉田達男	社会党	145,126
宅野亨介	共産党	18,281
合計		353,548

19891.07.23

吉田達男	無所属	180,123
西村尚治	自民党	154,766
宅野亨介	共産党	14,764
合計		349,653

1992.07.26

坂野重信	自民党	180,007
加茂とく代	無所属	88,938
佐々木やす子	共産党	18,278
中西豊明	無所属	11,250
合計		298,473

1995.07.23

常田享詳	無所属	106,246
吉田達男	無所属	97,548
小野 泰	無所属	97,331
小村勝洋	共産党	11,653
合計		312,778

1998.07.12

坂野重信 ****	自民党	128,085
田村耕太郎	無所属	101,403
松永忠君	社民党	45,920
市谷知子	共産党	40,965
沖野 寛	自由連合	4,919
合計		321,292

2001.07.29

常田享詳	自民党	174,574
佐藤 誠	民主党	69,078
市谷知子	共産党	33,826
山本悟己	社民党	21,642
山口昌司	自由連合	9,812
合計		308,932

2002.10.27（補）

田村耕太郎	無所属	90,274
藤井省三	無所属	86,562
勝部日出男	諸派	73,383
市谷知子	共産党	22,187
合計		272,406

2004.07.11

田村耕太郎	自民党	151,737
土屋正秀	民主党	114,597
市谷知子	共産党	38,688
合計		305,022

*1956年2月、三好英之死去。

**1981年9月、石派二朗死去。

***1981年補選までは「地方区」、1983年以降は「選挙区」で当選者は1名

****2002年4月坂野重信死去

ることもあってか、選挙戦でも小谷ではなく一貫
して「坂野真理」として、しかし祖父とは異なる
政党である（新聞の見出しには「祖父への恩か政
党か」とやや厳しい見方をされる）民主党公認と
して、民主党政権下で戦う。しかし結果として野
党となった自民党の壁はやはり厚かった。

　さらに、2013（平成25）年選挙では幸福実現
党から吉岡由里子が出るも、こちらは票が伸びな
かった。

　国政選挙における女性たちの活躍は、確かに終
戦後直後は女性の参政権獲得で希望に満ちた面も
あったのであろうが、その後はむしろ生活復興と
豊かな生活を求めた現実主義に重点が移る。その
ような時に地方レベルで躍動し始めていた共産党
が昭和55（1980）年前後に国政へ果敢な挑戦を

表2　鳥取県における戦後参議院議員選挙一覧：その2

2007.07.20		
川上義博	民主党	168,380
常田享詳	自民党	135,233
市谷尚三	共産党	23,380
合計		326,993
2010.07.11		
濱田和幸	自民党	158,445
小谷真理	民主党	132,720
岩永尚之	共産党	20,613
合計		311,778
2013.07.21		
舞立昇治	自民党	160,783
川上義博	民主党	82,717
岩永尚之	共産党	19,600
吉岡由里子	幸福実現党	6,782
井上　洋	無所属	6,158
合計		276,040
2016.07.10*		
青木一彦	自民党	144,727
福島浩彦	無所属	109,743
國領豊太	幸福実現党	6,867
合計		261,337

*2016年より鳥取県と島根県が合区となる。
網掛けは女性候補者。

しかける。この共産党の、そしてそれに続く無所属やそのほかの政党から出た
女性たちによるある意味無謀とも思える挑戦は、結果だけを見れば「大差で敗
退」し意味のないものであったように思えるが、しかしその後の鳥取における
女性たちの戦いに一矢以上のものを投じたことはまちがいないだけでなく、21
世紀を通じて地域政治における女性の活躍を推進する上でボディブローのよう
な効果を持つ可能性は十分にある。

2　知事と県会議員

　鳥取県という大きな範囲の地域社会をみた場合、やはり全県で戦い勝利する
「知事」の果たす役割は、さまざまな政治家の中でもとりわけ重要である。戦
後、いち早く開発の進んだ瀬戸内地域に比べどうしても立ち遅れがちであった

島根県や鳥取県、現在はあまり言われないがかつては「山陽」に対して、「山陰」としてよく引き合いに出されるこの2県であるが、島根県からは強力な政治家や首相まで輩出しているのに、鳥取県はそれに比較するとやや見劣りがしたことも事実であろう。しかし、よく言われるように、石派・平林・西尾と長期政権を担った知事たちがよくがんばり他県に決してひけをとらない鳥取県としてここまで発展させてきたことも事実である。ただ、どんな人でも弱点はあり、問題がないわけではない。たとえば、女性の活躍という点では少し立ち遅れてしまったかもしれない。

　表3は知事選挙の結果である。これまで女性候補としては、共産党および共産党系から2人が計3回立候補している。

　最初の女性はこれまで何度か名前が出ている1978（昭和53）年、共産党の保田睦美である。結果は、それまで同じ党の男性候補が獲得していた票数からみるとかなり減らしている。それが理由でもないであろうが、保田はこの後衆議院議員選挙に立候補する。

　西尾が4期で勇退した後、1999（平成11）年の知事選挙には岡山出身で自治省の官僚として鳥取県へも出向したことのある片山善博が前年末に同省を退職して出馬する。地元出身でかつ地元新聞社とのつながりが深く若手のホープといわれた田村幸太郎に勝利した後、片山知事のもとで鳥取県は女性に大きく門戸が開かれ彼女たちにライトがあてられることになる。このような片山に対する評価はもちろん賛否両面あったものの、2003（平成15）年の知事選挙は、国政を含めた鳥取県政史上初めて「無投票」となったことからわかるように、向かうところ敵なしであった。女性の活躍を期待していた人たちにとっては待ち望んだ人物の到来であったかもしれない。しかし、改革の刃が鋭いものであればあるだけ反動もそれなりにあったようで、片山は2期目で自ら退くことになる。

　続く2009（平成19）年の選挙では、共産党系ではあるが無所属として自民党系の平井伸治候補と対峙したのが山内淳子である。無所属としたことが非自

表3　鳥取県における戦後知事選挙一覧

1947.04.05

氏名	党派	得票数
西尾愛治	無所属	102,887
谷口源十郎	無所属	89,894
君野順三	無所属	36,486
合計		229,267

1951.04.30

西尾愛治*	無所属	224,790
池上五郎	無所属	64,237
合計		289,027

1955.12.04

遠藤　茂	無所属	97,467
中田政美	無所属	95,209
西尾愛治	無所属	83,177
岡垣　一	無所属	6,838
合計		282,691

1958.11.28

石破二朗	無所属	170,906
遠藤　茂	無所属	129,269
合計		300,175

1962.11.25

石破二朗	無所属	217,572
石尾　実	共産党	30,115
合計		247,687

1966.11.20

石破二朗	無所属	230,315
石尾　実	共産党	31,977
合計		262,292

*1954年11月辞職。

1970.11.18

石破二朗**	無所属	238,196
米村　健	共産党	43,997
合計		282,193

1974.03.24

平林鴻三	無所属	188,548
乗本吉郎	無所属	133,987
合計		322,535

1978.03.19

平林鴻三	無所属	205,773
遠藤　崇	社会党	94,636
保田睦美	共産党	12,496
合計		300,409

1982.03.14

平林鴻三***	無所属	220,118
牛尾　甫	共産党	34,803
合計		254,921

1983.04.10

西尾邑次	無所属	283,802
岡崎楠夫	共産党	45,623
合計		329,425

1987.04.12

西尾邑次	無所属	289,214
田原　勇	共産党	57,013
合計		346,227

1991.04.07

西尾邑次	無所属	281,329
坂口猛虎	無所属	43,059
合計		324,388

1995.04.09

西尾邑次	無所属	254,121
村口徳康	無所属	39,100
合計		293,221

1999.04.11

片山善博	無所属	209,148
田村幸太郎	無所属	125,618
岩永尚之	共産党	21,411
合計		356,177

2003.04.13

片山善博	無所属	無投票

2007.04.08

平井伸治	無所属	232,897
山内淳子	無所属	55,768
合計		288,665

2011.04.10

平井伸治	無所属	255,367
山内淳子	無所属	23,218
合計		278,585

2015.04.12

平井伸治	無所属	234,291
岩永尚之	無所属	29,425
合計		263,716

2019.04.07

平井伸治	無所属	225,883
福住英行	無所属	14,056
井上　洋	無所属	4,905
合計		244,844

**1974年2月、参議院選出馬のため辞任。
***1983年3月、衆議院選出馬のために辞任。

網掛けは女性候補者

民系の票を一定程度獲得できたようで、5万5千票あった。山内は次の2011（平成23）年選挙にも立候補するが、2期目の平井と再び一騎打ちとなり、有権者も結果が見えていたせいか、大きく票数を落としてしまう。平井は2019（平成31）年の選挙に出ないかもしれないといわれつつも、4期目の続投を決め現在に至っている。

　一方、県議会選挙をみてみよう。

　1947（昭和22）年3月、吉田首相は衆議院を解散したため総選挙が4月に行われることになる。しかし、4月は新憲法下で最初に実施される参議院議員と地方自治体の首長・議員の選挙が予定されていたため、まさに選挙月となった。日程は、4月5日に知事と都道府県議会議員、20日に参議院議員、25日

に衆議院議員、30日に市町村長と議会議員 となっていた。

　最初の選挙である知事とならんで行われた県議会議員選挙であるが、表4に示したように、定員40人に対し立候補者は88人であった。その中に3人の女性がいた。鳥取市で共産党から出た中原クニ、気高郡で無所属の田中花子、八頭郡で社会党から出た菊川益惠がそれである。当選したのは田中一人であったが、田中の得票は6千票余り、県全体でトップであった。中原は700、菊川も1,600ほどで、いずれも残念な結果であった。

　県議となった田中は晩年になって思い出をノートに書き記す。それを解読した野崎によると、田中は「各種婦人会の会長、実業家、教育委員や鳥取家庭裁判所の調停委員を務めるなど鳥取県を代表する人物である」[8]とのこと。つまり、44歳で県会に立候補した田中は、戦前から様々な活動をしており知名度もあったが故にこれだけ多くの票を得ることができたということになる。これは、戦後まもなく活躍した人たちの大部分に、しかも男女を問わずあてはまるといえる。ただ、田中の場合、多面的な活躍をしていたが故に政治家を続けられなくなるという事情もかかえていた。というのも、野崎によると、田中はある意味著名人であり各種役職に就いていたこと、さらには家業が多忙な中、その重責を担っていた夫が昭和25年の春に亡くなり、その役職も引き継いだことから病気となりドクターストップがかかったことが議員を1期でやめる理由になったようである。したがって、1951（昭26）年の選挙には出馬していない。

　1951（昭和26）年の選挙では、田中に代わってというわけでもないが、女性候補として東伯から無所属の井口寿賀野が出馬する。79人の候補者中紅一点であることはもちろん、6千票獲得し数の上では県下トップ当選である。彼女の生涯をまとめた尾崎によると [9]、井口（旧姓米増）は羽合町出身、勉強熱心であり鳥取高女から奈良女高師に合格し理科を専攻する。卒業後、両親の勧めで母校である鳥取高女で教員として勤め始めるも2年で奈良女高師の助教授として迎えられる。そこで出会った学生の一人が私の母親になってほしいと寿賀野に請い、その願いを聞き入れて井口茂寿郎と結婚することになる。夫は鐘ヶ

表4　鳥取県における戦後県議選挙一覧

		鳥取市	米子市	倉吉市	境港市	岩美郡	八頭郡	気高郡	東伯郡	西伯郡	日野郡	合計
1947.	定数（女性数）	4(0)	3	-	-	3	5(0)	4(1)	10	8	3	40(1)
04.05	候補者数（女性数）	9(1)	6	-	-	6	12(1)	10(1)	23	17	5	88(3)
1951.	定数（女性数）	4	4	-	-	3	5	4	9(1)	8	3	40(1)
04.30	候補者数（女性数）	8	6	-	-	5	12	8	22(1)	14	4	79(1)
1955.	定数（女性数）	6	6	3	-	3	5	2	6	6	3	40
04.23	候補者数（女性数）	11	8	4	-	6	11	7	12	11	4	74
1959.	定数（女性数）	7	6	3	2	2	5	2	6	4	3	40
04.23	候補者数（女性数）	11	8	4	2	4	8	3	7	6	5	58
1963.	定数（女性数）	7	6	4	2	2	5	2	5	4	3	40
04.17	候補者数（女性数）	10	7	5	3	2	7	3	5	5	3	50
1967.	定数（女性数）	8	7	3	2	2	5	2	5	4	2	40
04.15	候補者数（女性数）	12	10	6	4	3	8	3	6	5	2	59
1971.	定数（女性数）	8	7	3	2	2	5	2	5	4	2	40
04.11	候補者数（女性数）	10	10	5	3	3	7	3	6	5	3	55
補選①	定数（女性数）	1	1(0)	-	1	-	-	-	1(0)	-	1	-
	候補者数（女性数）	3	4(1)	-	3	-	-	-	2(1)	-	3	-
1975.	定数（女性数）	8	8	4	2	2	4	2	5(0)	3	2	40(0)
04.13	候補者数（女性数）	11	10	6	4	3	5	4	10(1)	4	3	60(1)
1979.	定数（女性数）	8	8	4	2	2	4	2	5	3	2	40
04.08	候補者数（女性数）	10	9	6	3	2	5	4	5	3	3	50
1983.	定数（女性数）	9	8	4	2	2	4	2	5	3	2	40
04.10	候補者数（女性数）	11	10	5	4	4	6	3	6	4	4	58
補選②	定数（女性数）	-	2	-	-	2	-	-	1	-	-	-
	候補者数（女性数）	-	3	-	-	3	-	-	2	-	-	-
1987.	定数（女性数）	9	8	3(0)	2	2(0)	4	2	5	3	2	40(0)
04.12	候補者数（女性数）	10	9	5(1)	3	3(1)	5	3	6	4	3	46(2)
1991.	定数（女性数）	9	9	3	2	2	4	2	4	3	2	40
04.07	候補者数（女性数）	11	10	6	2	2	5	2	4	3	3	48
1995.	定数（女性数）	9	9(0)	3	2	2	4(0)	2	4	3	2	40(0)
04.09	候補者数（女性数）	9	11(1)	5	2	2	6(1)	3	6	4	2	50(2)
1999.	定数（女性数）	9	8(1)	3	2	2	3	2(0)	4	3	2	38(1)
04.11	候補者数（女性数）	10	10(1)	4	4	3	4	4(1)	5	6	2	52(2)
補選③	定数（女性数）	-	-	-	-	-	-	-	2	-	2	-
	候補者数（女性数）	-	-	-	-	-	-	-	2	-	2	-
2003.	定数（女性数）	9(1)	8(1)	3	2(1)	2	3	2(0)	4	3	2	38(3)
04.13	候補者数（女性数）	11(1)	10(2)	5	3(1)	3	4	3(1)	4	3	3	49(5)
2007.	定数（女性数）	13(2)	9(2)	3	2(1)	1	2	-	4	3	1	38(5)
04.08	候補者数（女性数）	14(2)	11(2)	4	3(1)	1	4	-	5	3	1	46(5)
2011.	定数（女性数）	12(1)	8(2)	3	2(1)	1	2	-	3	3	1	35(4)
04.10	候補者数（女性数）	16(2)	9(3)	4	2(1)	2	4	-	3	3	1	44(6)
2015.	定数（女性数）	12(1)	9(2)	3	2(1)	1	2	-	3	2	1	35(4)
04.12	候補者数（女性数）	21(1)	10(2)	5	2(1)	1	3	-	3	4	1	51(4)
2019.	定数（女性数）	12(2)	9(3)	3	2	1	2	-	3	2	1	35(5)
04.07	候補者数（女性数）	15(2)	10(4)	5	3	2	2	-	4	3	1	45(6)

補選①：1954.12.04(日野郡)、1974.03.24(境港市)、1974.03.24(東伯郡)、1978.03.19(鳥取市)、1978.03.19(米子市)

補選②：1982.03.14(東伯郡)、1984.08.26(米子市)、1986.08.10(岩美郡)

補選③：2002.02.24(日野郡)、2002.10.27(東伯郡)

淵紡績の要職を務めていたが南米拓殖会社へ移り、ブラジル勤務となって移住。その後大戦となったことから帰国し、戦争末期に寿賀野の実家へ戻る。しかし、戦後まもなく夫が病死。父のいない家族となったことから寿賀野は地元で母子会を作り、それを県全体に広めていく中でぜひ政治家となり母子家庭の窮状を県民に訴えようと考え出馬するに至ったようである。尾崎氏から聞き取ったことであるが、最初彼女は立候補を固辞していたようであるが、村人たちが総出でかつぎあげ、手弁当で応援してくれたとのこと。彼女はその後も全国規模の団体とかかわりをもち精力的に活動するが、県議としては1期だけで終わる。理由はわからないが、健康上のことかもしれない。1960（昭和35）年、県庁へ陳情に行った折、脳出血を発病して62歳の生涯を終える。

　この井口の後しばらく女性候補は登場しないが、1974（昭和49）年の東伯郡補選で共産党から西尾昭子が自民党から出た男性候補と対峙する。結果は敗れるものの、翌1975（昭和50）年の県議選にも立候補している。その時はわずか500票弱しか獲得していないことと比べると、この補選で1万1千票とったということはかなりの善戦であったといえそうである。

　次に女性候補が登場するのが1987（昭和62）年である。この時、倉吉で共産党の水津文恵、岩美で無所属の山川和美が立候補する。水津はこの時わずか800票しか獲得できず落選しているが、その後1999（平成11）年に気高町町議に当選し3期務めている。一方、山川は自民党の2人の男性の間に入ってそれなりにいい勝負をして4千票獲得するも落選する。

　女性の県議が平成に入ってもなかなか誕生しない中、その伏線となったのが1995（平成7）年の選挙である。八頭から谷口美佐子、米子市から大谷輝子の2人がいずれも共産党から立候補する。谷口は800票弱にとどまったが、大谷は1979（昭和54）年に米子市議に当選。以来4期連続という実績を積み、この年県議選に鞍替えして臨み、5千票を獲得しあと一歩というところまで肉薄する。この時は2人共に落選するが、次の1999（平成11）年選挙の時、大谷は得票を6,500近くまで伸ばして見事平成初めての女性県議となる。なお、こ

の年には気高郡から共産党の田中文子が出るが2,500票余りで敗退する。

　大谷は次の2003（平成15）年の県議選にも出馬し5千票以上獲得するが、新人の女性・浜田妙子に敗れ落選する。しかし、彼女はその後もエネルギッシュな活躍をみせ、さらなるレベルアップを目指し、同年11月の衆議院議員、2005（平成17）年の米子市長、2012（平成24）年10月の南部町長などの各選挙にも立候補しているがいずれも落選している。

　2003（平成15）年にはこの大谷の他、気高郡でやはり田中文子が立候補し前回より得票を伸ばすものの落選。さらに、鳥取市では無所属の尾崎薫、米子市では浜田妙子、境港市では無所属の安田優子がそれぞれ立候補し当選しており、女性は一気に3人になる。やはり1999（平成11）年に大谷が県議当選したことが起爆剤となっているといえよう。彼女は米子市の女性議員として4市の中で初めて当選し、その後も期数を重ねただけでなく、さらに県議にまでなるという一つの大きな「壁」を破ったことに対して、鳥取県の女性たちからは高く評価されている。

　県議の定員は戦後一貫して40人であったが、人口減少に伴い定数配分を変えると同時に定員も減らし、1999（平成11）年から38人となるも、その年に大谷が初めて女性として当選したのをはじめ、2003（平成15）年には3人となり、2007（平成19）年にはなんと立候補した5人全員当選するという結果を残す。この時は前回の尾崎・浜田・安田が再選された他、鳥取市と米子市でいずも共産党の市谷知子と錦織陽子が当選する。

　2011（平成23）年は定数がさらに3人減り、35人となる。尾崎が落選したものの、市谷・錦織・浜田・安田が再選される。さらに米子市で民主党の池田博子が出るも落選。6人立候補して4人当選となった。

　2015（平成27）年は市谷・浜田・錦織・安田の4人が立候補し全員当選する。2019（平成31）年は、尾崎が返り咲き、市谷と浜田も再選される一方、錦織が落選。この米子市では新人で山川ちほ、そして西村みつ子の2人が当選した結果、女性議員は5人となっている。

知事と県議を全体としてみると、知事については共産党が散発的に挑戦し時に善戦といえる戦いをするが、みるべきは県議であろう。戦後すぐの時期に2回続けて女性を輩出したというのは、国政選挙同様、女性たちの期待が高かった証拠だと思われる。その後しばらく候補者すらいない低迷期が続く。変化し始めるのが1975（昭和50）年前後であり、やはり共産党が主導していた。1991（平成3）年は候補者がいないものの、それ以後は毎回無所属や他の党からも候補が出ているが、なんといっても1999（平成11）年、48年ぶりの女性県議が誕生したことは大きな意味をもつ。というのも、以後女性県議の存在は当たり前となり、しかも複数いる状況が続いているからだ。もちろん、党派が異なるだけに女性たちが連携し一枚岩となれているとはいえないものの、やはり鳥取県全体、とりわけ市町村レベルにおける女性の位置づけを変化させる大きな力となっている。

3　市町長と市町村議員

　データとしては示していないが、市町長への女性のチャレンジをみると、2004（平成16）年10月、湯梨浜町長に1989（平成元）年から羽合町議と湯梨浜町議を連続5期務めた増井久美、2005（平成17）年4月、米子市長に1979（昭和54）年から市議を連続4期、1999（平成11）年から県議を1期それぞれ務めた大谷輝子、2008（平成20）年10月、南部町長に町議を1987（昭和62）年から6期務めた真壁容子、2012（平成24）年10月、同じく南部町長に大谷輝子、2013（平成25）年4月、米子市長に1995（平成7）年から市議を3期務め、2006（平成18）年の合併選挙で落選した佐々木康子、2018（平成30）年2月、若桜町長に町議を2002（平成14）年から4期務めた上川裕見子、がそれぞれ立候補するも、いずれも敗退している。女性による首長への挑戦は日本全体をみてもそう多くはなく、ここ鳥取県でもまだ緒に就いたばかりといえよう。

次に、市町村議員についてみていく。

第 4 章では、主に市町村の女性候補や当選者の数の変化をもとに、戦後の鳥取県における女性の政治参画を四つの時期に区分した。それは、

①「抑圧からの解放」期（1947（昭和 22）年～ 1954（昭和 29）年）

②「長い低迷」期（1955（昭和 30）年～ 1988（昭和 63）年）

③「一村一女」期（1989（平成元）[10] 年～ 2009（平成 21）年）

④「ゆるやかな増加」期（2010（平成 22）年～ 2018（平成 30）年）

というものであった。今回の再考察でこの区分に大きな変更の必要はないと考えるが、そのことについては最後にもう一度触れたい。

なお、この時にはまだ 2019（平成 31 ／令和元）年が入っていないが、これは執筆した時期によるもので、他意はない。さらに、この時期区分は「おおよそそのあたり」というものであって、1 ～ 2 年のずれは当然ありうる。したがって、基本骨格は変化していないので、ここでは旧稿で触れることができなかった点や変更点などを中心に話を進めたい。また、4 年毎に人数を示した旧稿と今回示した数に若干違いがあるが、こちらの表 5 に改めるということでご理解いただきたい。

最初に表 5 について説明する。第 4 章では紙幅の都合から市町村議員については 4 年ごとにその数を示すという方法をとったが、実は 4 年の間に当選して任期が切れるとか落選するということもあり、ここでは補欠選挙も含めた全ての年度で、かつまた自治体毎に女性の立候補者数と当選者数の結果を示した。灰色が選挙年度であるが、昭和の大合併以前の年度については、旧自治体単位ではなく昭和の大合併で成立する自治体の中心となる市や町の年度で示した。また、平成の大合併の欄に該当するのは上から 10 市町だけで、下の 9 市町村は該当しない。

選挙で女性候補者がいない場合は「0」とし、「0（1）」は 1 名の候補者がいて当選者ゼロ、「1（1）」は 1 名の候補者がいて当選者が 1 名という意味である。また、年表は紙幅の都合から三つに分割しているが、分割の年度に意味がある

わけではないので（四つの時期区分は太線で示した）、一連のものと理解していただきたい。

　本章が第4章を補足するという目的をもつことから、以下、箇条書きになるが、この表を読み解くための注意点、発見や問題点を指摘しておこう。

　最初に、昭和の大合併の状況である。

　1947（昭和22）年4月時点で鳥取県には2市19町149村あり、その後合併を繰り返し1968（昭和43）年4月に4市21町4村となることで完成する。1955（昭和30）年以前について合併時の議会選挙をどう行ったのかについては資料や記述がほとんどなくわからないことが多い。

　鳥取市は1953（昭和28）年7月1日に近隣15村と合併、その後、1955（昭和30）年7月に米里村、1963（昭和38）年4月に津ノ井村と合併する。この津ノ井村は1947（昭和22）年4月から4年おきに選挙をしているが、鳥取市は1950（昭和25）年12月に改選し以後4年おきに選挙を実施し1962（昭和37）年11月25日が4年目の改選日であるため、津ノ井村はこの鳥取市の選挙に合わせて合併選挙を行う一方、津ノ井村以外の合併した村議も含めそれぞれの議員任期はこの鳥取市の選挙期日に合わせて柔軟に対応したのではないかと考えられる。したがって、ここでは全て鳥取市の改選期日で示している。

　米子市は1953（昭和28）年10月に2村、1954（昭和29）年6月に8村、そして1956（昭和31）年7月に1村の合計11村と順次合併するが、合併ごとの選挙は行わず、1955（昭和30）年の4月に行われた米子市議の選挙の際、市部の定数を26人とし、すでに合併した村の計10村については特例として1人割り当て、合計36人の定数として選挙を行った[11]。したがって、1955（昭和30）年4月以前に合併した10村の議員はこの時まで在職し、1956（昭和31）年に合併する1村の議員はこの時に失職したと思われる。その後さらに、1968（昭和43）年4月に伯山町と米子市が合併することで鳥取県全体の「昭和の大合併」が終了し完成する。

　倉吉市は1951（昭和26）年4月に1村と、1953（昭和28）年10月に7

表5　戦後鳥取県の市町村議会における自治体別女性議員数（実数）その1

平成の大合併	昭和の大合併	47	48	49	50	51	52	53	54	55	56	57	58	59	60	61	62	63	64	65	66	67	68	69	70
鳥取市 (2004.01.01)	鳥取市 (52.07.01)	1(3)	1	1	0(4)	0	0	0	0	0	0	0	0	0	0	0	0	0	0	0	0	0	0	0	0
	国府町 (57.01.01)	0	0	0	0	0	0	0	0	0	0	0	0	0	0	0	0	0	1(1)	1	1	1	0	0	0
	福部村	0	0	0	0	0	0	0	0	0	0	0	0	0	0	0	0	0	0	0	0	0	0	0	0
	河原町 (55.03.28)	0	0	0	0	0	0	0	0	0	0	0	0	0	0	0	0	0	0	0	0	0	0	0	0
	用瀬町 (55.03.31)	0	0	0	0	0	0	0	0	0	0	0	0	0	0	0	0	0	0	0	0	0	0	0	0
	佐治村	0	0	0	0	0	0	0	0	0	0	0	0	0	0	0	0	0	0	0	0	0	0	0	0
	気高町 (55.07.01)	0	0	0	0	0	0	0	0	0	0	0	0	0	0	0	0	0	0	0	0	0	0	0	0
	鹿野町 (55.07.01)	0	0	0	0	0	0	0	0	0	0	0	0	0	0	0	0	0	0	0	0	0	0	0	0
	青谷町 (55.03.31)	0	0	0	0	0	0	0	0	0	0	0	0	0	0	0	0	0	0	0	0	0	0	0	0
八頭町 (2005.03.31)	郡家町 (57.03.31)	0	0	0	0	0	0	0	0	0	0	0	0	0	0	0	0	0	0	0	0	0	0	0	0
	船岡町 (53.11.03)	0	0	0	0	0	0	0	0	0	0	0	0	0	0	0	0	0	0	0	0	0	0	0	0
	八東町 (39.05.15)	0	0	0	0	0	0	0	0	0	0	0	0	0	0	0	0	0	0	0	0	0	0	0	0
湯梨浜町 (2004.10.01)	泊村	0	0	0	0	0	0	0	0	0	0	0	0	0	0	0	0	0	0	0	0	0	0	0	0
	羽合町 (53.04.01)	0	0	0	0	0	0	0	0	0	0	0	0	0	0	0	0	0	0	0	0	0	0	0	0
	東郷町 (53.04.01)	0	0	0	0	0	0	0	0	0	0	0	0	0	0	0	0	0	0	0	0	0	0	0	0
北栄町 (2005.10.01)	北条町 (54.06.01)	0	0	0	0	0	0	0	0	0	0	0	0	0	0	0	0	0	0	0	0	0	0	0	0
	大栄町 (59.04.01)	0	0	0	0	0	0	0	0	0	0	0	0	0	0	0	0	0	0	0	0	0	0	0	0
倉吉市 (200503.22)	倉吉市 (55.05.01)	0	0	0	0	0	0	0	0	0	0	0	0	0	0	0	0	0	0	0	0	0	0	0	0
	関金町 (53.04.01)	0	0	0/1(1)	0	1	0	0	0	0	0	0	0	0	0	1(1)	1	1	1(1)	1	1	1	0	1(1)	0
琴浦町 (2004.09.01)	東伯町 (54.02.01)	0	0	0	0	0	0	0	0	0	0	0	1(2)	1	1	1	1(1)	1	1	1	1(1)	1	1	1	0
	赤碕町 (54.01.01)	0	0	0	0	0	0	0	0	0	0	0	0	0	0	0	0	0	0	0	0	0	0	0	0
大山町 (2005.03.28)	中山町 (57.03.31)	0	0	0	0	0	0	0	0	0	0	0	0	0	0	0	0	0	0	0	0	0	0	0	0
	名和町 (54.04.01)	0	0	0	0	0	0	0	0	0	0	0	0	0	0	0	0	0	0	0	0	0	0	0	0
	大山町 (55.11.03)	0	0	0	0	0	0	0	0	0	0	0	0	0	0	0	0	0	0	0	0	0	0	0	1(1)
米子市 (2005.03.31)	米子市 (54.06.01)	1(2)	1	1	1	3(3)	3	3	3/1(1)	2(1)	2	2	1(1)	1	1	1	1	1	1	1	1	1	1	1	1
	淀江町 (55.09.01)	0	0	0	0	0	0	0	0	0	0	0	1(1)	1	1	1	0(1)	0	0	0	1(1)	1	1	1	1
伯耆町 (2005.01.01)	岸本町 (55.03.31)	0	0	0	0	0	0	0	0	0	0	0	0	0	0	0	0	0	0	0	0	0	0	0	0
南部町 (2004.10.01)	会見町 (54.04.25)	0	0	0	0	1(1)	1	1	1	0	0	0	0	0	0	0	0	0	0	0	0	0	0	0	0
	西伯町 (55.03.31)	0	0	0	0	1(1)	1	1	1	0	0	0	0	0	0	0	0	0	0	0	0	0	0	0	0
岩美町	岩美町 (54.07.01)	0	0	0	0	0	0	0	0	0	0	0	0	0	0	0	0	0	1(1)	1	1	1	0	0	0
若桜町	若桜町 (54.03.01)	0	0	0	0	0	0	0	0	0	0	0	0	0	0	0	0	0	0	0	0	0	0	0	0
智頭町	智頭町 (54.07.01)	0	0	0	0	0	0	0	0	0	0	0	0	0	0	0	0	0	0	0	0	0	0	0	0
三朝町	三朝町 (53.11.01)	0	0	0	0	0	0	0	0	0	0	0	0	0	0	0	0	0	0	0	0	0	0	0	0
日吉津村	日吉津村	0	0	0	0	0	0	0	0	0	0	0	0	0	0	0	0	0	0	0	0	0	0	0	0
境港市	境港市 (54.08.10)	1(1)	1	1	1	1(1)	1	1	1	0	0	0	0	0	0	0	0	0	0	0	0	0	0	0	0
江府町	江府町 (53.06.01)	0	0	0	0	0	0	0	0	0	0	0	0	0	0	0	0	0	0	0	0	0	0	0	0
日野町	日野町 (59.05.01)	0	0	0	0	0	0	0	0	0	0	0	0	0	0	0	0	0	0	0	0	0	1(1)	1	1
日南町	日南町 (59.04.01)	0	0	0	0	0	0	0	0	0	0	0	0	0	0	0	0	0	0	0	0	0	0	0	0
	女性議員数	3	3	4	3	6	6	6	5	2	1	1	2	3	3	4	5	3	4	4	3	5	4	4	4
	市町村全体の女性割合(%)	0.1	0.1	0.2	0.1	0.3	0.3	0.3	0.2	0.1	0.3	0.2	0.3	0.4	0.4	0.4	0.5	0.4	0.5	0.5	0.4	0.6	0.5	0.5	0.5

表5　戦後鳥取県の市町村議会における自治体別女性議員数（実数）その2

平成の大合併	昭和の大合併	71	72	73	74	75	76	77	78	79	80	81	82	83	84	85	86	87	88	89	90	91	92	93	94	95
鳥取市 (52.07.01)	鳥取市 (52.07.01)	0	0	0	0	0	0	0	0	0	0	0	1(1)	0	0	0	1(1)	0	0	0	2(2)	2	2	2	2(2)	2
	国府町 (57.01.01)	0	0	0	0	0	0	0	0	0	0	0	0	0	0	0	0	0	0	0	0	0	0	0	0	0
	福部村	0	0	0	0	0	0	0	0	0	0	0	0	0	0	0	0	0	0	0	1(1)	0(1)	0	0	0	0
	河原町 (55.03.28)	0	0	0	0	0	0	0	0	0	0	0	0	0	0	0	0	0	0	0	0	0	0	0	0	0
	用瀬町 (55.03.31)	0	0	0	0	0	0	0	0	0	0	0	0	0	0	0	0	0	0	0	0(1)	0	0	0	0	0
	佐治村	0	0	0	0	0	0	0	0	0	0	0	0	0	0	0	0	0	0	0	0	0	0	0	0	0
	気高町 (55.07.01)	1(1)	1	1	1	0(1)	0	0	0	1(1)	1	1	1	1(1)	1	1	1	1(1)	1	1	1	1(1)	1	1	1	1(1)
	鹿野町 (55.07.01)	0	0	0	0	0	0	0	0	0	0	0	0	0	0	0	0	0	0	0	0	0	0	0	0	1(1)
	青谷町 (55.03.31)	0	0	0	0	0	0	0	0	0	0	0	0	0	0	0	0	0	0	0	0	0	0	0	0(1)	0
八頭町 (2005.03.31)	郡家町 (57.03.31)	0	0	0	0	0	0	0	0	0	0	0	0	0	0	0	0	0	0	0	0	0	0	0	0	0
	船岡町 (52.11.03)	0	0	0	0	0	0	0	0	0	0	0	0	0	0	0	0	0	0	0	0	0	0	0	0	0
	八東町 (59.06.15)	0	0	0	0	0	0	0	0	0	0	0	0	0	0	0	0	0	0	0	0	0	0	0	0	0
湯梨浜町 (2004.10.01)	泊村	0	0	0	0	0	0	0	0	0	0	0	0	0	0	0	0	0	0	0	0	0	0	0	0	0
	羽合町 (53.04.01)	0	0	0	0	0	0	0	0	0	0	0	0	0	0	0	0	0	0	0	1(1)	1	1	1(1)	1	1
	東郷町 (53.04.01)	0	0	0	0	0	0	0	0	0	0	0	0	0	0	0	0	0	1(1)	1	1	1(1)	1	1	1	1
北栄町 (2005.10.01)	北条町 (54.06.01)	0	0	0	0	0	0	0	0	0	0	0	0	0	0	0	1(1)	1	1	1	1(1)	1	1	1	1	1
	大栄町 (59.04.01)	0	0	0	0	0	0	0	0	0	0	0	0	0	0	0	0	0	0	0	0	0	0	0	0	0
倉吉市 (200503.22)	倉吉市 (55.05.01)	0	0	0	0	0	0/0(1)	0	0	0	0	0	0	0	0	0	0	0	0	0	1(1)	1	1	0(1)	0	0
	関金町 (53.04.01)	1	1	0	0	0	0	0	0	0	0	0	0	0	0	0	0	0	0	0	1(1)	1	1	1	1(1)	1
琴浦町 (2004.09.01)	東伯町 (54.02.01)	0	0	0	0	0	0	0	0	0	0	0	0	0	0	0	0	1(1)	1	1	1	1	1	1	1(1)	1
	赤碕町 (54.01.01)	0	0	0	0	0	0	0	0	0	0	0	0	0	0	0	0	0	0	0	0	0	0	0	0	0
大山町 (2005.03.28)	中山町 (57.03.31)	0	0	0	0	0	0	0	0	0	0	0	0	0	0	0	0	0	0	0	0	0	0	0	0	0
	名和町 (54.04.01)	1	1	1	0	0	0	0	0	0	0	0	0	0	0	0	0	0	0	0	0	0	0	0	0	0
	大山町 (55.11.03)	0	0	0	0	0	0	0	0	0	0	0	0	0	0	0	0	0	0	0	0	0	0	0	0	0
米子市 (2005.03.31)	米子市 (54.06.01)	1	1	1	1	1(1)	1	1	1	1(1)	1	1	1(1)	1	1	1	1(1)	1	1	1	2(2)	2	2	2	1(2)	1
	淀江町 (55.09.01)	1(1)	1	1	1	1(1)	1	1	1	1(1)	1	1	1(1)	1	1	1	1(1)	1	1	1	1	1	1	1	1(1)	1
伯耆町 (2005.01.01)	岸本町 (55.03.31)	0	0	0	0	0	0	0	0	0	0	0	0	0	0	0	0	0	0	0	0	0	0	0	1(1)	1
南部町 (2004.10.01)	会見町 (54.04.25)	0	0	0	0	0	0	0	0	0	0	0	0	0	0	0	0	0	0	0	0(1)	1	1	1	1(2)	1
	西伯町 (55.03.31)	0	0	0	0	0	0	0	0	0	0	0	0	0	0	0	0	0	0	0	1(1)	1	1	1	1(1)	1
岩美町	岩美町 (54.07.01)	0	0	0	0	0	0	0	0	0	0	0	0	0	0	0	0	0	0	0	0	0	0	0	0	0
若桜町	若桜町 (54.03.01)	0	0	0	0	0	0	0	0	0	0	0	0	0	0	0	0	0	0	0	0	0	0	0	0	0
智頭町	智頭町 (54.07.01)	0	0	0	0	0	0	0	0	0	0	0	0	0	0	0	0	0	0	0	0	0	0	0	0	0
三朝町	三朝町 (53.11.01)	0	0	0	0	0	0	0	0	0	0	0	0	0	0	0	0	0	0	0	0	0	0	0	0	0
日吉津村	日吉津村	0	0	0	0	0	0	0	0	0	0	0	0	0	0	0	0	0	0	0	0	0	0	0	0	0
境港市	境港市 (54.08.10)	0	0	0	0	0	0	0	0	0	0	0	0	0	0	0	0	0	0	0	0	0	0	1(1)	1	1
江府町	江府町 (53.06.01)	0	0	0	0	0	0	0	0	0	0	0	0	0	0	0	0	0	0	0	0	0	0	0	0	0
日野町	日野町 (59.05.01)	0(1)	0	0	0	1(1)	1	1	1	1(1)	1	1	1	0	0	0	0	0	0	0	1(1)	1	1	1	1(1)	1
日南町	日南町 (59.04.01)	0	0	0	0	0	0	0	0	0	0	0	0	0	0	0	0	0	0	0	0	0	0	0	0	0
	合計 (人)	4	4	3	2	2	2	2	4	4	4	4	6	7	8	8	10	12	13	14	16	17				
	市町村全体の女性割合 (%)	0.5	0.6	0.4	0.3	0.3	0.3	0.3	0.5	0.5	0.5	0.7	0.8	0.8	1.0	1.1	1.1	1.1	1.4	1.8	1.9	1.9	2.1	2.4	2.5	

表5　戦後鳥取県の市町村議会における自治体別女性議員数（実数）その3

平成の大合併	昭和の大合併	96	97	98	99	00	01	02	03	04	05	06	07	08	09	10	11	12	13	14	15	16	17	18	19
鳥取市 (2004.01.01)	鳥取市(S2.07.01)	2	2	2(2)	2	2	2	3(3)	3	3															
	国府町(57.01.01)				1(1)	1	1	1	1(1)																
	福部村	0	0	0	0	0	0	0	0																
	河原町(55.03.28)	0	0	0	0	0	0	0	0																
	用瀬町(55.03.31)	0	0	0	0	0	0	0	1(1)	0(1)	0	5(7)	5	5	5	6(6)	6	6	6	5(5)	5	5	5	5(5)	5
	佐治村	0	0	0	0	0	0	0	0																
	気高町(55.07.01)	1	1	1	2(2)	2	2	2	1(1)																
	鹿野町(55.07.01)	0	0	0	0	0	0	1(1)																	
	青谷町(55.03.31)	0	1(1)	1	1	1(1)	1	1																	
八頭町 (2005.03.31)	郡家町(57.03.31)	2	2	2	2	2(2)	2	2																	
	船岡町(S2.11.03)	0	0	0	0	0	0	0/1(1)	1/0	1(3)	1	1	1	2(2)	2	2	2	1(2)	1/1(1)	2	2	2(2)	2	2	
	八東町(59.06.15)	0	0	0	0	0	0	1(1)																	
湯梨浜町 (2004.10.01)	泊村	0	0	0	0	0	0	0																	
	羽合町(53.04.01)	1	1	1	1	1(1)	1	1			1	1	1	1(2)	2	2	2	1(2)	1(1)	2	2	2(2)	2	2	
	東郷町(54.04.01)	1(1)	1	1	1	1(1)	1	1																	
北栄町 (2005.10.01)	北条町(54.06.01)	1	1	1	1	1	1(1)	2(2)	2			2(2)	2	2	2	1(2)	2	2	3(3)	3	3	3	2	2	
	大栄町(59.04.01)	0	0	0	0	0	0	1(1)																	
倉吉市 (200503.22)	倉吉市(S5.06.01)	0(1)	0	0	0	0	1(1)	1/0(2)	1			0	0	0	0	2(2)	2	2	0(2)	2	2	2(2)	2		
	関金町(53.04.01)	0(1)	0	0	0	0	0	0	0																
琴浦町 (2004.09.01)	東伯町(54.02.01)	0	0	0	0	0	1	1	1			1(1)	1	1	1	1(1)	1	1	1(1)	1	1	2(2)	2		
	赤碕町(54.04.01)	0	0	0	0	0(1)	1	1	1																
大山町 (2005.03.28)	中山町(57.03.31)	0	0	1	1	1	0	1(1)	1																
	名和町(54.04.01)	0	0	1(1)	1	1	1(1)	1	1	3(4)		1	1	1	1(2)			3(3)	3	3		2(3)	2	1	
	大山町(55.11.03)	0	0	0	0	1(2)	1	1	1																
米子市 (2005.03.31)	米子市(54.06.01)	1	1	1	3(4)	3	3	3	7(7)	7	7	5(9)	5	5	5/0(1)	7(9)	7	7	7/0(1)	4(5)	4	4	5(5)	5	
	淀江町(54.04.01)	0	0	0	1(2)	1	1	1	1(1)																
伯耆町 (2005.01.01)	岸本町(55.03.31)	0	0	0	0	0	0	0	0			2(2)	2	2	2(2)	2	2	2(2)	2	2	1(3)				
	溝口町(54.04.01)	0	0	0	0	0	0	0	0																
南部町 (2004.10.01)	会見町(55.04.25)	1	1	1	1(1)	1	1	1	1(1)	2(3)		2	2	2	2	2(2)	2	2	2	1(1)	1	1			
	西伯町(55.03.31)	0	0	0	1(1)	1	1	1	2(2)																
岩美町	岩美町(54.07.01)	0	0	0	0	0	0	0	0	0		2(2)	2	2	2(2)	2	2	2(2)	2	2	2(2)	2	2	2(2)	2
若桜町	若桜町(54.04.01)								1(1)	1	1	1	1(1)	1	1	1	1(1)	1	1	1	1(1)	1	1		
智頭町	智頭町(54.07.01)		1(1)	1	1			0/0(1)				2(1)	2	2	2(2)	2	2	2(2)	2	2	2	1(1)	1		
三朝町	三朝町(53.11.01)	1	1(1)	1	1			1(1)				1(1)	1	1	1	1(1)	1	1	1	1(1)	1	1	1		
日吉津村	日吉津村	1	1	1	1(1)	1	1	1(1)	1			1	1	1	3(3)	3	3	4(4)	4	4	4	3(3)			
境港市	境港市(54.08.10)	1	1/1(2)	4(4)	4	4	4	3(4)	3	3		1	1	1	1	1(1)	1	1	1/0(1)	1	1				
江府町	江府町(53.06.01)	1	1	1	1	1(1)	1	1	1(1)			1	1	1	1(1)	1	1	1	0(1)	0	0				
日野町	日野町(59.04.01)	1	1	1	1	1	1	1	1			1	1	1	1(1)	1	1	0(1)	0	0	0				
日南町	日南町(59.04.01)	0	0	0	2(2)	2	2	2(2)	2			2(2)	2	2	1(1)										
合計(人)		17	23	25	34	33	34	37	48	41	36	32	32	31	33	38	38	39	42	40	41	40	36	37	35
市町村全体の女性割合(%)		2.5	3.5	3.8	5.2	5.1	5.3	6.0	7.8	8.4	9.4	9.2	9.6	9.8	10.7	11.8	11.8	12.1	13.0	12.4	12.8	12.4	11.1	11.4	10.8

村プラス灘手村の一部と、1955（昭和30）年5月に残る灘手村と合併するが、同年5月の合併時には灘手村に1議席割り当てることで選挙を行い議会合同が進められた。

　境港町は1953（昭和28）年8月に5村と合併、新境港町として出発する。その後1956（昭和31）年4月に町から市へ昇格するが、議会は1954（昭和29）年に選挙を終えていたことから、この時に合わせて選挙を行ったというわけではない。

　その他の町村の多くも合併時には特例を設け、旧自治体毎に定数を割当てるという選挙を行ったと思われるが(12)、これは平成の大合併の際にも一部の自治体でみられた。この平成の大合併は2004（平成16）年から2005（平成17）年にかけてほぼ一斉に行われ、30市町村が10市町へと統合される。昭和の大合併時と平成の大合併時の市町村の関係については表5を見ていただきたい。

　次に、1947（昭和 22）年と 1951（昭和 26）年のいわゆる統一地方選挙について 3 点補足しておきたい。

　1 点目。1947（昭和 22）年の地方議会選挙であるが、この時鳥取市を中心とする東部で立候補した女性たちについては、4 月 30 日に行われた選挙の前、26 日に「婦人立候補者公聴会」を行うという予告が日本海新聞に掲載され、出席予定者として 6 人の女性が名前を連ねていることから理解できる。6 人とは、田中花子、中原クニ、菊川益惠、鳥越すえ、中山壽（とし）、林かほるである。県議のところで触れたように、田中、中原、菊川の 3 人はすでに 5 日に選挙が行われた県議に立候補しており、田中は当選するも中原と菊川は落選していた。また鳥越、中山、林は 30 日に行われる予定の鳥取市議に立候補しており、鳥越は定員 36 人のうち 370 票で 29 位当選するも、中山は 179 票、林は 101 票でそれぞれ落選する。この公聴会は鳥取市で開催されたということもあり西部の立候補者は参加していない。西部の拠点・米子市では前年衆議院議員となっていた田中たつが地方議員選挙にどのようなかかわりをしたのか不明である。しかし、少なくとも 1947（昭和 22）年から 1951（昭和 26）年にかけて田中と同じ助産師（当時は「産婆」と表現された）をしていたと思われる女性たち数名が立候補し当選していることは、やはり田中たつとなんらかのつながりや彼女の影響があったと推測していいのではないだろうか。

　2 点目。1951（昭和 26）年版『選挙の記録』に記載されている女性候補者 7 人という部分を再度取り上げたい。すでに第 4 章でもふれたが、同じ冊子には全ての当選者の氏名が掲載されていることから、その中から間違いなく女性であるという 6 人を確認することができたので、この 6 人はこの表の該当自治体に入れることができた。残る 1 人であるが、『選挙の記録』をみるとそこには県議の数字も含まれているようなので、そうであれば県議に立候補した女性は 1 人（井口須賀野）だけなのでこれを加えることで合計 7 人という問題は解決する。

　なお、ちなみに 1951（昭和 26）年度の統一地方選挙で市町村議に当選した

人たちの一覧を見ていると、氏名の中には性別を判別しがたいものがいくつか含まれていることがわかった。念のため、何人かについては家族（といっても本人は全て故人となっているので、子孫か近親者と推定される）へ直接電話をして確認してみたが、いずれも男性であった。氏名からひょっとして女性ではないかという候補はその他にもいるのであるが、その家族を探して確認するという作業は昨今の個人情報保護法の観点から自ずと限界があるだけでなく、近年の電話による詐欺事件の多発からか地域住民の意識も高くなりつつあるため、名前を頼りに無差別的に当たることもできず困難が伴う。さらに、その後米子市に合併した旧村の１人について市役所の議会事務局で確かめていただいたところ、実は当選者の名前の字が違うという思わぬ発見まであったものの、これらの作業から６人以外に女性当選者がいたということは確認できなかった。

　３点目。1947（昭和22）年４月の選挙結果については、首長と市町議会については一部立候補者すべての氏名と得票、一部は当選者と次点者の氏名がわかる。しかし、村議会については当選者の氏名すらわからない。そんな中、ある記事から重要な事実を発見した。それは、1951（昭和26）年の選挙結果について報じたものの中で触れられていることで（日本海新聞、1951年４月25日）、西伯郡では村議選に699人の候補者がいたがそのうち女性は４人とのこと。余子村（境港市）の並原かめよは無投票で再選、五千石村（米子市）の伊塚照子と幡郷村（会見町→南部町）の岩田石子の両新人はトップ当選、そして成実村（米子市）の橋根みさ子は最下位だが３人の男性を落として再選とある。重要な事実というのは、最後の橋根みさ子さんの「再選」という部分である。再選ということはそれ以前に当選しているということになる。しかし、他方で筆者を悩ませる同年４月８日付けの記事がある。それは「22［1947年＝筆者］年４月の町村会議員選挙に西伯郡では１人の婦人村議立候補者があったが今度もまた婦人の候補者１人が名乗りを上げた」という書き出しで、五千石村から伊塚さんが立候補したことを伝える内容である。どこに問題があるのか？下線

部、1947（昭和 22）年 4 月に西伯郡から立候補した女性は橋根さんではなく、余子村の並原さんだと思われるからだ。にもかかわらず、1951（昭和 26）年 4 月 25 日付の記事では橋根さんが再選となっている。『選挙の記録』によると、1947 年から 51 年の間、成実村で補欠選挙が行われたということも記されていない。どちらを信用すべきか。並原さんが当選したという事実は、現在も居住しているご家族の話でも、また境港市史（余子村は 1954（昭和 29）年 9 月に境港市と合併する）にも掲載されているので裏付けはあるが、橋根さんについてはこの新聞記事だけで裏付けがない。1947（昭和 22）年に橋根さんが当選していたのではないかという可能性はあるものの、ここでは数字に反映させないでおく。

　以上に加えて、次に表の読み方や注意していただきたいものについていくつか記し、また 2019（令和元）年（10 月まで）の状況について簡単に触れたい。

　補欠選挙の表示についてであるが、たとえば倉吉市議会は 1973（昭和 48）年に通常選挙を行ったが、その後欠員が出たため 1976（昭和 51）年に補欠選挙を行う。その時女性候補が 1 人出たものの落選する。「0/0（1）」とは、「女性議員数が 0 人／女性の当選者数が 0 人（女性の立候補者数が 1 人）」を意味する。

　1997（平成 9）年の境港市をみると、現職の女性議員が 1 人いる中で補欠選挙が行われ、女性候補が 2 人立ち 1 人当選しているので「1/1（2）」と下線で表示しているが、この年度の合計は 2 名となる。

　他方、船岡町（八頭町）では 2003（平成 15）年 6 月補欠選挙が行われ、女性 1 人が立候補し当選する。しかし、2004（平成 16）年 11 月に通常選挙が実施されるも、女性候補者はゼロであった。したがって、2003（平成 15）年と 2004（平成 16）年に在職 1 人とし、選挙の部分は 0 となるので「1/0」として下線なしで示した。

　1949（昭和 24）年 8 月 12 日、東伯郡矢送村（関金町→倉吉市）議会は欠員 4 名の補欠選挙を実施する予定であったが、5 日締め切りまでの立候補者は

4名だけで全員当選となる（日本海新聞8月10日。見出しは「婦人も出馬」とある）。その中に女性が1名・牧□静子がいる。この□部分は活字がつぶれているか欠字である。手がかりを求め「牧」で始まる名字を古い関金町時代の電話帳で調べると、牧田と牧野しかなく、しかも住所はいずれも矢送村の旧村である関金宿と郡家村であることから、ほぼまちがいなく「田」か「野」のいずれかと考えられる。なお、矢送村は1951（昭和26）年4月に改選される。同じ女性が出馬したかどうかは不明であるが、『選挙の記録』にある当選者に名前はないので、1949～50（昭和24～25）年度のみとした。しかし、戦後出遅れていた中部地域での貴重な女性議員である。

1950（昭和25）年12月17日に行われた鳥取市議選挙には、定数36名に対し107名の立候補者がいた（日本海新聞12月1日）。11月20日には2名（1名は「浜本喜久枝（46、産婆）」とある）、29日には48名の候補者名を掲載しているが、それ以外は出ていない。その後、12月6日の記事に、「鳥取市議立候補の加井、前川、松村、浜本の四婦人候補者の立ち合い演説会を開く」とあることから、4名の女性がいたことがわかる。10日の記事から、浜本喜久江（助産婦無所属、ただし「枝」ではなく「江」となる）、松村敏子（主婦無所属）、加井たか（主婦無所属）、前川政子（主婦共産党）とある。19日の記事に当選者と次点1名の名前があるが、女性は4名いずれの名前もない。

1954（昭和29）年7月に西伯郡県村（伯仙町→米子市）の通常選挙で矢田貝さよが当選する。米子市の1954（昭和29）年「3/1（1）」とは、米子市に現職が3人おり、そこにその後米子市と合併する県村の通常選挙で女性候補が1人、当選者が1人いるということを意味する。ただし、この県村は1957（昭和32）年2月にいったん大高村と合併し伯仙町となり議会選挙をし、さらに1967（昭和42）年に米子市と合併することになるので、矢田貝は1957（昭和32）年まで2年半ほどだけ議員をしていたと考えられる。1957（昭和32）年の2か月をどうするか微妙ではあるが、この年度の女性議員は米子市の山久と矢田貝の2人とした。

　女性議員とは直接関係ないが、八東町（八頭町）の 1955（昭和 30）年の選挙にふれておく。八東町は本来この年に改選されるはずであった。しかし当時の八東村は 1956（昭和 31）年 3 月に安部村と合併し八頭村となったため、本来 1955 年 4 月で改選となる議会議員の任期をいずれの村でも延長し翌年までとしたため、例外的に 5 年任期となったようである。

　1991（平成 3）年の会見町（南部町）であるが、4 月の通常選挙に新山幸子が立候補するが惜しくも次点で落選する。しかし、間もなく 1 人が欠員となったため、6 月に繰り上げ当選となる。

　1997（平成 9）年、三朝町議に当選した知久馬二三子が 1999（平成 11）年に国会へ転出したことはすでに触れたが、彼女が町議を辞任したのは 1999（平成 11）年 1 月 12 日であるとの確認を議会事務局から得ることができたので、在任期間はわずか 12 日であるがこの年の三朝町は 1 とした。

　2018（平成 30）年 7 月の岩美町選挙で当選した 2 人の女性のうち升井祐子は幸福実現党で初めて鳥取県の地方議会における議席獲得者である。幸福実現党は国政選挙で候補者を出すなどしていた。また、地方議会でもふるわずにいたが、しかし、同党の候補者ではこれが男女通じて初めての議席となる。

　最後に、令和元年の状況について触れたい。平成 31 年でもあり令和元年でもある 2019 年に改選したのは日吉津村、日野町、そして日南町である。女性議員についてみると、日吉津村では 4 人の現職が再度立候補したものの、無所属の河中博子と松本二三子は当選したが、共産党の三島尋子と江田加代のうち江田が落選して 3 人になる。定数 10 人で立候補者が 11 人、党として票割に失敗したかにみえるが、三島は 120 票でもう一人と同数の最下位、江田は 99 票で落選という結果をみると、共産党から 2 人当選させることが難しくなっているといえよう。また、日南町では 1 人いたものが 0 になっているが、女性の立候補者がいなかったためである。日吉津村と日南町でそれぞれひとつずつ減らしたためか、この年の表の最下段にあるように、現状は県全体では前年に 32 人だったものが 30 人と若干減少している。

すでに説明したように、数については、「その年度にたとえ短い期間であっても在職していたであろう」女性議員数を示している。いくつかの公開されたデータをながめて議員数をみていると、「6月1日現在」、「7月1日現在」、あるいは「12月31日現在」などと月日を区切ることが多いようである。しかし、たとえば「12月31日現在」としてしまうと、3年目の12月25日付で辞職した場合はカウントされないことになるし、また「7月1日現在」とすると、その後9月に行われた補欠選挙に当選してもその年度はカウントされないことになる。そこで本稿ではいずれもカウントすべきだと考えてはいるが、実際に何年何月何日まで在職していたのかを知ることができるのは、基本的に自治体合併後のことに限られるため、不明なことも多いことからこのようにあいまいにしてある。

なお最下段、女性議員の割合については、1955（昭和30）年前後以前の議員定数が不明な自治体があること、1947（昭和22）年と1951（昭和26）年の統一選挙についてはある程度確実なデータがあること（ただし統一以外の自治体は不明なものもある）、その他の年度も場合によっては推定で算出している部分もある、ということをお断りしておく。

おわりに

市町村議会が人々の生活に最も密着したものであり、地域社会の変化を如実に反映するものであるだけでなく、市町村長や県議、知事、さらには国政レベルの選挙もこの市町村議会選挙における変化の反映であるとのわれわれの考えからすると、先にあげた四つの時期区分の最大の根拠は女性議員の数と割合であるということになる。

これまでの調査によると、旧稿で考えていた四つの区分のうち、最初の二つについては変更しなくてよさそうであるが、3番目の「一村一女」期（1989（平成元）年〜2009（平成21）年）と4番目の「ゆるやかな増加」期（2010（平

208

成 22）年〜 2018（平成 30）年）については、議員割合がひとケタからふたケタへの分かれ目である 2010（平成 22）年を 2009（平成 21）年に変更してもよいかもしれない。

　さらに、「ゆるやかな増加期」とした 2009 〜 2010（平成 21 〜 22）年以降、割合では 25 年の 13% をピークとしてその後減少しつつある。やや心配な状況であり、今後の成り行き次第では「ゆるやかな増加期」としたわれわれのタイトルも変更がせまられるかもしれない。

　近年の選挙をみると、男女を問わず、言われているように高齢化と人材不足が鳥取県の各自治体にもじわじわと押し寄せていることは間違いない。というのも、鳥取県の町村議会でも「無投票」と多くが男性である議員の高齢化が目立ち始めているからだ。もちろん、この問題を解決する方法はいくつかありうる。たとえば、現在の議会制度を変える（議員身分の変更、定数、給与、審議の方法など）とか、あるいは更なる自治体合併を促すといったことがある。しかし、そこに至るにはそれなりに時間がかかると予想される。特効薬的には今いる人材で活性化していくのが一番いいわけで、こんな時こそ女性たちの出番ではないかといいたい。高齢の議員がいること自体必ずしも悪いわけではないが、一般に 70 歳を過ぎると男性より女性の方が元気であるという経験則に従えば、高齢の女性たちにもっと議会へ出ていってもらいたい。「70 歳過ぎたら引退」と言わず、80、90 まで女性のみなさんにはぜひもっと活躍していただきたいと考えている。中には男性の首長を相手に女性たちでできることは男性議員より一層狭められると懸念する声もある。確かに議会や委員会で議論したり書類を作成したりするにはそれなりの技が必要であろう。だがそうであれば政治塾なり政党なりが指南できる体制づくりをするとか、あるいは既存の大学やそれがない場合はアカデミーのようなものを立ち上げ女性たちの学びなおしの場を設けるといったことをすればよい。場合によって自治体はそういうことにこそぜひ予算を計上し、人的資源を有効に活用することを真剣に考えてほしい。

【注】

(1) 初出は、春日雅司・竹安栄子,2019,「女性地方議員の過少代表をめぐる歴史と課題——鳥取県を事例として——」『選挙研究』35-1（本書第4章に再録）。

(2) とっとりの女性史編集委員会, 2006,『とっとりの女性史』鳥取県。

(3) 都道府県については『婦人展望』（1963）でとりあげられるが、市区町村については市川房枝記念会（女性と政治センター）編『全地方議会女性地方議員の現状』で継続的に独自調査が掲載され出版されている。

(4) 日本海新聞、戦後のものは鳥取県立図書館と米子市立図書館に保存されている。県立図書館所蔵分のうち昭和20年代は全てコピーしたもので、時に破損による、また時に切り抜きと思われる原因による欠落がある。米子市立図書館所蔵のものはオリジナルであるが折れ目を中心とした破れがあったり、数か月分欠落したりということがあり、新聞記事を頼りとするといっても、必ずしも完全なものではない。なお、日本海新聞は全県同じ記事ではなく、東部と西部で一部異なっている。県立図書館には東部版が、市立図書館には西部版が所蔵されているようであるが、引用にあたっては区別していない。

(5) たとえば、昭和25（1950）年12月に行われた鳥取市議選挙の立候補者は11月末で100名を突破したとしながら、申し込み順に48名しか掲載していない。昭和26（1951）年4月の選挙の時も立候補者を掲載しているが、全てではない。

(6) 新藤久美子,2004,『ジェンダーで読む日本政治——歴史と政策——』有斐閣、181頁。ただし、割合ではなくアメリカと比較した実数の多さである。

(7) 田中たつについては、田中たつ女性史の会／編, 2011-17,『はじめての女代議士——田中たつ関係資料第1集／第2集』が詳しい。また、竹安栄子, 2019,「戦後鳥取県における女性議員の誕生——初の女性代議士田中たつ——」『京都女子大学現代社会論集』第13号（本書第6章に再録）を参照。

(8) 野崎喜代美,2008,「女性県会議員・田中花子の自筆ノート——『人生記録』を読む」、『鳥取県立公文書館・研究紀要』第4号、77頁。なお、『とっとりの女性史』によると、婚家は名望家、義父は鳥取電燈会社社長で県議、その義父を継いで県議となった夫のもとで大家族と婦人会を切り盛りしていたが、戦後公職追放で県議をやめた夫の身代わりでもあったとのこと。

(9) 尾崎正夫,1994,「井口須賀野」、羽合町『新修羽合町史』所収。

（10）この箇所および「おわりに」でふれた「一村一女」期の期間 について、旧稿
（「戦後鳥取県における女性政治家たち」『人文学部紀要第40号』神戸学院大学
人文学部、2020年3月）では「1979（昭和54年）から」となっていたが、それ
は誤りで「1989（平成元）年」に訂正する。

（11）米子市役所『米子市30周年史・議会編』、昭和34年、40-41頁。

（12）すでに触れたように、昭和30年の統一地方選挙時までに改選された議会の選挙結
果については、昭和26年の統一地方選挙の結果に付されたものだけで、これが全
てなのかどうか疑念が残る。日本海新聞をみても、町村議会の選挙についてはほ
とんど取り上げておらず確認ができない。

第6章

女性市会議員の誕生
——山久とうの軌跡——

竹安栄子

はじめに

　1947（昭和 22）年 4 月 30 日第 1 回統一地方選挙市町村議会選挙が実施された。女性が参政権を得て初めて実施された地方議会議員選挙であったが、第4 章、第 5 章で示したように、鳥取県 2 市 19 町 149 村の中で女性立候補者は鳥取市 3 人、米子市 2 人、境港市 1 名の合計 6 名、当選者は鳥取市 1 名、米子市 1 名、境港市 1 名の合計 3 名であった。県内の全市町村議会議員に占める女性議員割合は 0.1％と極小であるが、市議会議員だけでみると 1.8％であり、全国の市議会議員に占める女性議員割合 1.2％をわずかに上回っている。前年に実施された戦後初の衆議院選挙では 39 名の女性代議士が誕生したが（女性議員率 8.4％）、地方議会選挙では女性議員はきわめて希少な存在であった。女性にとって「参政権獲得」とは選挙権の獲得であって、被選挙権の行使は思いも及ばないことであったと推測される。この時代に地方議会議員選挙に立候補し議員となった女性はどのような人物であったのか。本章では、戦後初の米子市市議会選挙に当選し、4 期 16 年間議員として活躍した「山久とう」を取り上げ、立候補の背景と議員活動を明らかにしたい。

1　女性議員輩出の基盤としての地域婦人会

　山久とうは、1893（明治 26）年 5 月 20 日米子市で松田家の長女として生まれ、その後親戚筋の山久家の養女となっている。山久は、尋常小学校で 4 年間、さらに米子市角盤女子高等小学校 4 年間の学業の後に、1907（明治 40）年 4 月私立米子女学校 [1] 普通科 2 年に入学した。さらに翌年の 1908（明治 41）年 4 月には西伯郡立高等女学校 3 年生に入学し、1909（明治 42）年から鳥取県立米子高等女学校補習科で学んでいる。鳥取県立米子高等女学校を 1910（明治 43）年 3 月に修了して同年 5 月から西伯郡庄内尋常高等小学校の教員となった。その後 1913（大正 2）年に米子市就将尋常高等小学校に移動、訓導とし

て 1932（昭和 7）年 3 月まで勤めた。1922（大正 11）年に鳥取県日野郡から橋谷倉治を婿に迎え、1924（大正 13）年に長男が、1927（昭和 2）年には長女が生まれた。長女の山久保子は当時の両親について、「共働き夫婦のはしりであった。祖父母（山久とうの養父母）は早くに他界していたので、幼い頃は色々な人に預けられていた」と述懐している[2]。幼い子ども 2 人を育てながら教員生活を続けていた山久とうであったが、1932（昭和 7）年、38 歳の時に 22 年間に及ぶ教員生活にピリオドを打っている。その理由は不明であるが、退職する直前の 1932（昭和 7）年 2 月に教育功績者として鳥取県知事表彰を受けている。

　山久は教員を退職後、主婦生活を送っていたが、1944（昭和 19）年に夫・倉治が逝去してからは国防婦人会の活動に専念する日々だったと後に新聞の取材に答えている[3]。戦時中の山久とうの婦人会活動についての詳細は不明であるが、山久保子は母親が大日本婦人会で熱心に活動していたことを記憶していると語っている[4]。大日本婦人会での活動がその後の市会議員への道につながっていった。

　第 2 次世界大戦後、ポツダム宣言により婦人会は解散させられるが、鳥取県では 1945（昭和 20）年 11 月に婦人団体設置要領が出され[5]、これによって各地で婦人会が再結成された。しかし米子市の場合、婦人団体設置要領が出される直前の 1945（昭和 20）年 10 月 23 日に米子市婦人会創立準備委員会を開催するための米子市婦人会創立発起人会が開かれた。10 月 29 日、米子市議場で銃後報公会婦人相談員会の終了後に婦人会創立について同意を求め、発起人 3 名を別にして出席者 51 名の賛同を得ている。吉田ユキが準備委員長に就き、各小学校（当時は国民学校）区から 2 〜 3 名の準備委員を出しているが、山久とうも義方地区の準備委員の一人として名前を連ねている[6]。

　その後、米子市連合婦人会の設立は翌 1946（昭和 21）年まで延期されることになるが、12 月 4 日の明道学区婦人会を皮切りに各校区で新しい婦人会が続々と結成されている。ただ「新しい婦人会」の結成とはいえ、戦中からの婦

人会活動は終戦を挟んでも途切れることなく続けられていた実態が残された関
係資料から浮かび上がってくる。波多野の「昭和 20 年 8 月　記録」には、大
日本婦人会の財産（布団、衣類など）の清算作業、戦災者・引揚者への配給、
さらには米子市婦人会創立準備委員会の開催や各校区婦人会結成式など、この
時期ほぼ毎日のように婦人会活動に女性たちが従事していた様子が記録され、
その中に常に山久とうの名前も記されている。山久の学区である義方婦人会の
結成式は、1945（昭和 20）年 12 月 10 日、義方国民学校で挙行され、役員
選挙で山久とうは副会長に選出された（翌年には義方校区婦人会会長に就任）。
民主的な婦人会活動を標榜する新しい婦人会では選挙によって役員が選出され
たが、選ばれたのは戦時中の大日本婦人会で活動していた役員ばかりであった。

　1 年余りの準備を経て米子市連合婦人会の結成式が 1946（昭和 21）年 11
月 13 日、就将国民学校講堂で開催された。準備期間中は、毎月 1 回市役所で
の準備委員会の開催、発起人の打ち合わせ、各校区婦人会長の打ち合わせなど
精力的に会合を重ね、会則案の策定、結成式の日時・場所・式次第の決定など
準備が進められた。結成式に先立つ 10 月 23 日に市役所で開催された準備委
員会では会長及び役員の選挙が行われ、会長に吉田ユキ、副会長に山久とうと
酒井静江、この他に理事 6 名、常務理事 1 名を選出した。波多野マサが残した
資料「婦人会再結成」によると、当日の出席者は市内各町から 5 名以上、新市
内（農村地域）は農繁期のため代表だけの出席で、「実出席者 150 名」と記録
されている [7]。

　米子市連合婦人会結成直後の 1947（昭和 22）年 1 月 15 日開催の役員会の
記録には、議題の「市会見学の件 2 月 [8]」に続いて「市会議員トシテ婦人会員
数名立ツ事各校区ヨリ選定」と記されている [9]。婦人会から市会議員を出そう
という案が誰の発案で出てきたのか文面から推測することは出来ないが、この
時立候補者を婦人会員の中から選定することが決められたようである。さらに
会長、副会長 2 名と常務理事の 4 名が参加した 3 月 5 日の打ち合わせ会では「市
会議員立候補ニ就イテ　3 月 10 日迄ニ各校区ヨリ協議スル」ことを決定し、3

月13日開催の評議員会では「市会議員立候補者ヲ本会ヨリ推薦ノ事」を協議し、満場一致で吉田会長と山久副会長を候補者として推薦することを決めた。しかし吉田会長は高齢を理由に辞退、山久副会長は熟考するとの回答であったので決定を翌日に延期し、2日後の3月15日にようやく山久が立候補を承引したので市役所に申請書を提出した [10]。婦人会役員によって「婦人でなくては出来ない市政の面も多々ある」と再三勧められての立候補決意であった [11]。

　山久とうが政治への女性の参画にどのような考えを持っていたかを知りえる数少ない資料に日本海新聞の記事がある。その中で山久は、次のように述べている。

　「〈略〉長い間の封建性が破られ男女同権となりましたがやはり過去の因習そのものが根強かったせいか未だ政治方面に活躍しようという婦人が少ないのではないかと思います。〈略〉女性が政界で活躍するには従来のように女性を消極的な人間に仕上げることは禁物で才能ある女性は教育によってどしどし向上させ政治認識を深めさせ、活発円満で度量の広い人格を養成すべきだと思います。これは新女性教育の一つの大きな課題で家庭でも過去の閉じ込め主義を捨てて婦人を教育的に解放することが必要です。

　　政界に女性が進出出来ることはとてもいいことで、さきに民生委員が生まれこの中に多数の婦人が混じっているのですがやはり女性の立場は婦人に一番よく理解されると考えます。また女は女への相談が最もし易いようでこの意味からも婦人の政治参加は重要です。〈略〉」 [12]

　「婦人政談比べ」は、翌年の4月に迫った初の統一地方選挙を前に、女性の政治関心を高める目的で全40回にわたって県内の女性に政治への女性の参画についての意見を聞いた連載記事である。女性が立候補することの重要さや女性議員の必要性を訴える意見がある一方で、「婦人の政治認識は低い」「時期尚

218

早」さらには「婦人立候補者を捨石的な一つの導火線として論じ」るという意見も出る中で、「新女性教育」を論じ女性議員の必要性を表明する山久の意見は、70 年以上経た今日でも違和感のない内容である。4 か月後に迫った市議会議員選挙への立候補が山久の胸に去来していたのかどうかは知る由もないが、婦人会活動の経験に加えて、米子市内での長い教員歴を持つ山久は初の女性立候補者としては適任であったといえよう。

　このように、戦時中の婦人会の財産を処分し、新しい婦人会を結成したとはいえ、実態は行政の指導の下、戦時中の婦人会で活躍していた女性たちの指導力に依存した戦後の婦人会組織であった。しかし、女性参政権成立後の初の地方議会選挙に、唯一人であっても女性候補者を送り出すことが出来たということは、女性の政治参画を実現する女性団体としての機能を地域婦人会が果たしていたと評価することができる。

2　山久とうの 4 期にわたる選挙記録

　山久とうの初めての選挙運動は、『とっとりの女性史』[13] によると、「婦人会によるまったくの手作り選挙」だった。婦人会員たちは夜中まで選挙事務所の山久宅に詰めて選挙運動に協力した[14]。山久は、有権者の半分を占める女性の中から一人も立候補しないのは新憲法の精神に反すること、そして政治には女性でなければできない分野もあることを訴え[15]、立候補者 65 人中 29 位、下から 2 番目であったが見事当選した。

　山久の米子市会議員時代の記録は市議会議事録を除いて全く残されていない。しかし、山久自身が晩年になってから書き残した『自筆ノート』[16] が山久保子の手元に保存されていた。『自筆ノート』は、1932（昭和 7）年の知事表彰の時に受けた祝辞や当選時にもらった祝辞、講演会の原稿など山久自身が心に留めておきたいと思った文章の書き写しと、自身が行った各種の挨拶原稿の書き写しなどからなっている。その中に、初挑戦の時の演説原稿「米子市会

議員立候補にあたって」が含まれている。これが山久の政見に関する唯一の記録である。この中で山久は立候補の動機を、「有権者の半数以上をしめている婦人の中から一人も出ないという事は折角与えられました参政権の行使を無視する事となり新憲法の精神に反する」こと、また「婦人でなくては出来ない市政の部面も多くある」ので、「連合婦人会を代表して出るようにとの再三のお勧め」があったことを挙げている。山久は政見として、①生活の安定（そのための物価の安定と婦人のための内職［の確保＝筆者］、保育所の設置）、②配給物資の適正と円滑（特に妊産婦と幼児の物資）、③同胞援護、④文化施設の完備・学校施設の保健衛生設備［の充実＝筆者］・給食問題、⑤民生委員は婦人の手で、の５項目を挙げている[17]。当時の男性立候補者の政見がどのようなものであったのか情報を持たないが、恐らく男性候補者が取り上げない女性と子ども、そして学校教育の課題に焦点を絞り、ただ一人の女性立候補者の特徴をいかんなく発揮した選挙演説であったといえよう。そしてこの政見は、４期16年間の山久の議員活動を貫くものでもあった。

　表１は、山久とうが挑戦した４回の統一地方選挙の結果である。1947（昭和22）年４月、初の立候補時は、上述のように３月15日に立候補を決意、それからの選挙戦で、しかもそれまで政治には無縁であった婦人会員による「手作り選挙」であった。一方、他の候補者は「旧勢力の身代わり候補[18]や旧議員はその顔と地盤にものを言わせ、農総・県労協など民主団体をバックにした候補者はその団体力や組織力に依存」[19]した選挙運動であった。

表１　選挙結果

期　数	期　　　　間	得票数	順位	定数	党　　派
Ⅰ　期	昭和22年4月〜昭和26年3月	390	29	30	無所属
Ⅱ　期	昭和26年4月〜昭和30年3月	473	29	36	市政革新クラブ
Ⅲ　期	昭和30年4月〜昭和34年3月	817	24	36	無所属
Ⅳ　期	昭和34年4月〜昭和38年3月	1,252	19	36	無所属

資料：米子市選挙管理委員会

　しかも定員 30 名に対して 65 人もが立候補するという乱立の中、素人ばかりの選挙運動でかつ極めて短期間の選挙活動にもかかわらず、ただ一人の女性候補者として善戦したといえるだろう。こうして第 6 期を迎えた米子市議会に史上初の女性議員が誕生した。また初期以来の「元老級」は全部引退し、これに代わって労組代表が当選し、新人議員は 30 名中 21 名にも達した[20]。当選議員の党派の内訳は、日本社会党 3 名を除き残り 27 名全員が無所属であった。

　1951（昭和 26）年の第 2 回統一地方選挙も立候補者 68 名という乱立ぶりであった。しかし第 1 期 30 名の議員の中で第 2 回統一地方選挙に立候補した議員は 21 名、その内当選した議員は 19 名、新人議員は前回より少なくなったとはいえ 15 名であった。山久とうの選挙結果は、順位が 29 位と前回選挙と変わらないものの、得票数は 83 票増えた。人口増によって定数が 36 に増えたので順位も前回を上回ったといえよう。なお山久のこの選挙における所属党派をみると、「市政革新クラブ」所属と選挙管理委員会の選挙記録には記されている。選挙記録によると、第 2 回統一地方選挙では山久とうを含む 8 名が「市政革新クラブ」を名乗り、日本社会党 3 名を凌ぐ最大党派を構成した。しかし「市政革新クラブ」の名称は第 3 回統一地方選挙時には消えていて、山久とうも再び「無所属」に戻っている。米子市議会事務局によって「米子市議会会派系統図」が作成されているが[21]、残念ながら昭和 42 年 5 月以降の記録しかなく、「市政革新クラブ」についての詳細は確認できなかった。

　1955（昭和 30）年 4 月に実施された第 3 回統一地方選挙では、新しく合併した 10 地区については旧村から 1 名ずつの定員を振り当て、旧市内は 26 名、合計 36 名の定員で選挙が行われた。旧市内の立候補者数は 33 名と第 2 回と比較して半減した。現職議員は 25 名が出馬したが、当選したのは 20 名。残り 5 名の新人議員は、日本社会党 2 名、日本共産党 1 名、無所属 2 名であった。山久とうは前回より得票数を 344 票伸ばし、26 名中 24 位で当選している。順位的には高くないものの、5 名の男性の現職議員が落選するという厳しい選挙戦にもかかわらず、1 期目から変わらぬ「おばちゃんばかりの運動員」[22]

表2 議会役職歴

就任年	在職期間	委員会名	職名
1947	1947.6.7～1948.4.29	教育委員会	委員
	1947.6.29～不明	住宅委員会	委員
	1947.7.12～不明	医専用地委員会	委員
1948	1948.4.30～1950.1.6	教育委員会	委員
1950	1950.1.7～1951.4.29	文教厚生委員会	委員
1951	1951.5.28～1952.5.29	厚生委員会	副委員長
	1951.5.28～1952.5.29	文教委員会	委員長
1952	1952.5.30～1953.5.29	厚生委員会	副委員長
	1952.5.30～1953.5.29	文教委員会	委員
1953	1953.5.30～1953.7.28	文教委員会	副委員長
	1953.5.30～1055.4.30	厚生委員会	委員
	1953.5.30～1955.4.30	市営事業調査特別委員会	委員
	1953.7.29～1955.4.30	文教委員会	副委員長
	1953.5.30～1955.4.30	教育委員会（議会選出）	委員
1955	1955.5.17～1956.5.14	文教委員会	委員
	1955.5.17～1956.5.14	厚生委員会	副委員長
	1955.5.17～1956.5.14	市営事業委員会	委員
	1955.5.18～1956.5.14	公会堂建設促進特別委員会	委員
1956	1956.5.15 ～1956.9.9	文教委員会	委員
	1956.5.15 ～1956.9.9	厚生委員会	委員
	1956.5.15 ～1956.9.10	市営事業企画特別委員会	委員
	1956.5.15 ～1956.9.9	公会堂建設促進特別委員会	委員
	1956.5.15 ～1957.9.27	教育民生委員会	委員
	1956.9.10 ～1957.9.27	公会堂建設促進特別委員会	委員
	1956.11.14 ～不明	財政再建計画審査特別委員会	委員
	1956.11.15 ～不明	米子市日吉津村中学校組合	議員
1957	1957.6.6 ～1958.9.28	臨時出納検査立会	委員
	1957.9.28 ～不明	公会堂建設促進特別委員会	委員
	1957.9.28 ～不明	市立高校設置特別委員会	委員
	1957.9.28 ～1958.9.28	教育民生委員会	副委員長
1958	1958.9.29～1959.4.30	教育民生委員会	委員長
1959	1959.5.13～1960.6.15	教育民生委員会	副委員長
	1959.9.1～不明	国保運営協議会	委員
	1959.10.1～1960.2.4	住宅建設委員会	委員
1960	1960.6.16～1961.6.25	教育民生委員会	委員
1961	1961.6.26～1962.6.25	教育民生委員会	委員
1962	1962.6.26～1963.4.30	教育民生委員会	副委員長
	1962.12.11～1963.3.31	決算審査特別委員会	委員

資料：米子市議員履歴台帳No.1

による選挙運動でよく健闘したといえる。2 期目の在任期間中に、あけぼの幼稚園の開設が実現しているが、これは初立候補時からの政見の 1 つであった。山久は米子市議会議員であると共に米子市連合婦人会会長であったが、婦人会会員と共に市当局に陳情し、連合軍が使用した後荒れ果てたままであった米子市中心街にある公会堂の 2 室を借用して「あけぼの幼稚園」の開設にこぎつけた。開園にあたっては、婦人会会員が建物の修復や倉庫内に捨てられていた机・椅子の修理などに尽力した [23]。このような 2 期目の婦人会活動の実績が獲得票数の増加に反映されたものと思われる。

　山久とうにとって最後となる第 4 回統一地方選挙は 1959（昭和 34）年 4 月に実施された。山久は 1,252 票、第 19 位で見事当選を果たした。第 3 回選挙に引き続き、さらに得票数を 435 票積み上げ、順位も彼女にとっては過去最高であった。当時、山久は米子市連合婦人会会長に加え米子市婦人団体協議会会長を務めていた。女性団体の要職を務めていたことに加え、過去 3 期の在職中に老人ホーム、母子寮の建設、保育所問題や母子福祉に関して実績を積み重ねてきた点が [24]、特に女性有権者の支持を広げたのではないかと推測される。選挙運動は第 1 回目以来変わらず女性運動員が中心の手作り選挙であった [25]。

3　山久とうの議員キャリア

　次に山久の議会内での委員会活動を検討する。表 2 に 16 年間にわたる山久とうの所属委員会名と職名の一覧を示した。16 年間に山久は常任委員会・特別委員会合わせて延べ 38 の委員会の委員を務めている。その内訳をみると、表 3 のように第 1 期から第 4 期まで間断なく教育部門と厚生部門の委員会に所属していたことがわかる。

　総務委員会や建設委員会、産業経済委員会には 1 度も所属していないのは、初立候補時からの政見を実行するため、教育および厚生関連の委員会に重点的に所属した結果だと思われる。恐らく山久自身が望んでいたことだったと推測

表3　所属委員会

教育委員会	1947（昭和22）年6月～1950（昭和25）年1月
文教厚生委員会	1950（昭和25）年1月～1951（昭和26）年4月
文教委員会	1951（昭和26）年5月～1956（昭和31）年9月
厚生委員会	1951（昭和26）年5月～1956（昭和31）年9月
教育委員会	1953（昭和28）年5月～1955（昭和30）年4月
教育民生委員会	1956（昭和31）年9月～1963（昭和38）年4月

できるが、「女性には女性ならではの役割がある」、すなわち女性議員の役割は「女性と子どもの問題」に限定されるという意識が本人にも、そして議会にもあったことの反映であろう。委員長および副委員長の職に初めて就任したのは2期目の初年度、1951（昭和26）年5月からの文教委員会委員長と厚生委員会副委員長であった（表2の網掛け部分）。厚生委員会では、引き続き1953（昭和28）年5月まで通算2年間副委員長を務める。文教委員会の委員長は1952（昭和27）年5月までの1年間だけであったが、翌年の1953（昭和28）年5月に再び副委員長に就任して1955（昭和30）年4月まで約2年間務めた。厚生委員会では1955（昭和30）年5月から1年間、三度目の副委員長に就任する。この第2期には、山久は毎年文教委員会か厚生委員会の副委員長ないしは委員長を務めている。この時期は、あけぼの幼稚園設立や戦争未亡人のための作業所の整備など山久が精力的に活動した期間でもあり、委員会の役職経験はこれらの成果に何らかの影響を及ぼしたかもしれない。

　山久の3期目にあたる1955（昭和30）年5月から1年間厚生委員会副委員長を務めるが、翌1956（昭和31）年は16年間の議員生活で最も多くの委員会に所属したが役職は無役であった。1957（昭和32）年9月からは教育民生委員会の副委員長を1年間、1958（昭和33）年9月には2度目の委員長に就任している。

　4期目は、初年度の1959（昭和34）年9月から1年間と議員生活最後の1962（昭和37）年6月から1963（昭和38）年4月まで教育民生委員会の副

委員長を務めたが、所属委員会数も少なく活動が低下したように思われる。

　以上、山久とうは、4期16年間の議員生活で、あけぼの幼稚園開設、保育所および遊園地の増設、障碍者施設の開設に尽力し成果をあげている[26]。議会では、女性や子どもの問題、学校教育、高齢者福祉などを取り上げ、初立候補の時に掲げた政見を実現するため誠実に活動した姿が議会記録より浮かび上がってきた。

まとめ――女性の政治参画の要因――

　最後に、女性が選挙に立候補することが極めてまれな時代に、家庭の主婦であった山久とうがなぜ出馬を決意し、かつ4期16年間もの任期を重ねることができたかについてここで改めて振り返っておきたい。

　彼女が立候補し、当選できた要因として次の5点を指摘したい。第1点は、彼女が高学歴の女性だったことである。大学の門戸が女性に開かれていない時代にあって、山久は明治時代の女性にとっては最高の教育機関である高等女学校を卒業し、さらに1年間高等女学校補習科で学んでいる。米子の中産階級の女性の中でも高い学歴を持った一人であった。第1回統一地方選挙の前年に実施された戦後初の衆議院議員選挙に米子市から立候補した田中たつが当選し、鳥取県初の女性代議士になったが、彼女は尋常小学校4年間の学歴しかなかったため、男性のみならず女性からも政治家としての能力を疑われ強い反発を受けた[27]。その意味で山久の学歴は立候補者として女性からも支持されるに十分なものであったといえる。

　2点目は彼女の職業経歴である。高等女学校補習科終了後、尋常高等小学校教員として職業経歴をスタートするが、山久は結婚・出産後も教員を継続している。大正・昭和の初期、家業以外の仕事や経済的困窮といった理由を別として女性が結婚後も働き続ける事が珍しかった時代に、幼い二人の子どもを育てながら就業を継続したのはきわめて稀な事例であろう。しかも山久の養父母は

すでに亡くなっているため、家庭に保育者がいない環境にもかかわらず自分の職業を断念しなかった。1932（昭和7）年、38歳の時に退職、22年間に及ぶ教員生活にピリオドを打っている。子どもが就学年齢に達した時期での退職が果たして山久自身の希望によるものかどうか、疑念を持たざるをえないが、これまでの生き方からは、山久とうの職業人への強い意志が感じられる。したがって、議員として再び社会に出ることに対して彼女自身も希望する側面があったのではなかろうか。

　3点目は、山久自身の職業経歴からも推測されるように、彼女の女性観である。前述のように初の統一地方選挙の実施を前にして、新聞の取材に対し「才能ある女性は教育によってどしどし向上させ政治認識を深めさせ」ることが「新女性教育」の課題であり、「家庭でも過去の閉じ込め主義を捨てて婦人を教育的に解放することが必要」(28)と述べている。彼女自身、教員を退職後は、「家庭婦人」として「夫が大変気難しい人」のため家を空けることもはばかられる生活を10年余り過ごしてきた。立候補時を振り返って山久は、1944（昭和19）年の夫の逝去後、「わが身が自由になり……子供も手が離れていたから、それからは婦人会活動に専念」していた時の選挙であったので、「きっぱりと立候補を決めることが出来ました」と語っている。山久にとって立候補はまさに時宜を得た望ましい生き方の選択であったのであろう。

　4点目は山久の家族の条件である。すでに夫は逝去し、介護すべき両親もなく、子どもも手を離れている。さらに彼女はそもそも嫁ではなかったという事も、親族への気遣いも少なかったであろう。家族・親族の条件としては立候補を妨げる要因は何もなかったと思われる。

　最後に、婦人会という支援団体の存在がある。これが立候補後さらに16年にわたって議員の実績を積み重ねることができた決定的な要因であったといえよう。山久は、「無所属議員」を標榜していたが、婦人会という確固とした支持団体の支援を受けての立候補であった。選挙運動も婦人会員による手作り選挙で展開され、婦人会幹部が常に山久を支え続けた(29)。また政治活動の多く

が婦人会活動と連携して実施されていたので、婦人会活動を通して有権者に成果をフィードバックすることが可能であった⁽³⁰⁾。その意味で、1990年代以降出現した、支持団体を持たないいわゆる市民派の女性議員とは異なり、組織型の選挙戦・政治活動を展開した点に山久の強みがあったといえる。

【注】

（1）1906（明治39）年に有志の力で設立された米子市初の女学校。

（2）山久保子氏インタビュー（2019（平成31）年3月14日、山久保子宅にて実施したものである）。

（3）日本海新聞、1980（昭和55）年5月27日。

（4）山久保子氏インタビュー、前出。

（5）鳥取県, 1969,『鳥取県史　近代』第4巻, 281頁。

（6）波多野マサ「昭和20年8月　記録」,『波多野マサ氏資料』, 米子市立図書館蔵。

（7）波多野マサ「婦人会再結成」, 同上。

（8）実際には3月4日に22年度予算案を審議する米子市議会を40名の婦人会会員が見学した（波多野, 同上）。

（9）波多野マサ, 同上。

（10）波多野マサ, 同上。

（11）とっとりの女性史編集委員会『とっとりの女性史』2006年, 133頁。

（12）日本海新聞, 1946（昭和21）年12月7日付,「婦人政談くらべ」35.

（13）とっとりの女性史編集委員会, 上掲書, 133頁。

（14）米子市史編さん協議会『新修米子市史』第4巻, 2008年, 675頁。

（15）日本海新聞, 1980（昭和55）年5月27日付「この人に聞く　一草分けの婦人たち──」26。

（16）山久とう『自筆ノート』, 米子市立図書館蔵。

（17）山久とう『自筆ノート』, 米子市立図書館蔵。

（18）GHQが1946（昭和21）年1月に出した連合国最高司令官覚書「好ましくない人物の公職からの除去及び排除に関する覚書」（いわゆる公職追放令）によって立候補できなかった政治家の身代わりで立候補した候補者。

（19）日本海新聞,1980（昭和55）年,上掲記事。

（20）米子市役所『米子市三十周年史』,1959（昭和34）年,40頁。

（21）米子市議会事務局調べによる「米子市議会会派系統図」（1967（昭和42）年5月から2019（平成31）年3月31日現在までの議会内党派の変遷と,各期の所属議員名が記録されている）。

（22）日本海新聞,1955（昭和30）年5月,「教え子千人、見事三選」。

（23）山久とう『自筆ノート』,米子市立図書館蔵。

（24）山久とう,1958（昭和33）年,「市会議員の歩の中から」『市婦連だより』1号,1959（昭和34）年7月25日発刊。

（25）日本海新聞,1959（昭和34）年5月,「四選の市議"紅一点"」。

（26）山久とう,1964（昭和39）年,「米子市連合婦人会十周年記念大会　昭和39年3月30日」『自筆ノート』,米子市立図書館蔵。

（27）竹安栄子,「戦後期鳥取県における女性議員の誕生―初の女性代議士田中たつ―」,『京都女子大学現代社会論集』第13号,2019,本書第7章。

（28）日本海新聞,1946（昭和21）年,前出。

（29）山久保子氏インタビュー,前出。

（30）山久とう,『自筆ノート』,米子市立図書館蔵。

［追記］本稿は文科省科学研究費補助金（研究代表：春日雅司、課題番号：17K04105、研究課題名：鳥取県における女性と地域政治の変容過程——戦後から現代まで——）による研究成果の一部である。

第7章
女性代議士の誕生
——田中たつをめぐって——

竹安栄子

はじめに

　本章は、第 2 次世界大戦の敗戦後、女性が参政権を得て初めて実施された衆議院総選挙（1946 年 4 月 10 日）で当選した鳥取県の田中たつを取りあげ、彼女が政治の世界に足を踏み入れることになった背景や動機を明らかにするとともに、その後長く日本における女性の政治参画が低調なままであった理由を探ることを目的としている。

　このテーマを意図した背後には、第 1 部第 3 章の冒頭で詳述したように、戦後 70 年以上が経過したにも関わらず、いまだに政治領域への女性の参画が低調である日本の現状を打破するための方策を何とか見つけ出したいとの思いが込められている。

　終戦間もない 1946（昭和 21）年 4 月、参政権が賦与されたとはいえ女性が議会に出るには、今日の想像を超える大きな困難を乗り越えなければならなかった。その社会環境の中にありながら、立候補した女性の存在を再認識することに意義があると考える。その上で、女性参政権獲得後初めての選挙で議員となった女性の多くがなぜ 1 期で政界から退くことになったのか、あるいは退かなければならなかったのか、その要因を明らかにすることによって、わが国においてその後、女性の政治参画が進展しなかった理由の一端を知ることができるのではないと考える。

1　女性代議士誕生の背景

　1946（昭和 21）年 4 月、女性が初めて参画して実施された第 22 回衆議院総選挙に、79 人の女性が立候補し、39 名の女性代議士が誕生したことはよく知られている。女性議員率 8.4％は当時、世界でも最高水準であったと思われる。しかし翌年の第 23 回衆議院総選挙、女性の立候補者数はさらに増加して 85 名であったにもかかわらず、当選したのは僅か 15 名（女性議員率 3.2％）

に過ぎない。そしてその後、小選挙区制が導入される 1998（平成 8）年まで、衆議院議員に占める女性議員率は 1〜2%と低迷を続けた。

　戦後初の衆議院総選挙によって多数の女性代議士が誕生した理由として、第 1 に挙げられるのが選挙制度である。すなわち、戦後日本の選挙としてはただ 1 度だけ、この第 22 回衆議院総選挙では大選挙区制限連記制が採用された。しかし翌 1947（昭和 22）年、選挙制度の改正で連記制が廃止され中選挙区単記制に逆戻りした。その結果、本稿で取り上げる田中たつ同様、多くの女性議員が落選した。もちろん男性候補者も前回から得票数を減じた候補は多かったが、少なくとも鳥取県の場合をみると、女性候補者の得票率のほうが大きく低下している。これは有権者が候補者 1 名を選択するならば女性でなく男性を選んだ結果である。

　第 2 の理由としては、GHQ の実施した候補者資格審査が大きく影響したと考えられる。1946（昭和 21）年の第 22 回衆議院総選挙では戦前・戦中の政治家の多数が GHQ の審査によって資格なしと判定され、出馬することができなかった。このため、現職議員が不在の空白区が全国的に多数出現した結果、新人にも出馬の機会と当選の可能性が一気に広がったのである（立候補者数に占める新人の割合は 95.3%であった。日本海新聞 1946 年 3 月 11 日）。最下位であったとはいえ田中たつが衆議院総選挙に当選を果たした背景にはこのような情勢があった（大海は、この 2 点に加えて第 3 の理由として、「国民の平和への強い意欲」を挙げている。大海篤子，2005：32）。

2　幼少期から資格取得まで――高坂たつの時代――

　田中たつは、1892（明治 25）年 8 月 14 日、高坂松太郎と高坂ついの長女として、鳥取県会見郡車尾村に生まれた。1903（明治 36）年車尾尋常小学校（4 年制）を卒業している。たつの 71 歳から 6 年間、たつの家に下宿して多くの身の上話を聞いた佐々木忠[1] は、「幼少より男勝りの於転婆娘で悪童たちと

232

いつも喧嘩。然し学業成績は抜群であった。」と述べている。たつが産婆という職業に関心を持ったきっかけを、佐々木は「13 歳当時、弟を背に子守をしながら、近所で垣間見た出産の光景が、あまりに非医学的なのに驚愕、『産婆』という職業の重大さを真剣に考える」ようになった、と記している。(東灘裕(佐々木忠), 1975：204)

　後にたつは、日本の助産婦の誕生とその発展過程についての講演(1949(昭和 24)年 12 月 11 日)の中で、「私達の助産婦の業務は日本古来独自の歴史を以て発展してきた職掌である」が、「出産は神に対して汚穢なもの、忌むべきもので、人前にて語りつぐことのできないものと云う出産思想が上古来日本民族を支配して」きたと述べている(田中たつ・女性史の会, 2011：246, 254)。そのため明治末期頃は「『産婆さん』は下等な卑しい仕事だと云う軽蔑した社会通念がまだまだ根強かった」(東灘, 同上：204)。しかし多感な年齢のたつにとって、出産という営みが劣悪な状況に置かれていることを目撃した印象は深かったと思われる。

　出産を目撃した約 2 年後の 1908(明治 41)年、満 15 歳の秋に、たつは肉親の反対を押し切り、看護婦になるべく意を決して上阪し(東灘, 同上：204)、大阪市西九条で開業していた米子出身の奥田医師のもとで住み込み見習いの看護婦になった。奥田医院は、安治川沿いの工場地帯にあり、近隣では小さい子供まで働いていて、工場で負傷した患者など貧しい労働者たちが次々運び込まれてくる場所であった。たつは佐々木に、夕暮れになると旭日橋の渡船場で、学校にも行けない幼い子供が泣き出しそうな声を張り上げて、一銭の夕刊の立ち売りをしているのに同情して毎日買ってやった、と述懐している。(東灘, 同上：205)

　翌 1909(明治 42)年には大阪医科専門学校の教授である緒方正清が院長を務める緒方病院の附属看護学校を受験、無事合格して 4 月に緒方病院付属看護婦・産婆学校に入学した。寄宿舎に入寮するには 1 年間の勉強の後、2 年間修業を兼ねたお礼奉公をするという規則であったが、「2 ヶ年のお礼奉公が、少

し馬鹿げたことのように思えだした」((東灘, 同上：206) たつは、鳥取県で看護婦・産婆の検定試験が施行されるのを知って 1910（明治 43）年受験しようとした。しかし受験を緒方病院看護婦養成所に報告したところ、規則違反で除籍処分となった。

その後、鳥取県に帰って米子町の山口病院内西伯郡看護婦養成所に入り、1911（明治 44）年に卒業した。翌 1912（明治 45）年にはさらに米子産婆看護婦学校産婆科に入学し、その 8 月から西伯郡立米子病院に看護婦として勤務しながら、1913（大正 2）年に卒業、その後鳥取県施行の産婆試験に合格して、翌年産婆として登録されている。さらに 1915（大正 4）年には鳥取県看護婦免許も取得した。しかし 1917(大正 6)年 10 月に西伯郡立米子病院を退職する。

3　助産婦としてのたつ

西伯郡立米子病院退職後、1922（大正 11）年に米子町で開業するまでの 5 年間、神戸看護婦会に派遣看護婦の登録をして勤務したとの記録がある。お金持ちの病人の家に派遣されたり、外国航路の船に乗って、「船産婆」として働いていた、と後に佐々木に語っている（とっとりの女性史編集委員会, 2008：47）。海外では日本人が「ジャップ、ジャップ」と蔑称で呼ばれていた、と佐々木に述懐している。短期間とはいえ、たつは、大正時代に海外を経験した数少ない女性であったといえる。

1922（大正 11）年、米子町博労町で産婆として車尾村から移転開業した。たつ 29 歳の時である（『とっとりの女性史』135 頁には「22 歳で産婆開業、30 歳で助産所を開業した」とあるが、その後の調査を反映して刊行された田中たつ・女性史の会編『初めての女性代議士田中たつ関係資料集「婦人問題に身命賭す」』7 頁では 29 歳の時に開業したとなっている。本章は後者の記述に従った）。さらに 1926（大正 15）年 3 月には看護婦多数を擁した派遣看護婦会「第三看護婦会」を設立する（田中たつ・女性史の会, 2017：4）。

　佐々木は、たつが最も活躍したのは、この時期から終戦までであったのではないかと述懐している（とっとりの女性史編集委員会，2008：48）。事実、たつは自身が運営する助産所で通い弟子に加えて常時 5 人ほどの住み込みの内弟子も抱えて後進の指導に当たりながら、日々忙しく助産に携わっていた。生涯にわたって育成した弟子の数は約 70 名、取り上げた赤ん坊は一万人近いとたつ自身は語っている（毎日新聞，1966 年 11 月 3 日）。忘れられない思い出として、戦争中、空襲の中で赤ん坊を取り上げたこと、と回想している（読売新聞，1966 年 11 月 3 日）。昭和 30 年代には、助産所の看板はまだ掲げていたが、ほとんど引退状況であったという。しかしそれでも、「お産の仕事は、おばあさん［たつ＝筆者］でないといけん」というお馴染みさんから頼まれた時には、昔の弟子に手伝いを頼んで引き受けていた（とっとりの女性史編集委員会，2008：45）。

　たつの助産所は評判が高く、月に 20 例もの分娩があると寝る暇もなかった、とかつての弟子は語っている（元禄，2007：42）。そのような多忙な中でもたつは向上心を持って勉強した。「略年譜」（田中たつ・女性史の会，2017：7,9）によると、1925（大正 14）年には文部省主催の学校看護婦講習会に参加し課程を修了している。学校看護婦とは、現在の養護教諭に当たり、文部省によって前年から講習会が実施されていた。鳥取県では 1928（昭和 3）年に初めて設置されている。したがって、たつは県の設置に先立って講習を受講していたことになる。同様に、1915（大正 4）年の看護婦免許も、後の 1941（昭和 16）年保健婦免許も法制度が整備されると同時に取得している（章末の略年譜参照）。進取の気性に富んだ女性であったといえよう。1934（昭和 9）年には京都府立医科大学附属産婦人科教室で産婆学を 6 か月間学んでいる。これらの努力の成果によって、米子市車尾尋常小学校校下巡回指導婦嘱託、米子市国民体力検査員嘱託、鳥取県結核予防委員嘱託など県内の健康保健行政関連の要職を歴任する。

　鳥取県や米子の健康保健行政の役職に就くようになり、たつは産婆の資格の

確立と制度化にも関わるようになる。1931（昭和6）年、県令第20号「産婆施行規則細則」により、産婆会結成が所管の警察署の区域ごとに義務づけられたことを受けて鳥取県産婆会が結成され、同年6月20日、鳥取市因幡医師会館で設立総会が開かれている。そこでたつは設立委員に任命され、12月25日に結成された鳥取県産婆会では西伯産婆会理事に選出されている。その後、1942（昭和17）年に鳥取県看護婦会組合長、1943（昭和18）年6月には鳥取県産婆会副会長、2か月後の8月に鳥取県保健婦協会会長に就任している（田中たつ・女性史の会編，2011：7）。またこの間、1941（昭和16）年3月に裁判所書記官の田中嘉平と結婚した（これ以降、「田中たつ」に改姓）。二人の間に子どもはなかったが、かつての弟子の一人は「忙中閑ありで、ご主人と晩酌をたしなまれ、とける様な笑顔で楽しく夕飯されるのが常」であった、と回顧している（元禄，1985：39）。だが1943（昭和18）年11月10日、田中嘉平が死去。2年半余りの短い結婚生活であった。

4 たつと市川房枝

『鳥取県史』は、田中たつの立候補に関して、「大正3年米子で産婆を開業以来、その道一筋に生きてきて、およそ政治には縁がなかった。」（鳥取県，1969，280頁）と書いている。確かに、たつは政治的な活動に従事した経験はなかった。しかし、そもそも1946（昭和21）年の日本国憲法制定とそれに続く女性参政権を認めた選挙法の改正まで、日本では女性は法的に無能力者の地位に置かれ、政治への参加の権利を有していなかった。もちろん、市川房枝などのように政治的活動に従事していた女性も存在したが、極めて例外的である。当時の日本の大多数の女性は「政治に縁がなかった」という現実を考慮すれば、わざわざそれを断る必要があったのだろうか、疑問を禁じ得ない。そして行動していなかったことをもって、たつが社会問題や政治に関心を持っていなかったことにはならない。

　少なくともたつは、長年鳥取県内の各種役員を歴任し、助産婦の資格の向上や制度化に向けて意欲的であった。豪放磊落な性格で、歯に衣を着せぬ発言で、相手がだれであっても臆することなく堂々と議論する人物であった。たつを知る複数の人が、「バリンバリン」[バリバリとの意＝筆者]という言葉がたつの口癖で、「今日はバリンバリンやってきた」と議論の様子をよく話していたと語っている(佐々木,2018 年 5 月 11 日談話)。助産婦界における活動ぶりは「永年鳥取県の名会長として謳われた女傑」と評されるほどであった（日本助産婦会，1947：19）。このようなたつが、当時の女性が置かれていた隷属的な状況に問題意識を持ち、参政権が認められて政治の世界に踏み込んで行ったのはむしろ当然ではないだろうか。

　田中たつが衆議院選に立候補を決めたのは市川房枝の存在が大きく影響している。戦前戦中に、市川房枝に牽引された婦選運動にたつが関わっていたことを窺わせる資料は何もない。しかし、佐々木は「おばあさん［たつ＝筆者］が尊敬していたのは市川房枝と奥むめお[2]」(佐々木、2018 年 5 月 11 日談話)だったと語っているが、市川の思想に共鳴する基盤をたつ自身が有していたことは間違いないといえよう。

　周知のように、市川房枝は、戦前から我が国の婦人参政権獲得運動の牽引者であった。その市川も、1945（昭和 20）年 8 月 15 日の終戦の詔書には、「予期していたが、やはり涙がこぼれた。」と述べている。しかし無念の涙の後、市川はその日のうちに、占領下で予想される女性たちの受難に対処するため、戦後対策婦人委員会規約案を起草した(進藤久美子,2014：516-517)。1945（昭和 20）年 9 月 25 日に開催された「戦後対策婦人委員会」の初会合で、彼女を長とする政治委員会が婦人参政権は与えられるものでなく、「婦人自身の手ですべき」として、政府、貴族院、衆議院、各政党に申し入れることを決定している（菅原和子，2002：465）。

　女性参政権付与は、連合国最高司令官マッカーサーによる 1945（昭和 20）年 10 月 11 日付「五大改革」指令の第 1 項、「選挙権付与による日本婦人の解放」

が決定的影響を与えたのは事実である。しかしこの指令に先んじて10月9日に組閣された幣原内閣の初閣議（10月10日）で、閣僚全員一致で「二十歳以上の国民に男女の別なく選挙権を与える」ことが閣議決定されている。この閣議決定は、戦前に市川たちと共闘の経験を持つ堀切内務大臣の提案による（進藤，2014：521-523；菅原，2002：481）。市川房枝は、後に堀切よりこの経緯を説明されて、「婦人参政権は日本の政府自身が先に決定した」と受け止めている（進藤，2014：522）。しかし幣原内閣がマッカーサーの指令に先んじて閣議決定したことをもって、「婦人参政権はマッカーサーの贈り物ではない」といえるかどうかについては、議論の分かれるところである（菅原は、堀切善次郎が婦選運動の共鳴者、あるいは理解者であったかどうかに対しては懐疑的な見解を示している。菅原，2002：482-483）。

　選挙法改正案は、連合国側の非軍事化・民主化にむけた急速な動きを敏感に感知して、通常の形式的手続きを省略し1945（昭和20）年12月1日に堀切内務相によって第89議会衆議院本議会に上程された。議会での議論では、参政権賦与による家族制度の崩壊の危惧や危機感、あるいは政治的には未熟であるとみなした女性に対する政治教育の必要性など、「日本側が色濃く残す封建的婦人差別観」を露呈するものであった（菅原，2002：473，487-495）。しかしともかくもマッカーサー勧告を背景に、根本的な改正を盛り込んだ「選挙改正法」は、1945（昭和20）年12月15日衆議院で成立、12月17日に公布された。「普通では考えられない内容の大改正」が異常なスピードで実現している（改正作業については、菅原，2002：483-487参照。上條は、「超憲法的処置」で成立したことをもって、選挙改正法の妥当性、さらには「女性にとって、『与えられた』という非自主的、受動的な受容」であったとして問題視している（上條末夫，1990：64-65）。

　選挙法改正案の立案作業が急ピッチで進められていた時期の11月3日に、市川は、「婦選の獲得と婦人に不利な法律の改廃、獲得した婦選を有効に行使するための政治教育などを目的」として、新日本婦人同盟を結成し、会長に選

出されている（市川房枝，1999：62）。当時の市川は、新日本婦人同盟の地方
支部結成や政治教育のための講演で精力的に地方に出向いている。一方、政党
から入党を勧められて、「私には政治家は不向きであり、政治教育運動をする
のには中立の立場が良いと考えて断」り、1946（昭和 21）年の衆議院総選挙
には立候補をしない意思を固めていた（市川，同上，62-63）。進藤によると、
この時期の市川の講演回数は、記録に残っているものだけで 1945（昭和 20）
年 11 月～12 月 26 回、1946（昭和 21）年 1 月～3 月 46 回に上っている。
1946（昭和 21）年 4 月の衆議院総選挙に立候補した 89 名の女性たちに、市
川の存在がどのような影響を及ぼしたのかについては市川側の資料からは明ら
かになっていない。

　しかし例えば、2009（平成 21）年まで女性代議士が不在であった秋田県か
ら 1946（昭和 21）年に立候補し、当選した和崎はるは、新日本婦人同盟秋田
支部の幹事であった（フルーグフェルダー、グレゴリー・M.，1986：43）。熊
本県から出馬した山下ツネ子も「婦選獲得同盟」の役員である（大海，2005：
39）。

　鳥取県で新日本婦人同盟の支部の設立準備会が開催されたのは、同盟発足か
ら 1 か月余り後の 1945 年 12 月 27 日である。米子市議夫人上原貴美子、同
細田と並んで田中たつ [3] が鳥取県支部準備会設立の「産婆役」として名前を
連ねている（日本海新聞、1945 年 12 月 27 日）。たつが準備会設立の発起人
3 人のメンバーの一人となったきっかけは不明である。しかし彼女が敗戦直後
の鳥取県における婦選運動の先頭に立つ一人であったことは間違いない。

　1946（昭和 21）年 3 月 12 日、鳥取県新日本婦人同盟支部の結成式が米子
市で開催された。選挙で上原貴美子が理事長に、そして田中たつは理事に選出
されている（日本海新聞、1946 年 3 月 17 日）。3 月 15 日に米子市で、3 月
16 日には鳥取市で講演会が盛会の裡に開催された。しかしたつが立候補を決
意して資格審査申請の手続きを取ったのは、これに先立つ 3 月 5 日である。新
聞の取材に対して、「どなたかがたって下さるものと今日まで待ってゐました

が出て来られそうにないので新時代の捨石として啓蒙に役立たうと考えて決意したわけです」（島根新聞、1946年3月6日）と述べている。鳥取県新日本婦人同盟支部の中で立候補者を画策したが、他に候補者を見つけることができなかった結果、たつが決意した（とっとりの女性史編集委員会，2006：137）。この時期、市川房枝とたつとの間に、直接交流があったのかどうかは不明であるが[4]、「10日ごろ開かれる新日本婦人同盟米子支部の創立総会に市川房枝女史が来県されるから市川さんに応援を御依頼することにしています」（毎日新聞、1946年3月7日）と語っている。鳥取県新日本婦人同盟支部結成式の翌日、3月13日に米子市で開かれた創立記念演説会で、市川房枝がたつの応援演説をしたが、このことをインタビューで答えたものと思われる（とっとり女性史編集委員会，2008：230）。

　新聞の取材に応えて、立候補を決意した理由を、「主人もなく子供もない私は少々もってゐる金の使ひ道がありませんから婦人参政権に無関心な県女子の啓蒙運動のためにもと思ひ私が捨石になる覚悟で立候補した次第です」（毎日新聞、1946年3月7日）と語っている。これが立候補を決意した時のたつの率直な気持であったのではなかろうか。ただ、無所属で、いずれの組織の公認や支援もなしに立候補したたつが、選挙資金の準備に余裕のある財政状態とは言えなかったと思われる。この時の選挙では、たつ個人が所有していた「皆生の別荘」を処分して法定費用を捻出している（とっとり女性史編集委員会，2008：230）。その後も、政治活動などのための資金確保にはずいぶん苦労したとのことである。

5　第22回衆議院総選挙と39名の女性代議士

　女性に参政権が賦与されて初めての選挙である第22回衆議院総選挙は1946（昭和21）年4月10日に執行されている。当初、選挙法改正直後の1945（昭和20）年12月18日に解散した衆議院は、翌年1月22日に総選挙を執行す

ることを決定していた。しかし 1946（昭和 21）年 1 月 22 日に総選挙を執行
するとの衆議院の決定は、連合国総司令部からの総選挙の執行延期によって覆
され、3 月 31 日に変更された。さらにその後、「好ましくない人物の公職から
の除去及び排除に関する覚書」（いわゆる公職追放令）が発せられ、2 月末に
は総選挙の 10 日間の延期が発表されて 4 月 10 日に投票が行われた。

　この選挙の実施にあたっては、衆議院での議論にもあるように、女性が参政
権を理解してその権利を行使するかについては根強い疑念が持たれていた。女
性参政権を提案した堀切内務相自身、国会答弁の中で「八、九割ハ多分主人ト
同シテアロウ」と発言し、これに対して占領軍の婦人問題顧問であった加藤シ
ズエが「女性に対して失礼千万なことを言った」と、占領軍の女性中尉エセル・
ウィードに訴える、というようなことが起こっている（菅原，2002：491-
492）。

　連合軍は選挙の実施に強い関心を示し、連合軍最高司令部渉外局が談話を発
表して日本政府に適切な対応を求めた（日本海新聞、1946 年 1 月 26 日）。こ
のような情勢を背景に、鳥取県では、鳥取市教育委員会が「新たに賦与された
選挙権をもって来るべき総選挙に臨む青年層及び婦人」の「知識啓開」のため
パンフレットを作成するなど女性の政治意識の啓発に努めている（日本海新聞、
1946 年 1 月 9 日）。しかしそれでも当初は選挙に対する女性の関心はかなり
低調だという見通しが強かった。日本海新聞 1 月 3 日付記事では、「選挙より
台所の確保」、「婦人の投票は未知数」の見出しの下、「婦人は家庭にあるべき
で政治を語るなどは婦道に反するという根強い封建的思想に基づくものも多」
く、農村部での女性の投票率は 2 割程度ではないか、との予想がなされている
（日本海新聞、1946 年 1 月 3 日）。

　しかし 2 度にわたって選挙の執行が延期となった間に、女性の選挙への関心
が高まっていった。3 月 7 日には、10 日の告示を前に、全国の女性候補が「予
想突破で 75 名」になったと報道されている（日本海新聞、1946 年 3 月 7 日）。
鳥取県においても、前述の新日本婦人同盟支部の結成、市川房枝の講演会開催

をはじめ、行政や新たに結成された婦人会による自主的な啓発活動（日本海新聞、1946 年 3 月 17 日；1946 年 3 月 24 日；辻村，1978：99）などが実施された。また県内各地で次々と開催された演説会もいずれも盛況であった。新聞には「千五百人近くの入場者を見たが、紅唇を結んで眼を後援者に向けたまま身じろぎもしない若い婦人の姿が多く見え、老婆の熱心に傾聴するも加えると婦人のみでも 300 人以上に達し」た、との報道もある（日本海新聞、1946 年 3 月 20 日）。

　このような情勢の中で、最終的に女性立候補者 79 名、当選者 39 名。投票率は、男性 78.5％に対して女性 67.0％と、男性より 11.5％低かったが、当初の予想を大きく上回る女性の参政状況であった。女性の大量当選に一番驚いたのはマッカーサーとそのスタッフだったのではないか、と加藤シズエは述べている（菅原，2002：471）。

　ところでこの総選挙には 466 の議席に対して 2,770 名と衆議院総選挙史上最多の候補者が立候補している。1996（平成 8）年の小選挙区比例代表並立制導入によって立候補者数が増加したが、それでも総数は 1,500 人前後であるので、この数がどれだけ多かったかが理解されるであろう。共産党を除いては保守も革新も政党の組織化が不十分である上に、公職追放令によって多数の政治家が立候補資格を喪失しているという混乱期であったことが大きな要因であるが、平和な時代が到来したという当時の日本全体の期待感もこの背景に働いていたといえよう。最年少の 28 歳で大阪から立候補した三木きよ子は、女性にも参政権が賦与されたと知って、「本当の人間と認められた」と「感動で 2 日も寝られんかった」と語っている（東京新聞・北陸中日新聞取材班，2016：29-30）。各地の婦人会活動の記録などを見ると、同様の感慨を抱いた女性は、農村地帯にも少なからずいたことがわかる[5]。「長い封建社会による手かせ足かせの昨日から解放されて、自由になった喜びは形容の言葉なきほどのものだったのでした」（みやぎの女性史研究会，1999：411）という女性たちの期待感が、敗戦後の日本社会に広がっていた事実を忘れては 1946（昭和 21）年

242

の第22回衆議院総選挙を正しく理解することはできないだろう。

　鳥取県では、4つの議席を巡って23人が立候補、そのうち22人が新人という空前の乱戦であったが、旧勢力が圧倒的に優勢で、新人といってもいわば身代わり候補の性格が強かった（鳥取県議会，1975：152-153）。その中で全くの新人で唯一人の女性候補者であったたつは、立候補を表明した時に、選挙は「女性の手で」と宣言している。選挙事務所事務長を選挙に熟達した大木英雄に依頼した以外、全て素人ばかりの女性で選挙戦を進めている。支援者は教え子の若い女性たちが中心になって手弁当で応援に駆けつけた（米子市史編さん協議会，2006：76）。「女性の手で」という考えが市川房枝のアドバイスの結果なのか、あるいはたつ自身の発案であるのかはわからない。しかし新日本婦人連盟の幹事で市川の勧めで立候補した秋田県の和崎ハルの選挙戦法と類似しているので、市川の影響がなかったとは言えないだろう（フルーグフェルダー，1986：43-44）。

6　代議士・田中たつ

　4月10日投票日の翌日、午前7時から開票作業が始まった。たつの地元の米子市の開票所には一般参観者に女性の数も少なくなかったと報じられている（日本海新聞、1946年4月12日）。正午には開票結果が発表され、たつは候補者23名中4位、当選者の中では最下位であったが3万票を獲得して見事当選した。

（1）たつの政見と女性解放の意識

　田中たつはどのような選挙公約を掲げて当選を果たしたのであろうか。立候補表明直後、たつは抱負として、「軍人遺家族や復員される方々に対して暖かい手を伸ばしてあげたい、〔中略〕また食糧問題、育児衛生など私が一軒々々妊婦のご家庭の隅々まで知った体験で今後の運動をしたい」（島根新聞、1946

年3月18日）と取材に応えているが、女性の解放については特に言及していない。しかし1週間後、島根新聞に掲載された候補者の政見には、「婦人の隷属的地位の解放を」と題して、具体的取り組みとして、①婦人の解放、②妊産婦及び乳幼児に対する栄養物特配の実施をすること、③食糧問題の解決、④戦死者遺家族の生活対策安定と慰安、⑤未復員軍人の可及的速やかなる促進とその家庭生活の安定、の5点を掲げている（島根新聞1946年3月25日）。一方、選挙公報[6]では、「婦人の解放」の言葉は慎重に避け、かつ家族制度の改正に対しても「日本独特の日本人にぴったりと来る方法を考えなくてはなりません」と穏健な表現を用いながらも、その一方で「女大学的な忍従一方の道徳を強ひられたり女を無能力者として男子にばかり都合のよい法律が作られたりして、事ある場合女は必ず惨めな境地に落とされてゐた宿弊はこの際一掃せられなくてはならない」と書いている。この一文からも理解されるように、田中たつは明治民法下の女性の立場を隷属的であるとする認識に立って、自らを「女子参政の血みどろな棘の路を開拓する先導者」と表している（田中たつ・女性史の会編，2011：23）。たつの女性解放への見識がどのようにして形成されたかについては、全く資料は残されていない[7]。しかし、米子には女性の教養の向上を支援する動きなどもあり、「学がないから一生懸命勉強」したたつは、これらの活動を通して市川房枝の考えなどを学んだ可能性は考えられる（とっとり女性史編集委員会，2008：230-231）。ただ当選後の弁として、新聞の取材に「夫を戦場に送り、沢山の子供を抱へて生活苦にあえぐ家庭の主婦や折角生まれた赤ちゃんが母乳不足、食糧不足で栄養失調に陥り貴い一命を失ふ悲惨な実例をまざまざと見て、これではいかんと生来の勝気から立候補」（朝日新聞、1946年4月16日）を決意したと語る言葉から、助産婦として接してきた市井の女性の厳しい現実が彼女の女性解放への熱意の根源にあったと考えられる。

（2）当選、そして議会活動
　田中たつの当選は、支援者はもとより同業の鳥取県産婆会、保健婦会、看護

婦会や広く県内の女性たちに喜びと期待で迎えられた。彼女の当選を祝した手紙が数通残されている。その中の1通に、手紙など一度も書いたことがないのでは、と推測される農村部の女性からの手紙がある。ザラ紙に鉛筆で書かれたカタカナ書きのたどたどしい文面 [8] から、「参政権が初めて女性にも与えられた喜び、女性の立場から女性の気持ちを代弁してもらえる期待が溢れている」と『とっとりの女性史』には記されている（とっとりの女性史編集委員会, 2006：138）。

　田中たつは1946（昭和21）年4月13日付で鳥取県選挙区選出の衆議院議員となった。無所属として当選した以上、既存政党には加入しない（日本海新聞、1946年4月14日）と言明していたたつは、無所属議員47名による大同クラブ結成に参加した（毎日新聞、1946年4月23日）。しかし大同クラブは結党には至らなかった。市川房枝の呼びかけで4月25日に結成された超党派の婦人議員クラブにも参加している。しかしこれも社会党の女性議員が8月22日に突如脱退して崩壊した（大海, 2005：45-46）。1947（昭和22）年3月に三木武夫が主催する国民協同党が結党されると入党して、副婦人部長に就任（婦人部長は奥むめお）している。また引揚者を支援する同胞議員連盟にも加わって、女性で唯一人理事になった（とっとりの女性史編集委員会, 2006：139）。

　日本国憲法の審議などで会期113日に及んだ第90回帝国議会閉会後、鳥取に戻ったたつは、国会での感想を「まるでジャングルの中を一人で歩いているような気がしました」と表現している。しかしたつは、「学問というものは例へば器のやうなものではないでせうか。要はその器にこもる精神とか気概で形は問題ではない。〔中略〕自分に分からぬことは率直に認めて人に聴くやうに努力する、それがわたしの流儀です。議会でもわたしはその努力を怠らなかった」と述べ（田中たつ・女性史の会編, 2011：23）、まさにその通り実践した。

　帝国議会会議録によると、田中たつの議会での発言は、本会議2回、各種委員会6回、計8回が記録されている。6月の本議会では、日本の議会史上初めて5人の女性議員が登壇したが、その中の一人として、「外地在留同胞引揚ノ

促進竝外地引揚者、復員者救済ニ関スル決議案」への賛成演説を述べた（帝国議会会議録、1946年6月29日。この時は「日本民主党準備会」代表）。9月30日にも本会議で「ソ連邦残留同胞引揚促進に関する決議案」への賛成意見を述べている（帝国議会会議録、1946年9月30日。この時は「国民党」代表）。引き続き10月には「育児用牛乳の特別配給に関する建議案」と「出産費の封鎖預金引出特例に関する建議案」を提出し、建議委員会で2回発言している。その結果、妊娠5か月から産後1年の婦人には配給増米すること、妊娠5か月以上の婦人に1か月300円、お産に500円の封鎖預金凍結を解除することが認められた。当時のことを振り返ってたつは「毎日、秘書と二人で大蔵省に通いました。今、思えばがむしゃら、強引ですが、最初、怒っていた大蔵省もついに認めましたからなあ」と述懐している（日本海新聞、1980年5月20日）。文字通り気概の人であった。

　彼女の努力の跡を伺うことができる資料が残されている。予算総会での質問案の手書き原稿である。「母子保護対策」と題した400字詰め原稿用紙6枚からなり、恐らく清書原稿と思われるが、さらに修正が施されている（田中たつ・女性史の会編, 2011：46-52）。綴られている文章は簡潔明瞭、演説の構成も論理的であり、質問は数値を挙げた具体性のある内容となっている。尋常小学校4年間の学業しか修めていない人物が書いた文章とはとても思えない。ここに至るまでどれほどの努力を積み重ねてきたのか、その苦労が偲ばれる。ただ残念ながら帝国議会会議録の中から、この質問記録を発見することができなかった。原稿を作成したが、当時は「男性議員は女性を同等の資格がある政治家として尊重するのではなく」、重要なことは男がやって「見下げていた感じ」であったので（大海、2005：50）、予算委員会という国会の表舞台では質問に立つことが出来なかったのかもしれない。

7　中選挙区単記制への復帰と第23回衆議院総選挙

　日本国憲法の最初の議会である第 92 回通常議会は、閉会間際に提出された選挙法の改正後、1947（昭和 22）年 3 月 31 日に解散した。たつは 2 月に甲状腺の手術をして療養中であった。このため第 23 回衆議院総選挙では、たつは満足に演説もできない状態の上に男性の候補者側からはかなりの妨害も受け落選した（とっとりの女性史編集委員会，2008：50）。

（1）中選挙区単記制への復帰

　しかし、落選は病気が理由だけではなかった。第 22 回衆議院総選挙で採用された大選挙区制限連記制から中選挙区単記制に改正されたことが女性議員の選出に大きな影響を与えた。第 22 回衆議院総選挙で当選した初の女性代議士39 名の内、翌年の第 23 回衆議院総選挙に 34 名が立候補した。しかしその中で 2 回目の当選を果たしたのはわずか 12 名であった。第 23 回衆議院総選挙全体でも、第 22 回より 6 名多い 85 名の女性が立候補したが、当選したのは2 期目となる 12 名を含めて 15 名（議席に占める女性比率 3.2％）に過ぎない。

　中選挙区単記制への選挙法改正案は、国会での十分な議論を経ることなく 2度の大乱闘の末、1947（昭和 22）年 3 月 30 日衆議院本会議に上程、翌 31日夜に通過してその日のうちに公布、4 月 25 日に選挙の実施を決めて同日衆議院は解散された。3 月初めの段階では、内務省事務当局は、選挙期日も迫り、議会における審議期間も制限されているので、選挙法一部改正案を現行通り大選挙区制限連記制のままで立案、議会に提出する方向で進められていた（朝日新聞、1947 年 3 月 4 日）。しかし戦前の普通選挙以来実施してきた中選挙区単記制への復帰を強力に提唱する与党自由党は、15 日に中選挙区単記制への改正を多数決で押し切る方針を固め（朝日新聞、1947 年 3 月 15 日）、当初、中選挙区連記制を主張していた進歩党が自由党案採用に賛成したことで（朝日新聞、1947 年 3 月 18 日）、強硬に阻止しようとする野党を押し切って 3 日間の

会期延長の末、強引に可決した（朝日新聞、1947年4月1日）。中選挙区制は「婦人には相当不利」と政府が明言した制度である（杣，1986：245）。その後の日本の政治に大きな影響を与えることになる選挙法改正が、十分な議論も検証もなされないまま決定され、これによって「1945年法改正でなされた戦後日本社会の根本的改革の一つは逆行させられることになった」（杣，1986：245）。

　選挙制度に加えて、女性議員に対する社会の厳しい目も影響した。1年間、「連記制の生んだ奇形児」とか「振袖姿の女代議士」（朝日新聞、1947年3月27日；1947年4月1日）、あるいは「何を勉強すべきか、途方にくれる奥さん、お嬢さんの代議士」、「具体案は何一つもつてゐない貧困さ」（日本海新聞、1946年4月22日）などと酷評されてきた。田中たつも、第22回衆議院総選挙の選挙活動時から、「女だからといって随分誹謗中傷され、邪魔された」と姪で養女だった高坂文子が語っている（とっとりの女性史編集委員会，2006：137）。日本海新聞には、当選が判明した当時の紙面に、有名人夫人の談話として、「婦人立候補者が出たということは私どもにとって非常な喜びです。世間はがっかりしたなどと話してゐるようですが、……。田中女史が人格がなく、政治力に乏しい方であったとしても本県の婦人立候補者としての草分けをされたことは偉いと思ひます……。」（日本海新聞、1946年4月13日）とたつに対する非難とも受け取れかねないコメントを掲載している。田中に対する非難、そしてそれへの反論や支持の声がその後も続いたようである。ついに日本海新聞は、4月24日付「社説　鐘」欄の末尾に、「田中女史に対する賛否両論は文字通り机上に山積した」として、いくつかの賛否両方の意見を紹介し、これでもって「本問題を打ち切りたい」と読者の投書に区切りをつけざるをえなかったほどであった（日本海新聞、1946年4月24日）。

(2) 第23回衆議院総選挙

　戦後2回目となる第23回衆議院総選挙では、「「女性であること」が激しい

攻撃にさらされる結果になった」（大海，2005：49）。たつ自身、熱烈な支持と同様、厳しい非難の声が少なくないことを十分理解していたのであろう。2回目の立候補の言葉を、「婦人代議士の功罪が種々取りざたされましてたくさんの人の中には、果たして婦人代議士の必要があるのかどうかと疑問を抱かれる方があるかも知れませんが」（日本海新聞、1947年4月20日）との断りから始めている。当然ではあるが、わずか1年の代議士経験、しかも全くの素人で政治知識や技術にハンディを負った彼女たちに、大きな実績を求めることは無理である。にもかかわらず2度目の立候補時に、社会は彼女たちに成果を求めた。

　例えば、4月23日投票直前に日本海新聞は、「昨年の代議士には教育のない人が沢山出来ました。とくに婦人議員の中には何の教養もない人が多いようでした。単に「珍しい」だけであんな人をだしてはいけないと思います。婦人議員は何もしなかった。質が低いですね、」など辛辣な批判を「女学生」の言葉として掲載している（日本海新聞、1947年4月23日）。結局たつは、「平和日本、文化日本を再建して、国民全体で住みよい世の中になるためには、婦人の力が絶大であり、したがって婦人を代表して政治に活躍する婦人代議士の必要性大いにありと絶叫いたすもので御座います。どうぞ、せっかく芽生えた草花の根を枯らさないで立派な花を咲かせるよう育ててください。再度の立候補に当たりまして節にお願い申し上げます。」（日本海新聞、1947年4月20日）と叫ぶしかなかったのであろう。結局、前回の半分以下の13,596票に甘んじて7位で落選した。

8　落選後の田中たつ

　1947（昭和22）年第23回衆議院総選挙に落選した後、たつは二度と政界に戻ることはなかった。その理由として、岩尾光代は「職業と国政との両立は難しかったのだろう」と推測している（岩尾光代，2006：銀塩記憶）。岩尾は、

39 名の女性代議士の足跡を辿った『新しき明日の来るを信ず』の中で、田中たつの項に「元代議士と呼ばないで」とのタイトルを付けている。1975（昭和50）年毎日新聞の電話インタビューに答えたときの田中自身の発言であるという[9]。岩尾は、この発言をもってたつが議員体験を悔やんだのかもしれない、と書いている（岩尾，1999：240-241）。果たして事実なのだろうか。

　たつは 1955（昭和 30）年 9 月に、翌年 7 月に実施予定の参議院通常選挙に全国産婆協会の推薦を受けて全国区から出馬する意向を表明している（日本海新聞、1955 年 9 月 14 日）。しかし翌年 6 月に出馬を断念した（日本海新聞、1956 年 6 月 6 日）。この断念の原因を佐々木は、日本助産婦会で横山フク[10]と推薦候補の席を競ったが田中が敗れたため、と語っている（佐々木、2018年 5 月 11 日談話）。同年には、たつが議員時代に面接したビルマ使節団の招待で、ビルマを私費訪問している。9 月 3 日に出国して 10 月 3 日に帰国、1 か月の一人旅であった。目的は助産技術の交換と婦人問題について両国の交流を進めることについて懇談するというものであった（田中たつ，1957）。

　参議院議員として再び国会に返り咲くことを目指すなど、1950 年代のたつの行動をみてみると、政治に関心を失ってしまったと考えるのは間違いであろう。代議士の経験を後悔するどころか、その時に得た知友の招待で、英語を全く解しないにも拘わらず、「私財を投じて」一人飛行機を乗り継ぎビルマ訪問まで果たしている。資料は残っていないが、佐々木忠によると、選挙の時には頼まれて応援演説もしていたそうである。時期は判然としないがおそらくこの頃であっただろう。ではなぜ政界に復帰しなかったのだろうか。

　1980（平成 8）年、田中たつ自身は新聞の取材に応えて、「本当は、それほど立候補したくなかった」としながらも、それに続けて「男がいばった世界で、結局、女は従わならん。思うことがあっても思うようにならんでな……」と述懐している（朝日新聞、1980 年 5 月 20 日）。田中が政治の場に復帰しなかった理由の一つは、本人の意思というより、当時の男性中心の政治の世界がたつの政界入りを許さなかったからではないだろうか。前述のように、田中たつは

1955（昭和 30）年 9 月に翌年の参議院選挙への出馬をすでに表明し、全国産婆会連合会の推薦を受け、民主党公認として全国区から出馬する意向を固めていた（山陰日日新聞、9 月 14 日）。しかし全国産婆協会の推薦をめぐっての候補者選出に敗れたため翌 1956（昭和 31）年 6 月、選挙公示前ぎりぎりに出馬を断念した（日本海新聞、1956 年 6 月 6 日）。少なくとも参議院選への出馬を考えた段階では国会への返り咲きを田中自身が目指していたことは事実である。

　田中たつを知る最後の一人である佐々木忠は、岩尾光代の「職業と国政との両立は難しかったのだろう」という記述に対して、きっぱりと「それは違う」と否定している。佐々木が知る田中は、晩年になっても意気盛んで、若者との議論を好み、社会問題や政治にも関心を失っていなかった。佐々木の友人たちとの集まりにもしばしば同席し、会話の輪に入るのを楽しんでいたという。職業で得た経験を活かし、代議士としての仕事を全うするだけの気概と能力を十分に有した女性であった、というのがたつを知る佐々木の思いである。

　ただ、朝日新聞のインタビューにあるように、「男がいばった世界」に失望したという面もあったのかもしれない。「女性のために」という思いを、政治に反映することができないもどかしさ、一種の無力感が田中を政治から遠ざけたかもしれない。15 歳の時、肉親の反対を押し切って、一人大阪に出て以来、自分の力で戦後まで道を切り拓いてきたたつにとって、国会での 1 年間は、自分の力ではどうすることもできない無念さを味わう経験であったのかもしれない。残念ながらたつは、男性支配の世界を勝ち抜くだけの人的ネットワークも財力も持ち合わせていなかった。何よりも公職追放解除が進んだ政界には、女性たちが入り込む余地はなかった。39 人の女性代議士の中には、たつ同様、政治家としての見識においても、努力、活動においても男性以上に評価されるべき女性たちがいたが、歴史の中に埋没して消え去ってしまった。

むすびにかえて

　「出産」という女性の「性」の営みが、汚穢なものとして社会から排除され、悲惨な状況に置かれているという現実に驚愕したところから、助産婦たつの人生がスタートしている。最初の修業先で見聞した現実も厳しい世界であった。10代の多感な時代に遭遇した庶民の暮らしの実態はその後の彼女の考え方に影響を及ぼしたと思われる。

　たつが助産婦になった時代、女性たちは「跡継ぎを産む」ことによって存在価値が認められる社会であった。にもかかわらず、「産む」行為が「ケガレ」としてタブー視される矛盾にたつは義憤を感じたのであろう。さらに望まない妊娠で中絶を依頼してくる女性たち、避妊ができない中、妊娠・中絶を繰り返し、時には自身の健康を犠牲にする結果となる女性など、女性の「性」と深くかかわってきた経験が、たつの行動の原点にあった。戦後の窮乏と食糧難の中、悲惨な状態の乳幼児や妊産婦への救済を議会で訴える政治家はたつ以外には誰もいなかったのである。

　初の代議士となった39名の女性たちは、上で取り上げた新聞記事の論調にみられるように、当時の人々の目からすれば必ずしも政治家として「ふさわしい」人ばかりでなかったかもしれない。尋常小学校しか卒業していない田中たつも「教養のない人」と非難の対象にもなった。そのような中にあっても、彼女は懸命に自らの役割を果たそうと努力した。だが「女性への反発」と選挙法の改正の前に、「せっかく芽生えた草花の根」は花を開かせるまでには育たなかった。

　政治的に未経験な39名の女性たちは、それゆえに重要法案には関わることもなく1年間の任期を終えた。政治的影響力の行使においては不確定であったが、しかし重要な示唆を私たちに残している。すなわち、選挙方法によって政治への女性の進出は大きく異なる、という事実を今さらながらではあるが証明した。政治の世界に「もし」は意味のないことであるが、あえて「もし」とい

写真1　当選後、出産間近の妊婦
　　　　の元に向かうたつ

写真2　代議士の頃のたつ。
　　　　自宅の前で写した署名入り写真

（いずれも佐々木忠氏所蔵）

うならば、大選挙区制限連記制がその後も続けられていたら、戦後の日本の政治の構図は大きく変わっていただろう。衆議院の女性議員率は、現在、世界の最低レベルである。しかし、「もし」中選挙区単記制への復帰がなければ、少なくとも40年余りにおよぶ女性議員率低迷の時代を私たちは経験しなかったかもしれない。

【注】

(1) 佐々木忠氏。鳥取県境港市出身。元山陰放送社員。1960（昭和35）年4月から6年間田中たつの自宅に下宿。この間、たつから様々な思い出話を聞いた。結婚後、たつの家を離れた後もたつが死去するまで親交が続いた。「東灘裕」は佐々木忠氏のペンネーム。本章の佐々木氏の談話は、2018年5月11日米子市で実施した佐々木氏への聞き取り調査に基づく。

(2) 日本の女性運動家、政治家。1947（昭和22）年第1回参議院議員通常選挙に同年結成された国民協同党より出馬、1965（昭和40）年まで3期18年務めた。田中たつは結成と同時に国民協同党に入党し婦人部副部長となったが、後に触れるように、この時の婦人部長が奥むめおであった。

(3) 記事には「産婆看護婦会会長高坂たつ」と旧姓で記載されている（日本海新聞、1945年11月5日）。

(4) 「市川資料」（石川房枝記念会女性と政治センター所蔵）の中に、田中たつが市川房枝に宛てた封書（1946年4月17日付）が1通残されていた。内容は、当選時に市川からもらった祝電への謝辞と、5月に上京した時、訪問するので直接指導を受けたい、というものである。

(5) 例えば、長野県鼎町のある地域婦人会役員は、「長い男尊女卑の封建時代の中で下積みの苦悩を強いられてきた女にとっては、人間尊重を基本とする民主社会への変動は、長い戦争による物資不足や深刻な食糧不足にあえぎつつも、表現しがたい喜びがあった」と当時の気持ちを記している（鼎婦人会編集委員会, 1986：3）。

(6) 佐々木氏所蔵の資料の中に残されていた印刷物。「選挙公報」との標題や日付を欠いているが、内容から「選挙公報」と解される。

(7) たつの発言を追跡すると、立候補表明時から徐々に深化していることが読み取れる。最初は、気概だけで立候補した印象が拭えないが、選挙活動をする過程で女性たちの参政権付与に寄せる期待を知り、政治家としての覚悟が形成されていったのではないだろうか。

(8) 「田中サン　オメレトウゴザイマス　〔中略〕　私（アナタ）ノ　トウセントキキマシスタ　トキワ　私ノ（オト）ガ（ソンクワイニ）デタトキヨリモ　ウレスーゴザイマスタ　〔後略〕」（とっとりの女性史編集委員会, 2006：138）

254

（9）　毎日新聞の記事検索「毎索」では田中たつの項目は発見できなかった。岩尾は当時、毎日クラブの編集部に関係を持っていたので記者から直接聞いた話であるのかもしれないが、少なくとも資料の傍証ができない記載であるといえる。

（10）　東京都出身。1953年自民党公認で参議院選初当選。以後3期連続当選。1955年日本助産婦会会長就任。

【参考文献・参考資料】

東灘裕（佐々木忠），1975，「メモあの頃は……②」『山陰のおはなし』1975年4月10日号

市川房枝，1999，『市川房枝——私の履歴書ほか——』人間の記録88所収,日本図書センター。

岩尾光代，1999，『新しき明日の来るを信ず——はじめての女性代議士たち——』,日本放送出版協会。

岩尾光代，2006，「銀塩記憶185」,サンデー毎日4月16日増大号。

大海篤子，2005，『ジェンダーと政治参加』,世織書房。

上條末夫，1990，「衆議院議員総選挙における女性候補者」,『駒澤大学法学部研究紀要48』,57–104頁。

鼎婦人会編集委員会，1986，『鼎婦人会四十年の歩み』。

元禄ハル子，2011，「田中たつ先生講演要旨」（田中たつ・女性史の会編，2011，『初めての女性代議士田中たつ関係資料集「婦人問題に身命賭す」』,264-265,268頁）。

元禄ハル子，1985，「故田中たつ先生の思い出」（『鳴潮』38-39頁,田中たつ・女性史の会編，『初めての女性代議士田中たつ関係資料集「婦人問題に身命賭す」』に再掲）。

元禄ハル子，2007，「助産婦の今昔」（『鳴潮』34-44頁,田中たつ・女性史の会編，『初めての女性代議士田中たつ関係資料集「婦人問題に身命賭す」』に再掲）。

進藤久美子，2014，『市川房枝と「大東亜戦争」——フェミニストは戦争をどう生きたか——』,法政大学出版局。

菅原和子，2002，『市川房枝と婦人参政権獲得運動——模索と葛藤の政治史——』,世織書房。

杣正夫，1986，『日本選挙制度史』,九州大学出版会。

田中たつ，1957，「ビルマ日記：その1～その3」（『保健と助産』11巻2号,4号,5

号）。

田中たつ・女性史の会編，2011，『初めての女性代議士田中たつ関係資料集「婦人問題に身命賭す」』

田中たつ・女性史の会編，2017，『初めての女性代議士田中たつ関係資料集』第2集。

辻村輝雄，1978，『戦後信州女性史』，家庭教育社。

帝国議会会議録（URL：teikokugikai-i.ndl.go.jp/）

    1946.6.29,本会議9号。

    1946.9.30,本会議49号。

東京新聞・北陸中日新聞取材班，2016，『女たちの情熱政治——女性参政権獲得から70年の荒野に立つ——』,明石書店。

鳥取県,1969,『鳥取県史　近代』第4巻。

鳥取県議会，1975，『鳥取県議会史』上巻。

とっとりの女性史編集委員会，2006，『とっとりの女性史——戦後からの歩み——』。

とっとりの女性史編集委員会，2008，『とっとりの女性史　聞き書き集　上』。

日本助産婦会,1947,『保険と助産』1号。

フルーグフェルダー、グレゴリー・M.，1986，『政治と台所——秋田県女子参政権運動史——』,ドメス出版。

みやぎの女性史研究会，1999，『みやぎの女性史』河北報社。

米子市史編さん協議会，2006，『新修米子市史』第4巻,通史編,現代。

[付記］引用にあたっては、旧漢字は当用漢字に改めたが、旧仮名遣いはそのまま用いた。

［謝辞］本稿は、田中たつの資料継承者である佐々木忠氏、元鳥取県立公文書館調査員（非常勤）谷口啓子氏、元とっとりの女性史編集委員会委員山本和子氏、鳥取県立公文書館専門評価員（非常勤）野崎喜代子氏の全面的なご協力とご教示によって執筆することができました。ここに記して心よりの謝辞を表します。

田中たつ略年譜

西暦	元号	月（日）/季節	年齢	田中たつ関連事項	その他の事項
1892	明治25	8月14日	0	父高坂松太郎、母ついの長女として誕生（鳥取県皆見郡車尾村84番地）	
1899	32	7月19日			産婆規則（勅令第345号）制定
1903	36	3月	10	車尾尋常小学校卒業（4年生）	
1908	41	秋	16	大阪九条の奥田医院住み込みの見習い看護婦となる	
1909	42	4月15日	16	大阪緒方病院看護婦養成所入所（就業期間2年）	
1910	43		17	緒方病院看護婦養成所を除籍処分	
			17	米子町に帰る	
	43	1月			山口病院開設（米子町立町丁目）
1911	44	7月	18	西伯看護婦養成所（山口病院内）卒業（養成期間3ヵ月）	
		9月			米子産婆看護婦学校開設（西伯看護婦養成所と山口病院産婆養成所を改組した私立学校）
1912	45	4月	19	米子産婆看護婦学校産婆科（山口病院内）入学（就業期間1年）	
1912	大正元年	8月	19	西伯郡立米子病院（現、鳥取大学医学部付属病院）に看護婦として勤務	
1913	2	3月22日	20	米子産婆看護婦学校産婆科（山口病院内）卒業	
		5月30日	20	鳥取県施行産婆試験合格	

西暦	元号	月（日）/季節	年齢	田中たつ関連事項	その他の事項
1914	3	3月16日	21	鳥取県産婆名簿登録（開業地西伯郡車尾村84番地）	
1915	4	6月30日			看護婦規則（内務省令第9号）により、それまで都道府県ごとであった規則が国の法律として統一される
		10月1日	23	鳥取県看護婦免許取得	
1917	6	10月	25	西伯郡立米子病院退職	
		11月	25	派遣看護婦として神戸看護婦会に勤務	
1922	11	4月10日	29	米子町博労町に移転開業（米子町博労町1丁目79番地）	
1926	15	3月	33	米子町に第三看護婦会設立	
1927	昭和2	3月	34	文部省主催学校看護婦講習会課程修了	鳥取県訓令（甲第9号）により設置を奨励、昭和3年境小学校に初めて設置
1931	6	12月25日	39	西伯産婆会理事就任	鳥取県産婆会結成
1934	9	4月	42	京都府立医科大学附属産婦人科教室で産婆学と実地を専攻（10月まで）	
1940	15	4月			20歳未満の国民の体力検査を義務付けた国民体力法制定
		7月	48	米子市車尾尋常小学校校下巡回指導婦嘱託（鳥取県）	
1941	16	3月24日	49	裁判所書記官田中嘉平と婚姻入籍	
		7月1日			保健婦規則制定（厚生省令第36号）
		7月	49	国民体力検査員嘱託（米子市）	
		10月21日	49	鳥取県保健婦免許取得	

西暦	元号	月（日）/季節	年齢	田中たつ関連事項	その他の事項
1942	17	1月	50	結核予防委員嘱託（鳥取県）	
		不明	不明	鳥取県看護婦会組合長就任	
1943	18	2月11日	51	鳥取県知事賞（健民運動、母子保健衛生功労）受賞	
		6月1日	51	鳥取県産婆会副会長就任	
		8月5日	51	鳥取県保健婦協会会長就任	
		11月10日	52	田中嘉平死去	
1946	21	3月10日	53	「田中たつ」に改姓広告を新聞に掲載	
		4月13日	53	衆議院議員（無所属）に当選	
		6月	53	鳥取県看護婦会組合長退任	
		9月25日	54	国民党結成に参加	
		10月10日	54	日本産婆会名誉理事就任	
		11月	54		日本産婆看護婦保健婦協会結成
1947	22	3月8日	54	国民協同党に所属（婦人副部長、渉外係）	
		4月9日	54	鳥取県産婆看護婦保健婦協会結成に尽力	
		4月22日	54	衆議院議員退任	
		6月14日	54	鳥取県産婆副会長退任	
		7月3日			保健婦助産婦看護婦令（政令第124号）施行
		7月31日	54	厚生省医務局医務課勤務（無給）	
		不明	不明	日本助産婦看護婦保健婦協会中国地区評議員就任	
1948	23	1月	55	日本助産婦看護婦保健婦協会鳥取県支部助産婦部会長就任	

西暦	元号	月（日）/季節	年齢	田中たつ関連事項	その他の事項
		7月1日	55	米子地区優生保護審査会委員就任	保健婦助産婦看護婦法公布
1949	24	2月1日	56	鳥取県保健婦看護婦試験委員就任	
		3月	56	米子市糀町丁目46番地（区画整理による町名変更）に助産所開設	
1950	25	3月	57	財団法人結核予防会鳥取県支部理事就任	
1951	26	4月	58	厚生省保健婦助産婦看護婦審議会委員就任	日本産婆看護婦保健婦協会が日本看護協会と改称
		8月31日	59	鳥取県保健婦看護婦試験委員退任	
1952	27	3月17日	59	財団法人結核予防会鳥取県支部理事退任	
		7月15日	59	米子地区優生保護審査会委員退任	
1953	28	9月28日	61	鳥取県指定受胎調節実地指導員	
1954	29	11月29日	62	厚生大臣感謝状（母子保健衛生功労）	
1955	30	5月16日	62	日本受胎調節実地指導員協議会鳥取県支部長就任	日本助産婦会設立
		6月	62	日本助産婦会鳥取県支部長、日本助産婦会理事就任	
	30	9月	63	参議院全国区に出馬表明	
1956	31	6月	63	参議院全国区への出馬断念	
	31	7月3日〜8月3日	64	ビルマ国を訪問し、助産技術の交換、厚生施設の視察、看護業務の研究討議、婦人問題の交流等を図る	
1957	32	5月28日	64	鳥取県知事表彰（母子保健衛生功労）	
1959	34	5月17日	66	日本助産婦会鳥取県支部長、日本助産婦会理事退任	

西暦	元号	月（日）/季節	年齢	田中たつ関連事項	その他の事項
		5月18日	66	日本受胎調節実地指導員協議会鳥取県支部長退任	
1966	41	12月	74	米子地区新生児指導員就任	
		不明	不明	米子市社会教育課主催「人生大学」友の会会長就任	
1967	42	11月3日	75	勲4等瑞宝章受章	
				BSS（山陰放送）のラジオ番組にレギュラー出演（2〜3年続く）	
1985	60	8月30日	93	死去	

第三部

女性地方議員の声
──立候補から議会活動まで──

はじめに

　第3部は女性地方議員を対象に行ったインタビューから、彼女たちの生の声を紹介する。

　インタビューをもとにまとめるという手法は、記者や作家がよく使うものであり、多くの読者は意識せずともそのような記事や文章には慣れていると思われる。しかし、以下に紹介するものはそれらとは少し異なる。異なるのは、語り手の話が長いというだけでなく、語られるコトバには語り手独特の調子があるものだが、それがそのまま文字にされているという点である。つまり、ポイントは外さないように話を切り取っているが、語ってもらったことについては極力編集しないものを提供しようという方針をとっている。

　編集したものは確かに読みやすいが、編集されてしまうと、どこまでオリジナルの話なのかという疑問だけではなく、編集者が文脈をつなぐために当事者が語っていない尾びれ背びれまでつけてしまうということも珍しくない。文章ばかりで読者にはやや読みにくく退屈するものになるということを承知で、できるだけオリジナルなコトバを生かしたものにした。

　ここに紹介するインタビュー（聞き手も活字への反訳も全て春日と竹安が行った）は語り手の了解のもとに録音し、後日一旦全て活字にした。当然のことながら、こちらが質問しそれに答えてもらうという形式であるため、話の内容はわれわれと語り手との「会話」である。したがって口調はややくだけたものであり、それをそのまま第三者が活字で読んでも意味がとりにくかったり、内容を理解しにくいものもある。また地名はもちろん、人名といった固有名詞も出てくる。このようなことを考慮して、ここにまとめるにあたって、以下のような方針で行うことにした。

　1.　大事なことは話の「一字一句」ではなく、女性たちの言いたいことの「全
　　　体としての内容」である。しかしだからといって話を勝手にまとめるの
　　　でなく、できるだけ話し手である女性たちの生の声を伝えたいというの

がわれわれの希望である。したがって聞き手と語り手の会話は、文意を損なわない範囲での変更・修正だけにとどめた。

2．回答者が誰であるかは、ここでは直接的には特定できないようにした。たとえば、全体の配列は、「立候補の動機」、「取り上げたり、重視したい問題」、そして「女性として、議員として楽しいこと、悲しいこと」などといった項目にまとめたが、回答者をAさんBさんとしてしまうと、あとでAさんなりBさんの話の部分をまとめると、その意図のある人にとってはそれが誰であるか特定できてしまうと考え、ここではこのようなことがしにくいように配列すると同時に、固有名詞（一部の政党名や会派名、また支障のない地域名や人名などを除く）は伏字とした（たとえば、回答者が具体的な地名を言っている場合、「○○町」とか「○○市」、「この町」とか「本市」とした。都道府県はすべて「県」とし、「○○県」や「本県」で統一。人名は「○○」さん、「××」さんとした）。

3．ここでは一人分を連続した話であるかのように編集しているが、実際にはいろいろな話の中で出てきた部分をつなぎ合わせている場合がある。

4．議員仲間や地域内、政党・会派間での人間関係、立場の違いなどについて言及する場合、いわゆる批判めいた発言もあるが、これはこれである種の真実を伝えていると考え、支障のない限りでそのまま、あるいは伏字で掲載した。

5．話の中に出てくる言葉の中には、われわれが完全に聞き取れないものもあった。不明の表現や言葉が出てきた場合、話を中断しない程度に聞きなおすよう注意してはいるが、その時は理解したつもりでも、後で活字にしてみて「これでいいのかな？」という部分も何箇所かあった。もし誤った表現をしている点があればお詫びしたい。

なお、語りの中の［　］は聞き手の質問と合いの手コトバ、［（編者）］は補足の編者注である。ママはもとのままを意味する。

さて、インタビューに協力していただいた女性たちの中には、ここに活字に

されたことによって「真意が誤解されている」とか、「まさかこんな話まで活字にされるとは……」という方もおられるかもしれない。なぜなら、どういう形で公表するかについてはお話していないからである。話の内容をどういう形にするかは、特にアイデアがあったわけではなく、インタビューを終えそれを活字にし繰り返し読むうちに、「できるだけたくさんに読んでもらいたい」というふうに固まってきたものである。当初もう少し短いセンテンスで引用することを考えたが、話にはリズムや流れがあり、しかもコンテキスト（文脈）もある。もちろん短く切ってもいいものがたくさんあるのだが、しかし中にはあまり短くするとこれらがズタズタになるものもあった。一人の女性からの引用は長短いろいろあってもいいとは思いつつも、いざ活字にして冊子にすると、やはり「私はあれだけしゃべったのに、たったこれだけしか掲載されていない」と考えるのは何も政治家だけではない。われわれとしても一回一回のインタビュー中は相手の話に引き込まれているので、それなりに感動するのだが、時間が経過するとたくさんの事例が記憶の中で混乱しはじめてしまう。それでもそれを活字にしてあらためて読み返しているうちに、「なるほど……」とか、「ふぅ～ん」と思わず声に出してしまうほど、それぞれ真似のできない人生ドラマが展開しているのである。話のファイルは、まさに話し手の「半生」を1時間なり2時間の映像としてわれわれの目の中のスクリーンに映し出してくれる。活字となった女性たちの話の量は、ここに紹介する分量の何倍もある。これを全て紹介する必要はないが、女性の皆さんのお叱りを覚悟の上で、その人生ドラマのできるだけ多くを紹介したいと考えた。その最大の理由は、女性たちの迫力ある物語は、きっと他の女性たちの共鳴・共感をよぶとともに、次に政治の世界へ登場しようとしている女性たちへのエールとも励みともなるはずであり、さらにはわれわれがつまらぬ細工をほどこして紹介できること以上のインパクトを持っていると信じたからである。かつて行ったアンケートの自由記述欄に書かれた最も多い要望の一つは、「他の皆さんはどうしているのでしょうか」というものであったことを考えると、ここに紹介した女性たちの話は、

必ずや多くの女性たちの導きの星となることであろう。

第8章
立候補のいきさつ

われわれが女性たちに対して最も関心をもったのは「立候補の動機」である。ただし、この点はインタビューに応じてくれた女性たち全員が「聞かれるであろう」こととして予想していたのか（電話などでインタビューのお願いをした時に、必ずこの点も聞きたい旨皆さんに申し入れていた）、いずれも比較的明快に回答してくれたように思う。

［事例1］

［どういう理由で立候補されたんでしょう？］

　よく聞かれるんですが、他意はなかったんです。もう1期前の選挙の時に懇意にしている女性の友人が、「今どこでも女性の議員が出ているのに○○町は50年来一度もなかったし、そういった考えの方もいなかった。書類を選挙の時までに責任を持ってそろえるから出ろ」とすすめてくれた。しかし私自身そういう事が好きではなかったので、最初は聞く耳を持たなかった。そうしたら皆さんからしかられまして、「あの人がお膳立てしてくれるのに本人はその気がない」って。そうこうしているうち、立候補の届け出締め切りの間際に「どうも無投票になるかもしれない」となり、「もったいないじゃないか」という事で、時間ぎりぎりまで立候補しようかどうか考えた。その話をすると家族もびっくりしまして、その時は結局やめたんです。そして4年たってまた選挙になって同じことが蒸し返され、「そういう気はない」っていったら、「4年もたったらそういう気がないことはないはずだ」といわれ、現職の男性議員の方も「個人的には女性議員がいてもいい」といわれた。でも「私が出なければいけない理由はない」と思ったものの、たまたま女性問題地域推進会議というのが県の方であり、そのメンバーでもありますし、町内の会合の時に「出すなら自分たちの力で女性をぜひ出そう」という事になった。本当に単純な気持ちで、この女性問題推進会議で「やろう、やろう」という事になった。

［それは行政がやっている会ですかね？］

　行政といえば語弊があるかもしれない。もともとは県の婦人少年室から下りてきた会で、各町村で任意に増員して、この町の場合たった 10 人しかいませんが、各種女性団体の長を兼ねておられる方がいらっしゃる。その時は「やろうやろう」という感じで。「じゃあ誰がいいか」、「おまえやれ」という事になって。「ちょっと待ってくれ、そんな事いわれてもやる考えじゃないし」という事で、その時も保留して投げていたんだが、まわりは話がエスカレートして「もう意思表示したのじゃないか」という話も出てくるし、私の知らないところで。主人にこの男性から「決心したって？決まったって？」と勤め先でいわれたみたいで。驚いて帰ってきて「そんな話が出ているのか？」ってこともあり、あっという間に話が先に走ってしまった。はっきりいいとか悪いとかいわなきゃ、こんなことしていても出たい気持ちのある人がおられたらじゃまする事になりますし、家族、親類、知人にも話をして地元の集落に話をして、結局、担ぎ出された感じて。今でも本当に「こんなことやりたかったわけじゃないのに」って思う。結局、選挙になるまであわただしい。選挙が 6 月の終わりころあったんですが、家で「これで決まりだね」って決めたのが 3 月の終わりころでしたから、正味、4 月、5 月、6 月くらいでしょうか。家が農家なものでして、主人が勤めてますが、私も勤めながら農業をしていて、丁度、農作業の忙しい時期にかかって、他人に迷惑をかけちゃいけないし、田の植え付けも終わらなきゃ本腰が入らないという事であわただしかった。結局、一番お尻をたたいて女性の必要性を一生懸命言ってくださった友達が今年の 2 月に……ガンで亡くなりました。選挙で当選したという結果は教えましたが、わかったかわからなかったかわかりませんが、その友達が火付け役だったと思う。元気でいてくれたら、本当は私よりもその人の方が行動力もあったし、すごい人でしたから残念ですが。みんなが「自分が手をあげて［立候補（注）］する」と言われるが、私の場合はいい加減な気持ちで出たから水になじめませんでしたが、1 年少したらようやく「こんな感じかな」とわかりかけてきたところです。

　［4～5年前からお友達からすすめられたというのは、それまで何か、たと

えば婦人会の会長をされていたとか、活動をしておられたんですか？]

　前は町の婦人農協部の会長をして、それから郡の農協の会長をして、それから農協の県役員を何年か、婦人部ですけどしていました。そういうことでみなさんが出やすいと思われたのかもしれない。丁度、子供も役になるころには手が離れて家にいませんでしたし、考えようによれば、農業は出ようかと思えば、前後がんばってすれば時間的に融通がききますから、出かけやすかった。それが出やすいと思われた理由かもしれません。

［事例2］

　私は39年間教職についておりました。ここでは14年くらい。地域の取り決めで夫婦は同地域はいけないという事がありました。主人も私も中学校の教員で、主人は隣市の方に出た。数年経って私が隣市に出る、主人がここで働くというふうでした。小学校は学校数が多いから、同地域でも構わないということでしたが、夫婦は中学校において同地域で働くことは許されず、絶えず入れ違いでした。退職後、私もスポーツ関係をやっていて忙しいのですが、まだ余力があった。教育委員会の方で、臨時で社会体育の企画をして欲しいと頼まれた。それをやっていたら、2月に出直し選挙という事で、年度の途中にあるのだが、教育委員会に言って立った。なぜ選挙に出たかということだが、私はもともと政治に無関心というわけじゃないが、世間並で一市民程度の関心にすぎなかった。ある時、高校の同窓会で、県の西部地区で、年代は80代から現役卒までの会があった。その時に私の回りに男性が集まってきて、○○市の汚職事件について、「汚職事件を起こした者が再度立候補している」と怒った。そこで私に「立候補しろ」と皆が薦めた。

　［高校の同窓会ですかね？］

　そう。地元からの出発じゃなく、同窓会からだった。「今は女性が活躍する時だ」と言われたが、いざ選挙に出るとなるとなかなか大変そうだと思った。皆が盛り上がるので、冗談半分に「私が出たら宜しくね」と言ってその場を納

めた。その中に、後で聞くと「よく決心がついたな」と思った人や「冗談」と受けとめた人などいろいろだった。それが、1週間過ぎて、立候補の締め切りが日曜日でしたが、その締め切り前日の土曜日に「届け出は明日までだが、出しただろうな」って電話がかかってきて、「いや、そんな約束してませんよ」と言ったら、「出ると言ったじゃないか。バックアップするから届けを出すだけ出せ」と言われた。私は「気持ちがまだ動いていない」と言った。しかし同窓会のメンバーのいろんな人から電話がかかってきた。同窓会のメンバーは○○市でもハイポジションの良い所にいる人が多くて、お医者さんとか有力な方たちがいらっしゃる。そして「主人に電話を代われ」と言い、主人を説得しにかかったが、親戚も少ないし、主人は首を縦に振らない。話しているうちに主人も「おまえが決めろ」って言い出して……。私も周囲から言われて、「女性も頑張らないといけない」という事で徐々に燃えてきて決心して、土曜日の午後くらいに。

［事例3］

　私、本当は、議員になるなんて全然考えてなかったんです、直前まで。全然、ほんとに。もちろん政治に興味はなくはなかったんです。いろいろ黒い政治とかに興味はありましたし、批判的立場でね。世渡りの術としてとか、いろんなこととして、なんとなく興味はあったんですが、自分がやろうなんてことはちっとも思ってませんでした。たまたまこの校区の地域で、二人議員さんがおられて、二人とも男性なんですが、一人の方は前回初めて出られた方で、だから今回二期目です。もう一人の方はベテラン議員さんで、もう何回も出とられて、自分は、家庭の事情もあるし、おばあさんが寝込まれてもう何年にもなり、家の方も農家で、トマトを作っとられて出荷されてたり、いろんなことがあって、「そろそろ退かしてもらいたい」って言いよんなる、という噂が入ってきました、選挙の前でした。そうしますと、「代わりに誰が出んなるんだろうかな、なかなか我こそはという人が居んならん、そんな難しいのかな、あの

273

人は出ならんか、この人は出ならんか」、まあ面白半分に毎日話しとって。そうすると、ある女性が役場を退職されますんで。やっぱり役場を退職された方というのは過去議員に何人かなっとられますし、「まあ、あの方が適任じゃないかな、なられるんじゃないかな、立候補しなるんじゃないか」という噂もあったんですけど、もうガンとして拒否された、「自分はそういうことは考えてない」と言われた。「まあ、何でそうなんだろう、そろそろ女が出てもいい時期なのに」ていう言葉がチラチラ聞こえるようになりました。特に私が懇意にしておりました年輩の70幾つのおじさんが、「農家はほんにつまらん。もうちっと勉強すればいいのに、目先のことばかり追うて。ほんにつまらん」、「勉強する人もいるし、勉強するようにしむけるのも夫の役割でもあるよ」などと、意見交換してたんです。その人が、「そろそろ女性が出てもいい時期なんだろうな」って。「よそでは女性が出てる、隣の町なんかずっと前から女性が出てる。なのに、この町は誰も出んなあ」って。「ああ、じゃあ誰も出ならんのかなあ。男の人も女の人も誰も出なる」という声を聞かんで、年が明けちゃったんですよ。それでも「まだ決まらない。一人じゃあいけんな」という話もあったし、私なんかが思いつかんでも際になったら誰かが、それなりの人が思いつかれたでしょうけど、ふっとその時に、「やっぱり女でも出てみよう」と思ったんです。そん時は、今ほど切実には感じてませんでしたけど、漠然と出るとなるとそんなに容易いことではないなあ、票を取る取らないの問題よりも、いろんなしがらみがありますでしょう。特に家庭的な事情とかね。いろいろありますから、そうそう簡単に思いつけることではないし、いくらお金を使わない選挙じゃいうても、やっぱり、決められた金額だけでも、女性にとっては相当のもんですから。男性にとってはそんな大したことはないでしょうけど。女性にとっては、それだけのお金を動かすというのは大変なことですし。そうすると、それなりの地位のある方というのは「失敗した時が多分怖いんじゃないか」とふと思ったんです。そうすると、私はほんとに若造ですけど、失敗しても何にも失うものもないし、別に恥も外聞もないですし。私がそういう立場にあったら、

「チャレンジしてもいいな」って思いまして、それとなく主人に言ったんです。そしたら「思いついて、本気にやってみるか」と言うので、そうなると「いやあ、だけど」って、今度は私が尻込みしたんですけど、主人は「いや、そうまで思うなら、自分はいくらでも応援する」って言ってくれました。家には姑がおりますが、もう80です。「おばあさんに負担かけることにもなるし、もうそんなことできやしない。おばあさんの腰が抜けるかも知れん」、「それは自分が頼む。だけ、後はお前の気持ちだけだ」と言われて、どうしようかなって随分考えました。最初から当選するとは思わない。そうは言っても、「女性が出てもいい頃だ」と何ぼ上手言うても、「やっぱり女性じゃ駄目だ」という心の奥底はあると思うんですよ。女の中にもあると思う。そういう気持ちは男性より女性の気持ちの中により沢山あると思うんですよ。ですから、それを思いまして……。主人が言ったことには「だけど、お前が出たなら、女性だといって出ても、女性の票は半分もないと思え。女性はそんな容易いものではない、なおさら男性はそうだし、落ちる覚悟できとるかい？」、「それはまあ、落ちてもいい。だけど、私が落ちても、町で女性が一人思いついてチャレンジして、えらい元気がよかったなあ」と。4年後にまた、それなりの人が出て、「あぁほんに、○○ちゃんでさえそんなこと思いつきなさっただけ、あとじゃあそうしならんかったけど、今度は皆でやってみようというような雰囲気が生まれたら、それが私の役割なんじゃないか」と。失う物がなにもないから、怖くないですし、一石を投じることができる。「女性の意識改革とかそういうことができたら、女性たちの勇気に繋がったらいいなあ」と、手を挙げたんですよ。ホント、2月になってから立候補したんです。そりゃあ皆が口が開いてふさがらんというかね、「何で？」って。そりゃあホント想像して下さい。ホント、そうだったんですよ。「また何を思おうて？」言われて、「いや、女子が頑張らにゃいけん思おうて」って言うたら、「そげな単純なことで思いついたら困る」みたいにね。それも、女性のちょっと上の年配の方のグループに呼ばれて、「ちょっとあんたの話を聞きたい。応援するかどうか、これから決めさしてもらう。どげなこ

と考えてそんなこと思いついたか話してつかぁさい」と。上手なこと話せませ
んよね、緊張して。年上の方ばっかり並んどるのに、カチカチになってね。で、
今言ったようなことを言ったんですよ。「私は当選できるとは楽観はしていな
い。だけど、一石を投じるつもりで、後、女性の勇気に繋がればいいなあと思っ
ている」と言ったら、「あんた、簡単にそんなこと言いなるけど、あんたが落
ちたら、やぱっり女が出てもダメだ」いうて、「よけいと皆が臆病になる」て
いわれたんですよ。「出るからには当選せんと。あんたが落ちたら、やっぱり
女はダメなんだ」いうて、「またしばらく立ち上がる勇気が、次によけい続か
なくなる」いうて。「ああそうか……」て思ったんですけど、もう引っ込みが
できませんから。でも、話してたら、「大体に日頃そういう思いがあったのなら、
何で私たちと日頃そういう話をしてくれんかったのかな」という風にも言われ
たんですよ。それで、「立候補しま～す」と手を挙げるより前に、「私、立候補
したいんだけど……という風に相談を持ちかけて欲しかった」と言われる方が
沢山いらしゃったんですよ。でも、前に、○○さんという2期務めた議員さん、
80からの方がいらっしゃるんですが、その方がおっしゃって下さったのには、
「そういう風なことを言うたら、きっと潰されてしまう。だから、突然に、立
候補しますって言うのも正解なんだよ、そういう勇気が必要なんだよ」ってい
う風に、皆さんの前で言って下さいまして。皆がね、「ああそうだね、そうか
も知れないね」っていう風になりましてね。で、最初、まぁ最初は女性の力を
借りて……。私も本読んだんですよ、女性議員になる方法とか、出られた方の
手記とか、いろいろ読んだんです。本買ってたくさん。男の方は男性か若いボ
ランティアくらいで、後はホント女性で頑張っとられるんですよ、市民運動で。
私もそういうのが本当は好きなんですよ。でも、この田舎で市民運動なんてで
きるわけでもありませんし、若い人といってもだんだん数少なく、高齢化率進
んできてますでしょう。「男の人の力を借りんとできん」という結論に達しま
して、一応、一番最初婦人会長さんにお願いして、婦人会長さんが一も二もなく、
「よし、やったる」と言って下さって、輪が広がりかけたんですが、女性だけじゃ

あいろんなしがらみがあって無理で。後、男性の方にね、役場退職されてて、病気されてまだ治療中だったんですが、それを押してその方にお願いして。「自分も応援してやる」と言ってくださって、もう本当に寒いのに、一緒に歩いて下さって。誰もにお世話になったんですが、私が今あるのはその人のお蔭かなと思っています。

［事例4］

たまたま、8年前タイミングがよかった。土井さん、国会議員で言えば武村さん、日下部さん。そういう人達が出た後、国鉄が解散した時、そういう人達が精算事業団で残る組とかがあって、組合的に元の国労を議員として出そうという働きがあったり、地方では組合がだんだん縮小してきて、土井さんブームで女性でもいいんじゃないかという事はその前段あたりから話が出ていた。それと県で婦人の10年というので各市町に女性の指導員を置いたりして女性の自立に取り組み始めたタイミングの良い時に私は出させてもらった。

［議員になられる前は？］

ふつうの主婦です。

［どういうきっかけで？］

たまたまね、自治労の家族会の役員をやっていた。

［ご主人が自治労の組合員で活動してらした？］

組合員の家族という事で、子供が小さい時から出入りしてた。

［そこで役をされていた？］

役もしていたし、行政の管轄で町のスポーツをやったり。

［振興員？］

指導員をさせてもらっていた。

［婦人会活動は？］

婦人会活動はしていなかった。自治体の中の自治体婦人部連合会は全くしていなかった。

［ＰＴＡなどは？］

　ＰＴＡはしてた、子供４人もいるから。

［お子さんはまだ小さかった？］

　今一番下が二浪して大学へ入った。上の３人は勤めています。

［でも立候補のお話があった時、下のお子さんはまだ小学生だったのでは？］

　小学、中学だったですね。

［他にもたくさんいらした中で、なぜ白羽の矢が？］

　たまたま、議員を選出する時、うちは自治労関係、連合関係の組合関係でしょう。あの時は地区労って言いました。地区労での選出作業でいろいろあたったが国労の人とか教員退職者とか。そうしたらその人たちがたまたま体調が悪かったりした。また出したいと思う人があっても個人的な事情やしがらみが許さなかったりして……そういうのが４人くらいいた。もう一人の人は農村の人で、組合で推そうといったが家族の関係や現職の人の関係で奥さん同士が姉妹とかあって出られない。そういう事でいよいよぎりぎりで「私」って。いきさつはいろいろあっても「夫が理解してくれるのならやってもいいかな」って思った。でも現実にこんなに大変と思わなかった。

［ご主人はどうでしたか？お子さんとかも小さいとか？］

　上が娘だったから、家を空けてもだいたいやってくれていた。うちは子供は女三人男一人だから、なんとかやってくれていた。自治労の家族会の関係だと子供が学校入る前から関わってきたから、子供さえ連れていけば良かったから、上の２人は学校があるし、下の子たちは幼稚園や小学校を１日２日休ませて連れていった。夜行で行ったり来たりしょっちゅう連れて歩いた。だから、家を空ける事に家族は抵抗無かった。それに賛成したのは夫だった。私がやりたかったというより夫の薦めがあった。

［出馬を決定したのは告示の直前だったんですか？］

　１２月の暮れぎりぎりに言われて、「１月の何日かに返事をくれ」って。「年

明けて返事聞きに来ます」って言われた。親に相談したら「夫が反対でないのならいいんじゃないか」って。

[ご主人の方のご両親は？]

うちの方は母親しかおらず、それも兄夫婦と同居しているのだが、そこでは「だめだ」とは言わなかったが叔父が議会に出ているのであまりいい顔はされなかった。

[では、同じ町議会の中に同じ一族から2人出て、しかも、叔父様は保守系か何かで？]

そうです。それともう一つは私の弟の嫁の叔父さんも議員で出ている。

[そうすると、身近に政治家がいらっしゃらなかったわけではないんですね？]

でも、普段はつきあいが無い。叔父さんと言っても冠婚葬祭だけの形式的なつきあいだけで、すぐ近くにいても議会の話を聞くなど全くなかった。

[だからこそ、怖いもの知らずで？]

ええ。全く何も知らなかった。入ってみて「こんなに大変な事なら簡単に返事しなければ良かった」って思うくらい。

[それでは選挙の方は担がれて組合がお膳立てしてくれた？]

最初の時は組合がお膳立てした。そして助かったのは夫が今まで組合の仕事をしてたから、選挙関係は自分の夫が選挙参謀だった。本当に「甘いな」と言われたら、「そうです」。それと、私は前は体育指導員をやっていたし、今は和太鼓とよさこいと高齢者のダンス教室をやっているから、そういうつながりもあった。

[事例5]

[最初に立候補されたのは何年ですか？]

議会に出て23年で、6期目になります。

[初当選された頃は県内では女性議員の方は少なかったですか？]

女性は全然いなくて、その前は女性の県会議員さんがいらしたが、その方が亡くなられてからはまた女性議員がいなかった。私も農協婦人部やＰＴＡ活動をしていたものですから。農地解放になってから、農協なども合併がありその時の初代婦人部長になった。「郡下町村をまとめて組織活動を行っては？」という中央からの指導がありました。しかし、農村は苦しい時代で、食料もなく女性は働くばかりで、子供を産めよ増やせよの時代で、農協婦人部の活動は活発ではなかった。苦しい時代だからこそ皆で力を合わせてやろうという事で組織化に努めた。

[それは昭和30年代の終わりくらいですか？]

　いえ、22年頃だった。終戦すぐくらいですね。23年頃にうちの婦人部長をしていて、25年に合併があった。「生活の面から共同購入しよう」とか、いろいろないいものを取り入れて、今生協がやっておられるような事をしていました。その当時、米も不足していて、米価運動を東京に出てすると、一俵30円くらいぱぁっと上がった。それだけ、農村の米が安いという事です。いろんな運動していたら、ある人が「この頃の男性議員は、見ていると議会があるっていうと酒ばかり飲んでいるし、ぜひ改革したい」と言った。その当時、私は県の農協婦人部の副部長もしていたりして、県内の事情もよくわかり、伝達もしていた事もあって、うちの補佐役が「私に議会に出てはどうか」と言った。しかし、封建的な時代で無理かと思ったし、家族も賛成でもなかった。そうこうするうちに2〜3年たった。それで出馬したら大変だった。部落推薦で出たかったが、周囲から足を引っ張られ、推薦はとれなかった。そして、長女がその頃20歳になり大学を出て戻って来て、「選挙なんて出るもんじゃない」と言いましたが、説得したら賛成してくれた。それが決断のきっかけでした。夫はノータッチでした。「県の会長などが出るのだったら応援しよう」と言ってくれた。それで、出馬したら上位当選し、私もびっくりした。

[事例6]

[立候補というのは明確な動機とか？]

えぇ、中学校の時に、中一の時が憲法ができた翌年でして、その時に、まぁ、これから素晴らしい時代になる。県にその時には女性の県会議員と女性の衆議院議員が一人いたんです。昭和23年でした。そしたら大阪から、○○高校ってありますね。あそこにお姉さんが行っていて、あの、疎開して帰ってきたっていう妹が、この辺りの田舎と肌が合わんくらい前向きなって言うか積極的な人が同級生にいましてね。その人が疎開して帰ってた。その人がもう学校で憲法習ったら、「もう、これからは女だ」って言って、討論会や弁論大会っていうと男達をペチャンコにいうほどいろいろやるんですわ。「あぁ、ええ気持ちだなぁ」と思って、私たちはついて回る方で、郡の弁論大会、討論会というとパシパシ切るんですよ。「わぁ、あんたすごいなぁ、あんた、大人になったら県会議員になんさいよ。私、応援したげるから、応援演説、私するから」ぐらい言ってたから、選挙には中学1年の頃から関心はあった。私、今おっしゃった○○先生の三番目の娘が疎開して帰ってた時、四ヶ月一緒でして、○○さんっていうんですけど。その先生が昭和27年から、立候補されてね、私の家は一番の運動員になって、自転車こいであちこちあちこち行って、そんな頃からずっと選挙に関心があったんです。私の父が百姓してたんですが、県会と衆議院と知事と参議院に親戚がいて、「選挙、選挙」って、いつも選挙ばかり続いとったですねぇ。「入れなさい」とは言わないけれど、父があれだけ走って回っとると「入れなくちゃ」っていう雰囲気あってね。それで私の父が「選挙、選挙」って言ってるし、村の人が「出なさい、出なさい」って言ってねぇ。今から23年前か、25年前ですか。そん時に百姓で私の村に20戸しかないから票もないのに、私の家は町内に親類が多いんですよ、10軒くらいあるんです。だから「出れる、出れる」って、普段から「わしが出りゃ、出れる」っていう風な事を言ってたもんだから、村の人が「出なさい、出なさい」って言うしねぇ。50代だったんですが、57、58かな。それで父が立候補したら12票差で次点だったん

ですよ。そん時も「あれは、もう票が堅いから」って、後ろの方から危うげな人たちをみんな人が口説いて、持って逃げたって格好で落ちてねぇ。そしたら、そん時に家の村のじいさんたちと私が勤めてた職場の人たちが、「私が出る方が適しとる」いうんです。私の父はあくがなくて、本当に好々爺っていうお人好しで議会に出たって潰れるわって感じで。まあ、そんなんで落ちたもんだから、勤めてた人が「おまえが勤め人しとるより、町会議員が程度が似合っとる」って、私より一回り大きな先輩がそう言ってたんです。だから、私も「ちょっと早めにやめて出たいなあ」って。この町に出る人がいないし、町の方の婦人団体連絡協議会がしょっちゅう「女性を議員に、女性を議員に」って19年前から言ってるんですけど、出る人がないし、本気で支えたろういう人もないし、出るっていったって「お父さんがこう言う」、「村がこう言う」って自主的になれない。だから、怖くて誰も出れないわけですよ。

[自主的になれない、怖くて出られないというのはどういう事ですか？]

あのぉ、例えば50人の人が「私ら男が何と言おうと応援してやるよ」って事にはならない訳。表向きは「応援しますよ」って言っても、村の顔があるからごそごそって、こう半分足つっこんだような事しか、たぶんしてくれないから、出たって無理だってみんな思うから、立候補しなくてね、19年間。それで今年その協議会が20周年目で私が会長になってて、今日、今、機関誌刷る準備をしてみんなにいろいろ書いてもらってると、前からそのずっと続けてた人達がしょっちゅうその事を書いてるんですね。「出そう」って言ってはできなかった事を。ほんで私その事も聞いてましたから、適当に人はいたんですけども、家付き娘の、それも結局出れなくて、100メートル近所の人が先に名乗り上げたから、「その人を出したい」って言って、出れなくて。そういういろんな事があったから、私は何にも相談しないで夫だけが「オーケー」って言ったら、もう「出る」って言ったんですよ。そうしないと、親類にいうと「出るな」って言うし、親類が沢山あるんだけれど。まぁ、そういういきさつで親類の者もごちゃごちゃ後から文句言ったし、今でも不機嫌な者もいますけど、そういう

事があるんです。どこの家もあるから。女がふんぎれないんですね。本当に、「あの後家かん〜」。私も家付き［婿養子をとっている（編者）］なんです。だから、嫁は無理だと思いますねぇ。だから、私も二期ほど出て、次の人を二期目の間に段取りして、なりふり構わん応援をするっていう、そういう人がいないとね。「家の旦那がとか、村が」とかっていう事を言ったら出れないですよね、女は。支える人がいないから。そういう事情で、まぁ出たんです……

［それは、でも特定の有力な地盤というか、支持者というか、そういう物を何か？］

ないのに。

［何もなかったんですか？］

だから、私の村は20戸で、私の村の票はみんなで60票くらいですから。「300は最低取らなきゃ当選できない」っていうんで。でも、今までいろいろ婦人会の役してた人とか、いろんな人たちが「支えたげるよ」って言う人が10人、15人はいたんです。まぁ、それらを頼りっていうかねぇ。それから、あの、浮動票を頼りにっていうかねえ。まあ、買収する訳じゃないから、金がいったって40〜50万円もあれば。あればっていうかポスターだの何だ、あの公的なねぇ。ええ、まぁ、それで「出よう」っていう気持ちで。「落ちたって元々ですし」ていう気持ちだったんです。

［事例7］

［農村部で女性が議員に出るというのはなかなか大変なことだろうと思いますが、どういうきっかけで？］

あのぉ、だいたいこの町にはね、18年ほど前に婦人会長しておられた、○○さんっていうのが女性議員に出ておられた事があってです。18年前に。それからおやめになってから18年間なしだったですけど、私は、そうですな、よう覚えとりますが、33の歳から婦人会……、小さい地区だもんで、公民館長するような、なにだけ、小さい地区だもんで、そこの婦人会長しとりまし

て。それから今度は主人が亡くなったものですから、25年前ですね。それで今度は婦人会を辞めて、たら、今度「農協婦人部に出てこんか」ということで、今のＪＡです。その農協婦人部の、婦人会よりちょっと負担が少ないと思って、婦人部の部長をしとったです。そしたらその農協婦人部の役員会で「ひとつ16年間ほど女性議員ちゅうもんがないなら、農家の女性はほんに、私らは「えらいめ」っていうんですが、苦労ばかりするだけで、全然表には出ずにこうしてやっとるで、ひとつ女性の代表として誰か出てみてくれんか」という事で話がもちあがりまして。言い出したのはみんなですけど。そして、あの、農協婦人部、今で言えばＪＡ婦人部から推薦されたというような事でね。「じゃ、誰がいいか」ってやる事になってね。私が体が身軽かった為か、あの、その頃ＪＡの女性部の会長の人のあったですけど、全体の会長は別の地区の方がやっとったですけど。五つの地区になってましてね、この町は。五つ地区が、42、3年なんですが、合併して。私が身軽かったでか、「なってくれ」というような事で。ですけど、家族がなかなかね。家族がね、今の娘ですけどね。ものすごぉ、反対しました。「お母ちゃん、そこまで、せぇでも、ええじゃないか」って言ってね。まぁ、喜びませんしね。そして、百姓しておりますからね。これ［娘（編者）］は保母して勤めとりますし、息子は○○の方に勤めとりますし。ほんで、反対にあいましたけどね。そしたら、その時のＪＡの組合長が「んなぁ、家族頼みに行ったるわいや」ちゅな事から。

　［それは、ＪＡ全体の組合長さんが？］

　はい。

　［じゃ、ＪＡとしては婦人部だけではなく、ＪＡ全体としてやはり支持して下さったという？］

　そうですね。ま、「婦人部を」って構成されとりますからね、男と女とでＪＡが構成されとりますので、「婦人部がそう決めたのなら、婦人部だけで決めたなら、推したる、うちらも推したる」という事になって。ほんで、組合長がうちまで足を運んでくれた。それから、その時の町長である人も「ちょっと、

284

うちまで来てくれられたい。女性が最初に出るっていうだけ、本人もその気に
なっとるけ、出すがいいわ」っていうような事で。

[それは、どういうあれでしょうか。1人くらい、いててもいいという？]

そういう事です。1人って、2人ってもんやね、女性の議員がおって、そし
て、女性の地位向上っていいますけど、具体的には、ま、結局女性の地位向上、
まぁ、町会議員が1人くらい女性がおると、この町も、まあ、「女が、女が」っ
てことにならんでもいいからって、いうような事で。

[やっぱり、男性の中にそういうお考えの方があったという？]

ありますからね。田舎の方は特にひどいですけぇね。「おなごはものいわん
でもええ」っていうようなね。

[ですね。でも、それに対して町長さんとか組合長さんはやはり、女性の地
位向上ということは支持しておられる]

そうです。支持してくれよりましてね。家族も「そがいに言われるなら、滑
るならその時の事、当選したら、なればいい」ちゅうような事で、出ましてね。

[事例8]

私の場合は、もともとPTA活動や新婦人を中心とした婦人運動とかをやっ
ていました。私はここへ来る前は○○の方で結婚しておりまして、そちらで子
供劇場に関わったりで、子供に関わる活動が多かった。ここの団地は今は大き
いが、23年前は造成中の180戸くらいの新しい団地でした。

[今、何戸くらいありますか？]

今、千戸くらいあります。

[開発されたばかりの頃？]

ええ。実は主人が教員しているもので、県教組の書記長になりまして、○○
の方からここへ移ってきた。その時にはいずれ帰るつもりだったので帰った。
私自身はここの出身ですが。それで、ここへ来たときは造成中で、何をするに
も不自由だった。今でこそバスも通っていますが、その当時はバスは通らない、

列車の駅一つで、買い物も不便、ポストもなかった。学校も少し離れていた。私がここへ来て住み易くしなければと思い、「ポストを作れ」という運動を始めた。それがとっかかりだったと思います。そして地域に関する運動やＰＴＡ活動、それに共産党の党員でもあったのでいろいろな運動をやっていた。それで、出ないかという事だった。私もここに女性の議員がずっといなくて驚きました。私は戦後、市で初めての女性議員だそうです。それくらい遅れている。私は驚きましたが、共産党の女性議員は各地で頑張っているし、県内でも既に長く町会議員をしている人もいますし、私より早く〇〇市で共産党の女性議員がでました。そんな事があったので、私が初めてだということにあまりこだわらなかった。むしろ、当時は中曽根臨調のもとで、このままいったらどうなるかという思いが強かった。そういう要請に応えようという事ですね。私は小学校、中学校、高校の３人の子供がいたので、その子達にちゃんとした世の中渡してやりたいなという思いが運動やっていた頃からあった。私でがんばれることがあればやってみようと、40歳だったので思った。主人も県教組の書記長として子供達のために頑張っていたので、自分も一緒にがんばれるといいなと思った。主人もやってみたらと薦めてくれた。みなさんのおかげですね。

　[お仕事はしておられなかったんですか？]

　ええ。

　[では、日常的な地域の活動を通してという事ですね]

　そうじゃないかと思います。ここの地域はどんどん大きくなっていろんな方が入っていらっしゃいますが、私は共産党の議員でありますが、推薦は、地域に推薦なんて言いませんが、党派を越えて支持していただいてきた。ＰＴＡを通したりして、子供達のためにやってきたからかなと思います。

　[事例9]

　まぁ、私自身長い間ね、地方職員でね。地方職員っていうか役場におりましてね。

[じゃ、組合か何かしておられた？]

　ずっとね、組合の運動はしておったんですけども、まあ、役場の場合は課長になったら、あの、管理職になるもんですから、組合は、まぁ、辞めとりましたけどね。そういうような事から、ちょっとねえ、どうしても火が消えたらいけないってな意気込みがありましてね。ほんで、出たんですよ。まぁ、ここの町内ではね、それだけの票は取ったんですけどね。取ってもね、相手の人が○○ですから勝てるはずもないんですけども、それは覚悟だったですけどね。てな事で、その時に退職しましてね、途中、9月、2年前になりますね。6月の5日に退職しましてね。ま、それに出て、それから、ま、後はずっとしないとだめですからね。じゃ、だいたい、あの、私自身がね、役場を辞めたら、出たいという気持ちがあったんです、町議としてね。

[例えば、定年とかでお辞めになられてもという事ですね]

　ええ、定年なったらね。丁度定年の年が、丁度ね。何期目ですか、合併して40何年になりますか……。それで、丁度いい具合で、じゃあ、それでという気持ちでおったんですけど、ちょっと早くね、定年より早く辞めて、それからまぁ、出ようという事になった。

[その、辞めたら出たいと思っておられたというのは何か？]

　あの、やっぱりね、あの〜、思い、自分の思いね。こうした事でも提案しても、なかなかそれが聞き入れてもらえないっていうかね、何かね。それと合わせて、女性が発言する事と男性が発言する事って言えば、その同じ発言しても結局、男性の方がなんか優先されるって感じがあったものでね。ひとつの問題をとってみてもね。そういうもんて何かあるんですよね。

[それは例えば組合活動してらしたり、職場であったり]

　ええ、職場で。組合活動の時はどうって事なかったんですけど、やっぱり管理職になって初めてその事がね。だから、管理職にはやっぱり女性の登用ってのはなかなかないんですね。だから、いくら、私自身を含めて、女性でも、「あのくらいの事はやるのにな」って思っても、なかなか登用してもらえない。ど

287

こでも、課長職になられるのはなかなか少ないと思います。ただ、ここの場合がとっても、その点では封建的な面があるじゃないかなっていう事を思います。他の町村の役場はだいぶ前からその管理職、ありました、女性の場合もね。この町は私が初めてだったもんですから、それも50過ぎてからですからね。まぁ、あの、課長補佐とかは、だいぶ前からしてたんですけども、なかなかね、そういう事もあるし。それと、まぁ、ちょうど、その衆議院選挙があった時のね、7月に選挙があり、あの、移動が、課内の移動ですけどもあったわけなんですよ。ま、そのへんのいろんないきさつもあるしね。何か、辞めたいなってな気持ちの時に、たまたまそういう事になったから余計そういう気持ちになったですけどね。そのきっかけは、いやな人間関係ちゅうか、そのやっぱりそれがあってね。

[職場では、やはり女性の声というのが男性と同じように聞いてもらえないというのがありますし。いや、町政そのもの、町の行政でこういう事を変えたいとかっていうふうな事でですか?]

ええ、そうそう、こういうのを提案してもね、やっぱり、なかなか提案した事がね、取り上げてで[くれ(編者)]ないっていうかね。でも、かたや、男性が同じような事をした時には、やっぱりそれ取ろうちゅうにしてやるって事がすごく何かあったような気がしてね、私自身に。まあ、私の力不足もあるしなとか思って。やっぱり、政治っていうか、そういう場に出て、やっぱり発言せんとね、決定権のある所に出て発言しないとね、やっぱりいけないなっていうものがあるんです、あったものですからね。そういうな事でね。

[事例10]

私はPTAで活動していく中で、主人が教職員組合におりまして、職員組合の中で役員をしていました。そして、その中で男性議員が出ていた。ところが、その議員が辞めるという事で後継者を探したが、なかなか現職から出していくのが難しく、枠を広げて考えたが、退職した人は高齢になるし、出来れば若い人という事で、さらに枠を広げて家族とか、地域の中で理解のある人を対象に

考えられた。その時、たまたま私がＰＴＡの役員していたり、教職員組合の接点があったものだから、他からいいのではないかという事だった。

[お仕事は？]

保母でした。普通であったら、私が出る事に賛成しかねるかもしれない人達も、候補者を確定しなければならない状況で推した。

[保母を結婚前からしておられた？]

結婚した時に一旦辞めたが、また復帰した。

[その時出てみないかと言われて率直にいかがでしたか？]

議員は特殊な職業と思っていたし、全然知識もなかったのでお断りした。周りの出ていた仲間達や教職員組合の女性たちが、女性を出さなければいけないと、地域の女性たちの後押しがあって出た。何にもわからなかったから出たという部分もある。知っていたら出なかったかもしれません。

[選挙活動は組合が主体で？]

そうですね。それと地域活動の中でお母さんたちを取り込んでいこうということで、暮らしと健康を考える会というのを設立して、お母さんたちを中心とした活動をしている。

[地域の中の活動というのは、主として立候補されるまでは、ＰＴＡを通して活動しておられたものを拡大したものですか？]

ＰＴＡというのはその校区に限られてきますので、枠を広げようという事で、そういう会を作った方が入りやすいと思った。

[最初の立候補の公約は、基本的には組合からの指導ですか？それともご自分で考えられたものですか？]

組合としては教育を充実させるというものでした。その他の事は地域の中で考えた。

[立候補に当たって、地域のお母さんたちと考えられた？]

ええ。だから最初のキャッチフレーズが「台所の声を市政に反映させよう」でした。

［事例11］

　議員になる前は党支部の助役をし、その前には県の党本部委員をしていました。ですからずっと運動はしてたんです。だから、「女性議員が出ればいいな」と他人事には思っていたんですね、身勝手ではなく。当時は男性議員しかいなかったもんですから。

　［その当時は確か女性議員はお一人でしたね］

　私どもの先輩に女性議員がいたんですね。彼女が丁度県に回った。それで地域は違うんですが、私に「市議に出ないか」という事でした。当時共産党からも４人女性が立候補しましたが、当選できたのは私一人でした。また、彼女は12年ぶりに県会に女性として当選してなかなか脚光を浴びました。私の方は１人出て１人入ったわけで、顔が変わったぐらいの事でしたが。それでも40人中女性が一人という、一期目４年間はそういう比率でしたね。

　［ご本人がそういうように決意なさっても、ご家族の方の理解とか、又親戚とか……出てまいりますが？］

　その点については、他人の立候補の際の苦労話を色々聞いていましたので、男性議員よりも女性議員の方が、そういう親戚家族の理解が大事だと言うことを思っていました。私はきょうだい10人おりますので、「こういうわけで立候補する」と上から順番に全部電話しました。「いいんでないか」という人も、「よしたほうがいいんでないか」という人も色々いましたが、いずれにしても、「本人がその気なら」と言う事で内諾を取り付けました。問題は家族ですね。夫の場合、党員ではありましたが会社員でしたので政治的な活動は出来ませんでしたので、「俺に出来ることしか出来ないぞ」と言われましたが反対はなかったです。次に問題は親ですが、母親には「受けて立ちたい」との意志を話しました。話した本人はその晩ぐっすり寝たのですが、それを聞いた母は一睡も出来なかったそうです。明くる日起きるなり寝間着のままで言いました。「お前の決めた事ならいいよと。そのかわり外で頭を下げたり出来ないけれど、子どもの世話と家の事は守るから」と言ってくれたんです。子どもは９歳でしたから

何て説明しようかなと思ったのですが、生まれる前から私、新婦人の会とかやっていまして3歳、5歳ぐらいになったら話が出来ますので、子供会とか平和の運動や何かをやる中で平和の話をしていました。男の子ですから「大きくなって兵隊に取られないようにお母さんがんばるんだ」って話しました。議員になることが子供ながらに分かったのか、最初とびついて来たんです。一人息子なもんですから「お母さん取られるんじゃないか」ってね。それで「そのお前のためにがんばるんだ」と言う話をしましたら、「それならいい」と言ってくれました。これで家族はよいと言うことになりました。ところが2ヶ月ほどして一番上の兄が、「立候補するのは私ではなく主人だと思っていた」というのです。「何もお前が出ることはない」と言ってきたのですが、そのときは内部的にも、もう外部にも発表してましたので。兄としては「お前が苦労することはない」と。まぁ、色々ありましたが、それはそれで……。私としては立候補の2年も前に予め皆にその話をしておいた訳ですから、いろんな事クリアしていましたので直前になってどうこうということは私の場合お陰さまでありませんでした。初当選しましたので、親戚の叔母達は逆に喜んでくれました。

［事例12］

［そもそも最初、立候補なさったのは？］

労働組合の推薦。

［あ～、そうですか。それはお仕事か職場か何か？］

夫の職場があって、そこの労働運動。それと今は総評がなくなって、連合。当時は総評があって、総評最高の地区労、ここの地区労働組合の推薦をもらって出たんですけど。町に女性議員がいない。それも町に嫁いでいて生活に密着した女性が感じているところ、そこのグループっていうか、労働組合と一緒に、一番遠いところの組合として女性議員を出そうというので、それでいろいろ人選して、断られた方もあったと思いますが、私の所へ来た。

［そうしますと労働組合活動はしておられなかったんですか？］

家族会運動だけ。

[じゃあ、お仕事もなさっていらっしゃらなかったんですか？]

仕事はたまたまパートで当時の国鉄の労働組合、議員になる５年前からかな、国労の書記として働いていた。

[じゃあ、組合で働いていらっしゃるという感じですね]

ええ。でも、○○の一員であるというだけで、労働運動なんていうのはわからなかった。

[組合員として活動されていたわけじゃないですからね]

夫はたまたま労働運動やっていますけどね。役員だっていうので、もう少しくらいはわかるかなっていうくらいで、全然何もわからない。自分でも「よく決断したな」って今でも思う。

[何か他に、ＰＴＡだとか地域だとか？]

ＰＴＡの役員はしてました。

[役員っていうと会長とか？]

はい。副会長してました。ＰＴＡの会長、この町は女性がなったことがない。いつも思うんだけど、お母さん方が中心なのに、男の人が会長、おかしいなと思う。自治会もそうだけど。副会長まではさせて頂いたけどね。

[じゃあ、そういう意味では、社会的な活動は未経験で突然という……その時は社会党として出られたんですか？あるいはその時から無所属で？]

やっぱり、夫と共に選挙運動は少しはやっていたし、夫も選挙の時社会党を応援していたし、社会党に入党してってそれはあった。だけど、お断り。私にしたら、選挙戦略のひとつだけど、地方議員は地元で活動する部分では党籍はいらないと。とにかく自分もみんなに公平な立場に立てればいいっていうのがあったから、今でも思ってるから。

[でも、白羽の矢が立ったのは、何故なんですか？]

何故なんでしょう。たまたま、若くて馬力があったから。

[そうしたら、家族会で役……]

地区会では事務局長か会長してた。だから、結構自分の所来るまで、何人か
あたってて。けど、私の場合は夫に恵まれてて。今日までやってこれたのは夫。
○○も言ってるけど、「夫の協力は女性として最大だ」と。家庭にいる場合、
子供がいる場合は、「夫と家族の協力がなかったら、やっぱり出来ないんだろ
うか」と思ったし。もうひとつ。うちの町って、もう、すぐ町長選が二分する。
自民党系と野党系とが常に二分して勝つか負けるかの繰り返しだったの。野党
系を勝たせるために女性を出す事により女性の浮動票を取れるんじゃないかと
いう選対の戦略もあった。

[そうでなければ、わざわざ女性の候補者をというところまでいかなかった
かもしれない？]

まだ、先の事だったかもしれない。結果は町長選の候補は負ける、私らは受
かる。票からみてもこういう小さな町だから浮動票というのはほとんどない。
開けてみて、票の結果からいうと選対役員が期待していたような票はなかった
ということ。

[だいだい読める？だいたい何票くらいで？]

当選ラインはね、250 から 260 かな。一番下のラインはね。

[その当時はお子様を生んでらした？]

はい、3 人。

[じゃ、まだ、小学校]

まだ、一番下の娘が 1 年生に入学する時。そして 2 人おにいちゃんが小学校
上級生の状況だった。まだ、私恵まれてるの。夫がそういう理解があるのと、
自分の母が同居してるのと、自分の母が現役で働いてくれてたので、自分がい
ない間の家事とかは母がやってくれたから。そういう出られる環境にあったん
だと思う。私は何もかも出られるいい環境にあったんだろうなと。

[事例13]

最初は、私はすれすれでも通ればいいと、とにかく女性、初めての女性とい

うステップを、何とかそのハードルを乗り越えたらいいじゃないかと。私は、その、自分の政治生命の事じゃなくして、損得勘定なしに、たとえ落ちたってなんともない。自分の思い通りの人生、生きたいと。自分がこの世でお役に立てばいいと思ったんです。その原因はですね、私は母子家庭で20年。35歳で夫が亡くなった、子育てをしてきた。その間のいろんな、あの、突き当たった壁など。それからもう一つは母。痴呆性の老人がいまして、私、実家は長女だもんですから、長男、男の子1人は○○におりまして、あとの妹達もみんな嫁いでおりますし、私が介護にあたったんです。それで、痴呆性老人をなんとかデイサービスにも第1号で行きました。でも、「痴呆性老人だったら、うちはお断り」っておっしゃる。「どうすればこの痴呆性老人を入れてくださらんか」って言ったら、「もう、満杯で入れません」。こんなんでどうするかって、結局○○市の病院に入れたんです。こんな事じゃいけんと。そんな諸々の事を含めて、それで私は退職を前に、1ヶ月前に出馬表明したんです。「1ヶ月前に出馬表明なんて絶対通らない」って。それと、会社に前々から言ってたら、「やめろ、こんなお化け屋敷みたいなとこ入るんじゃない」という事で会社の常務が、東京が本社なもんで、東京から飛行機で飛んできて。「○○さんやめとけ」と、「うちの親戚にも議員になっとる者がおるけど。本当に1ヶ月やそこらで、出来るもんじゃない」、「じゃあ、休暇下さい」っていうわけですよ。「私は来年定年だから、どうせ辞めていくんだけど、じゃあ、今年どうしても私やりたい事がある。町中に言って回りたい事がある。1週間の選挙期間中休暇ください」、「そんなね、生徒会長の選挙じゃあるまいし、そんな人をおちょくったような事したって、いけん」と何回も言われたんですけど、「私の思いを絶対言って回りたい、こんな事許せない」とか思いまして。「出馬する」と意志表示したとたんに今度は書類をいっぱい書かなきゃならない。いや〜、夜な夜な書きましたけど、専門用語があったり、「いや〜、これは困った」という事で、私の近所の人が市役所を定年退職しておられた方があって、その方にご相談に行って。「すみませんけど、書類作るだけでも手伝ってくださらんでしょうか」ってい

う事で。「じゃあ、人目があるから、なかなか行けないけれども」、「家の2階に上がって書いてください」と。「3日に1回でもいいですから、お願いします」という事でその方来て下さって。この間亡くなっちゃったんですけどね。その方「よし、それならしたげよう。頑張んなれ。お金はなんぼ持ってるか」と、「私は退職金は、退職するとしたら200万ある。これを使いたい」、「いや〜、片手は持ってかかれ」とおっしゃったんです。「今はそれじゃできん」、「でも、私はこれしかお金がない」、「じゃ、やりましょう。やらいな。出陣式のコーヒーだのなんだのって買うな。それもせん。何にもせん」。「炊事は弁当頼め」、「炊事頼む人がいる」、「やめとけ」とその方の指導があったりしまして、それで出馬したんです。

[じゃ、それで休暇もらわれて？]

休暇じゃなくして、ずっと話をしていきますと「じゃあ、9月末で退職にして、9月1日かいな、26日が告示だと、まぁ、8月末まで働いて、9月1日から休暇にしよう」と、「じゃあ、そうにして出るか」。「会社も○○さん、表面たっては応援出来んけど、頑張れ」という事で、飛び立ったんです。それで、出馬する時に「会社員」と。「無職の主婦だなんて言うと、こぎゃあなんだと言われるから、じゃ会社員にして下さい」という事で、それで退職金も早めに下さいまして。「ま、金がいるだろうから、やれ」ということでやったんです。そしたら、陰でね会社の人も飲み屋に行っとっちゃ、「頼むから、うちの○○さん入れたってくれ」とか言ってね。「あいつはやるけぇ、やったってくれ」とか言って下さった。

[初めて立候補なさった時、連合母子会の会長してらっしゃたんですか？]

その時はですね。市の連合母子会の副会長だったんです。県の場合は評議委員です。それで、市の副会長。会長は会長であるんですけど、副会長で、実質的には会の運営は副会長が段取りしたり、交渉したりしておりましてね。私の意見が大分入れて頂けてるんです。

[やっぱり、そういう母子会だとかの、組織からの支援とかも受けくおられ

たんですか?]

　あのね、支援はあるんですけども、表面的に「じゃあ、推しましょう。やりましょう」っていう事がなかなか言えない。それで会長も弱い方でしてね。「自分も民生委員してる。民生委員が政治に関わるっていうことも出来ないし、ま、応援出来ないけど、陰で動くわいね」ということだったんですけど。実際に各地域で部落で代表が出てますでしょう、議員が。すると、部落で動くと村八分にされるというようなとっても苦しい立場なんです、母子家庭っていうのは。

　[それで、最初、選挙期間も短くって800票から取られたというのは]

　まあね、市議会に女性がいないという、珍しいというのもあるかもしれませんし、それから私、小・中・高の先生方がね、応援して下さった。

　[それは、何か例えば、ＰＴＡ活動してらしたという実績がおありだったとか?]

　ＰＴＡ活動も私ありますけどね。自分の習った恩師が、「これが、出るんだぞ〜。応援したれ」っていう事で、個人的に。幼稚園の先生まで。幼稚園の時の先生ったら私が7歳の頃の先生。方方に、あんた電話かけて、陰で。もう、おばあちゃんですわ。それから中学校の先生、小学校の先生。「あれが、出るそうな」とかもう、そういう応援して下さって。

　[でも、選挙となると選挙カーも出さなきゃいけない、いろいろ人もいります。それは?]

　そうなんです。それはアルバイトで、ポスター貼ってもらったんです。ばぁっとポスター。ポスターをね。「何々の会をします。○○○○、語る会をします」、あの選挙のポスターやない、選挙のポスターと同じので下に「何々の会をします」というのでね。「私の家で語る会をします。来て下さい」。来たのは3人ほどですけどね、知り合いが。それを町中に貼ってもらう人が。選挙通の方がおられてね、その方バイトで頼んだんです。「よっしゃ、やったる。2人で貼ったる」と言われて、それで、あとから「いくら払ったらいいでしょうか。3万ほど払ったらええだろうか」って言ったら「いや、いらん」って言われて。い

らん言われたらなんだか、よけいにこっちも困るんでお酒を３本ずつあげた、とかね。代償になんかあげないけませんがね。それで、動いて下さった方が「あそこのポンプ小屋に貼った」とか、「こっちのどこに貼った」とか、断らなくても貼れる所知っとんさる訳です、その人。方方のアルバイトしとんさるっていう方で。結局その人、今、東京に行かれておられませんけどね。好きなんです。「知ってるんだぞ」っていうことでね、貼って下さって。２軒ほど、「うちの公民館に貼ってあるけど、取ってくれ」っていうのが二つあった。それで、そういうのが２軒ほどありましたけど、その方も「○○さん、すまんだけどなぁ、公民館の人が言ってなぁ、ほんにあんた１人でしよるのに、すまんだけどなぁ」っていう事でね。「すみませんでした」ってはぐりに行きましたけど。後は何のこともない所に貼ってある。そしたら、共産党の人がようけ貼ってあるでしょう。そこに貼ってあったちゅう訳です。共産党が貼ってるところの横に。「私が共産党でないか」って、赤い服を着てましてね。「共産党でないか」っていう評判までした。「女が出るそうな」、「共産党？」、「違うだが」。こう人の話の噂になるわけです。それだけでも「よし、しめた」ということで。それから、私も親戚が多いもんですから、母も父もここの周辺の人間ですので、いとこでも何十人おって。まぁ、そういうような関係もあったり。

　[ご親戚も支持して下さいましたか？]

　親戚は、始めはね、「そんなん、やめとけ。金使うばっかりでそんなん出たって、いけん、いけん」って言いよりましたけど。「出るならなんとか応援したらないけんわ」とか言ってね。そういうのが車に乗ってくれたり運転してくれたり。それから、手を振る方は母子会の方が、「私も乗せてくれ」とか、「振ってあげる」とか。それからいよいよ娘の友達とか、あれですわ、大学のバイトの方とか「１日5000円で雇ったげて」っていうのが来ましてね。そういう方が乗ってくださったんです。だから、本当の選挙じゃない選挙。

　[そうしましたら、それまで何かよく婦人会長しておられたとか、いろんな会の……]

そんな、そんな、ないない……なし、なし。ただし、あの○○先生が恩師だもんですから、同窓生であり、恩師だから、○○先生が乗って下さった。それが大きな力ですね。それで「○○さん、あんた出るんだけど、ど〜いう意見で、ど〜いう事で、自分の意見述べとるの」って。「先生、こういう事で、こうで」って私書いた。「あぁ、それだったらいい。よし、私はね、普通の婦人会の方が出んさるのよう行くんだけど、あんたの応援は楽だ。あんたが自分で書かるし、自分で言うし、書いてるし、それだったら楽だ。よし、やったげましょう」って事でして下さった。

［事例14］

　私の住んでる所は新興住宅地なんですが、そこは、340世帯で、一戸建ての団地なんです。1972年に開発が始まって、皆入居して20年以上たっています。入居が始まって200世帯くらいになった時、一人議員さんが出てらした。この地域から、男性議員が出てたんです。最初、1期目が無投票で。次が、2期やってらっしゃった。その方は途中で政党替えしたらしいんですよ。それで地域の支持が得られなくなって。

　［それはどういうことで？］

　地域は新興住宅地ですから、保守も革新も無くて、要するに無所属とういか、無党派。どちらかとといえば、革新系なんです。革新系無所属という働きを期待して地域が送り出したんです。ところが、2期目の途中に保守系にかわったんです。

　［党に所属されたんですか？］

　はい。それで、地域は自分達が望んだのとは違う、3期目は地域としてはできない、出られたけど落選して。そういうブランクが2期8年あったんです。そのうちに340世帯の大きな団地になって、人口は1,000を越えてる。1,200くらいの人口を持っている。今、私は2期目で、有権者は700あるんです。私たち3万ちょっとの人口の町ですので、有権者として2万ちょっとはあるんで

す。法定では 30 名で、減数 8 で、22 名なんです。だいたい当選ラインは 500 以上です。340 世帯 1,000 名も住んでいて 700 票以上あるところの大きな団地の町民ですので、自分達の地域の要望なんかを伝えてくれる人を出そうと言う雰囲気がきたわけです。しかし、2 期 8 年間男性が 2 回出てる。立候補してるんですが、地域が認めなかったんです。男性は、いざとなると、喧嘩するんです。狭い地域での選挙になりますので、いろんな義理だの、人情だのしがらみがあって、2 度出たんですが。

[立候補者はいたけれども当選しなかった？]

当選しなかった。地域の要望が、声が行政に届かないのをひしひしと感じてきて。男性が 2 回立候補したけれど、地域が割れて、男性はもうダメだ、男性が出ても喧嘩すると。

[同じ方ですか？]

違う方です。3 期目を目指した方は落ちました。2 回目のブランクの人も出たけれど、個性が強くてまとまらなかった。最終的には得票が足りなくて涙をのんだ。そこで、私が出るとき、いろいろ人選してたらしいんですが、私の後援会長で、地域の自治会長もされた長老が、「もう男はダメだ、何もしてくれないね」と。「えっ」と思ったんですが。私は遠くから来てるものですから。

[あ、そうですか]

主人は地元ですが、私は来たもんで、「うちな嫁」になってるもんですから。今で 20 年目、遠くから来て。ですから、地域活動ばっかりしてたんです。ＰＴＡ、地域婦人会、県民生協の理事とか、消費者活動のようなものとかやってたもんですから。ボランティアばっかりではと思って県の統計調査員をしたこともあります。地域をぐるぐる回って、ある程度地域も見えていまして、「地域が求めるんだったらやってみようかな」と思ったんです。が、踏ん切りがいりますよね。

[まず、ご家族の協力が]

大分悩んだんですが、でも、やろうかなと思って。

［ＰＴＡの役員をやっておられて、会長をやっておられたとか？］

高校のＰＴＡ会長。小学校は副会長。町内6校のＰＴＡ協議会の事務局をしていたりとか。

［そうすると、お住まいの地区だけでなく、高校でしたから、町内広く？］

町内の婦人層が皆知っている。町内の連合婦人会の文化部長と副会長をやってました。

［それは何年くらい？］

5年していました。

［それはいつ頃から？］

80年代後半から。地域婦人会は先んじてやってたんです。国体の頃ですから、10年。それから引き続いて地域5年、ずっと続けて10年くらいは、地域の婦人会と町の婦人連合会の活動と。

［そうすると、最初に立候補される時は町内の会長さんが音頭とりされて、特に大きな問題なくいかれたのですね？］

そうですね。

［ご主人は？］

私がもともとここの人間だったら、いろいろ言ったかもしれません。一人で来てます。私の身内、私の関係といったら誰もいない。「君、やってみたいんだったら、何かやってる方が自分も安心する、家にいるよりも。今までやっていたことの延長みたいだからやってみたら」と。

［子供さんは？］

息子は2人とも法律に興味があって。

［その時、お幾つでした？］

上は大学2年、と高3でした。

［じゃあ、受験？］

はい、そういうことは関係なく、おかまいなしで。

［大分いろんなことが分られる年齢でしょうから］

そうですね。親がやることに対して家族は出来る時には出来る協力をしようというのはあります。

[条件的には恵まれていらっしゃる？]

そうですね……ここはまだ田舎の部分があって、けっこう地縁血縁っていうのがあるんですけど、私は厳しいんです。地縁血縁がまずない。

[ご主人の親戚もいらっしゃらない？]

主人には弟が一人おりますが、後はいませんから、相当……。

[地縁は、その、町内の自治会が頑張って支持された？]

地域は、350世帯の何割か。どっちかと言うと革新系無所属、無所属の革新系というのでいきます。そうなると保守票は完全に減ります。でもそうでもなかったです。地域から出そうというのは、狭い地盤の町のこと、保守だの革新だのでなくて、直接我々の生活にかかわる、地域密着になりますので。そこは、1期目はあんまりなかったですが、2期目はそれはやっぱり、ありましたね。

第9章
立候補の時に訴えた問題、
議会で取りあげる問題、
そして議員として重視している問題

女性たちがとりあげた問題はどのようなものだったのだろうか。立候補の際の公約は何か、議員になってからどう解決したのか、また議員になってからどういう問題をとりあげ、議会で質問したのか、議会でとりあげない問題として何があるのか、また今後どういう問題を重視していきたいのか、彼女たちの口から直接聞いてみた。

［事例1］

［ご自身が働きかけて変わっていったというのは？］

1期目では、学童保育が出来るようになった。1年間はお母さんが集まって自分たちで出資していた。ところが、一般質問したから次の年は、町で施設と3カ所やれる方向でやってくれってなった。

［それは、すごく大きな事ですね］

それと、ゴミの分別も指定したところを先にやろうと言ったが、全町でやれた。丸2年です。早く取り組めたと思います。グランドの改修もやっと今年出来た。3回もやって実現できた。

［それは2期目の成果ですか？］

1期目から言っていて2期目で実現した。私が言っただけではないですが。

［でも、大きい］

あんまり、自分では。あと今年出来たのは、周辺校。10人から30人くらいの僻地の学校が建ってから随分経ち、校舎が古いのですが、窓をサッシにしたり、トイレを水洗にしたり、小さな事だけど出来た。あと、ゴミの問題でリサイクルの副読本を作ってくれたりとか、取り組んでくれている……それと高齢者のお手伝いを。高齢者の人が何かやりたい。お年寄りは集まる機会が多い。カラオケは出来ない、食べる事も量を食べられない、で何にも出来ない。そうしたら、私がダンスしてるんだったら「ダンスを教えてくれないか」という事になった。最初はレクリエーション・ダンスとかストレッチ体操だった。そう

いううちにいろんなダンスへの希望が出てきた。

[それは老人会とか？]

全くそういうのじゃなく、個人的なサークルを作った。近所のじいちゃんば
あちゃんたちが、「教えてくれるんだったら30人くらい人を集めるから」って。
私、社交ダンスなんて知らないから、「先生この間と違うよ」って毎週言われて、
「あら、ごめんなさい」って、そんなんで始めたところで。いよいよ本格的に
習いたいという事で、仕方なく私が習いに行って、覚えた事を高齢者の方に教
えた。

[それを議員になられる前から？]

もう10年以上になりました。

[そういう形で高齢者の方々と関わりあいを持たれた？]

そういうのを結構、楽しみにしてくれて、応援してくれる。

[それで高齢者福祉を？]

ええ、そうですね。高齢者の人達が集まる場所がなかったから、建てる事が
出来ないのなら学校を解放するとか出来ないかなと始めた。それとスポーツエ
リアの整備とかＰＴＡ活動をやっていたので、子供達の事で不都合な事とか、
特に子供が中学に行っていたとき学校がすごく荒れていたので何とか出来ない
かと思った。

［事例２］

[立候補の時に、前面に出して言われたことは？]

やっぱり、女性の声を町に反映するところが無いんです。それを一番にね。
私は主婦の代表でもないし、何でもないんですが、私は母親を看病して丁度介
護保険も始まった時でしたので、やっぱりこれは体験した者が、女性が、思っ
てることを物言わんといけないことだというのを感じました。役場から離れて
行政をみますと、はつることが沢山あるんです。見て来られたらわかるように、
殆ど田畑が荒廃してますし、空家が、廃屋があるんです。年寄りがどういう生

305

活をしとられるかは、実際、中に入って見んとわかりませんのでね。そういうのを実際に見て、そういう人の生活を誰かに言って、それを反映するところがないといけんなぁとね。

［施設はあるんですか？］

あります。ここはね。福祉も医療も保険も、この町は前からね。私が住民課におりましたのは［昭和（編者）］53年くらいでしたかね。ずっと福祉施設を視察に行ったり。大阪の○○市という福祉の進んだ所に行って、施設を見て回りました。この町は一番早く視察に回ったんです。老健もありました。○○病院の院長が一番福祉医療に力を入れられて、在宅看護も訪問看護も一番早くしたのがこの町です。老人ホームも一番最初に建ったんです。県が建ててくれたんですが、今度の議会で、県が町に移管する話が昨年から出ていて、質問しようと思ってます。

［どんな理由ですか？］

財政的な理由で。地方分権の時代になったので、町でやっていかんと。

［地方分権という名を借りて、県が移管しようというのですか？］

六つ施設があって、その対象に三つがなっとって、この町が移管の対象になってるんです。「移管はいけない」と、一番最初の時に質問しましたが、情勢はずっと変わってきておりまして、もうそういうところまで追い詰められております。この度、どういうことになっているか質問してみようと思っています。

［外堀は埋められた？］

そういう感じですね。民間委託というところまで追い詰められているという感じでして。まあそのようなことですか。

［事例３］

私、1番、心に決めたのはね、私、前、今の娘の子供が3人男の子がありまして、その子をず〜と、孫が保育園出てるもんだから、保育園にずっと連れて、送り迎えしたです。そしたら、保育園が、新しいのが、田んぼの中に出来たも

んだから、小さい道でね。その保育園に入る道が行きがけと戻りとがかち合っ
てね。ま、町会の人にお願いしたです。「あの〜、もうちょっとあそこの道を、
保育園はええの作ってくれられたけど、道をもうちょっと」。婦人会長しとり
ましたのでね。「もうちょっと幅の広い道をつけてつかぁせえな」って言って、
町会に。当時の町会に話したら「あの、県道に沿った道は広い場所とらにゃ入
れんで、あそこはいけん。あそこは難しい、できんだけ、あそこは」って断り
を受けた。だけど、そこへ子供を寄こしにおいといて行ったり帰ったり、まぁ
えらいですわ。あんまり上手でないですしね、運転が。ここからの子供は、「ばぁ
ば」、「ばぁば」しますしね。ほんで、「町会議員に出てひとつこの道を広うに
するだけでも、私出てみちゃろうか」という気になっちゃいましてね。それで、
「ひとつ、この道をなんとかできんか」って言ったら、当時の副議長しておら
れたですが、○○先生から、××さんていうのが、「よっしゃ、おまえがそう
いう事やるなら、土地の交渉はわしがやったっるけ、それから費用の捻出はわ
しがやったるけ」っちゅうな事で、あれやこれやが手助けしてくれられまして
な。「よぉ、あの道広うしなったな」って、兄でも不思議がったような、あれ
やこれやで。いわゆる土地出さにゃ、どうしようもないですけね。土地出して
もらっても費用が出てこにゃどうにもならんですけ。それで、一番に町会議員
に出ようかと心に決めた事はあの道を広くしたかった為ですがな。１年たたん
間に出来ましたものね。今度皆さん、今度後から、「仕事するけ、仕事するけ」っ
ちゅう事になって。

［そうすると今度声が耳に届いて参りますものね］

　そうです。あの、みんなが「あそこあぁしてくれ」、「こうしてもらってくれ」、
「いや、うちは部落からこうしてなめられとるけ、主人が亡くなってからこっち、
事毎になめられるけ」っちゅうな訴えも出てきますしな。それから「うちの団
体はいっかな費用がないけ。ひとつ、ちぃと費用取ってくれ」とかね。今の世
の中、そんな事言や叱られるかもしれんけどな、「行政が元気になってくる」と。
けど、そうすると「ようし、みんな陳情にいくだけ、みんなついてきなれ」っちゅ

うことでな、陳情に行ったり何かしよんならん。いわゆる「仕事する」っていう評判が立ったようでしてな。2期目はそれだけ楽に上から2番目くらいで出ましてな。出ましたけど。なにぶん出かけたのが64だけですけんなあ。そんだけ、もう、72になったけ、「この度はもう辞めよう」と思ってね、2月に辞めたです。3期で、終わったです。でも、その間にやればおなごでも、なんでも出来る。「信念持っとってやれば出来る」っていう観念です。

[事例4]

　最初の議会で質問した時は、本当にね、大変でした。その、質問する事項はとにかく、勉強っていうか、資料調べても〜。

　[どういう資料をお調べになっのですか、最初の時は？]

　最初の時は、ゴミの問題で、最終処分場の問題です。それは新聞の記事とかね。その廃棄物の状況の本ね、いっぱい環境の本を読んだりとか、図書館に行って図書館通いもしましたしね。新聞とかってものね、あれしながら質問したんです。その、本当そこに最終処分場にするのか、その危険性っていうかね、安全性っていうものの問題をどう考えるかって事をあれしたんですよね。ていう事だったと思うんです1回目はね。

　[そうすると、いかに危険かという事の、何か本からデータとかそういう？]

　そうそう、そうです。あのね、丁度私がゴミの担当っていうか、あれしとった時あって、その時にいろいろ1週間くらい研修があってね、自治研じゃなかったかな。

　[それは役場に勤めておられた時ですか？]

　あの時にね、いろんな先生の講演聞いたり本を買ったもんですから、そういうのを参考にしながらね。やっぱり、あの、質問をしたっていうか。

　[例えば、他の有権者の方からこういう事があって困ってるんだとかっていうそういう、相談だとか頼み事っていうのはいかがですか？]

　あのね、その、結局1番あったのが、その、そこの最終処分場ね。一般廃棄物のそのとこに対しては、すごくあったんです。「どうに思ってるか」、「どうに感じているか」っていう電話がね、一般の有権者の人からね。で、私自身、「そこに設置する事はおかしいと思う」ってな事を回答したりしてね、回してましたし。

　[町民の方の中で反対を言ってらっしゃる方がいらしたというわけではなかったのですか？]

　いえ、反対があったんです。あの、そこの集落からの区長さんが「やっぱり、そこには白紙撤回してくれ」っていう事でね、出てたんです。そういう事があったから度々電話もありましたし、励ましも受けました、そういう点では。

　[それで、それは結局、今はどうなっていますか？]

　今はね、それは白紙撤回になって。広域連合ですね、そこの連合が各町村からいい場所を出してくれって事になってて。今、各町村からね、それぞれの場所を、今、連合の方が調査してる段階です。

　[じゃ、町では？]

　町ではまた、別の場所をね、ここが適当でないだろうかという所が出してあります。あの場所じゃなくしてね。

　[その白紙撤回になったっていうのは、やはり……]

　いいえ、そうじゃなくして、あのぉ、連合の方が白紙に戻したわけです。

　[町が撤回したのではなくて、それは反対があったからという事ではなくて？]

　それもやっぱり反対があったから、それと○○の方からも反対があるしというっていう事でね。

　[そこの場所に対して○○からも反対？]

　下流域だって事でね。

　[あぁ、なるほどね。やっぱり、そうすると住民の反対が撤回の？]

　そうだと思います。そういう事になるですね。住民の反対だったと思います。

［で、やはりご自分が議会で発言なさった事も影響があったと？］

あると思うんです、それはね。

［他の議員さんたちは？］

も、ありました、その発言は。もう1人の議員が発言されました。

［事例5］

　一般質問でとりあげたものとして、老人の介護の問題。ひとつはおむつ代の給付。これは私が母を介護してね、洗う所もない、おむつを絶えず消費していくのにね、「ほんのわずかでもいい、寄付してあげよう」という事で月 2,500 円。それから、あの、子供のお迎いヘルパーさんね、母子家庭のお母さん、父子家庭のお父さん、勤めが遅くなって子供を迎えに行けない。それを迎えに行ってくれるね、お迎えヘルパーさんみたいなんですね。

　［それは、そういうヘルパー制度を作られたんですか？］

　そうそう、それはね、国か県かの助成金が入ってるはずなんです。

　［それは、助成なさるんですか？それとも、そういうヘルパーを市が？］

　市が助成するっていうのはね。ヘルパーさんの募集をして、それから預かって頂きたい方と会わせて、「保育園から連れて帰って下さい」と。こちらは、この人が直接頼むのも、また、いいですけど。そうじゃなくて、「誰かないだろうか」と、「じゃ、この人があるから、これをこう」。それで、この人には時間給 700 円、こっちは「この人の所得に応じて 300 円とか 100 円とか取る」と。ここに一つの助成制度が生まれてるという事。それから、「女性の骨粗鬆症の検診をしろ」と。今、骨粗鬆症ずっといってますよね。そういう事は何故言ったかというと、県の方に相談に行ったんです。「骨粗鬆症の検診できんもんか」、○○総合事務所があるもんですから。そこでいろいろ、「じゃあ、あの、健康作り資金というのがあるから、それを適応されたらいいじゃないか」と言われて、県のこういうことを聞いて、市の方に訴えて、市に「こういう制度があるから、しなさい」と。それから、農家の農業のあれは、助成資金があるんですわ。

310

「それに対するね、女性の立場、地位向上に対してね、補助、助成しないか」と。
「教育機会、女性の自立に対する教育とかそんなんしないか」と。それはなぁ、
新しくねぇ、国の施策で出来たと思います。こうして、皆さん、駅前見られても、
駅にバスレーンが出来たんですけど。あれ、屋根なかったんです。ここは、雪
が多くて雨降る所で「屋根作って下さい」という事と。それから、駅側の方に、
ずぅっと窓があったんですけど、締めてあった。そういう小さい事もね、女性
が使う。バスを使うなんて、女性、老人ね。

　［そうですね、交通弱者］

　そお、だから、ここをね、真夏の暑いときに行って座ってみた。ベンチは座
れない暑くって。それから、ここは開いてないから、傘さして座ってる。「透
明の屋根、こんな事ってあるか」って言ったんです。「透明の屋根は直らない
から」って。「じゃあ、窓を開け」って言って、窓を開けました。今、開いて
ますけどね。そんな、小さい事。オムニバス走らせて。オムニバス走らせとる
のがね、東北の方にね。今日もここ２、３日前ステップの低いバスが走ってるっ
ていう。

　［低床バス］

　低床バス。今、ここに今走ってるオムニバスってのは低床なんです。「あれ
を団地に走らせ」って言ったんですけど、まぁ、そこまで走ってないけど、こ
のローカル線走ってるんです。

　［低床バスは、随分費用が掛かる……］

　小さいのをね、２個、バスを導入してましてね。それをオムニバス、オムニ
バスって言ってますけどね。それを走らせてますけどね。えぇ、それで、今度
は団地が出来ておりますのでね、団地の方も回れと言っておりますけどね。「今、
団地の中に入るバスの路線がなかなか難しい」って出来てない。それで、幹線
道路しか走ってませんけどね。それと、母子家庭のお母さんの公営団地優先入
居という事を言ってるんですけど。それは、「だいたい、解りました」という
ことになってるんですけども。県は○○市に母子家庭専用住宅をもってるそう

ですが、「もう、老朽化して、もう借り手がない」というので、「今度新しく改装する時にはこちらに作って下さい」って言ってるんですけども。今、実際にはね、あの〜、母子家庭が入る時には優先的に入ってます。「優先入居しますよ」とははっきり言ってませんけど、ま、建設省の方が優先入居を打ち立ててるんです。それで、いろんな通達を見まして、「母子家庭を優先しなければならない」という通達でてますけど。市や県の住宅は、それに適したのがない訳です。それを優先するようにすると一般と同じようになる。それで、○○なんかは優先入居になって、古い、結局、男のいない家庭の、廊下もなんにもない、部屋も続いてる、そういう建て方じゃないかと思うんです。○○市にはあります。2戸だか3戸だかあるって調べたんですけどね。でも、ここにも、他にもない。「だったら、母子寮使って下さい」と。だけど、母子寮は、今18歳になったら追っ払われとったんです。それを、「いけん、置いておいて下さい。18歳になっても、まだ、小さい子がおればお母さんも出ようがないし、その子を18歳になったらおっぽりだすか」という事で。そしたら古い議員が「大きな男が髭生やした者が母子寮って出入りするかぁ」とかって言いますけどね。「やっぱり、いけん。18歳になっても下のお子さんがおれば、追い出すわけにはならん」って言ってね。それはおらしてます。やっぱり、男の感覚で。だから今度はね、18歳の男の子がおってもいい、間仕切りとかね、「個というものを大切にした間取りをして、母子寮であろうとも、してもらわなきゃな」と思います。

[もう、母子寮って時代でもないですね]

ないですね。私はね。そんなね、それも確かに福祉を食い物にした民間の母子寮なんです、今あるのは。でも、そんなんいけません。やっぱり、公営住宅で個人を大切にするような建て方をしてもらわないとね。

[そういう質問をなさったりとか、取り上げられる問題っていうのは誰かから、たとえば支持者や市民の人達からの声を聞かれて取り上げられるのですか?]

市民の人達の声も、もちろんあります。はい。日頃自分が思ってる、感じて

る事、それについていろいろ、その担当課に行って質問したり、あの〜、情報
を得たりする事ですね。ま、市民の方の声とかどっちかというと多い。

　[それは、電話かけてきて「こういう事があるんだけど」っていうのです
　か。それとも母子会か……]

　母子会以外の会合にもちょくちょく出ますので。それから市長の推薦母体、
そんな時の会合がありますので。そういう中からいろんな情報が出てきますの
で。

　[例えば、会合でいろんなことを話し合われたとか、そういう場で聞かれた
　とか？]

　えぇ。それで、バスの問題にしろ、あ、オムニバスじゃないですけど、普通
の通勤バスの問題でも。通勤バスと汽車との連結がなってないとか。それから
地域の海岸がこうだとか。赤い羽根募金が、赤い羽根募金は市長が会長で、議
員もかんどりますので、言わなんだんですけど、赤い羽根募金や青い羽根募金
が下請けになっておられるんです、公民館が下請けになってるのでね。これを
なんとかやめさせにゃいけんとかいうのんありますけどね。私の入ってる教育
民生常任委員会の委員長がその先導者だもんだから、ちょっと言えれん面もあ
りましてね。同じ会派じゃないけど、同じ教育民生常任委員会の委員長がいと
るのにね、それが下してるのにね、「いけんじゃないか」と。「組織の中でこう
やらなきゃいけんな」と思ったりして。まぁ、困難な面もありますけど。

　[それは、やはり「○○さんに言ってもらいたい」とか、「なんとかしても
　らい」というふうに言って来られるよりは、会合の場なんかで気がつかれた
　問題をご自身が拾って来られるという]

　そうそう。どっちか「言ってくれ」じゃなくして、「あぁ、こういう問題が出て、
あぁ、そうだこの人達はそういうふうに思ってるのか。じゃ、ちょっと調べて
みて、本当にそれが出来る事なら、やらせにゃいけん」ということで。それで、
もう街灯がないでしょ。ここなんかないから、女性が本当に夜、安心して歩け
る場所っての街灯がないといけんじゃない。街灯の補助はどこでするんか、何

割、年間どこにつくのか、それから遊園地に遊具がどこに設けてあるのか、ないのか。それからこの上の方に新しい団地が出来たんだけど、そこはもう、今、若いお母さん方の子供がどんどんできよるのに、遊具もない、遊園地もそのまんま。「こんなん、いけんじゃないですか」という事で、遊園地を作って遊具を置いたというのもありますしね。

[でも、それだと例えば遊具が置かれた。それは例えば○○さんが動かれたんだっていう事が市民にかえりにくいって事はありませんか？]

あります。誰がしたんだっていう事が。

[そう、なんか知らないうちに、なったわねっていう]

それで、公民館長との接点もありますし、「じゃ、やっぱり遊具がいるよな」っていう話の中で。

[別にその、売名行為をする訳じゃないけれども]

でも、その公民館長は見てる。

[女性議員が出た事でこういうふうに少しずつ生活の場が変わってきたんだっていう辺りを、こう]

そう、ＰＲがちょっと下手くそ、私は下手くそなんです。でも、そこの公民館は知っとって「○○議員がこうして下さった」と皆さんに言って下さってる……それともうひとつはですね、あすこに桜並木があったんですわ。あれを「桜並木を残せ」っていう運動をやったんですけどね。もう、短冊をばぁっとかけましてね。新聞はどっと取り上げてくれたんですけどね。やっぱり、市民は本当に「残せ」っていう人もあったんです。もう、どんどん電話掛かってきてね、「○○さん、やれやれ、えっと残せよ。桜は本当に命があるんだぞ。わしの母校にもみんな残ってる。農高にも残ってる、農大［農業大学校か？（編者）］にも残ってるし、桜というものは希少な存在だ。桜の根っこにはね、数百何万だかの微生物も育ってるし、セミもここで羽化しよる。それを言わなきゃ。わたしたちの憩いの場所だ」といろいろなったんです。結局切りましたけどね。でも、１本残した。その運動があった為に１本残ってる。それで、その運動は団体運

314

動じゃなかったけど、私と私を支持する女性たちとでね、短冊を掛けたんです。それはね、九州、熊本の市長がそういう事があって、短冊を掛けた人があって残ったっていうのがあるので、まぁ、真似したっていうんじゃないけど、やろうって事で、やったんです。だけど、その時にね、市長が「行ってみれば、ほんにええ桜もある。もう、でも、あそこは設計の段階に入っちゃっとるので、じゃ、1本だけ残そう」ということで、1本だけ残った桜があるんです。あれ全部本当は切られとるはず。だけど、1本桜が残ったっていうのは、私がね、なんかのはずみにまた、言ってやろうと思って。ま、今はきれいに切ってしまってね。ひとつはね、その桜を切ったという事で、「何か災いがなけりゃいいが」っていう人もある。昔の人がね。

［事例6］

［日頃の議員活動で、どういった点に力を入れてらっしゃいますか？］

　子供達に関わる部分ですね。教職員組合から出ているというのもあるし、私自身保母をしていたというのもあるし、子供3人いた中で、学校教育や環境問題あたりが一番力を入れている。

［最近、最も力を入れてらっしゃる事は？たとえば、質問をされている事は？］

　最近は、障害を持った子供さんが離れて教育されるのではなく、地域の中で一緒に育っていくための環境整備ですね。一緒に育っていくためには、人の配置が必要です。養護学校はありますが、地域の中でというのはまだまだです。障害児のための学級がなかなか出来ていない。一緒に修学旅行に行きたいという子供や親御さんの気持ちもわかるが、まだまだ事務的な配置が整っていない。教員の負担が増える事に対する学校の不安もわかります。他の子供達に対する対応も不十分になるので、難しい。

［2期目、3期目のポイントは？］

　言うならば、組合を外れた地元のお母さんたちをつないでいく。1年に1、

２回のレクレーションも必要だろうし、ゴミ問題を考えるという事で東部と西部に環境工場があるのでその視察などの勉強会を開くとか、老人ホームなどの福祉問題などの学習会を開くとか、あしながおじさんの募金活動など。専業主婦でも世の中の役に立ちたいと思っている女性はたくさんいるのでそういう人を引き出したい。活動への呼びかけ、何かをテーマを挙げて行動していかないと、継続は難しい。わぁっと盛り上がってさめていくのが早いので、その辺の努力が必要。

[なかなかそれが日常化していかない。多様な題材は持ってくるが]

私たちの親の年代になると、親の介護の問題、もう少し若くなると子育ての問題が出て教育費など、また老人になると寝たきりの問題がありますし。

[幅広い活動をされているんですね]

そういう風にメニューを持っていかないといけないと思うがなかなか出来ない。１年に３回くらい活動をした方がいいと思うが２回になる事が多い。あとはみんなでバスを１台借り切って見学兼ねて行くとかすると、お年寄りの方なんかが参加してくれる。

［事例７］

何を一番に訴えていくのか。先ず第一に、「優しさと潤いのある町づくり」ということ。私の考えることといえば、素人でしょう、夢のようなことばかり言うんですよ。でも、やっぱり、私が思ったのには、「政治家じゃあなくて、この一般の何にも知らんアホなおばさんが一言いうのが、やっぱりいいんじゃないかな」と思って。「政治は割と難しいもんだて」言うと、「そげなもんなんだ」って片付けられるでしょう。「それをやっちゃあいけない」ということは思ったんです。「何でも透明性をもって、私たちが決めるんじゃなくて、私たちが町民の代表なんだから、皆の意見を集約していくような役割をしないといけないなあ」と思ったんです、最初は。なかなかそうはいきません、やってるとね、なかなかね。その難しさに初っ端から出合って、もうずうっと一年間苦

316

しみっ放しで、何してたかわからずで一年間。二年目になったら、家庭でちょっ
とゴタッとあって、まぁ、その、私的なことに忙殺されて、もう二年目の半分
が過ぎて……という感じなんですけど。なかなか……。子育てのことでも、保
育園の現状、小学校の現状とか、先生に聞きますでしょう。そうすると、「保
育園の職員の」とか、「施設の」とかじゃなくて、「今の親の子育ての方法とか」。
私から見りゃあ、ね、かえってそっちの方、言いたいことがいっぱいあるんで
すよ。あんなこと言ったら落ちますでしょう、選挙に。母親を批判したりした
ら……。だから、大変なんですよ。お母さんが、例えばね、保育園の子供に毎
晩11時頃まで、テレビ見させて起きさして、自分らもテレビ見て起きてたい
から、子供らを寝かしつけないんですって。そうすると、子供も一緒に起きて
るでしょ、朝、眠いでしょ、起きないでしょ、起こしてご飯も食べさせずに連
れてきなるんですって。「今日もご飯食べて来てない」とか、「車の中で菓子パ
ンかじってきた」とか。「そういうのってある？」って思うんですよ。そうい
うの言ってたら票に繋がらないから、票に繋げるためには、多分、「保育園に
行ったら、先ず朝御飯を出してもらうようにしましょう、とかいうのがいいの
かなあ……」とか思うんですけど、どう思います？今頃ね、今の母親はおんぶ
にだっこで、してもらえばいいと思って。ちょっとね……。こういう田舎の恵
まれた所にいて、学校給食、ですよね。○○さんと、いつも話すんですが、学
校給食なんてものは、ホント、こないだ出来たんですよ、この町。私らずうっ
とお弁当で。お弁当、良かったんですよ。その子、その子に合った食事の量が入っ
てて。やっぱり、「残しちゃいけん、お母ちゃんが作ってつかわさった、残し
ちゃいけん」。親子の対話の元にもなりますし、お弁当でちっとも悪くないと
思うんですよ。そりゃあ、給食のできた一番の目的は、終戦時の栄養不良の、
物のない時の……だったはずで、こう田舎で、何でも食べる物があって、潤っ
た時代になってね、弁当でいけんことは、何一つないと思うんですよ。だけど、
「学校給食をつくれ」、「学校給食をつくれ」ってすごい運動があって、若いお
母さん方から。「何で、学校給食があると、そんなにいいの？」「栄養バランス

の取れた食事を、皆と一緒のものを、食べられるのがいい」とか何とか言って……。個性を大切にしろという時代にそういうことを言ってねぇ。とにかく、中には、理由の一つに、「お弁当を充分に作ってもらえない子もいる」という。昔からいましたよね、一人か二人は、クラスに。お母さんが朝早くから働きに行くから、いつもパンと牛乳っていう子が。私らの時代にもおりましたし、そりゃあおるでしょう。だけど、「そういう子がかわいそうだから、給食を」と。で、給食がやっとできたら、経費を削減するため、Ｏ-157の恐怖から逃れるため、下請けに出すでしょう。そうすると、下請は利益を取って帰らんといけんですから、役場は役場で、安い値段で出さんといけんから、その中から利益を生み出して持って帰るわけですから、冷凍食材使ったり、安い物使いますよ。地産地消ができないでしょう。「すべての悪はここにあるなぁ」って、よく○○さんと話すんですけど。「給食ができて何がいいか。母親が楽だ」ということですよ。そりゃ、今、皆働いていますから、朝お弁当がなかったら、そりゃ楽ですけど。私ら、それ作ってきましたから、3人の子供にずっと作ってきましたから。でも作れないということはなかったんですよ、手際もよくなりますし。ありゃ、作らんようになって、たまに作ると、すごくえらいけんね。だけ、今ある給食をなくそうっていうのは、なくせるもんではないですよ。でも、わざわざつくることはなかったと思うんですよ。そういう子育ての方針も、今頃のお母さん方が持っとられるから。どげこげ言われて、子育て支援なんかも。今日も県で、町村会の女性議員の勉強会があるんです。年に2回くらい、通知が来て。今これ、返信書いたんですけど。「子育て支援、各町村の取組を発表して下さい」とかいうの。子育て支援も大事だけど、「今の子育て支援いうのは、ちょっと方向が違って来とりゃあせんかな」っていう風に思わんこともないんです。いま、「キレる子」とか、あんな話をしたら、きりがないんですが、「キレる子」というのは、今どの子もキレる一歩手前だそうですが、うちも子供3人育ててみて、他人の事じゃないな。ひきこもりとか、不登校とか、心身症とか、やっぱり、どこの家にも起きる、何時起きるかわからんことなんですよ。

普通の子供でも何時なるかわからんことなんですよ。学校の校長先生退職され
た方なんか、こないだ、町の会合で言われるのに、「今頃の子供は、自分の意
志で、自分のことをきちんと意思表示して述べることができない、だからキレ
るんだ」という風に言われたんですがね。昔、私たちの時代に、自分の意見を
きちんと順序立ててのべたり、文章にしたりする子が、どれだけいました？い
ませんよ。そんなこと、ホント、昔の方が……。自分の思いはいっぱいあったっ
て、きちんと、言葉に文章に表すなんて、そんなたやすいことじゃないですから、
できませんよ。できんから、いつも手が出て、喧嘩したりしてたんです。だから、
「今それだから」というのは、違うと思うんです。時代のせいにしちゃあいけ
んけど、時代のせいもあるし、親の育てる姿勢、私らの育てる姿勢、それから、
核家族化が進んだことも大きな原因だと思います。私たちが楽な、気楽な生活
を好んで、核家族化させていったことが、小さな家庭で社会を見ずに育つでしょ
う、子供が。我慢することもいらんし、気兼ねするとこ見てないし。譲り合っ
て、気兼ねして、いつも憎み合ってるように見えてもイザという時には助け合っ
たりとか、そういう嫁姑の機微とか、きょうだい大勢の子の逞しさとか、そう
いうものを体験すること、「本当に必要だなぁ」と思うんです。いまさら、じゃ
あ「核家族化やめて三世代住宅住みなさい」て言うても、誰も住みませんよね、
出て行く分で。難しいですよね……でも、育て方といいますか、地域全体の育
て方ですよね。子供達は、「ふるさとはいいなあ、田舎はよかったなぁ」とい
う思い出をたくさん作ってやるような育て方をしてやらないと。食べ物でも、
学校給食で、冷凍のあっちの方のおいしゅうないもん食べさしたって。やっぱ
り、町の畑で取れたほうれん草を湯がいて食べさしてやらんとね。

　[美味しいもの、いっぱいあるのにね、何も冷凍食品を……]

　そうですよ。だから、そこらへんのことも思うんですけど……いろんな女性
の方から、いろんなこと聞いとられると思うんですけど。私、出てみて、「やっ
ぱり女性が出るって、ホント大変だなぁ」って思うんです。女性は家庭があり
ますでしょう。今ね、「男と女と二人で支えあうんだ」ってなんぼ奇麗事言ったっ

319

て、母親でないとできないこと、女でないとできないこと、女でないとできん
ことってないかも知れんけど、そういう面があるんですよね。そういうことが
何にもなしに、上手い具合にいっとる時は何もないんです。私は、嫁でも、母
でも、主婦でも、仕事をやりながら、何ぼでも出来ると思ってたんです。でも、
何かがあって、つまづくと、やっぱり、女性は家庭、「家庭を犠牲にして議員
をとるのか」って言われたら、「家庭あっての私だし」と思ったりして、一時
悩んだこともあります。そうした時に言われたことが、いろいろ助言して下さ
る方にいってもらったこと、「お前は、そういう家庭の母親の代表、主婦の代
表としてものを言っていくと言うたじゃないか。そういういろんな思いを言え
るのは、お前しかおらんだけんな」、「ああ、そうだなぁ、そう言って出さして
もらったのに、皆に期待されたのに、しぼんじゃいけんな、頑張らにゃあいけ
んな」と思ったんですけど。でもなかなか、十分な議員活動はできません。

［事例8］

　日本の福祉。福祉という言葉を使う事自体がおかしいと思う。福祉が特別視
されている。福祉というのは人間の生活レベルが上がるという事だと思う。行
政の「やってやってる」という意識と、こちら側も受動的すぎる事がおかしい
と感じる。特にこの県は官に頼る感じが、外部から来ると異常に強いと感じる。
街を引っかき回す事はできないが、自分が中に入っていけないものがある。そ
れが、「少しずつでも変わっていけば、気持ちよくなるんじゃないか」という
事に私が関われるのではないかと思った。問題意識としてするのではなく、「自
然に皆の気持ちが自分達で考えて、自分達でする」という事。私が3年間頑張っ
てきた事はボランティアなんです。こんな小さな街なのだから一番絆が生まれ
やすい。「隣人のしていること、欲している事に気づき、絆を築く事の重要性。
それに官の力が必要だったらやろう」という事。そういうグループ運動をやっ
ている。

　［議員になられてからそういう活動をされているんですね？］

　私がここを留守にする事により、ここが受ける被害が大きいため、引き受ける限度を5人にした。

　[いままで、専業でしてらした部分ですね？]

　ええ、しかもその5人も私が留守にしたとき皆さんに負担を掛けるので、重病の人は。

　[ボランティア活動というのは高齢者福祉の介護の活動ですか？]

　これは、幅が非常に広く、「○○」というグループで取り組んでいる。知的障害者のグループがやっている工房「○○」という石鹸作ったりしてる事業を側面から。

　[それは、元々地元の方がやってらしたものですか？]

　ええ。それを官が作ったもの。

　[社会福祉協議会とかで？]

　ええ、町の方が融資して、県の方からもお金をもらってるが、経営が成り立っていない。いわゆる、「作りました、動いています、でも、中身は……」というものです。でも、声高に言うと壊れてしまうから、側面から協力する事でよりいい方向に持っていく事はできる。それをボランティアで立ちいくようにすると同時に、この連帯を通してもっと必要としている人達を見いだす。そこへＮＰＯ法案が来た。それで「○○」を立ち上げた。まだ12月まで機能しないが。機能したらという事でいくつか取り組みをしている。牛乳パックなど集めたはいいが、お金にならず、再利用出来ていない現状がある。街でも困っている。○○紙業ってあるが、そこはすごい機械を持っていて、この間視察してきた。そこへ1トン単位で持ち込んで2,500個トイレットロールになる。これを業者の方にいくらで買っていただけるのか、持ってきた物を私たちがどういう風に販売できるのかという事。そこらへんがまだクエスション・マークなんですが。

　[集めるだけでなく、リサイクルのシステムまで作られたという訳ですね？]

　今、トマトを作っていて、すぐかかれないのですが、生ゴミとヌカと鶏糞で、

「どのくらいの期間で、どのくらいの堆肥が出来て、どのくらい有効に使えるか」考えている。

[生ゴミの回収は町がやるのですか？]

ここは観光業者がいっぱいいるから、ホテルなどの生ゴミがたくさんある。しかし、皆の問題意識が低く、生ゴミの中に醤油のパックなどが混ざっている。それでそういう問題意識のあるお母さんが出した生ゴミだけ集める。それで堆肥が出来るという事が実証されれば、農林課に交渉してそういうことが出来る機械を買って頂こうと思う。それが議員になったひとつの事だと思う。情報を欲すれば、議員という名の元に集まる。それを役立たせるという事が運動を進めていく上で大切。

[小さな市民活動と行政のパイプ役みたいな事ですね？]

それが出来れば。もう一回議員をやるとすれば、そこに目標を置くべきじゃないのかなと思う。今までは、「何なの？、議会、一般質問って？」という程度でした。法律用語の条例読んでても頭に入るまで、わからないまま一週間、二週間放ってあるのもある。「自分はなんて頭が悪いんだろう」って。知らないことが多すぎた。

[一般質問もされますか？]

一般質問は一度も欠かさない。この間終わって初めて、ものすごいベテラン議員に「今日の質問は良かった。93点あげる」と言われた。その93点の質問ですが、教育委員会から質問の内容を問いただされた。私としたら現場の人の声を婉曲に聞いたつもりだったが、向こうにしたらショックだったみたい。それは、視察に行った時に。

[学校給食ですか？ここはセンター方式ですか？]

ええ、私は文教委員ですから。そこへ行った時にグループの仲間の人が「議員さんがいっぱい来たけど、あの日はみんなピリピリしていて、日頃休んでいる人まで出てきて」。

[いわゆる視察向けの？]

ええ。「あそこだけで見て、その後ろを見て下さればいいのに、ちっとも私たちの所へ来なかったね」という話があり、いろいろ内情を聞いてみると、とんでもない事がいくつかあった。一つは非常に残飯が多いという事。もう一つは実際にいくつのバケツに残飯があるのかという事。それと県から派遣されるメニュー決めたりする栄養士は非常に若く、ここの町の人ではなく近隣の町の方から通って来られるのだが、もしかしたら子供達の口に合わないのではないかとか。

［子供の実際の生活を知らない、まだ子育て経験のない？］

　1歳のお子さんがいらっしゃる。その方が育児休暇の間、ベテランの、そこに20〜30年勤めてられる方がメニューとかやったりしたら、あまり残飯が出なかったという事がありました。生の声ですから何処まで事実かわかりません。量が多すぎるのか、内容が悪いのか。その方自身もお子さんを持っておられるからわかると思うが、子供が空腹で帰ってくる。給食に対していいコメントがない。私は給食自体は少ないお金で提供できるので、それ自体には批判的ではない。「現場の人、両親、子供でメニューを話し合うチャンスがあるんですか」とか、「県の栄養士さんと現場の人と話し合うチャンスがあるのか」とか聞いた。そうしたら、質問の次の日の朝、センター長が皆に、「公務員の倫理というものは、内部の事を外部に漏らさず墓場まで持って行くものだ」と言われたそうです。

［そうきましたか］

　世界が全然違うんです。結果として、その方に迷惑を掛けてしまった感じになった。

［議会で議員が質問するという事に対する行政マンの受け取り方には、我々市民が計り知れない大きなものがある］

　そこが、私、変わっていかなければならないと思います。「質問するぞ」という事が脅し文句に使えるわけですから。「本来そういう事がないと議会はないはずだ」としてます。普通だったら議員が事務所に電話掛けてきて、グチグ

チ言ってくれて内輪で済むところを、議会で言われて驚愕してると思う議員の古い人達は、「あんた、あそこもっと突っ込んだ方が良かったよ」とか言われた。今まで私は突っ込み型の質問ではなく提案型の質問しかしてなかったから。

［事例9］

　この町では、議員に女が出るまでは暮らしの事やなんかは言わないから、「ちゃ～ちな事」って思うでしょうし、暮らしの「く」もでなかった。私は暮らしの事ば～かり言いますから。「あ～、んなんでいいんか」っていう事も多少はあったんでないでしょうか。何、その天下国家、国政や政治やろうって、まずは町民の暮らしの事ですから。だから、私、今回は食器ですね。こないだから問題の環境ホルモンの食器の事をまず、聞こうと思っています。次に女性プラン。女性プラン作成するって、音沙汰ないですが、まだねえ。その事と、3年目には保育所の保育時間。あの、7時半からになったんですが、その○○市に勤めてる人は7時半からでは苦しいんですわね。

　［終わりは何時ですか］

　7時。

　［終わりは一応7時まであるんですね］

　ええ。でも、普通の人は5時頃で帰るんです。

　［9時、5時で、あとは町の方でパートに頼む］

　そういう事は女性でないと、いいませんから。

　［高齢者の問題はどうですか？］

　高齢者の問題は、老健施設とかがあったから、この前の時、言ってますしね。「みんなが不満に思ってる事、言ってちょうだい」って意見が。この前の町営駐車場の利用なんかでもね。6～7人の近所の人の駐車場になってる勘定でしたね。役場も「誰さんが」言ってないし、「誰さんが」は警察でないとわかりませんから、なかなかですけどね。

［事例10］

[議会に出られて、女性議員であるからこそ実現したい問題とかあります
か？選挙で訴えられた事とかありますか？]

　今、教育民政の委員会に席を置いていて、女性だからという事もありません
が、この町は県の中でも3番目に高齢化率の高い所ですから、みんなの関心が
介護保険についての聞きかじりと不安がある。「高齢者からもっと徹底して欲
しい」という気持ちと、「高齢者についてはそこそこしてあるから子供の方に
力を入れて欲しい」というお母さん方の意見もある。しかし、子供の事より高
齢者に関心が高まっている。また、環境問題も大きな問題で、ゴミの問題を言
うと男性は「ゴミは……」って言われるが。焼却場は町内にあったのは廃止に
なっているが、周辺に民家もあるし水源池もその下にある。住民の方はご存知
ないが、何らかの影響があると思う。ダイオキシンなどに対する何の対策もし
てなかった。不法投棄もありますし、焼却場も全部ゴミが収集されればいいが、
野焼きやマルチシートなど見えない所で焼けばいいやという怖さを認識してい
ない行動がある。

　[観光開発はされてなかったですか？スキー場とかなかったですか？]

　あります。山の方に茶屋があるんですが、古くなってきたので建て替えと同
時に地ビールの工場を作るという事らしい。森林トラストも国立公園が引っか
かってやり直さなければならないらしいです。町民の意見を聞いて作ろうとし
ているものではないので、町民はその支出に疑問を持っている。議会でも不満
を持っている者もいるし、行政で不安を持っている人もいる。観光やスキーに
来られた人達に利用してもらおうと。町営の宿泊施設もあります。宿泊施設は
あまり儲けにならないが今年もう一冬するという事です。新しい施設を作って
も採算があうのか心配ですし、国民休暇村も赤字すれすれと聞きます。安けれ
ばいいという発想ではなく、質を求めるという事も町長も考え出しているので
すが……改修しても赤字になるような事になってもね。それで誰が責任を取る
かという事になりますからね。地ビールは他にもありますし、ワインもあるし、

たとえここがおいしくてもビールはビールだし。随分言ったけど、決められた事は決められた事と言われるし。でも、それは町民の方は理解出来ない。

[話は変わりますが、立候補なさった時の公約として、乳幼児の保育がありましたが?]

ええ、時間外保育はしてもらえるようになった。

[時間外というのは、9時より前と5時より後。何時から何時まででしょう?]

朝は早くないですけど、8時からです。

[8時からですと、遠くに通勤の方は間に合わないですね?]

でも、おじいちゃん、おばあちゃんが結構いて、夜は6時半まで見て下さる。うちは保育園が一つしかない。一つでもあると多少はよくなると思う。保育園兼幼稚園です。

[何歳児からですか?]

0歳からです。

[少ないんじゃないですか?]

いえ、女性問題委員会でアンケート調査をしたら、0歳未満児や時間外延長保育や休日保育などの希望はゼロだった。母子家庭など希望があると聞いていたのに、希望がなくてがっくりきた。それからまた一年一年状況が変わり、働いておられる方も増えてきた。そして、再度アンケートをしようかと考えていたら行政の方が先に動いてくれた。そうしたら、意外に0歳未満児を預けられる方がいらっしゃった。何ヶ月の赤ちゃんを預けられる事になるとそれなりの施設にしないといけないが、今はそれがなってなくて改修をするかどうか調査する。今年は中学と小学校とか視察するのをやめて保育園にウエイトを置こうかという事になっている。一つしかないというのは、良くても悪くてもそこしか預けられないというのは、親に選択肢がなくていけないと思うので増やしたい。

[いいサービスが提供されてニーズが生まれるという事もありますからね]

　もう、マンネリ化して外部に聞いてみると意外や意外という事もあるので、よくならなければ預けている人が迷惑を被りますからね。

［事例11］

　[選挙戦が始まると何か訴えなければいけないですよね。どういう辺りを問題になさったんですか？]

　今考えると随分偉そうな事を言ってた。今でも高齢者福祉は自分の中では興味持ってるし、今後も高齢化率は高まってきますから、介護という事を中心にやってますけど。当時はそういう事もわかりませんから、とにかく高齢化社会っていうのは、これからの地域の中で経済的にも大きな課題になってくる。「これはどんな人にも避けて通れない道であり、他人事ではなく、自分の事として受け止めてどういう風にしたらこの町が健全な町を維持していけるように私はします」という風な事を言ったのは覚えています。それがまず、一点。授産施設をね、うちの主人がたまたま当時社会福祉協議会の会長してましたね。会長してた時に授産施設を設置したんです。小規模授産施設。精神障害者の方のを設置したんですよ。それがどこかの施設の片隅を借りての運営だったので、この施設を充実したものにしたいと。更正型授産施設を設置できると当時は思ってた。なかなか難しい問題があると知らなかった。それがひとつ課題。あと商店街の活性化っていうのも当時は聞き耳かじっただけの事で。全国的に商店街の中心街が歯抜け状態、過疎化していく、商店街に人がいなくなるみたいな状況になっている。国の重要施策として打ち出してますよね。当時は何もわかりませんよ。ただ、新聞とかいろいろ目にした耳にした事から連想して、商店街を見てみると、「あぁ、そうだな」と急に思い立った事。これも一つ課題にしようと偉そうな事取り上げて。「購買力、消費力の流出に歯止めを掛けます」とか。そんな偉そうな事、言ってましたかね。後、女性問題はある程度知ってるだけに難しいって事わかってましたから、あまり強くは言えない。それをあ

んまり言っちゃうと逆にこちらも打算がありますし、あんまり打ち出すと男性に嫌われますよね。そういう打算も若干働いていたかもしれませんね、当時。内心ではそういうの大事だって事わかってますけどね。あんまり理解されてない事を急激にやっても、表にだすとね。それはあんまりやりませんでした。だいたい三つくらいですね。今もその三つですね。やはり、高齢社会の問題は、奥が深いですから。特に施策って目に見えるものでなくて、広く言えば国民も含めて大きく意識改革が求められる時代だから、非常に先進的な部分だし、ただ単に議会活動するだけじゃなくて婦人活動とかね、いろいろなボランティア。ボランティアはこのごろ暇がなくてあんまりやってない。婦人活動を通じてそういう意識を自分の言葉で講演会を開くとか。どこかの講演会に友達を連れて行くとか、そういう事によって自分も含めて勉強していく。そして、その中で得たものをまた、いろんな課題を見つけたものを議会の中で流していく、そんなような事です。行政も我々も含めて縦割りの「マニュアル人間」って私は言うんですけど。行政でも我々の生活でも、マニュアル通りにやっていけばよかったが、農業と公共事業ですから。そういう事は行政の上からくるマニュアルに沿った政策っていうのは役場がやってきたけれども、これから先っていうものはそれだけでは対応できない。地方分権とかいろんな形で精神的な自立っていうものを高めていかないといけないという、精神分野が大変もとめられる。そんな事、形に見えませんから、なかなか人の賛同は得られません。はっきり言って、会議なんかでも、挨拶の中でこんなような事を言うけども、みんなの顔を見ると「あぁ、わかってもらえてないな」っていう部分は多いですよ。でも、これって大事だと思ってる。「じゃあ、それを進めるために具体的な事業をどうするか」っていう事になるとなかなか難しい。

[事例12]

[選挙期間中に訴えられた事というのは、いわゆる公約というものはどういう事だったのでしょうか？]

　私が30年間教師をしてきた中で、教育の事は誰にも負けないという自信があった。そして、終わる6年くらいの間養護学校にいた。ずっとスポーツ関係で元気な子ばかり指導してきたが、その逆の子達を指導して終わりたいという希望があった。頭で考えていたのと、足を踏み入れたのとでは、実際違うという事を学び、福祉関係の事に力を入れたい。それから、スポーツを通しての町づくりの三つの点に重点を置いた。経済などは正直に解らないと言い、これから勉強していきたいと言った。

　[一般質問？本当に短い時間で一般質問されるのは……]

　一項目ずついこうと思って、教育の事は教育で一つ、スポーツの事はスポーツで一つ、今、疑問に思っている事を聞いた。主人が勤めている青少年育成センターの事で、質問したりした。

　[まだ議員になられて日が浅いですが、こういう問題を解決して欲しいとかありますか？]

　はい、あります。それから、「地域、自治会の中で議員さんに出てもらったという事が力強い」と言って下さる。私は地域の議員じゃなく市の議員ですから、それも受けながら全体をながめないといけないと思っている。しかし、いろんな事を聞いても聞きっぱなしではなく、必ず回答してあげる事が重要だと思う。今まで一方通行のような所があったから。それは、喜んでもらえます。

　[それは、例えばどういう事がありますか？]

　本当に小さい事です。「駅から降りたところの街灯がついていないが前に頼んだのはどうなっているか」とか。昼食にラーメン屋さんに入ったりしてもたいていみんな知っているので、「何かないですか？」と市民の声を聞くようにしている。街灯なんかも行政に問い合わせたりして回答を伝えたりする。生活レベルの事からいってます。自分の出来る事からやっている。大きな問題の時は勉強しないとわからない。この間の「○○の会」のように何かの会の時は出来るだけ行って勉強しようと思っている。たくさん話し、たくさん耳にし、たくさん見るのが私の活動かなと思っている。

第 10 章
女性として・議員としての
喜び・悩み・悲しみ

インタビューした女性たちの話を聞いていると、立候補し当選するまでに「女性」であるが故に苦労した人、自身が「女性」であるが故にということでは必ずしも苦労しなかった人、この二つのタイプに分類できるように思われる。以下は、この二つのタイプをきれいに分けたものではないが、立候補するまで、立候補してから、ある時は落選し、ある時は当選し議員になってから、どう苦労しそれをどう乗り越えてきたのか、あるいは、まわりが予想するほど苦労せずに淡々と責任を果たしてきた、その物語である。

［事例1］

［議員をやっておられて、ご家族の反応はいかがですか？ご主人とか？］

まあ8年間もよう頑張っていると評価してくれている。

［ご主人は今も働いておられる？］

はい。現職です。

［同じようなケースの方を何人か伺っているのですが、ご主人が組合の役員をしておられて候補者がいなくて奥様に白羽の矢がたったという。そういう方の場合、夫婦の会話が豊富になったとおっしゃいますが、いかがですか？］

そうですね、あまり個人的な事は話しませんが、共通する部分がたくさんありますのでよく話します。

［ご出身は地元ですか？］

私は市内ではなく県内です。主人は今住んでいるところです。

［そうしますとご親戚や同級生がたくさん選挙区の中にいらっしゃる……］

私の同級生は選挙区にたくさんいるんですが、親戚は主人の方が多い。

［反応はいかがでしたか？先ほどおっしゃっていた「夫を差し置いて」という点などは？］

そうですね、地域では女性が出たという事で、地域の役職の方方は「とても

332

通らない」という思いだったようです。だから通ってびっくりだったようです。反対に地域のお母さんは、通った時には大変喜んで下さった。

[もう一つ若い世代はいかがですか？私たちの世代ですと政治に関心を持っていますが、30代とか若い世代の政治離れは？]

それは感じますね。ターゲットは若い人達だと、若い人達に知ってもらおうと、選挙に関して何も考えていないから、知っている人に頼まれれば、「いいよ」と入れるという事になる。そこに候補者が政策をアピールしていけば若い人達も取り込めるのではないかと思っている。

[どうすればそれが出来ると思いますか？]

そうですね。子供達の周りにいる友達に輪を広げている。

[ここは女性議員は前からおられたんですか？]

最高２人いらしたようです。○○党の方が１人とうちの方が１人。今期は４人でしたので最高の人数ですね。

[女性議員に対する他の議員や行政の反応はいかがですか？]

私は変には感じないが、男性の古老議員は無視される。行政も最初のうちは扱い慣れていない感じがした。

[少し前になるかもしれませんが、研修が変わったとか？]

議員研修というのがありますが、講師の選定の仕方も、男女共同参画型の社会を作ろうという講演をお願いするが実現しない。

[女性議員の方はだいたい熱心に活動されますが、男性議員に影響は？]

うちの会派は全員「議会だより」を出しています。保守系は地域にまで配布するような形はとってらっしゃらないと思います。

[女性議員が突然入ったわけではないから、目立って大きく変化したようなことはないですか？]

５年くらい前の市議会で女性議員がセクハラを受けて全国的なニュースになった事がある。それは県会議員から受けたセクハラですが、そういう感覚の男性は多いと思う。そういう事件が起きた時に女性議員は黙るという形です。

目には見えないが女性差別という感覚はあると思う。昨年、男女混合名簿の事で1人の女性が質問した時に、市長が答弁した中で「男女が平等というなら、トイレも一緒にしなきゃいけないな」という発言があった。女性たちは怒った。40歳以上の男性に「わかってくれ」というのはしみついていて難しいと思う。だが、子供達にはきちんとそういうところは教育してほしいと思う。わかっているつもりでも発言の中にしみついたものは出てくる。これからの私の活動は、名簿を含めて、男女共同参画できるような条例を作ったりとか努力したいと思う。

[男女混合名簿というのは、今、小・中と男女別なんですか？]

別なんです。どうして、混合にして不都合があるのかと思う。

[運動会で走るのも男女一緒に走っているところもあるのに？]

それを実施したところは、それがいいと言う。何故出来ないかと不思議です。

[上の世代を切り捨てると言っても、枠組みを作るのが上の世代ですからね]

くどく主張していかないといけないと思います。子供の権利条約あたりをベースにした教育をしていって欲しいと思うが、子供の権利条約という言葉すら知らない議員が多いのが現状です。

[事例2]

[女性議員の方から伺うと、どうしても議会の中で孤立してしまうと、情報がなかなか入らないっていうような事をおっしゃる方がいらっしゃいますが、どうですか？]

私は入りますね。

[意地悪されるとかは？]

意地悪もされません。意地悪しても、やりかえしてやる。

[情報が入るって飲み会なんかが多いのでは？]

飲み会も行きますから。みんな行きますから。ほんで、「18日もあるからど

334

う」っていうから、「私は普通の事はお付き合いしますよ」って言って行きますから、別にのけ者にされたり、からかわれたり……。

[やっぱりそれは、地元の強み？]

だと思いますね。

[よそからだと、よそ者だと、まず声が掛からないっていう感じですか？]

ええ、それから同級生が 3 人いるっちゅう事が、20 人のうち 4 人がお友達。6 ～ 7 人は懇意でしょう。3 割は懇意だから。散髪屋さんっていうのが、まだうちの旦那が散髪に行く家ですし、それから農協関係の議員も、私になんでも結構言いますね。あの、だからからかわれません、ええ年もしとるし。からかったり、孤立したりねえ。

[そうしますと、他の男性議員も、全員地元の方？]

です。

[最初に立候補したのが、5 年前とおっしゃいましたね？]

したかった。したかったけど、出来なかった。

[それで、1 年半前にね、選挙の時、立候補表明された時、その、周りの反応、周りってのは家族やなんかじゃなくて、もう少し遠い周りの反応ってのは？]

よかった、よかったって感じ。

[それは、本音だったんですか？]

本音の人しか会ってない。

[そういう時にですね、当確線上にいる男性議員からは「トップ当選だ」と言って持ち上げられて、「だから、私に」、「彼女は大丈夫だから、私に」って事があったと思いますけどね。それ以外にある意味で露骨であってもいいですし、そうでなくてもいいですから、妨害ってのはなにか経験されましたか？]

そこまではなかったですね。あれから、当人の選挙になると、「際になるとわからないな」と思いましたけど、結局ね。4 月の初めに選挙があるのに、1

月の初めごろから「どうも、選挙がないんじゃないか」っていう噂でしたから、本当に選挙があるようになったら、5日くらい前からデマとかなり、そんな気配はしましたね。「私がトップ当選だ」って、そんな事、読みもせんのに何を根拠にね、人の事わかりもせんのに。

[明確に立候補表明されたのは何ヶ月前ですか？]

え〜と、5月。11ヶ月前。だもん、半年もしたら牽制球。

[随分、早い立候補ですけど。それは作戦上、そういうふうに早く表明されたのですか？]

ええ。そうしませんと、だって他の人が周りとか村とか近所とかが出るって言ったらだめになるでしょう。誰が出るかわからん。隣の村が30年も出た人が辞めるっていう事だから、そういう時には、誰が出るってのがわからないから。早くのほうがいいと根回し。まぁ、女性しかないと思って、そういう事として。

[そういう男性の場合は、出たくても周りで声かけてくれるのを待ってるっていうのが普通だと思いますけどね？]

え〜、それ待ってたら、たぶん無理と思ったから。

[でも地域で待っておられた男性、おられるんじゃないですか？]

ありますよ。

[で、先に名乗り上げられた？]

いや、私の周りにはいなかった。出ましたから、両方。

[あ、両方出られた]

それは、そろそろ地盤もらって出る後継者ですから。

[そういう意味では、何も競合はなかった？]

ええ、ついて回って、「もうぉ、この人」っていって「わしの後継者だあ〜」って言うんですから、そういうのは安泰ですからね。

[そういう意味で自分の村とか、周辺の村の支持者はあてにならないって、逆に言えばそういう事？]

　そうそう。ええ、そうです。だけども、ジェスチャアとしても近所の村の浮動票はある訳ですから。そういうのももらわなくちゃならないから、それ早く言わないと「もっと、早く言えばよかったのに」って人がね、いると思ったから。ほんでも、もっと早くなかったら、「もう、約束していけんわ」って、こんなんありましたよ。12 月頃行ってね。もう、応援してくれる人が「早くなきゃだめだ、早く後援会のしおり早く作らなきゃ、早く、早く」って言うからね。それはもう、「この人に頼み、この人に頼み」って。一人でする訳じゃないから、そりゃ、早くしとかないと広がらない。

　[最後の選挙カーに同乗してまで、応援してくれる方ってのは、最後は何人くらいだったんですか？]

　結局、当日 1 日だけでしたから。そんなにお願いしませんでした、周りの人達を。

　[ほとんどご自分で。気分的には？]

　ええ、村の人達やら。

　[あ～、交替で？]

　え、いや 1 日しかなかったですから。

　[無投票だったから？]

　え、無投票だったから。1 日しか。

　[もしかして、選挙になってたら、どうだったでしょう？]

　他の町の人とか、「来たい」っていう人、「したげる」って人あったけど、まぁ、無投票になりそうな公算があらかたは踏んでましたけどね。

　[じゃあ、今は半分近く任期が終わってらっしゃる訳で？]

　ええ、1 年半です。まだ、半分。

　[そろそろ、次の選挙が？]

　そう、2 年の内にはね。

　[そうすると、そういう選挙運動要員みたいな支持者っていうのは？]

　そんなんは、はっきりしてきましたね。それから、やっぱりこうしていろい

ろ活動しているうちに「応援してやる」っていったけど、「あの辺は危ういなあ」とか判りますね。人と人とのつながりなんかがね。

[逆にその代わり新しい支持者の方も出てこられたという事ですね？]

ええ、そうです。それから、田舎だから、その、〇〇党の人が言うんですよ、「あんたは、あんた嫌ってる人はこう言ってるよ」とかって言うんですよ。「いい、私はみんなにいい顔する必要ないから、半分の人が支持して。何を言ったって半分の人はいいって言うけど、半分の人はだめっていうがな、原則だもんで」って言いますけどね。そういう女の敵ができるんですよね、女の敵が。なら、その意見聞いてたら、おとなしく「ほほほ」って言ってる感じなんですよ。私が嫌いになっていってる人って言うのはね。それだったら何のために出るですか。可愛らしい「へへへ」、「ほほほ」って言ってるような人ね。

[女性の最大の敵は女性だって言うのはよく聞くんですけど？]

さぁ、そういう意味ではね。その〜、男性の方はその〜、生まれつきかなんかわからんけど、男性の方がそういうのは少ないと思いますね。女性の方が多いと思いますよ、女性が言うのもあれだけど。特に、今、田舎の話ですがね。都会がたは「ちょっと違うじゃないか」と思うんです。田舎ではね、何もかも解ってるから、「あの人が」とか。

[まして、町で最初の女性議員ということになると、よけいに敵もできますよね？]

ええ。ま、初めからです、私は。ま、はっきり何処からも、はっきりものを言うから、「はっきりものを言うっていう事で嫌いになって」いう人がね。「はっきりもの言うのは嫌いな」って言う人はどうしようもない。

[でも、それでは何事も変わらないですよね？]

ええ、変わらないけど。穏やかに「あれがなければいい」っていう思いの性格の人もあるから、それはそれでしょうがないですわね。昔の大和撫子。ＮＨＫが良妻、良妻賢母、最近やってたけど。「良妻賢母でいたい」っていうイメージの強い人はね。「良妻でも賢母でもない女は嫌いな」っていゃぁ、しょうが

338

ないです。

[でも、他のご家族、ご主人も、ま、したい事したらいいってＯＫ出して下さった。お嫁さんとおっしゃいましたけど、他に次の世代の方と同居してらっしゃる……]

いや、まだ、嫁さんもらってなくてね。息子が県庁職員なんだけど、○○の方に住んでるんです。だから、3人です、母と、今ね。

[お母様はどうですか？]

なんにも。

[いや、立候補される時？]

何にも相談もしませんでした。言うと、ぐずぐず言うから。でも、私のいとこ達がね、しゃんと出来るいとこが、選挙運動が出来たり、前の○○さんの会計しとったのがいるし、一緒にしとったのがいるし、その2人が頼りになって本気でね。64、5歳ですね。そんなのが本気でね。「初めに相談があったら出るなって言うとこだった」って言いました。その人達でさえ。

[それは、どうしてですか。やはり、女性だからですか？]

ん〜、ですね。女性だから。

[女性だから、当選しないだろうっていう事ですか？]

じゃなくて、その「汚いドロドロした汚いような世界に入っていっても無理だろう」とか。

[無理だって、やっていけないっていうことですか？]

「私が潰される」だとか、「やれない」だとかっていう読みだと思います。

[逆ですのにね。飲み込まれないでやっていけるっていう？]

私の隣のおばさんにも言いました、私よりひとまわり大きいくらいの、「今度の選挙に出ようと思う」と。村の人にも1年前に言いましたから。村の総会がある日に行かせてもらってね、「こうこう思ってます」って言ったら、「なら、応援しましょう」って1人言ってくれたら、「まぁ、しましょう」って、みんな言ってくれて。それでまあ、発言できるですよね。まぁ、村が「応援せん」と言う

と、「村が［応援（編者）］せん者」って他が言いますから。そんだけの力でも
するって事は力強いですから。そしたら、そのいとこ達にも、なぁにも言わな
いで、村にもいとこがいるのに、それがヘソ曲げちゃってね。一番大きな校長
先生しとったのが、「ぎゃんぎゃん、ぎゃんぎゃん」言ったら困ると思ってたら、
全然忘れてた。村の人と同時に言ったもんだから、ヘソ曲げて。私、その人が
来てて、「はあ〜!!」っと思ったんよ、その時に「言い忘れてた」って事。1
時間だけでもねぇ。

　[でも、言ったら反対されてた訳でしょう？]

　だけど、そう言って、その人が「出る」って言わなかったから、後から文句
が出るですが。それは、何もしてくれないけど。その家の娘が、私のいとこは
んになるんだけど、そんなんがもう、時代ですからそんなんが一生懸命してく
れるし。いとこやいとこはんがいっぱいいますから、町の中に、隣の町とかね。
まぁ、そういう応援はありましたね。だから、何にもないと大変な事ですね。

　[そうですね。そうするとやっぱりご自分の村の支持っていうのは、暗黙の
了解で選挙になっても大丈夫だろうという？]

　ええ。小さな村だから票はないけど、まあ、私が今まで生きてきて、ある人
が「出る」って言っても、「その周りが支えてない」っていう人は「信用ないな」っ
て私自身思ってましたから。

　[票にはつながらなくてもやっぱり信用が？]

　ええ、票は何票だろうと、周りの人が支持してくれなきゃ。だけど、「周り
が支持してくれて、その責任者もなってくれて」ってのは強みですね。

　[町民はやっぱり、○○さん個人ね。個人で今までやってきた人望とかそう
いうものに対すると同時に「家」っていうものに対する信頼とかってあるん
ですか？]

　ええ。私の父も20、30年前にこの地域の公民館長などもしてましたしね。
私自身もママさんバレーボールの世話なんか、公民館長で30年。去年30周
年記念ってのもしました。それは、前にこれ出してるけどね。だから、そうい

う世話はいいほどしてたですね。人の無料奉仕はね、親子揃って。

　[やっぱり、議員になられてからも、日常の世話活動は、かなり重要ですか?]

　ええ。してます。だから、それを狙ってした訳じゃないけど、結果的には長く大勢の人をっていうのはあるですね、堅いのはね。

　[それは、支持につながるだけじゃなく、例えば、議員として活動していかれる上で?]

　それは、それほどでもないですけどね。

　[やはり、有権者の信頼を勝ち取るって大事なんですね?]

　ええ、そうですね。

　[事例3]

　[ご自身の獲得された票が、どこから、誰に支持されたのか、というのは読めるんですか?]

　その細かいところまでは読めませんが、歩くなかで、例えば、最終日でもう泣きながらですよね、私は泣きませんでしたけど、その時の握手の感じ、目の感じ、交わす言葉、ある程度わかりますよね。でもそれは、演技だったり、見込み違いだったらどうにもなりませんが、それを疑ったらきりがないです。私は主人にいつも言われていました。「とにかく、手をきつく握れば1票だとか、ゆるく握手だったら票はないとか、頑張って下さいというのは入れん証拠だとか、そういうことは一切気にするな。その一人一人どんな顔をされようが、どんないい加減な握手であろうが、この人は絶対自分に入れてくれるんだということを信じて、感謝して歩け」っていう風に、毎日言われたんで。「もう、そうだ」と思って。だから、ぎゅっときつく握って下さって、「頑張るだで、もうちょっとだけんな」て言われると、「この人、間違いない」っていう風だと、300どころじゃありませんよね、気分がよいですから。

　[女性たち、特に無党派層、市民派の女性たちが一番困るのは、誰に支持さ

れたのかわからないこと。それが市民派の本当の形じゃないですか。だけど、当選してから、誰に支持されたかわからない、どういう人に具体的に返してあげたらよいかわからない、自分の活動とか、そういうことを、誰に返してあげたらよいか読めなくなる。それが一番困る。再選をめざすとなると、困るんです］

そうです。そうかもしれませんね。

［そういう悩みを……市民派の弱さの一つでしょうけど］

私は、でも市民派が好きで、本当はね。

［本当は、顔が見えては困る。でも、見えないのも困る？］

自分の手となり、足となり、普段いろいろ一緒に活動して下さる人達がいるわけですから、やっぱり、その人達を通じて、ある程度は意見もまとまってくるんじゃないでしょうかね、底がずっと広がっていって。例えば、市民派の方だったら、政策を訴えて、政策が受け入れられて、当選されるわけでしょう。私らなんか、政策が受けるなんて関係ないですから、あるでしょうけど……あまり関係ないから。そうしたら、政策が……でも難しいね、その訴えた政策がすぐに実現されるわけありませんから。

［活動報告なんかもね、せめて町村でも年に一回くらいは何か刷るといいのですが？］

私でも報告したいんですよ。

［支持者の顔が見えないから、結局もう全体に出すしかない。そうすると費用の面でもコストがかかってくる？］

都会ではそうでもないかも知らんけど、こんな田舎でやったらね、そりゃあまあ、大変ですよ、競争相手がいることですから。だから、あんまり表立ったこともね。本当はやりたかったんですよ。見て、いろんな例も聞いたりして、「私はこんなことをしています、私はこのことをしました」ではなくて、「今議会ではこんなことをしていますっていうようなことを教えてあげたいな」って。私、全然知りませんでしたし、知る機会もなかったですから、きっと「知りた

いだろうな、教えてあげたいな」と思うんですけども。ただ、皆でお茶を飲む時に、「こんいうことあったのよ」くらいしか言えないでしょう。何かに刷って配るっていうこともしようかと思ったんですが、それをすると、あれこれ揚げ足をとられたらこわいから、「そこまでは止めといたほうがいいぞ」て言われるんで、「じゃあ、できんかな、やっぱり」って。

　[でも、ある所では、一人の方が思い切ってやられたら、同じ所で出られてる他の方もされたと。むしろ、いいことだった、というような……]

　本当はね。そうなんだと思いますよ。なかなか……政策だけで出れないというところが……。

　[女性議員で、2期目に落選されるということをよく聞きますが……いわゆる、2期目のジンクスにまんまとひっかかった。つまり、2期目になると、彼女は大丈夫だと見られる？]

　私もそうやって言うてきましたもん。「あの人は大丈夫だから」って。

　[3位当選なんだからって……。そうやって落とされたりする？]

　お互い、やり手なんですよ。

　[それにのってしまった？]

　いやホント。私は、2期目はわからないなと自分で思ってますので。本当にわかりませんよ。はっきりした足跡も残せませんしね、そう簡単に。本気に「やろうかな」と思ったら……どう言うのか……。共産党の議員さんが一人おられるんです。同級生なんですよ。男の人なんですが、高校時代の同級生で。わりと口論するんで、他の議員さんが休憩時間に二人で討論するんで、「うるせぇ、お前ら別室に行って話せ」とか言われるくらい、よく話すんですけど。その人とよく意見が合うことがあるんです。私は共産党員ではないんですよ、自民党員ですけど。共産党とかなんとかいうこと抜きにして、「いいな」と思うことはいいし、この人このことは「いいこと言いとんなる、このことはいけんな」というのはあるし、関係ないという風に思うんですけど、たまたま意見が合って、「二人でそれ通そうか」ということになるとすると、やっぱりね……。

[簡単ではないですね？]

　「共産党の言うてることにのって」とか、すぐそうなりますでしょう。ほんまにイヤだなあ、「○○さん、共産党捨てらにゃいいに」て、いつも言うんだけど。でもまあ、あの人は信念持ってやっとんなることだけに……それから今、わざに「年寄りとふれあいましょう」といって、文部省がやってるでしょう。あぁいうことはね、たまにあんなところでふれあったって、何にも生まれませんよ。あれ、毎日一緒に暮らしとるからいろいろ生まれるんですよ。そりゃあ、あげな話すると、「国会議員になれ」と、いつも同僚に笑われる。ですから、政策で出ても、調整でなかなか……。行き着く所は財政でしょ。ホント、私は自民党員になるつもりもなかった。大体は自民党支持してきましたよ、保守系でしたから。ですけど、自民党員になるつもりもなっかたし、「○○先生だから、○○先生だから」というて、選挙運動について歩く気もなかった。そういうことを離れて、市民派で、純市民派で、何にも所属せず、何にもとらわれずに、自分の信じるところを、皆が言いなることを、やっていきたいと思ってたんですが、「それでは町民の付託に応えられん」と先輩議員のおっしゃることを聞きましたら、こないだも、視察をかねて、東京に陳情要望に行って来たんですけど、「自民党員がおたくの町議会に何人おる」、この事実ね。それから、「○○さんの票がこの町で何票あった」とか。このことが陳情に行った時のすべてなんですって。そういうふうに言われたらねぇ、納得しますもんね、今自民党が天下とってるんですから。民主党が取ってたら自民党応援しとったっていけんでしょうけど、今自民党なんですから。町はお金がないんです。自主財源がないんです。ゼロみたいなもんです。だから、国からお金貰う以外ないんです。どうやったらいいか、といえば、国会議員の先生を応援して、実績をつくって。この町はそうやってすがる以外に生きていく道がないんですよ。自主財源がないから。本当に企業もないですし、大きなアメリカの基地とか、大きなダムみたいなもんでなくてもダムとかあったら、入って来るお金もそりゃあ半端じゃなあて、あれかも知らんけど、そういうものは持って来たくないし。基地とか、

344

原子力発電所とかね、持って来たくないですよね。「何に頼っていくかな」い
うたら、自民党員。だから、「なってもらわんと困る」というように言われると、
「それで町民の付託に応えられることに繋がるんなら、まぁまぁ」というふう
に思いますね。だから、やっぱり、理想通りには行かないんだぁ……。で、「自
民党員だ」ということになればね、何ほイヤだ言うたって選挙運動について歩
かにゃいけんでしょ。皆に頼んで歩かにゃ、自分の選挙でもなぁのに。でも、
「これがこの町のためだなけぇ」って、頼んで歩かんといけんでしょ。そうい
うことする気はサラサラなかったんですけど、やっぱり、「こうなるんだなぁ」
と思いました。理想と現実のギャップは大きいです。その他のことに関しては、
出てみて、議会の中で、発言権とか、もう対等にありますし、特にこのたび町
は半分新人になりましたんで。

　[ところで、この町にはそんなに若い人達が残っているとも思えないです
が、でも、残ってる方の選挙での反応っていうのは、あるんではないです
か？]

　そうでもなかったですよ。

[そうでもないですか？]

　そうでもなっかたです。やっぱり、「女が」いうことは難しいです。それから「市
民派じゃあダメなんだな」っていうこと。やっぱり、昔からのね……。

　[女性に対する議会での意識はいかがですか？]

　そうですね。議会の中で、おもしろいのが、今のセクシュアル・ハラスメン
トかね。「どこまで言やあセクハラになる？」、「あら、とりようによっては、
貴女美人だねとか、ボーイフレンドいるの？とかね、それだけでもセクハラだ
どぅって、こないだテレビで言うよったよ」、「うそっ、綺麗だて言うただけで
もセクハラになるだか……う～ん、気をつけてものは言わにゃあ。ほんな、思
うとっても言うちゃいけんかな……」って。だけんね、とる方もですし、言う
方の悪意というか……。

　[でも、まだ、一年半ですから。市民派の中には、2期までとか、ル　ルで決

345

めているところもありますが、やっぱり、続けるということは大事ですね、今のところは。絶対数が少ないわけですから？]

　私が挫けちゃったらネ、それこそ、後に続く人が、「やっぱり女性は無理なんだな、ていうふうに思いなったらいけんなあ」て。男は男で、「やっぱ、女房やなんぞいけんがな」と、「それだけはいわせたくないな」と。

　[最初は祝儀票。祝儀票というかどうかわかりませんが、高位当選されることが多くて、2回目以降続かないというのがあるんですが？]

　そうですね。ですから、それを考えると、田舎ですから、挨拶のしかたとか、ホント賄賂じゃないんですけど年寄りの人の所に菓子袋を持ってお茶飲みに行く回数がどうのとか、よく聞くですけど。出歩いていろんな人の話を聞くというのは本当に大切なことですけれど、あんまりにも次回を気にした行動を取ると、何もできんようになるなと思うて、もう切り捨てました。私は切り捨てました。他人がどう言おうと。「もっと大切にせにゃいけんものがあるなぁ」と。話は聞かにゃあいけんですよ。いろんな人の話は出て行って聞かんといけんと思います。それから、あとは主人に言うとるですけど、「議員の夫として恥ずかしいこともあるかも知らんが、私、1期でダメになるかも知らんし。でも、その時は精一杯やって、その時は皆が認めてくれんかった、○○さんでなくていいと思いなさったことだけ、それはそれでいいと思わなけいけんだけんな」て言うたら、「まあ、そりゃあそげだな」て。

　[選挙に立候補された時の「優しさと潤い」というのはスローガンですが、他になんか公約というか、このことに重点を置いてやりたいとか、訴えられたことはありますか？]

　これをもうちょっと掘り下げて、細かく。今言いましたでしょう、子供、ふるさと、教育のこと、福祉のこと、あと環境問題と。それぐらいでした。

　[でも、そういうことって、今、男性議員も言うようになって]

　言います。女性社会参画だとか。

　[あの人、いつから福祉になった、とか？]

「あんなこと日頃口にしとるくせに、よう女性の社会参画なんか、よう言いなるなぁ」とかね、ありますよ。みんな言いなるよね、一通りは。

　[そういう意味では、かつては、女性議員が、女性の問題とか、地位向上、社会参画とか、福祉とか、教育とか売り物に出られたんですけど、今はもう、男性議員も猫も杓子も言う。となると、また今度男と女っていう対立の構図に戻ってくる、というか……]

　だから、かえって、男の人が「福祉だ」なんだ言うて下さらんと、言わん方が、私らも、役割分担ていう感じで、やりやすい面もあったんですけど。一通り、オンパレードでおっしゃいますので。反面、私の苦手な土木関係もね、人が言うて来なれば、現地を見に出かけて行ったり、土木課に行ったりとかせんといけんでしょ。私は、若者定住特別委員会の委員に任命されているんですけど、5人のメンバーで女子が私だけなんですよ。その時に私、男じゃないんだけど、男の専門分野というか、得意とする分野も、物言わにゃいけんようになってくるし、だけ、役割分担の方が楽なんですけど、本当は。

［事例４］

　[○○さんのように市民派といわれる議員さんの場合、もの言わない人達の支持が多かったのではないかと思いますが、そういう人達のことについては、どのようにお考えですか？]

　私を支持してくれた人はそういう層だと思います。「議会の中でどういう活動をしたいか」といえば、普通の市民の思いを代弁できる議員になりたいです。

　[「代弁」と言われるからには、市民の声をひろいあげ、結果を返していく作業が必要ですが、ひろいあげる方法としては、どのようなことをしておられますか？]

　非常に限られていると思いますが、グループがあります。「町づくりフォーラム」とか「さわやかフォーラム」とかのグループで、そこに集まった人達に話したり、聞いたりします。

［自分でつくられたグループですか？］

　周囲の人がセットしてくれたグループです。この会とは関係がなく、私の場合は高校の同窓生が声をかけてくれました。その中に会の人が入ってきたりします。そういうところから意見を聞いたり、個別に訪問して話を聞いたりします。話してくれる人は話してくれます。不特定多数の人に返す方法は難しいです。わたしたちの会の場合は手段がなくビラを作ってばら撒く方法です。とりあえず選挙で捉まえた人達のリストがあり、電話したり、冊子を送ったりします。郵送は4,000通くらいで、それ以外はばら撒くしかありません。これから11、12月にばら撒きます。

［合計で12,000くらいですか？選挙で取られた票はどれくらいですか？］

　9,000です。本会［派（編者）］の場合は掴みきれないのが実態です。労働組合の人でもありませんし。

［本来、つかめたら趣旨に反しますね？］

　ビラを見て共感してもらうしかありません。個別に一人一人の理解を得るしかないのです。組織のように、この人に言えばよい、というわけにはなっていません。そういう手間暇かかるものです。回って歩かねばなりません。おもしろいですよ。

［ところで、議員になられる前は市の職員だったわけですが、議員になられてからは同じ市役所で、対岸に座られることになりますが、向こう側に座っておられた以前と比べてどうですか？］

　こちらに座ると、知っている顔ばかりで、初めは「いやだなあ、全然知らない人ならやりやすい」と思いました。5月と今回で2回になりますが、今はそんな感じはなくなりました。今度は「厳しく言えるかなあ」と思います。自分が問題点を言っても、自分ですりあわせる答えが多いでした。反論的なことは言わないで、一般市民が感じておられることを言おうと思います。

［女性問題への取り組みについてはいかがですか？］

　私は4年くらい前に女性企画課長になりました。それまでは、青少年女性部

に含まれていて、企画室になった時辞めました。市の今までの女性政策として
は、中心は啓発でした。パンフレットなど作ったり、女性センターで男女平等
の講座をしたり。私がいた時から、女性への暴力はありましたが、95 年に世
界女性会議が開かれた頃から変わってきて、市民団体からよく行政に言ってく
るようになり、インパクトがありました。行政にとってはプレッシャーとなり、
自分達で、女性の暴力対策検討会をつくって啓発するようになり、少しずつ変
わってきたのです。私は「白書」をつくる企画だけやりました。市内の実情を
明らかにしようとしました。行政はデータがないと弱いです。それで、市民活
動団体と付き合うようになりました。その人達はお金も力もありません。協力
関係を結び、こちらはこちらでできることをしようということになったのです。
市民の力は大きいです。行政は市民に苦情を言われるのは嫌なもので、きっち
りと対応しようとします。対応するのが行政の務めですから。

　[この市だからではないですか？行政が市民は力を持っているということを
自覚しない傾向があるように思えますが？]

　情報の提供を求められても、行政は、言われたものしか出さない、周辺にこ
れだけあっても。市は黙っていても、いろいろしてくれるのですが。

　[行政の方も、内情を知っている人が対岸に座ると、具合が悪いということ
はありませんか？]

　あるかもしれません。私が大学を出てからずっといるので意識が違うので
しょうか。

　[行政の立場もわかり、矛先が鈍りますか？]

　事前の打ち合わせとかで、「行政は難しいな」と感じることはあります。同
じ会の議員とは今まで逆の立場でいろいろあって、言っていることは正しくて
も、行政としては受け入れ難いところもあり、「渋い顔して聞いている」とい
うこともあります。今すぐそこにいけなくて、ステップがいろいろあって、そ
こに行くにはどうしたらよいか、知恵を出し、方法を考えることができればい
いです。

［上から要求するだけでなく、実現していくために、どういう部分を議員として協力すればよいか、行政の方もよりやりやすくなるか、を考えるということですね。一課長では飛び越えられなかった壁が、議員の質問で飛び越えられることはありますね？］

私の行政の時はそうでしたが、議員から言われて、「できない」と答える時もあります。しかし、だめだと思っても、言うことは大切です。

［事例5］

［選挙の時の後援会は一から組織なさったんですか？］

もちろんです。「後援会」ってんじゃないんですけどね。

［それまでに何か地区の役をしておられるとかっていう事は？］

私は地区の役は、あれです。区に350軒ほどあるんですけど、役員が10名ほどいまして、そこに区長がおって、そういう役はしてます。だから、かれこれ10年ほどなると思いますね、その役して。

［じゃあ、地区内である程度日常的な活動はしておられたっていう。婦人会かなんかお仕事持っておられましたか？］

あのね、婦人会っていうのがないんですよ。それで、ま、とにかく、友達を頼んで、とにかく全部歩いたわけですよね。あのぉ、友達と一緒に。

［それは公示前に？］

前に。いちおうそういう決意してからね、ずぅっと歩いたんですけども。一戸一戸回ってね、挨拶をね。

［一戸一戸まわって、どの程度の反応として判るんですか？］

でも、1回、回ってはねぇ、なかなか、そんな事は、なかなかね、判らない。

［皆さんいちおういい顔はされる。頑張って下さいとか？］

えぇ、いい顔はされますけどね、「頑張って下さい」はね、あると思うんですけどね。

［ここの町は女性議員は？］

初めてなんです。

［過去にも？］

過去にもないんです。合併して 40、今年で 45 年になるんですけどね。過去にもなかったです。

［そういう声はございません、やっぱり、女性議員の人がって？］

「やっぱり」っていう声はあったんです。そういう動きも……。動きっていうか声としては挙がるんですけど、なかなかそれを組織だって、「じゃあ、この人出そう」っていうのが難しいですね。なかなか。とっても大変でした。それは私自身が立候補して、「私が水面下の方で動くのは動きにくいな」って感じがしたんですけどね。なかなか、他を見ても出る人がないし、自分自身が出たんですけど、なかなかね大変でした、本当に。

［どういうふうに？］

一からの出発ですからね。だから、まぁとにかく「頭を下げて、まぁお願いします」って自分の書いた物を持ってね。「こういう事で皆さんの声を町政に反映していきたい」っていう事で話して行くんですけどね、なかなか。「あそこは親戚だ、あの人の親戚だ」っていう事で入りにくい面もありますしね。そうかといって全部の家庭を回らないと、また、あるでしょう。「あそこだけ来なんだ」って事があってね。そういう事があって非常に、まぁあれですけど、まぁ尻を叩かれながら。もう、とにかく頭を下げて回るっていう事で、頭を下げて回ったんです。本当に。でも、まぁ、「大変なものだなぁ」と思いました。それがひとつには「何故これだけに頭を下げにゃいけんかな」っていう事も思うんですよね、実際。

［自分の得の為ではないという事ですか？］

本当に、そんな感じもしたんです。

［よくね、馬鹿になりきらなきゃ、出来ないとおっしゃいますけど？］

そうです。すぐ横で、下手なものですから、だいぶんそれも言われたですよ、「とにかく、頭を下げて、とにかく頭下げとけ」って言われて。

[それはどなたに？]

それは、取り巻きのあれですね。

[それは先ほどおっしゃったいとこのご主人？]

ええ、そうです。

[皆さん選挙は慣れていらした？]

いいや全然初めてです。とにかく、みんな初めてだったですから。素人ばっかり集まって、まぁ、私の子供や子供の友達が少し手伝ってくれて、はい。

[お子さんやご家族の反対っていうのはございませんでしたか？]

いいえ、別に反対はないんですけどね、私が強引なもんですから、「こうやる」って言えばそれについて来てくれる。でも、「大変だなぁ」って事はあったんですけど、まあ、協力してくれましたね。本当に大変な協力してくれました。ま、長男が38歳、まぁね、子供達も孫達もやっぱり一生懸命やってくれてね、本当に。何か、「友達ってのはこういうもんだ」って話をしたみたいでね。その分もだいぶやっぱりね、効き目があったみたいですね。

[ご長男もこちらで、町内でお仕事しておられる？]

いいえ、町内じゃないですけど。隣町の方に行っておりますけどね、ま、近くですからね。ま、嫁の方も勤めてますけども、みんなそれこそあれで、一緒で頑張ってくれました。本当に。

[じゃあ、選挙になると車を借りて云々っていうそういう中心に働いてくれる人達っていうのはお友達か何か？]

結局そういう事ですね。まぁ、いとこのを中心にしながら、友達、みんな子供達の友達とか、まぁね。娘の婿とか。

[じゃ、家族とご自身の友人？]

まぁ、兄弟もいますから。多少はあれですけど。なかなか私の兄弟っても、もう、年とってますし。1人はちょっと体が悪いもんですから、そんな動けませんしね。まぁ、いとことかね。おいとか、めいとかってのが頑張ってくれて。

[他の男性議員の反応はいかがですか、野次が飛んだりとか？]

　別に全然、そんな事はないです。今回はね、やっぱり、前の町長も丁度変わったんですよね、こないだの時にね。やっぱり、私が現職の頃にはすごく関連質問っていうのがよくあった、多かったですよね、ま、一つの質問に対してね、他の議員からの関連質問があるですけど。今回は、議会が３回済んだんですけど、関連質問っていうのはないですね。「何故か？」って考えればやっぱり、「適切な町長の答弁っていうかね、それが出来てるんじゃないかな」っていう事があるんです。

　[その、町長の力量っていうか？]

　ええ、だと思って、今、見てるんです、まぁ、原稿を書くのは助役が書いてるようですけどね。だけ、そこが違うんだなって感じがします。

　[じゃ、助役が変わられて？]

　ええ、変わったですね。だから、そこらもね、「だろうな」って事でね。その町長の答弁がちょっとした事のあれで、はずみで違った所に行った時にはやっぱりその事に対して「じゃ、これはどうだ」っていうなね、関連的なまたあれを質問するんですけども、ま、質問した内容に沿って答えが帰ってきますからね。その辺で関連っていうのはあまりないようです。

　[男性議員だと、わりと議員同士で、こう情報を回したりとかいうふうな事が？]

　さあ、そういうような事があるみたい。あるでしょうね。でも、なかなか、そこが１人だもんでなかなかそこが難しくてね。気安く「こうだ」って相談も出来にくいような面があってね。

　[やっぱり、それで、不利だというふうに思われる点などございますか？]

　何かね、やっぱりもう少し情報がね、やっぱり男性の側からのね、例えば「あったらいいな」と思うんですけどね、その辺の事がやっぱり難しい。やっぱり「私の考え方かな」と思ってみたり、なかなかそこは難しい面が。だから相談相手がないっていうかね。それがあるじゃないかなっと思って。

[事例6]

[選挙妨害されたということも聞きますが？]

私には、選挙の立候補を表明した2日あと、「刺されるかも知れんぞ」という電話がありました。それは誰かわかっていますが、「殺されることはないでしょう」と言うと、「いや、わからんで。刺されるかも知れん」と言われて、「選挙はこわいものだ」と思いました。

[怖くなかったですか？]

ここは一人だけど。それに「冗談半分かな」という気持ちもありますし……。

[実際は何も無かったですか？]

そんなことは無かったですが。ただ、「選挙カーに乗るな」とか、「選対事務所に行くな」とか言われました。

[それは、どういう人ですか？]

応援される人の中にそういうものが強い。

[ここは、結果として2人の女性が当選されたわけですが、それは有権者の中にそういうエネルギーがじわじわとたまっていたというか。いい機会だったと考えますか？]

はい、考えます。私は、「政治は男性社会のものだ」ということを、役場の中でずうっと見せつけられていました。私は、初めて女性で課長にしてもらって、女性が課長になるなんて、夢のまた夢で、そんなこと考えたこともなかったです。だけど、「このままではいけないなあ」というのを常に持っていましたから。やっぱり、「女性も発言のできる場所に送り出してほしい」ということを常々言っていて、「上に噛みつく女だ」と言われるくらい、上の人に噛みついて、「いけんことはいけん、いいものはいいとはっきりせい」というような感じで私一人いたので、どんな評価をしていただいたのかわかりませんが、初めて私が女性の課長にしていただきました。

[郡で初めてですか？]

354

　一人おられたでしょうかね？保守的な所で、女性の課長なんて、考えてもいませんでした。平成２年だったか。平成になってから、ぼちぼち、郡内とかいろんな所にできました。町では私が初めてで、「これで女性の扉が開いたかなあ」という感じを受けました。課長会議に出させてもらって、議会にも出たりするようになって、後に続く女性の職員も沢山いるので、「私がここで頑張っていんといけん」とつくづく思いました。丸々９年間、風邪一つ引かず、緊張が続いたのか、年寄り連れて、病気する暇もなかったです。夜遅くまでおらんといけませんしね。「ひとつの時代を起こしたのかな」という気がしました……本当に女性が出てから、すごくやっぱり、議会の中変わりましたね。

　[そうですか？]

　私はそれを感じます。質問なんかもね。全くないような時もあったんです。ですけど、今は質問もどんどんありますしね。いつだったですかね、８人くらいあった時もあります。一日いっぱい質問で終わりましたからね。そういうこともありますし、よかったと思います。私は、私の気持ちとして、小さいことでもいいから、毎回一般質問しようと心に決めているんです。どんな小さなことでも、発言の無い議会は……町民の皆さんに分っていただけることといえば、一般質問しかありませんから。一般質問で町長さんから答えを聞くしかないですから。できるだけ一般質問をして、町民の皆さんに知っていただくようなことをしようと思って。だから、身の回りのことに目を向けて質問していくように心がけています。

　[その、回答者に後輩の方もおられる、それはいかがですか？やりやすいですか、やりにくいですか？]

　やりにくいです。言いたいことがもともと言えればいいですが。やっぱり抑えなければいけない時もありますし、「こんなことは言ったらいけんわ」とかわかりますので、「そういうことはここまでいってもいいわ」とか、「ここから先は止めとこうか」というようなことはあります。

　[向こうから何かおっしゃられることはありませんか？そんなにきついこと

は言わんといてくれとか何か。議会の中ではそんなことはありませんか？」

　事前にですか？

　「「こんなこと言うから勉強しとけよ」とか。いずれにしても、議会だけじゃなくて役所全体の活性化につながっているのでは？」

　と思います。「課長さん、今度は何言う？」、「何言うかわからん。勉強しちかれ」と、笑ってますけど。そんなに代わって、私にやられるとかいうような気持ちはないと思いますが。

　「そんなに目くじら立てて、対立しなければいけないような問題はないわけですね？」

　ないです。ですから、お願いすることの方が多いです、地方議会は。やっぱり行政と一緒になってやらんといかんこととかたくさんありまして。そういう時代になりました。金のない台所事情知っとりますから、そんな無茶なこと言われませんしね。まあ、私が年取って出たことによって、私以上の年齢の方がすごく発奮された、活気づかれたというかね。老人クラブなんかの役をする人がなかったですが、去年から今年にかけて、老人クラブの副会長を女性が受けられたりとか。「○○が議会出られたから、私も頑張らんならんで副会長受けたよ」とか、そんなこと聞くのが本当に私うれしいです。対抗意識で出られる方もあるし、そうでない本当にそういう気持ちで、「年寄りでも頑張りゃにゃあいけんからという意味で受けた」というようなことをおっしゃっていただくと、とっても嬉しいです。

［事例7］

　［ご主人の反応はいかがでしたか？］

　やはり、喜んでくれました。当選した時はね。「やっぱり、お母さん落とせないって思った」ってね。「おれ、反対だったけども、落とせない」って。その後もいろいろありましてね、よく理解してくれたなって思いますけど、反対しながらも支えてくれたっていう点では本当に感謝してます。

[ご主人の反対されたのは、女が表に出るっていう事に対する反対なのでしょうか？]

表に出る事と、うちはちょっと都合悪い事があったんです。うちの会社、公共事業やってるんですよ。小さいですが、妻が役員やってましたから、非常に都合が悪い事があるんです。もちろん、だめなんですね、議員になれない。抵触するんですね。それで、一応役員を辞めて、私もそういう関係の資格も持ってるものですから、それが使えなくなってしまうんです。

[それは、何か仕事上の？]

仕事上の資格が必要なんです。それも全然使えなくなる。

[仕事に差し障るという事？]

差し障るし、議員としてもだめになる部分がありまして。それも全部やめた。そんな事でスタッフの一面があったという事で。それと、議会の中では、決して公共事業に関する質問とか一切できない。そんな緊張感がありました。

[ただ、実質的な意味での反対？]

だけじゃないです。やっぱり、出る事によって自分の事業にマイナスなるって事。これはあまり固執して欲しくはないですが。

[要するに、名目だけで役員やってらしたのじゃなくて、実際のスタッフとして働いてらしたとしたら、スタッフが欠けるというのはね。単に、女が出て行くという事以上の意味がそこにありますね？]

やはり、つらい思いをしました。その時。やってしまってから「どうしよう」という感じ。丁度 50 歳だったんです、私が出たとき。更年期になってましたから、ものすごくそのプレッシャーで潰れたんだと思う。ものすごく体調崩しました。

[それは、当選されて暫くたってからですか？]

当選して 1 年後くらいですね。

[最初の 1 年間は緊張で頑張って？]

でも、やっぱり出た以上は、「今度は○○さん何質問するの」とか言われま

すしね、慣れないのに一生懸命書いたりした。そんな事を続けているうちに体調を崩した。2期目は出ないかなと思ったけど、自分で考えてみたら、「なんだかわからないで出て、1期で潰れて辞めたって、あの人○○だよ」って言われたらつらい部分もありますからね。もう1期頑張ろうって2期やったんですよ。

［2期目は組織のようなものも作られてですか？］

いや、ないです。

［例えば、後援会活動のようなものは日頃はなさってた？］

してない、何もしてない。このままで3期も出ようと思ってます。体調も良くなりましたから。

［どうですか、2期目を勤められて、今みたいなご経験は、保守系の支持者というのは、なかなか女性は受け入れられないっていうのは？］

このごろ、少しは変わってきた感じがします。

［どういう風に？］

「揶揄されてるのかな」と感じるけど。今、広報誌出てますが、一般質問で、○○さんは毎回質問されてますが、私はやらない時もありますが、4回に3回はやります。だけど、男の人はそうでない人も沢山いますから。だから、そういうのを見てるからだと思いますが「女の人はなんだかんだと言っても一生懸命だよな」って言われる。「次元は自分達の方が高いと思ってる」と思いますが。しかし、「まめだ」と思っているようです。能力評価は別として。

［やはり、活動の実績を評価されるという？］

そうですね。特に○○さんは長いですし、私よりこまめにしている人ですから。

［同僚議員の中ではいかがですか。ここは、会派はなく、グループ的なものがあるとお聞きしましたが。よそでは、保守系の中に入ると、まず議員の中で女性が受け入れられないという事があると聞いたりもしますが？］

いや、そんな事はない。結構大事にしてくれる。しかし、あまり勉強してない。

その場限り。

　[たとえば、われわれの調査でも男性議員と女性議員では回収率が違いますが?]

　私は最初に入った時、「会派はないがグループはあるよ」って事で保守系のグループに入れてもらった。私はグループっていうのは定期的に勉強会を開くものだと思ってた。全然しない。「しないんですか」と聞いたら「いや、議員活動っていうのは、個々の資質でやるものだから、ここで確認しなくても疑問があったら教えてあげるが、勉強はしない」って言われた。

　[そうですか。政党所属でない女性議員の方だとなかなか情報が集められないっていうのを伺いますが……そういうご経験はありますか?]

　やはり、保守系ですから自分の範囲でやるしかないですね。「わからなかったら行政に行けばよい」と言われるが、行政には聞きに行きづらい。行政に聞いて納得してしまうと質問が出づらくなる。私は主婦として一般の人々が素朴に疑問に思うこと、例えば医療保険と社会医療保険で、医療は医療行政、福祉は福祉行政でやっている。末端でサービスを受ける者は同じに考える。「病院のベッドはがらがらなのに、老人ホームのベッドは3年待ちとかがありいっぱいである。同じベッドなのに融通がきかない。介護するスタッフもそれぞれにあるのに。行政はなんてわからない事をいうのか」って言うが。わかっているがおかしいものは「おかしい」と言う。それは、「国会のレベルの話だ」と言われるが、これからは地方の時代で地方から発信するべきだと思う。

　[国政レベルでは無理でも町だけでもなんとかなるかもしれませんね?]

　例えば、行政間の連携で発信してもらいたい。

　[男性議員の発想ではなかった事が女性議員から出ている感じがしませんか?]

　そう言われたら、男性は縦からびしっとして、女性は横から、後ろから。

　[堅苦しく考えなくていいじゃないかって?]

　おかしなものは「おかしい」と言う事が大事。

［最初に戻ると、心構えもないまま、大きな病気もされて、４年間任期を全うされて、プライドとおっしゃったが、もう一度やってみようと思われたのは、最初の４年間で何かを感じたというのはありませんか？］

　何もわからないで持った課題であったが、それは「間違いではなかったな」という事。それが大きな問題であり、「自分が辞めたら次の人がなかなか出ず、それを解決しようとする者がいなくなるかもしれない」、そんな使命感を持った。

　［議員活動自体に面白味を感じたことは？］

　私は正直、苦しかった。仕事でも何でも楽しみながら出来るのが一番良いと思うが、私は無知だったから苦しかった。課題は良かったが中身がなかったから。

　［事業との両立という事ではなく、議員活動、例えば質問を作るとかが苦しかったという事ですか？］

　最初は街を歩く事が恥ずかしかった。家庭に主人や子供に負担を掛けたりするのも苦しかった。

　［お子さんはその当時おいくつでしたか？］

　上が大学４年生、下は高校生で18歳くらいでした。

　［思春期のやや難しい時期ですね？］

　ええ、そのころ「お母さん、辞めて」と言われました。「もし、落ちたらここにいられない」って。でも、一番反対した下の子が当選したときには手作りのケーキを焼いてくれた。多忙による家庭での現状ですね。

　［それまでは、事業を手伝っておられたと言っても時間的には融通がきく部分ありますよね？］

　そうですね、自由にやってましたからね。

　［じゃあ、家事なんかも？］

　ええ、やってきましたよ。随分手抜きも覚えました。子供がいた頃は手伝ってくれましたけど、１年過ぎたらみんないなくなった。主人は随分慣れてくれ

て最高 15 日間くらい空けてた事あったが、ちゃんとやってた。自立したいい主人になった。最初は、「そんな事できもしないくせに」って感じだったが、身体を悪くしたあたりから変わって良くなった。苦しかったという過去形になって、これからが楽しくなるかなという感じです。

　[それが 3 期目、議席が減るそうですね？]

　こんど 18 になる。私は後援会活動もしていないし、これは真摯な気持ちで、1 期目は手伝ってくれた人もあり、2 期目はなんとなく入れてくれた人もあり、3 期目は自分の議員の技量を認めてもらうしかない。通れば「認めてもらえた」という事、落ちたら「認めてもらえなかった」という事。

　[例えば、女性議員の方は議会ニュースみたいなのを作ってらっしゃる方もありますが、そういう活動は？]

　やってない。婦人団体の広報活動で自分の意見を入れてはいるが。短い 500 字程度の文章を年に 2 回程度くらいだから、あまり書けない。私は今「良心」という事をテーマにしている。青少年における「良心の欠如」。私は良心は両親に通じると考える。良心が欠如した両親が育てるから良心が欠如した子供しか育たない。

　[そうすると教育問題なんかにも？]

　いや、まだそこまでは出来ていない。個々には生涯学習に絡めたりはするが。自分の子供が上手に育てられたかどうかもわからないのに……。

［事例 8］

　[よく伺うのは女性が議員になって出られると議会の雰囲気からいろいろ変わったって言ってますが？]

　ええ、もう、はい。だから、ええ格好しちゃってね。

　[どんな風に？]

　もうね、自分はね、本当に正義の味方みたいにね。自分は男性の中の男性みたいな言いっぷりですけども、本性が現れることがあるんです。委員会は非

公開でしょう。私の意見を「しょうな件は、10年早いわ！黙っとれい」って、こんなんです。ですけど、他の人は、それは、この人認めないです。それで、へへらと他の人は笑ってます。そんな事を言う人はね、今頃認められない。で、この人は今期辞めてますけどね。

[議員をしておられた時に女性だから意地悪されるとかっていうふうなことはなかったですか。あるいは邪魔をされたとか、情報を回してもらえなかったりとか？]

あ、そんな事はないと思います。っていうのは、私は有り難い事に年をとってます。だから、年とってるし、社会経験っていうか、人並みだと思ってるんです。そしたらね、同じ議員同士がね、議員たちがね、同じ年代生きてるんです。だけど、この人達は世間を知らない。今、米がなんぼしよるとか、豆腐がなんぼだか知らないし。だけど、金の儲かることを知ってるんです、この人達は。「あ、あそこ突いたら、あそこ金だすな」とかね、そういう事知ってるんですけど。私は金出す事やら、証拠にね、こうして選挙に来ますでしょう、お酒来ますわね、陣中見舞い。企業から一升も来ない。ええ、私の場合は勤めしとる友達とか親戚とかぐらいかな。だけど、「酒もらわれん事になってるけ、そっち置いとけ」でね。でも他の議員の所にはね、企業から来る。それから、祝いになったら企業から来る。もう、床が落ちるくらい。私の場合は花束が来る。

[企業からですか？]

いや、友達やその会社の人から花束。「いやぁ、○○さんとこは、もうすっごい明るい」と。

[でも、なかなか、やっぱり女性議員は他には出て来られないし？]

なかなか難しいでしょうね。特にここは難しい。

[特にとおっしゃるのは？]

あのね、やっぱり地縁血縁が多いっていうのと、それから人の良かれを好まない。ここの、どっこもそうかもしれませんけどね。

[いろいろ足の引っ張り合い？]

ん〜、そうですね。まあ、中にはねぇ。

[そうするとちょっと上手くいくと、すぐに悪い噂が飛んだりとか？]

　ええ、そうですね。「私は悪い噂は流されてませんしね」と思ってますけど。「あの人ちょっとお高くとまったなぁ」とか、「あの人バッチつけたら、威張ってるでない」とか。今まで、スーツなんて着て出なんだのに、毎日ズックとズボンと事務服でパーっと走って、それですからね。本当に機敏に動いとったもんだから。そのスーツ姿なんか見たことないのに、まぁ、おしゃれして出ないからね。おしゃれはおしゃれでも、そんなにおしゃれしませんけど。一応人様の前に出るのにね、人様に失礼になってはいけないという感覚で今は着てないけど、「きちっとして出ような」と思って出ます。でも、それがちょっとおしゃれに思われたりします。まぁ、そんな事は小さな、そんなんはひとつも気にしない、気にしないで。

[じゃあ、少なくとも議員活動してらっしゃる間ってのは、とってもやりがいがあるっていうか？]

　ええ、やりがいがあってね。今でもそれで母子家庭、母子会の会長でね。

[結局、会社やめてからずぅっと、社会福祉の活動をしてらしたという事で？]

　そうなんです。辞めて、そうそう。幸いに、まぁ、わずかながら 60 歳から年金がおりてますから。月に 11 万か 12 万ですけどね。と、まぁ、ちょっとした不動産をそこに持ってるものだから。ま、「それでなんとか生活はやっていけれる」という事で。幸いにも家ちょっと新しいでしょ。下の方の空き地がある所立ち退きになったんですわ。それで、お金が少しあったので、それで、お金持っとると無くなっちゃうから、この家建てとっちゃった。それで、これはよそには応接間があるんだけど、応接間もないから「ここでどなたが来られてもいい」と、「遠慮なしに」という事で。ま、金のゆとりもなんにもないんですけど、生活はそんなに食べていけれる程度は。

[でも、なかなか難しいですね、いわゆる市民派っていうか、生活派の議員

で組織を持たないでっていうのはね？]

　そうです、そこです。

　[今のように会合なんかで出てくる声を拾い上げて議会に持って行かれても、それを今度市民の方に返していくのがねぇ？]

　でも、まぁ、一般の議員さんだってそうじゃないでしょうかねぇ。

　[だって、一般の議員はそういう形で票を集める必要がないから]

　組織で票を集めて、月に１回か飲み食いさせとれば、それが票になっていく……。

　[じゃあ、是非]

　もう、本当にもう１回勝負したい。

　[次回はね。そうですね。もだし、やっぱり女性議員が１人もいないっていう事態は良くないですよね？]

　良くない。こんな事ってカラスの行列みたいにね、のそーっとして居眠りしとるのがおれば、ふーふー言ってる者がおるね。「えー、どうですか、どうですか」なんて言って、「あー、何？反対」って言って立ったりね。そんなんで市の悪い事のこき下ろしね。そりゃ、本当に悪い事は直さないといけんですけどね。もう、罵声を投げかけてね、「自分は何様ってこのバッチがついとる為に何様だ」と言わんばかりのね。もう、市長から助役から、もう、どこかのハエかなにかみたいな言い方して。そこはね、ちょっと、もうちょっと紳士的な交渉が出来んかなって。悪いことがあっても「市長、これは正さないといけんじゃないか。市民はこれほど苦しんでる。こういうことはこう是正してたらどうですか」っていう理論があってもええ。

　[事例9]

　[最初、当選なさって議会に出られた時は、先輩議員で教えてくれる人がなくて、戸惑われたりしたことはありましたか？]

　ありました。ひとりの女性議員だけが頼りでした。けども、半年くらいしたら、

どうも考え方が違う。話はしますが、合わないんです。そういう苦しさがあるんです、どうしても。

[女性議員同士でまとまる？]

「女性議員二人いるんだから一緒に」って。外部には「協力しあってます」と言いますが、そのへんの苦しさはあります。

[議会での質問に立たれる。最初いかがでしたか？]

でもこれは、学生には中間テスト、期末テストがあるように、議員にも。質問するのが、年4回しかありませんでしょう。まぁ、そういう期末テストのようなもの、やるには3ヶ月に1回ですから、その間何かありますよね。ずっとやってきました。毎回、しつこく。

[党派がないから、割り当てがないから、やろうと思えば毎回やれる。でもほとんど実質的に、委員会や全員協議会で決まって行くんではないんですか？]

決まって行く……。

[議会は形式だ、と議会で質問されない議員さんもおられると思うんですが。発言を殆どしない……]

でも、皆がやるように、私たちがずっとやってるもんですから刺激されて、結構やるのが多いんです。今回20名出てますから、質問が。一般質問ですので、会派とかありませんから、代表質問もありませんので、これが、議員の与えられた時間なんです。自分の時間なんです。この40分というのは。ですから、いろんな疑問は「聞いときたいな」とか、「政策は聞いときたいな」とか。

[最初当選なさった頃から比べると、皆さん他の議員も質問をよくされるようになっていますか？もともと活発なんですか？]

もともとはそうではなかったらしいですね。

[やっぱり、時々聞くのが、女性議員がかなり真面目に議員をなさるのに触発されて、特に若い男性議員が勉強なさったりして議会の雰囲気が変わるということです。そういうことはないですか？女性議員が1人、2人、3人に

なると、時代の流れでもある？]

　もともと一般質問は、「私はやるのが義務だ」と思ってやってきたし、だいたい12〜13名から14〜15名でしたけど。今年度から、町議会で議会だよりを発行することになってたんですよ。議会だよりは、やったこと皆出しますよね。やらない人は載らないわけです。これも刺激になりました。

　[今年度からですか？]

　はいそうです。予算的なものから、誰がやるとか、難しいですよね。それも今やってはいるんですけども。モニター導入して、庁舎内、本会議も全部回してますから、もう居眠りもできないんです。真面目に取り組む。そういう議会の活性化は1期目、2期目で変わってきてますので。ですから、勉強しなくて古参だけでやってきた方は厳しくなってきています。

　[情報を外に出すと、変わらざるを得ないですし？]

　やっぱり、「女性は真面目かな」と思うのですが。今まで女性無所属2人でしたから、党派とか政党に属していないから、楽な点と苦しい点いろいろあるんです。党派に入ってると、見てるとどうしても町議会の中でも政党色が出て来るんです。「政党色って、私たち町民にとって必要かな」、県・国とレベルを上げていくと必要になってくるけど、その辺は「どう考えたらいいかな」と思ってみてますけど。「政党から流れてきたことをやっていく、フィフティ・フィフティにやっていらっしゃるのか、党に属していると、町民への関連がどうかな」と感じています。活動としては、決まってきますから、これをやってればいいというわけですから、「その方が楽かな」と思います。でも、党の方は相当しごかれてますので。

　[事例10]

　[実質的に初めての女性議員で、議会は変わるというか、変えなきゃという意識はお持ちでしたか？]

　いや、私はそういう意識は持たなかった。変えようとしても変えられない体

質ってあると思う。それと、私たち2人入った事で「雰囲気が変わった」と言われる。視察に行った時それぞれ皆さん自由にやっていたらしいが、そういうのは一切なくなったらしい。コンパニオンを呼んだりするのも私たちは抵抗したが、何千円かお金は徴収しなければならないのに、それはお互いの交流だから「しなくて良いんじゃないんですか」と言った。「今回は頼んだから我慢してよ、もう頼んだから、次回は頼まないから」と言われた。セクハラの問題が出たでしょう。女性議員が出た事で言葉にも気を付けるようになった。昔はもっとひどかった。

［議会で露骨な喧嘩をしなくなったとか聞きますね？］

そういうのはあったように思います。私は前を知らないけど、うちのところで6期も10期もした人がいるから、その人達の話の中で感じる。

［女性で有利だったり不利した事はありますか？］

案外、女性は「弱い者」っていう感覚でかばってくれる。保守とか関係なく。

［「○○ちゃん」っていうのはありません？］

それはありますが気にしません。年下の人が「ねえちゃん」というと「議会でそれはないだろう」って言うと、「悪い、悪い」って言います。普段の会話が出てくるが、注意すれば訂正してくれる。私の方がずっと年下だから親しみを込めて呼んでいるといえば、それまでだし、バカにしているといえばそれまでです。議会では紳士的です。

［質問の時の失敗を寛大に見てもらえる事はありますか？］

あります。「それは言い過ぎだよ」、「もう少しここは訂正した方がいいよ」っていう形では言ってくれる。

［でも、議員しなかった人生とした人生を比べてみると如何ですか？］

何て言っていいか…。

［多くの無所属で出られた女性議員の方々は皆さん「おもしろい」っておっしゃいますが。自分がそれだけの影響力を持っているという事に］

影響力はありますね。私が意識しなくても周囲がそういう意識をもって見て

くれているのは感じる。

[自分で思って考えた事が実行できるおもしろさみたいなもの?]

それはありますね。「私の出来る範囲の事で役に立てたかな」という感じです。「住み易い町づくりという事がいい方に展開すれば喜んでもらえるのかな」という事。「私がいて良かったのかな」という思いはある。

[同じ議席で男性議員でなく女性議員だから変わったというような事は?]

そう言われると、どういう風な事があるかな……

[ご家族の評価はどうですか?]

子供達は「もういい加減に辞めたら」という。ただ、子供達も今自宅から離れているから関心はない。「お母さんが楽しくてやっていればいいんじゃないか」くらいのものです。評価されているかどうかわからない。でも、夫とは政治的な会話が出来る。

[それもですし、一つ事を協力してパートナーとしてやっていけるというのは夫婦としては?]

そういう意味ではいい方向で進められる。会話もそうだし、何かやるにしても「私はこう思う」、「いや、おれは違う」という会話が常時出来るのと、いろんな相談すると「それは、私と考え方違う」と言ったりする日常会話は多くなった。で、結果が出てくると、「私でもいて良かった」と夫婦で話し合えるのが良かった。

[家族愛が確かめられたとか、夫婦の絆が深まったとか、夫が自立したとか、波及効果が?]

自立してきていると思う。昔は私が家にいたので、夫の勤めている間の支障のでない程度にしか出ていなかったから、家に帰ってご飯が出来ていないという事が全くなかった。今だと出かけると必ず一人暮らしだから自分でなんとかしなきゃいけない。炊事も洗濯もある程度は。

[身の回りの身辺自立は?]

いれば絶対しないけど、いない時はそれなりの生活が出来るようになったか

ら、それは少し成長してると思う。

[それに出るようにと薦めたのはあなたでしょという部分もありますね？]

「俺は、そんな事言った覚えはない」とか言いますけどね。でも、女性議員を出すっていうのは男の人の理解なんです。夫の理解なんです。議会に出てしまった男の人より、夫が理解してくれないと難しいと思う。

［事例11］

[議員をやめられる時、女性の後継者はおられなかったんですね？]

そういう事です。後継者をよう作れなんだというのが1番残念なです。だいたい婦人会長しとられた方が優秀な方がありましてな、その人と思ってずぅっと日頃から話しとったです。後継ぎをしてもらうように。「私はもう、年になってちぃと馬鹿になりかけたけぇ、あんたの番じゃけぇな」て言っとりましたけど。なんかその本人さんは、「私が後押ししたる」、「するけ」っていう気分があったけど、何か足引っ張る人があって。なんか女性はね。

[いわゆる女同士で？]

女同士。

[なんで、あの人がとか？]

うちに電話掛かってきてな、「あんた、あれはどっかの町会に出しなるわ言ったが、うちはいっかな推さんけぇな。1人で出れる選挙でないだけぇな、あんまりやたらむたら出しなんなよ」、「やたらむたら」って。そんな事電話掛けてくる人があります。出来る人でなきゃいけんたい、「あの人なら人望もあるし出来るけ、あの人に頼もう」と思ったら、「あんたが1人で出しなりゃええが」、なぁんちゅな事言ったりしてなぁ。「何が悪いだいなぁ、いわゆる、誰にでも欠点はあるですけぇなぁ、どっかが、何かが欠点ってあるもんですけぇな、一つぐらいは、何か」。「婦人会ばぁか出とって仕事しならんで姑さんは泣いとんなるっちゅうが、あがな者出してどがぃなる」なんちゅうな事言ったりね。ほして、ある人、今度が公民館の主事、女性担当の、いい方でしてね。力もある

し人気もあるし是非この人と思ったけど、その人は養子さん迎えておられて、婚取りさん。そうするとその「婚を差し置いて、わしがその町会に出たんじゃ、その世間に顔向けがなかんちゃ」言い、「女のそれがな、今までそぉでよかっただけど、女も人に推されにゃ、器量やないだきゃ。あんたは推されただけにすぎん」と言ったけど。そぉですな、さくら４、５人連れて、皆さんを連れだって次出てもらうように言ったですけどね。とうとうその人、「あんたはならん、うちの家庭を壊す気か」ちゅような事言われ出しましてね、私も「へん、どげぇななるもんで」と言っとったら、ちょっと２人ほどおってなって「出たい」という事がありましたけど。「じゃ、出なるがええわ。私が推さぁでもなぁ、そうやって自分が出たいと思われる人は、私も誰に推してもらったわけでもない。私がとにかく、あそこがあぁがにしたい、ここもこがいにしたいと思って出ただけ、出なるがええわ」と思ってほっといたんです。そういう、私もちょっと悪いですけど、とにかく出たいっていう人、誰もひっかかりないっちゅうのが良かったですけど、やっぱりそういうわけにもいかんし。結局は女性が消えちゃったです。

事例12

　ある学校でトイレの悪臭がひどいと聞いた。トイレの構造が悪くて、タンパク質が着いて固まり排尿や排便が流れなくなり、悪臭がひどいらしい。その為、その前の教室が使えない。私は選挙のために、調べたり、声を聞かせてもらったりしたら、雨戸が用をなさないため、ナイアガラの瀧のようにいくつもなっている。校長にいろいろ案内してもらった。体育館の雨戸がそうなっていて、雨漏りもひどい。あまりひどいと先生の声が通らないため授業にならないそうです。

　［雨が降ると使えない体育館なんですね？］

　私は市の教育委員会の管財の人を連れていって見せました。50万円くらいで直るそうです。今回、私が行ったので直るそうです。ところが、学校の側は

何回も教育委員会に言っているのに金がないということでやってくれなかった
そうです。私はここの地域の保育所にしょっちゅう行きますが、たまたま土曜
日に行ったら玄関に遊具がいっぱい置いてあった。迎えの時に邪魔になるだろ
うと思って尋ねると、園長先生が「物置小屋が塩害でボロボロになって用をな
さないため、明日休みだからここに置いてある」と言った。先生に、「新しく
建ててもらえばいい」と言ったら、「言ったが建ててもらえない」と言われた。
見に行ったら危険なので、担当官に「見てくれ」と行ったら、見に来て新しい
のになった。

　[やっぱり議員になられると違いますね？]

　そうなんです。それがまたくやしいところなんです。「議員が言ったらなる
のか」って。この間も入り口の柵がロープで結んであるから、「どうしたのか」
と聞くと、「やっぱり塩害の被害を受けて、鍵が壊れてしまってロープでやっ
ている」と言う。「修理してくれ」と言うと、「金がない」と断られるという事で、
また私が行きましたら、直してくれた。それで担当官が園長に、「いちいち議
員に言うな」と言って帰ったらしい。

　[その構造そのものがね、だから仕方がない、議員になろうってなります
ね？]

　だけど、言ってもらえるところはいいけど、議員がその地域にいなくて言え
ない所はどうなるんだろうと思います。

371

あとがき

　日本だけでなく世界がコロナ禍に翻弄されてもうすぐ2年になろうとしている。ワクチン接種や予防対策などが少しずつ進むことで希望の光が見えてきているようにも思われるが、感染防止と経済活動の両立を試みる世界各地では、感染再拡大というニュースが伝わり、必ずしも安心して日常生活を送ることができているわけではない。

　本書では鳥取県を中心とした女性リーダーたちの戦後の活躍ぶりをたどってきた。確かに、時間の経過とともに少しずつ拡大してきているのであるが、しかし女性の政治参画に関しては国内的にも遅れていると言わざるをえない状況である。もちろん、その原因はひとり鳥取県にあるわけではなく、やはりわが国全体で共有すべきものであろう。

　事実、女性の政治参画に関して、2021年3月末に世界経済フォーラムによる「世界ジェンダー・ギャップ報告書（Global Gender Gap Report）2021」が伝えられ、日本は156か国中120位（「政治参画」では147位）だったとのことで、一向に上向かない数字に「またか」とか「やはり」という言葉しか出せないのは残念である。それは同年10月末に実施された衆議院議員選挙の結果からも、もっと悪い状態で裏付けられることとなったわけで、一地域の問題にとどまらないことがわかる。

　われわれは過去30年以上、政治分野における女性に関するいろいろな数字を追ってきているだけに、日本の過去がどうであったのか、日本が世界の中でどのように位置を占めてるのかについては理解しているつもりである。それだけに「がっかり」とか「残念」というよりは、「またか」とか「やはり」というかなり冷めた気持ちで受け止めている。むろん、「仕方ない」とか「どうにでもなれ」ということではなく、前を向いて進むだけである。そのため、どうしたらもっと女性たちの政治参画を推進できるのかについては本文でも触れて

いるだけでなく、すでに別のところで提言してきているのでここで繰り返すことはしないが、多くの識者の意見が類似したものとなっているのは心強い。

　なお、本書のもととなった論考の初出は以下の通りである。

第１部第１章　　「地区組織研究の系譜と現状──特に地区組織の政治的役割をめぐって──」

　　　　　　　　『経営情報研究（摂南大学）』Vol.5, No.1, 1997.

第１部第２章　　「佐治村における地区推薦制再考」

　　　　　　　　『人文学部紀要（神戸学院大学）』31号、2011.

第１部第３章　　「ある婦人会活動家の軌跡──根雨地区婦人会活動を中心に──」

　　　　　　　　『追手門学院大学文学部紀要』26号、1992.

第２部第４章　　「女性地方議員の過少代表をめぐる歴史と課題──鳥取県を事例として──」

　　　　　　　　『選挙研究（日本選挙学会年報）』第35号第1巻、2019.

第２部第５〜６章　「戦後鳥取県における女性政治家たち」

　　　　　　　　『人文学部紀要（神戸学院大学）』40号、2020.

第２部第７章　　「戦後期鳥取県における女性議員の誕生──初の女性代議士田中たつ──」

　　　　　　　　『京都女子大学現代社会論集』第13号、2019.

第３部第８〜10章「地域政治とジェンダー──特に「地位福祉」をめぐる女性議員と男性議員──」

　　　　　　　　科学研究費報告書『地域政治とジェンダー──特に「地位福祉」をめぐる女性議員と男性議員──』、2001.

「はじめに」でも触れたように、本書の諸論考を作成する上で次の科研費ならびに神戸学院大学人文学部の研究助成を受けている。

☆「地域政治とジェンダー——特に「地位福祉」をめぐる女性議員と男性議員——」、平成10（1998）年〜平成12（2000）年度、（課題番号10610214）
☆「地域政治のジェンダー構造——なぜ女性地方議員が少ないのか——」、平成13（2001）〜平成15（2003）年度、（課題番 号13410069）
☆「鳥取県における女性と地域政治の変容過程——戦後から現代まで——」、平成29（2017）年〜平成31（2019）年度、（課題番号17K04105）

　最後に、本書が完成するまでには北海道から沖縄にいたる全国の地方議員のみなさま、そして永きにわたりお付き合いさせていただいた鳥取県の議員・婦人会・地域のみなさまのお世話になっており、こういったみなさまには感謝してもしきれないものを感じている。そして、とりわけインタビューに登場する女性のみなさんには、楽しいお話を長時間にわたってお聞かせいただいたこと、今一度、心よりお礼申し上げる次第である。

　なお、本書の出版にあたっては神戸学院大学出版会の出版助成を受けている。神戸学院大学学長佐藤雅美氏、学長室グループの天野誉大氏、森岡寿昭氏ならびに神戸学院大学出版会アドバイザーの奥間祥行氏をはじめ関係者の皆様に衷心よりお礼申し上げる。

【著者紹介】

　春日雅司（かすが　まさし）
　1950 年生。関西学院大学社会学研究科博士後期課程単位取得退学。博士（社
会学）。摂南大学教授を経て神戸学院大学教授。2020 年より神戸学院大学名誉
教授。専門は地域社会学・政治社会学。

[主要著書]

『スコットランド——ウイスキーとツーリズム』彩流社、2020 年［単著］

『女性地方議員と地域社会の変貌——女性の政治参画を進めるために』晃洋書
　　房、2016 年［単著］

『地方自治の社会学』昭和堂、2006 年［共著］

『介護と家族』早稲田大学出版会、2001 年［共著］

Identity Ppolitics and Critiques in Contemporary Japan, Monash Asia Institute, 2000
　　年［共著］

『地域社会と地方政治の社会学』晃洋書房、1996 年［単著］

『同時代人の生活史』未来社、1989 年［共著］

竹安栄子（たけやす　ひでこ）

1950 年生。関西学院大学社会学研究科博士後期課程単位取得退学。追手門学院大学教授を経て京都女子大学教授。2016 年より京都女子大学名誉教授。京都女子大学・地域研究センター長・特命副学長を経て 2020 年より京都女子大学学長。専門は地域社会学。

[主要著書]

『村落社会—構造と変動』関西学院大学生活協同組合出版会、1985 年［共著］

『民俗の心を探る』初芝書房、1994 年［共著］

『近代化と家族・地域社会』お茶の水書房、1997 年［単著］

『介護と家族』早稲田大学出版部、2001 年［共編著］

『現代社会論—当面する課題—』世界思想社、2006 年［共著］

『現代社会研究入門』晃洋書房、2010 年［共著］

『現代社会を読み解く』晃洋書房、2015 年［共著］

『日本の女性議員』朝日新聞出版、2016 年［共著］

地域社会と女性リーダー
—— 鳥取県を中心に ——

発刊日　2022 年 3 月 31 日
著　者　春日雅司 ©、竹安栄子 ©
装　丁　二宮　光
発行人　佐藤雅美
発　行　神戸学院大学出版会

発　売　株式会社エピック
　　　　651 − 0093　神戸市中央区二宮町 1 − 3 − 2
　　　　電話 078（241）7561　FAX078（241）1918
　　　　http://www.epic.jp　E-mail info@epic.jp
印刷所　モリモト印刷株式会社